DROIT(S) DES VICTIMES

Collection ***Sciences criminelles***
dirigée par Robert Cario

La collection ***Sciences criminelles*** se destine à la publication de travaux consacrés à l'analyse complexe du phénomène criminel. Multidisciplinaire par définition, elle a vocation à promouvoir les réflexions critiques portées par les disciplines impliquées, dont l'angle d'approche spécifique enrichit la connaissance globale du crime, tant en ce qui concerne les protagonistes (infracteur, victime, société) que les stratégies d'intervention sociale (prévention, répression, traitement). En France comme à l'étranger.
Les contributions, émanant de chercheurs, de praticiens de la justice ou du travail social, empruntent la forme d'ouvrages de doctrine, de recherches collectives ou d'actes de rencontres scientifiques.

Deux séries complètent la Collection. Le ***Traité de sciences criminelles***, multi-auteurs, présente sous la forme de manuels les principales disciplines qui composent les sciences criminelles : philosophie criminelle, criminologie, politique criminelle, droit criminel, procédure pénale, criminalistique, médecine légale et victimologie.

Les ***Controverses*** rassemblent de courts essais sur des questions majeures de la connaissance scientifique dans le champ criminologique. En pointant leurs contradictions, (re)découvertes et zones d'ombre, les réflexions participent à une meilleure compréhension de la complexité des conduites humaines.

Derniers ouvrages parus
P. Mbanzoulou et al. (Dir.), Les nouvelles figures de la dangerosité
N. Pignoux, La réparation des victimes d'infractions pénales
P. Mbanzoulou, La médiation pénale (nouvelle édition)
J. Nory, Traitement des responsabilités civiles et pénales

Traité de sciences criminelles
2.1. R. Cario, Victimologie (4èd. 2012)
4. R. Cario, Introduction aux sciences criminelles (6è éd. 2008)
8. R. Cario, Justice restaurative. Principes et promesses (2è éd. 2010)

Controverses
R. Cario, M.H. Herzog-Evans, L.M. Villerbu, La criminologie à l'Université
R. Cario (Dir.), Les rencontres détenus-Victimes : l'humanité retrouvée
S. Harrati (Dir.), Et si la victime n'existait pas ?
M. Herzog-Evans, Moderniser la probation française. Un défi à relever !
F. Rognon, Brice Deymié, Punir, restaurer, guérir

V. également la collection Criminologie
P.V. Tournier (Dir.), Enfermements
S. Abdelaoui (Dir.), L'expertise psycholégale
C. Rossi, Homicides : les proches des victimes
M. Herzog-Evans, Le Juge de l'application des peines : Monsieur Jourdain de la désistance
C. Condominas, Sentiment amoureux et conjugalité violente

Série Champ pénitentiaire
P. Mbanzoulou, M. Herzog-Evans, S. Courtine (Dir.), Insertion et désistance des personnes placées sous mains de justice. Savoirs et pratiques
P. Mbanzoulou, F. Dieu (Dir)., Administration pénitentiaire et justice

Ouvrages publiés par Robert CARIO

Femmes et criminelles, Erès 1992
Introduction aux sciences criminelles, L'Harmattan (1995), 6ème éd. 2008
Les femmes résistent au crime, L'Harmattan, 1997
Jeunes délinquants. A la recherche de la socialisation perdue, L'Harmattan (1996), 2ème éd. 2000
Victimologie, Volume 1, L'Harmattan, 4è éd., 2012.
Victimologie. Volume 2 : Les textes essentiels, L'Harmattan, 2è. Ed. 2003
L'aîné(e) victime. La fin d'un tabou ?, Ed. L'Harmattan, 2004
La prévention précoce des comportements criminels. Stigmatisation ou bien-traitance sociale ?, L'Harmattan, 2004
Justice restaurative. Principe et promesses, L'Harmattan (2005), 2è éd.2010
La criminologie à l'Université. Mythes… et réalités, en coll. avec M. Herzog-Evans et L.M. Villerbu, Ed. L'Harmattan, 2012

en (co)direction

La criminalité des femmes, Erès 1989
La Personnalité criminelle, Erès 1991
La peine de mort au seuil du troisième millénaire, Erès 1993
Profession criminologue : spécialisation ou professionnalisation ? Erès, 1994
La médiation pénale : entre répression et réparation, L'Harmattan, 1997
Les abuseurs sexuels : quel(s) traitement(s), L'Harmattan, 1998
Les politiques publiques interministérielles d'aide aux victimes, 2001
Œuvre de justice et victimes, L'Harmattan, 2001
Victimes : du traumatisme à la réparation, L'Harmattan, 2002
L'aide aux victimes : 20 ans après, L'Harmattan, 2003
La victime est-elle coupable ?, L'Harmattan, 2004
Les droits des victimes d'infraction, PPS, La Documentation française, 2007
Tabous et réalités du crime au féminin, Ed. L'Harmattan, 2010
La justice restaurative. Une utopie qui marche ? Ed. L'Harmattan, 2010
Les rencontres détenus-victimes. L'humanité retrouvée, L'Harmattan, 2012
Psychocriminologie, Dunod (2008), 2è éd. 2012
Réinsertion des délinquants à haut risque, Ed. L'Harmattan, 2015

Principales abréviations

A.A.V.	Association d'aide aux victimes
Adde	Ajouter
A.E.M.O.	Action éducative en milieu ouvert
A.G.R.A.S.C.	Agence de gestion et de recouvrement des avoirs saisis et confisqués
A.I.C	Annales internationales de criminologie
A.I.D.P.	Association internationale de droit pénal
AJpén.	Actualité juridique Pénal
Al	Alinéa
A.P.A.V.I.M	Association paloise d'aide aux victimes et de Médiation
A.P.E.V.	Association d'aide aux parents d'enfants victimes
A.Q.P.V	Association québécoise Plaidoyer-victime
A.R.C.A.	Association régionale de criminologie d'Aquitaine
Arch. Phil. Droit.....	Archives de philosophie du droit
Arch. Pol. Crim.	Archives de politique criminelle (A.P.C.)
Art.	Article
A.S.D.	*Acute stress disorder*, Trouble de stress aigu
A.S.H.	Actualités sociales hebdomadaires
A.S.J.	Annuaire statistique de la justice
B.A.V.	Bureau d'aide aux victimes (au sein du TGI)
BEX	Bureau d'exécution des peines
B.D.V.	Bureau des victimes / « Bureau d'aide aux victimes »
B.O.M.J.	Bulletin officiel du Ministère de la Justice
Bull.	Bulletin
Bull. crim.	Bulletin des arrêts de la Cour de cassation (Chambre Criminelle)
Bull. civ., II	Deuxième Chambre civile,
C.A.	Cour d'appel
C. Ass.	Cour d'assises
C.ASF	Code de l'action sociale et de la famille
Cass.	Cour de cassation
C.C.P.I.	Coalition pour la cour pénale internationale
C.D.E.S.	ex- Commission départementale de l'éducation spéciale ; V. CDAPH
C.E.	Conseil de l'Europe (47 Etats membres)
C.L.S.P.D	Conseil local de sécurité et de prévention de la délinquance
C.D.P.D.	Conseil départemental de prévention de la délinquance
C.D.A.P.H.	Commission des droits et de l'autonomie des personnes handicapées
C.E.S.D.H.	Convention européenne de sauvegarde des droits de l'homme et des libertés fondamentales
C.E.D.H.	Cour européenne des droits de l'homme

C.E.S.D.I.P.	Centre de recherches sociologiques sur le droit et les institutions pénales
Cf.	Confer
Chap.	Chapitre
Chron.	Chronique
C.I.V.I.	Commission d'indemnisation des victimes d'infractions
C.I.C.C.	Centre international de criminologie comparée (Montréal)
C.J.	Fédération des association socio-judiciaires Citoyens et justice
C.J.C.E.	Cour de Justices des Communautés Européennes
C.L.C.J.	Comité national de liaison des associations socio-éducatives intervenant dans le Champ Judiciaire
C.N.A.V.	Conseil national de l'aide aux victimes
C.N.C.	Conférence Nationale de Criminologie
C.N.I.D.F.F.	Centre national d'information sur les droits des femmes et des familles
C.N.I.L.	Commission Nationale de l'Informatique et des libertés
C.N.V.	Conseil national des villes
C.N.U.	Conseil national des Universités
C.O.J.	Code de l'Organisation judiciaire
Coll.	Collection
Comp.	Comparez
Concl.	Conclusion
C.F.G.	Conférence du groupe familial
Contra.	Solution contraire
C.O.P.J.	Convocation par Officier de Police Judiciaire
Cotorep.	ex- Commission technique d'orientation et de reclassement professionnel ; V. CDAPH
C.P. / C.pén.	Code pénal
C.P.I.	Cour pénale internationale (121/139)
C.P.P. / C.P.pén.	Code de procédure pénale
Crim.	Chambre criminelle de la Cour de cassation
C.S.A.	Conseil supérieur de l'audiovisuel
C.R.P.C.	Comparution sur reconnaissance préalable de culpabilité
C.S.R.	Cercle de soutien et de responsabilité
C.T.N.E.R.H.I	Comité technique national d'études et de recherches sur les handicaps et les inadaptations
C.U.M.P.	Cellule d'urgence médico-psychologique
D.	Recueil Dalloz
Déc.	Décret
D.D.A.S.S.	Direction départementale de l'action sanitaire et sociale
Dir.	Ouvrage publié sous la direction de...
D.I.V.	Délégation interministérielle à la ville
Dr.	Droit
Dév. et soc./D.S.	Déviance et société (revue)
Ed.	Editions, éditeur
Eod. loc.	Eodem loco, même référence, même endroit
E.V.S.	Evénements de vie et santé (2005-2006)
F.G.A.O.	Fonds de Garantie des Assurances Obligatoires de dommages
F.G.T.I.	Fonds de garantie des victimes d'actes de terrorisme et d'autres infractions
F.I.V.A.	Fonds d'indemnisation des victimes de l'amiante
F.I.T.H.	Fonds d'indemnisation des transfusés et hémophiles contaminés par le VIH (Sida)
Gaz. Pal.	Gazette du palais
G.E.R.N.	Groupement européen de recherche sur les normativités
G.U.G.	Guichet unique de greffe
HEUNI.	Institut européen sur la prévention et le contrôle du crime d'Helsinki
Ibid.	Ibidem, même référence
I.C.V.S.	International crime victim survey
I.D.E.A.	International Institute for democracy and electoral assistance

I.F.J.R.	Institut français pour la Justice restaurative
Infra........................	Ci-dessous
I.H.E.S.I./I.N.H.E.S.	Institut des hautes études sur la sécurité intérieure
I.N.A.V.E.M.	Institut national d'aide aux victimes et de médiation
I.N.R.S.	Institut national de recherche et de sécurité pour la prévention des accidents du travail et des maladies professionnelles
I.N.S.E.E.	Institut national de la statistique et des études économiques
I.P.P.	Incapacité permanente partielle
I.P.D.	Incidence professionnelle définitive
I.T.T.	Incapacité totale de travail
I.P.T.	Incidence professionnelle temporaire
J. Cl. Pén.	Jurisclasseur droit pénal
J.A.C.	Journal des accidents et des catastrophes
J.A.P.	Juge de l'application des peines
J.D.J./R.A.J.S.	Journal du droit des jeunes
J.L.D.	Juge des libertés et de la détention
J.O.	Journal officiel
JUDEVI	Juge délégué aux victimes
L.	Loi
L.G.D.J.	Librairie générale de droit et de jurisprudence
Min. Justice	Ministère de la justice
M.J.D.	Maison de la justice et du droit
N.C.V.S.	National crime victimisation survey (Etats Unis)
N.E.P.	Nouvelles études pénales
Not.........................	Notamment
O.C.D.E.	Organisation de coopération et de développement Economique (34 Etats membres)
O.N.D.R.P.	Observatoire national de la délinquance et des réponses pénales
O.N.I.A.M.	Office national d'indemnisation des accidents médicaux
O.N.I.S.R.	Observatoire national interministériel de la sécurité routière
O.N.U.	Organisation des Nations Unies (193 Etats membres)
Op. cit.	Opere citato, Ouvrage, article... déjà cité
Ord.	Ordonnance
P., pp.	Page(s)
P.J.J.	Protection judiciaire de la jeunesse
P.T.S.D.	*Post traumatic stress disorder*, Trouble de stress post-traumatique
P.U.F.	Presses universitaires de France
Q.P.C.	Question prioritaire de constitutionnalité
Rap.	Rapport
R.C.A.	Rev. Responsabilité civile et assurances
R.D.P.C.	Revue de droit pénal et de criminologie
R.C.V.	Rencontre condamnés-victimes (milieu ouvert)
R.D.V.	Rencontre détenus-victimes (milieu fermé)
Recomm.	Recommandation du Conseil de l'Europe
Rev.	Revue
Rev. pénit.	Revue pénitentiaire et de droit pénal
Rev. sc. crim./R.S.C.	Revue de science criminelle
R.F.S.	Revue française de sociologie
R.I.C.P.T.	Revue internationale de criminologie et de police technique
R.I.D.P.	Revue internationale de droit pénal
R.I.S.S.	Revue internationale des sciences sociales
R.J.O.I	Revue juridique de l'océan indien
R.S.A.	Revenu de solidarité active
S.A.D.J.A.V.	Service de l'accès au droit et à la justice et de l'aide aux victimes (Ministère de la Justice)
S.A.V.	Service d'aide aux victimes
S.A.V.U.	Service d'aide aux victimes en urgence
S.A.R.V.I.	Service d'aide au recouvrement des victimes d'infraction

S.C.P.C..................	Service Central de la Prévention de la Corruption
S.E.D.S..................	Service des études, de la documentation et des statistiques (Direction de l'Administration pénitentiaire)
S.I.D.F..................	Société internationale de défense sociale
S.I.C.	Société internationale de criminologie
S.M.V.	Société mondiale de victimologie
S.P.I.P.	Service pénitentiaire d'insertion et de probation
Suiv., ss.	Suivants(s)
Supra.....................	Ci-dessus
T.G.I.	Tribunal de grande instance
T.T.R.	Traitement en temps réel
U.J.P./U.P.P.A.	Unité Jean Pinatel de Sciences criminelles comparées, Pau
U.E.	Union européenne (28 Etats membres)
U.M.J.	Urgence médico-judiciaire
Univ.......................	Université
U.N.O.D.C.	Office des Nations Unies contre la drogue et le crime (Genève)
V............................	Voir
Vol.........................	Volume
V.R.W.G.	Victim's rights working group

victimes, multiforme par définition, porteur de droits subjectifs incontournables à l'heure du procès équitable.

1. L'émergence des droits des victimes

Aujourd'hui, la victime demeure encore oubliée des contentieux la concernant : civil, administratif ou pénal. Cela n'a pas toujours été le cas, car avant l'étatisation totale de la Justice, la victime jouait un rôle essentiel dans les poursuites comme dans la détermination de la sanction. En effet, à Athènes comme à Rome ou comme dans notre pays sous la domination franque, l'accusation est tenue par la victime ou sa famille. La victime est présente tout au long du procès, de manière très active, notamment devant les *quaestiones perpetuae* où elle est chargée d'instruire et de porter l'accusation publique à l'audience. Cette place prépondérante, à côté il est vrai de procédures plus inquisitoriales selon les époques, s'observe en France jusqu'au Xème siècle. Dans le même ordre d'idées, transaction et conciliation ont présidé et/ou côtoyé les peines publiques. En ce sens, la vengeance privée a mis en place des techniques d'échange, de compensation volontaire n'ayant guère à voir avec la réputation de rigueur aveugle que lui prête toujours, à tort, nombre de discours « évolutionnistes » contemporains. Apaiseurs, conciliateurs et arbitres se sont chargés ainsi, en marge des organes officiels de justice, de réparer les victimes, de les réconcilier, autant que possible, avec l'infracteur et de restaurer la paix communautaire [7]. Une telle « infra-justice » [8], par la ritualisa-

7. V. not. N. ROULAND, *Anthropologie juridique*, P.U.F., 1988, p. 291 et s. ; B. GARNOT, *Histoire du droit pénal de l'an Mil à 1914*, Ed. Nathan, 1993, p. 39 et s. ; A. LAINGUI, *Histoire du droit pénal*, P.U.F., Que sais-je ?, 1985-690, p. 15 et s. ; A. LAINGUI, A. LEBIGRE, *Histoire du droit pénal. 1) Le droit pénal*, Ed. Cujas, Coll. Synthèse, 1979, 232 p. ; *2) La procédure criminelle*, 1980, 160 p. ; J.M. CARBASSE, *Introduction historique au droit pénal*, P.U.F., Coll. Droit fondamental, 1990, 360 p. ; M.S. DUPONT-BOUCHAT, Le crime pardonné. La justice réparatrice sous l'Ancien Régime (XVI-XVIIIèmes siècle), *In Criminologie*, 1999-32-1, pp. 31-56 ; M. HENAFF, La dette de sang et l'exigence de justice, *In* P. DUMOUCHEL (Dir.), *Comprendre pour agir : violences, victimes et vengeances*, Ed. L'Harmattan, 2000, pp. 31-64 ; J.P. ALLINNE, *Gouverner le crime. Les politiques criminelles de la Révolution au XXIè siècle. 1. L'ordre des notables : 1789-1920*, Ed. L'Harmattan,

tion de ses procédures, offrait aux victimes l'accès au symbolique. Comment ne pas apercevoir, dans de telles pratiques de règlement des conflits, les origines tangibles de la justice restaurative, que nous semblons avoir tant de mal à « inventer » en ce début de troisième millénaire [9] ?

Pour des raisons pas toujours évidentes de lutte contre l'arbitraire, l'hétérogénéité, la démesure de la justice privée, l'Etat s'est arrogé le monopole de la réaction pénale (incriminations, procédure et exécution des peines) pour imposer son autorité politique [10], signant par-là la fin de « l'âge d'or » de la victime [11]. Au mépris, de plus en plus nettement, des droits de la victime, pour le moins dans les systèmes inquisitoires de procédure pénale. Généralisée au cours des XIV et XVèmes siècles, la procédure inquisitoire confisque à la victime le pouvoir d'accusation au profit des procureurs et lui retire tout pouvoir durant l'instruction et le jugement au bénéfice des juges. L'injure privée devenant une transgression de la loi [12], la ré-

---

Coll. Traité de sciences criminelles, 2003, Vol. 7-1, 301 p. ; *2. Le temps des doutes : 1920-2004*, *Ibid.*, 2004, Vol. 7-2, 304 p.

8. V. principalement B. GARNOT, *Histoire de la justice. France, XVIè-XXè siècle*, Ed. Gallimard, Coll. Folio histoire, 2009, 789 p. ; R. CARIO, *Justice restaurative. Principes et promesses*, Ed. L'Harmattan, Coll. Traité de sciences criminelles, 2è éd. 2010, p. 55 et s.

9. V. not. J.J. LLEWELLYN, R. HOWSE, *La justice réparatrice : cadre de réflexion*, lcc.gc.ca/fr/papers/howse.html ; R. VERDIER, G. COURTOIS, Y. THOMAS, *La vengeance : étude d'ethnologie, d'histoire et de philosophie*, Ed. Cujas, 1980-84, 4 Vol., 225, 196, 160 et 256 p. ; H. ZEHR, *Changing lenses : a new focus for crime and justice*, Herald Press, 1990, p. 106 et s. ; H. BIANCHI, *Justice as a sanctuary : toward a system of crime control*, Indiana Univ. Press, 1994, p. 10 et s.

10. V. P. ROBERT, Le monopole pénal de l'Etat, *In Esprit*, 1998-12, pp. 134-153 ; S. ROCHE, *Sociologie politique de l'insécurité. Violences urbaines, inégalités et globalisation*, P.U.F., 1998, p. 115 et s., p. 182 et s.

11. V. M. BARIL, *L'envers du crime* (1984), Ed. L'Harmattan, Coll. Traité de Sciences criminelles, Vol. 6, 2002, citant S. SCHAFER, p. 23 ; B. GARNOT (Dir.), *Les victimes. Des oubliées de l'histoire ?*, Presses univ. de Rennes, 2000, 535 p.

12. V. F. ALT-MAES, Le concept de victime en droit civil et en droit pénal, *In R.S.C.*, 1994-1, pp. 35-52 ; A. GARAPON et D. SALAS, *La République pénalisée*, Ed. Hachette, 1997, p. 16 et s.

ponse pénale atteint principalement le condamné dans son corps ou ses biens, sans beaucoup de considération de la victime, qui obtient, dans le meilleur des cas, une indemnisation pécuniaire de ses préjudices, abandonnée à la solvabilité du débiteur condamné. Pour autant, dans les systèmes accusatoires (de *Common Law*), le rôle *a priori* princeps de la victime dans le déclenchement des poursuites n'avait pas d'équivalent quant aux modalités de son indemnisation, laissée à l'appréciation des juges.

En France, de manière bien spécifique et isolée, le Code d'Instruction criminelle de 1808 aménage l'action civile de la victime. Il faudra cependant attendre 1921 pour que la victime puisse être représentée et/ou assistée par un conseil. Le Code de Procédure pénale de 1958 accentue les droits des parties civiles mais leur prise en charge demeure, aujourd'hui encore, très largement indemnitaire [13]. C'est de cet oubli-là que provient la radicalisation vindicative de certaines victimes et/ou de leurs proches [14] qui, devant la considération misérable dont elles font l'objet, critiquent fort et sans nuance la prise en charge, bien trop privilégiée selon elles, des infracteurs [15]. Les négligences accumulées dans le respect des droits des victimes constituent une victimisation secondaire [16], souvent plus cruelle encore que

---

13. V. *Infra,* Chap. 2.

14. Comp. C. ROSSI, *Homicide. Les proches des victimes*, Ed. L'Harmattan, 2013, 367 p.

15. V. not. J. COLLARD, *Victimes : les oubliés de la justice*, Ed. Stock, 1997, 239 p. ; *Bulletin de l'A.P.E.V.* (Association d'Aide aux Parents d'Enfants Victimes), apev.org ; comp. D. SALAS, Notre société est traversée par une idéologie victimaire, *In Libération*, 8-9 oct. 2005/46.

16. Concept attribué à M. SYMONDS, The second injury to victims, *In Evaluation and change*, Special issue, 1980, pp. 39-42, et magistralement mis en évidence par les travaux de M. BARIL, not. L'envers du crime, *op. cit.*, p. 202 et s. ; de la même auteure, Les victimes d'actes criminels, *In* J. COITEUX, P. CAMPEAU, M. CLARKSON, M.M. COUSINEAU (Dir.), *Question d'équité. L'aide aux victimes d'actes criminels*, Pub. Association québécoise Plaidoyer-Victimes, 1996, pp. 17-31 ; A. GAUDREAULT, 'Victimisation secondaire', *In* G. LOPEZ, D. TZITZIS (Dir.), *Dictionnaire de sciences criminelles*, Ed. Dalloz, 2004, pp. 960-964.

l'agression primaire et définitivement inacceptable : bien connues des praticiens aujourd'hui, elles sont aisément évitables.

La prise en compte des droits de la victime intervient réellement au cours de la seconde moitié du XXème siècle. Elle tient principalement à l'évolution des conditions sociales et culturelles de vie dans nos sociétés occidentales. Paradoxalement, leur reconnaissance a cristallisé une posture de concurrence de la part des promoteurs des droits humains, des droits de la défense de l'infracteur en particulier.

2. La (re)émergence d'une société punitive

Une telle évolution n'est pas liée au hasard mais au désespérant mécanisme, si bien nommé, « de descenseur social » [17]. En effet, l'accroissement des inégalités, sensible durant les trente glorieuses, dramatique aux cours des trente piteuses [18], pour laisser place aux trente calamiteuses que nous n'arrivons plus à quitter, a provoqué une augmentation très nette des actes criminels (au sens large des actes incriminés pénalement). Il importe immédiatement de souligner que ce sont massivement des comportements délictuels d'appropriation qui ont tant progressé. N'oublions pas que les actes graves contre les personnes, l'autorité ou les biens sont en régression constante (en chiffres bruts et davantage encore en taux par habitant), quand bien même une légère stabilisation s'observe ces toutes dernières années, sans aucun doute en lien avec la levée de nombreux tabous, concernant les violences au sein de la famille ou celles de nature sexuelle, aujourd'hui mieux reportées et, surtout, réellement poursuivies [19]. En ce sens, un peu plus de 5000 condamnations étaient prononcées pour crimes durant les années 1850 contre environ 2600 ces dernières décennies (dont 2500 homi-

---

17. P. GUIBERT, A. MERGIER, *Le descenseur social. Enquête sur les milieux populaires*, Fondation J. Jaurès/Plon, 2006, 145 p. ; jean-jaures.org.

18. Par emprunt au titre de l'ouvrage de N. BAVEREZ, *Les trente piteuses*, Ed. Flammarion, 1998, 288 p.

19. V. sur ce point S. ROCHE, *Sociologie politique de l'insécurité. Violences urbaines, inégalités et globalisation*, P.U.F., Coll. Sociologie d'aujourd'hui, 1998, p. 31 et s.

cides en 1850 et 450 en 2012), alors que la population française a pratiquement été multipliée par deux durant cette période. Le nombre d'homicides atteint aujourd'hui un seuil historiquement bas. Plus généralement et de longue date, les crimes représentent 0,5 % de l'ensemble des condamnations prononcées par les juridictions répressives [20].

Il n'empêche qu'une telle augmentation des infractions d'appropriation banale a provoqué l'émergence d'un sentiment d'insécurité dans la population. Abusivement exploitée encore par certains acteurs socio-politiques, incapables de freiner les autres réelles sources d'insécurité, l'insécurité criminelle est devenue la préoccupation essentielle des français, vraisemblablement de la plupart des citoyens des pays continentaux privilégiés. Si les victimes ont pu apercevoir qu'aux conflits auxquels elles étaient exposées répond principalement (et anormalement) l'inflation pénale, elles peinent toujours à se voir reconnaître dans leur dignité d'être humain traumatisé par l'acte criminel, atteinte à une valeur sociale essentielle.

L'Etat se trouve ainsi comme pris au piège du monopole sans partage qu'il a mis de longs siècles à péniblement s'arroger. Débordé de toutes parts par la montée des précarités, dans un pays pourtant détenteur de multiples richesses, l'Etat ne s'est investi que dans les « réponses » à apporter aux conflits. Par facilité autant que par idéologie, la croyance déraisonnable qu'il a placée dans les vertus intimidatrices de la norme [21] l'a

---

20. V. not. *Le Compte général de l'administration de la justice criminelle en France pendant l'année 1880 et Rapport relatif aux années 1826 à 1880*, publié et commenté par M. PERROT, P. ROBERT, Slatkine reprint, 1989 ; sur l'évolution de la violence, V. not. R. MUCHEMBLED, *Une histoire de la violence du Moyen Age à nos* jours, Ed. du Seuil, Coll. L'univers historique, 2008, 498 p ; Comp. M. OUIMET, Pourquoi notre société est-elle de moins en moins violente ?, *In* J. Poupart, D. Lafortune, S. Tanner (Dir.), *Questions de criminologie*, Presses univ. Montréal, 2010, pp. 45-55 ; L. MUCCHIELLI, *L'invention de la violence. Des peurs, des chiffres et des faits*,Ed. Fayard, 2011, 344 p. ; du même auteur (Dir.), *La délinquance des jeunes*, La Doc. Française, 2014, 151 p.

21. Pénalisation massive provenant peut-être aussi, comme le souligne si pertinemment J.P. BRODEUR, en réaction à « l'utopie d'une civilisation sans résidu de droit pénal [qui,] d'avoir été trop célébrée, s'est transformée en son

conduit à privilégier les réponses pénales [22]. Délaissant le temps des « questions » relatives à l'émergence, à la consolidation et à la répétition des transgressions comme des victimisations, il peine à donner un véritable sens à son intervention. Pour éviter que le flot tumultueux des transgressions ne rompe les digues normatives des « interdits », comme pour satisfaire les revendications sécuritaristes de plus en plus aiguës des citoyens, le recours aux expédients s'impose : plus de murs pour contenir, plus de vannes pour délester, plus de bassins pour ghettoïser dans le paysage socio-culturel, français pour le moins. Répondre, toujours répondre, en temps réel, au risque de confondre célérité et efficacité, vitesse et précipitation, stigmatisation et réintégration. Ainsi et par exemple, au moins 70 fichiers de police existent aujourd'hui (dont 44 ont été créés après 2002), plus de 50 textes relatifs à la sécurité et/ou au sécuritaire ont été adoptés depuis cette date [23].

Mais l'inflation pénale, au-delà de l'incertitude à connaître le bien du mal, facteur d'anomie, au risque de méconnaissance de l'existence même de la norme [24], à l'impossible application

---

contraire », 'De grandes espérances', *In* J. Poupart, D. Lafortune, S. Tanner (Dir.), *Questions de criminologie*, Presses univ. Montréal, 2010, pp. 172-173.

22. V. not. J. DANET, *Justice pénale, le tournant*, Gallimard Folio / Le Monde, 2006, p. 20 et s.

23. V. not. J. DANET, *op. cit.*, p. 75 et s. ; *Ibid.*, Cinq ans de frénésie sécuritaire, *In* L. Mucchielli (Dir.), *La frénésie sécuritaire. Retour à l'ordre et nouveau contrôle social*, Ed. La Découverte, 2008, pp. 19-29 ; M. CHAUVIERE, D. GELOT, C. LEBRUN, B. POIRET, E. SIRE-MARTIN, M. STAMBOULI, *L'indigent et le délinquant. Pénalisation de la pauvreté et privatisation de l'action* sociale, Fondation Copernic / Ed. Syllepse, 2008, 142 p., spé. p. 19 et s. ; J.C. VITRAN, Le fantasme sécuritaire sévit toujours, *In Hommes et libertés*, 2011-156, p. 20 ; Politique pénale : quand les idées reçues dictent leurs lois, Dossier *In Dedans dehors*, 2011-74-75, pp. 34-39.

24. Sur cette logorrhée législative_et réglementaire, V. not. Conseil d'Etat, *Rapport public 1991*, La Doc. Française, 1992-43, Coll. Etudes et documents, p. 19 ; E. ROHDE, « Trop de loi, tue la loi.... La jungle législative, *In Le Monde*, 24 janvier 2007, pp. 20-21 ; J.P. JEAN, *Le système pénal*, Editions La Découverte, Coll. Repères, 2008, p. 31 et s. ; R. CARIO, Justice restaurative, *op. cit.*, p. 18 et s.

de tous les textes par le juge [25], produit un tel dysfonctionnement dans le système que dans 8 cas sur 10, il y a classement sans suite, dans 8 cas sur 10 la plainte est écartée, dans 8 cas sur 10 la souffrance est considérée comme n'ayant jamais existé ! Aubaine hypocrite pour l'infracteur, lâcheté, irrespect pour la victime, démagogie populiste à l'égard des citoyens. L'argument de la faible gravité des faits, comme celui de l'importance des procédures « contre x », sont souvent avancés pour justifier ce taux élevé de classements sans suite. Effet pervers du tout répressif. D'où l'invention technocratique du concept « d'affaires poursuivables », qui ne change rien à l'observation objective de la réalité criminelle (toutes catégories d'infractions confondues) [26].

Il devient alors urgent de décriminaliser car la déception des victimes, leur perte de confiance dans le législateur ou le juge, sera d'autant plus grande qu'elles ont cru au caractère pénal du conflit. En effet, nombre d'auteurs, en demeurant ainsi inconnus, désarment le système pénal et privent souvent les victimes de la réparation qui leur est pourtant due. La mise en œuvre d'une alternative aux poursuites ne prend qu'insuffisamment en compte la réparation globale de la victime, sinon au cas de médiation pénale [27]. Quand les poursuites ont lieu, les victimes ne sont pas toujours convoquées, notamment au cas de comparution sur reconnaissance préalable de culpabilité ou de comparu-

---

25. V. en ce sens Y. CHARPENEL, *Les rendez-vous de la politique pénale. Concilier devoir de justice et exigence de sécurité*, Ed. A. Colin, Coll. Sociétales, 2006, qui souligne, p. 57, que « les statistiques implacables (car certaines) du casier judiciaire […] révèlent que les juridictions pénales utilisent environ 200 incriminations sur les 15 000 à leur disposition et que 60 d'entre elles correspondent à 90 % des condamnations ».

26. Ces « affaires poursuivables » sont une nouveauté dans la présentation des statistiques judiciaires depuis 1999. Elles représentent 1 379 086 des 4 494 744 affaires traitées, ces dernières constituant elles-mêmes 90,23 % des 4 981 005 procès-verbaux reçus par le parquet en 2013 ; *Les chiffres-clés de la justice*, 2013, p. 14 ; Comp. J.P. JEAN, Affaires classées, *In Pénombre*, 2001-24, pp. 5-6 ; *Annuaire statistique de la Justice*, 2011-12, justice.gouv.fr.

27. V. art. 41-1 *C.pr.pén.*, 12-1 *Ord. 2 fév. 1945*.

tion immédiate [28]. Quand la condamnation intervient, les victimes qui n'entrent pas dans le champ de compétences de la CIVI ou du SARVI ne sont toujours pas indemnisées, non seulement à cause des faibles moyens des condamnés (y compris lorsqu'ils effectuent un travail en prison) mais aussi de l'absence de cohérence dans la mise en place du versement des indemnités accordées. Et l'explosion de la société assurantielle, soucieuse de couvrir tous les risques à « tout prix » [29], comme celle du marché privé de la sécurité investissant le crime comme une rentable industrie [30], nous écartent encore davantage de cette réflexion, pourtant inévitable, sur les raisons de l'émergence et de la consolidation des passages à l'acte criminels et, partant, des victimisations.

3. L'apparition de la victimologie et de l'aide aux victimes

Apparue au milieu du XXème siècle, la victimologie est une science récente [31]. Pour être la discipline la plus en vue, à l'heure actuelle, des sciences criminelles, c'est encore la plus mal connue. Il est pour le moins surprenant que les cher-

---

28. V. not. sur cette justice en temps réel, D. FASSIN et al., *Juger, réprimer, accompagner. Essai sur la morale de l'Etat*, Ed. du Seuil, 2013, not. pp. 29-62.

29. V. par ex. la création symptomatique de la « Garantie des accidents de la vie », ffsa.fr, *Assurer hebdo*, 2000-116, 2 p.

30. V. not. N. CHRISTIE, *L'industrie de la punition : Prison et politique pénale en Occident* (1993), Ed. Autrement, 2003, 223 p. ; F. OCQUETEAU, *Les défis de la sécurité privée. Protection et surveillance dans la France d'aujourd'hui*, Ed. L'Harmattan, Coll. Logiques sociales, 1997, 183 p. ; M. CUSSON, *Criminologie actuelle*, PUF, Sociologies, 1998, pp. 206-226.

31. V. néanmoins les travaux des précurseurs en victimologie, *In* not. J. PINATEL, *Traité de criminologie*, Ed. Dalloz, 3è éd. 1975, p. 486 et s. ; E.A. FATTAH, *La victime est-elle coupable ? Le rôle de la victime dans le meurtre en vue de vol*, Les Presses Univ. Montréal, 1971, p. 21 et s. ; M. BARIL, L'envers du crime, *op. cit.* (1983/2002) ; D. DRAY, *Victimes en souffrance. Une ethnographie de l'agression à Aulnay-sous-Bois*, L.G.D.G., 1999, p. 13 et s. ; G. LOPEZ, *Victimologie*, Ed. Dalloz, 2è éd. 2014, 208 p.

cheurs [32] aient pu occulter durant de si longues décennies, dans leurs travaux sur le phénomène criminel [33], l'existence même de la victime, pour ne s'intéresser qu'aux infracteurs [34]. Les premiers travaux de victimologie ont vu le jour après la seconde guerre mondiale, ce qui n'est pas vraiment un hasard au regard des crimes atroces dont a souffert un nombre considérable de victimes, de l'holocauste comme des faits de guerre, toutes victimes dans leur chair, dans leur dignité humaine, dans leurs biens socioculturels au sens large [35]. Les recherches alors entreprises sont nettement étiologiques, la question centrale demeurant celle du rôle tenu par la victime de l'acte criminel. Les excès comme les insuffisances de ces approches d'inspiration positiviste ont conduit à déplacer les observations vers les caractéristiques statistiques réelles du phénomène et, surtout, vers le vécu des victimes d'actes criminels. Les travaux des victimologues féministes ont été – et demeurent – déterminants à ces égards.

En pleine effervescence, la victimologie oscille actuellement entre approche juridique, bio-psychologique et sociologique. Si la criminologie paraît être le lieu de synthèse privilégié des apports spécialisés des disciplines précitées, elle va devoir corriger son image, péjorativement annoncée comme rétrograde, de science « du » criminel. Ce qu'elle n'est plus exclusivement lorsque les recherches qui l'alimentent, quittant la tentation réductionniste, sont de stratégie globale et intégrée. C'est l'objet même de ce qu'il est dorénavant convenu de nommer l'agressologie. Et la victimologie va devoir s'efforcer de ne pas

---

32. V. en ce sens, P. ROCK (Ed.), *Victimology*, Ed. Darmouth, 1994, p. XI et s. ; V. également E.A. FATTAH, *Criminology : Past, Present and Future. A critical overview*, MacMillan Press Ltd, 1997, p. 182 et s.

33. L'expression « phénomène criminel », préférée à celles très ambiguës de « criminalité » ou de « délinquance » désigne un ensemble de réalités objectives et subjectives a-normales, regroupant les comportements criminels et les actes infractionnels, envisagés dans leur endroit – du point de vue de l'infracteur – comme dans leur envers – du point de vue de la victime ; V. R. CARIO, Introduction aux sciences criminelles, *op. cit.*, p. 16 et s.

34. *Eod. loc.*

35. V. en ce sens, M. BARIL, *op. cit.*, p. 4 et s.

s'enfermer dans l'art de blâmer les victimes [36]. Ce qu'elle ne fait plus lorsqu'elle interroge les expériences vécues par les victimes en vue de tendre à leur réparation globale. Mais les clichés, consistant encore souvent à considérer les termes de criminologie en général, d'agressologie et de victimologie en particulier comme des tares [37], ont souvent raison des démonstrations scientifiques en ce domaine si complexe d'humanité [38]. La victimologie et l'agressologie se doivent de les dépasser en apportant la preuve de leur complémentarité à aborder les deux faces d'une même réalité : le crime posé par l'infracteur au préjudice d'une victime au sein d'une communauté d'êtres humains.

L'évolution du système de justice pénale vers une approche plus restaurative que rétributive des conflits trace, depuis longtemps, les linéaments d'une tellement riche collaboration. De plus en plus nombreux sont, en ce sens, les travaux scientifiques qui aujourd'hui constatent parmi les personnes exposées au crime, plus que proportionnellement [39], notamment ; l'interchangeabilité des rôles de victimes et d'infracteurs, la propension de certaines victimes à s'exposer à des victimisations répétées, la proximité socio-culturelle des protagonistes, les précarités de toutes origines et intensités qui les accablent, les imperfections de leur prise en charge, l'indifférence sociale à leur devenir, voire leur stigmatisation comme fauteurs de tranquillité sociale lorsqu'ils revendiquent leur droit légitime à la (re)socialisation... mais aussi le courage et la volonté des plus

---

36. V. sur ce point E.A. FATTAH, La victimologie : entre les discours épistémologiques et les attaques idéologiques, *In Déviance et Société*, 1981-5, p. 72 et s.

37. V. les remarques de M. BARIL, L'envers du crime, *op. cit.*, p. 6 et s.

38. V. sur ces points les synthèses not. de C.N. ROBERT, La victimologie : victime des postulats criminologiques et sociologiques, *In Rev. Pénale Suisse*, 1979-3, pp. 225-242 ; P. ROBERT, La sociologie entre une criminologie du passage à l'acte et une criminologie de la réaction sociale, *In L'Année sociologique*, 1973-24, pp. 441-504 ; L. CLARK, D. LEWIS, *Rape : the price of coercitive sexuality*, Toronto, Women's Press, 1977, p. 147 et s. ; E.A. FATTAH, *op. cit.*, p. 167 et s.

39. V. Car comme l'a pertinemment souligné Ernst ENGEL, statisticien allemand (1821-1896), « le nombre n'a jamais fait proportion ».

déterminés d'entre eux à surmonter ces moments douloureux, mais encore la résilience qui rend possible à d'autres personnalités « fracassées » la reconstitution de leur vie psychique et sociale par l'activation de facteurs de protection quasi providentiels [40].

Cette complémentarité souligne peut-être davantage encore la pertinence de l'approche globale et intégrée du crime, sous sa double dimension agie et subie, pour une meilleure connaissance des caractéristiques psychologiques et sociales des uns comme des autres qui, en ce qui touche aux atteintes graves aux valeurs essentielles pour le moins, n'entrent pas et ne demeurent pas dans le conflit d'ordre criminel par hasard ou par déterminisme bio-psychologique, socio-économique ou culturel. En totale harmonie, l'agressologie et la victimologie doivent promouvoir, avec des stratégies de prise en compte adaptées, le retour d'êtres humains parmi les autres êtres humains [41]. N'est-ce pas là la seule finalité, motivante, de l'intervention sociale à l'égard de ceux qui souffrent ?

---

40. V. B. CYRULNIK, *Un merveilleux malheur*, Ed. O. Jacob, 1999, 239 p. et spé. p. 84 et s. ; du même auteur, *Autobiographie d'un épouvantail*, Ibid., 2008, 279 p. ; V. également G. JURGENSEN, *La disparition*, Ed. Calman-Lévy, 1994, 189 p. ; T. GUENARD, *Plus fort que la haine* (1999), Ed. J'ai lu, Gallimard, 5502, 223 p. ; C. TANAY, *Le châtiment des victimes*, Bayard Ed., 2001, 159 p. ; T. GUENARD, *Tagueurs d'espérance* (2002), J'ai lu, 6712, 186 p. ; M. BOURGAT, *Le deuil n'est pas une fin : réapprendre à vivre*, Ed. Favre, 2003, 176 p. ; S. BELLIL, *Dans l'enfer des tournantes* (2003), Ed. Denoël, Folio, 2012-12, 310 p. ; N. KOUBBI, *Pourquoi eux et pas moi ?*, Presses de la Renaissance, 2004, 235 p. ; F. RUDTEZKI, *Triple peine*, Ed. Calman-Lévy, 2004, 359 p. ; B. SIFAOUI, *L'homme qui a tué mon frère*, Ed. Albin Michel, 2005, 301 p. ; A. LUCAS, J.E. ATWOOD, *A contre-coups. Violences : des femmes racontent et dénoncent*, Ed. X. BARRAL, Coll. Beaux livres, 2006, 223 p. ; C. MORIN, Z. KAKACHI, *Le vol Alger-Marseille. Journal d'otages*, Ed. Plon, 2006, 238 p. ; I. DEMONGEOT, *Service volé. Une championne rompt le silence*, Ed. M. Lafon, 2007, 261 p. ; S. SY, *Personne ne voulait me croire. Nourrie, logée, séquestrée* (2008), J'ai lu, 8909, 189 p. ; G.P. CELANT, *Vies volées*, Ed. Gunten, 2009, 335 p. ; P.H. BOISVENU, *Survivre à l'innommable et reprendre le pouvoir sur sa vie*, Les Ed. de l'Homme, Montréal, 2008, 295 p. ; C. DELAY, *Je suis debout*, 2011, Ed. du Cherche midi, 2011, 191 p.

41. V. C. CHERKI-NIKLES, M. DUBEC, *Crimes et sentiments*, Ed. Le Seuil, 1992, p. 273.

Le premier congrès mondial de victimologie n'a eu lieu qu'en 1973, à Jérusalem. A ce jour, quatorze autres congrès ont été organisés : Boston (1976), Münster (1979), Tokyo (1982), Zagreb (1985), Jérusalem (1988), Rio de Janeiro (1991), Adélaïde (1994), Amsterdam (1997), Montréal (2000), Durban (Afrique du Sud, 2003), Orlando (USA, 2006), Mito (Japon, 2009), La Haye (2012). Le prochain se tiendra en 2015 à Perth (Australie). La *World Society of Victimology* a été fondée en 1979 à Münster. Deux publications internationales ont été créées : *Victimology : an International Journal* (par E. VIANO, 1976, aujourd'hui disparue) ; *The International Review of Victimology* (Revue de la Société Mondiale de Victimologie, 1990, qui publie également un bulletin d'information intitulé *The victimologist*) [42]. Après le Journal international de victimologie (jidv.com), la Revue francophone de victimologie, THYMA, vient de voir le jour en France (thyma.fr).

Les premières législations nationales spécifiques aux victimes ont vu le jour dans les années 1960, dans le registre principalement indemnitaire : en Nouvelle Zélande (1963), Grande Bretagne (1964), Etats-Unis (la Californie ouvrant la voie en 1965), Canada (à compter de 1967), Autriche (1972), Finlande (1973), République Fédérale d'Allemagne (1976), Suède (1978). Sous la pression de quelques pays, des textes internationaux (Déclaration de l'O.N.U. en 1985, notamment) ou régionaux (Convention européenne de dédommagement des victimes d'infractions violentes en 1983 ; Recommandations du Conseil des Ministres de 1983, 1985, 1987/2006 et 1999 ; Décision-cadre du 15 mars 2001, Directive du 25 octobre 2012, Directives spécifiques à certaines catégories de victimes de 2011, principalement) ont été adoptés [43]. En 1990, un Forum européen des associations d'aide aux victimes, regroupant des organisations nationales, a été créé pour « soutenir le développement des associations d'aide aux victimes en Europe, favoriser l'indemnisation juste et équitable des victimes d'infractions en

42. V. worldsocietyofvictimology.org ; irv.sagepub.com.

43. V. M. GROENHUIJSEN, R. LETSCHERT (Eds.), *Compilation of international victims' rights instruments*, 3rd ed. 2012, 404 p.

Europe sans condition de nationalité, améliorer les droits des victimes en Europe dans leurs relations avec la justice pénale »[44]. Il s'est transformé plus récemment, en 2007, en un regroupement dénommé « Victim Support Europe »[45], comprenant trente-huit organisations implantées dans vingt-cinq pays européens. Dans le même esprit, s'est constitué le Forum européen de justice restaurative et de médiation[46]. Les premières structures d'aide aux victimes, massivement associatives, se sont mises effectivement en place à la fin des années 1970 seulement. Elles jouent actuellement un rôle fondamental pour la reconnaissance des droits des victimes, sauf à pouvoir affronter des difficultés financières de plus en plus préoccupantes[47].

---

44. Sur ces points V. Rapport LIENEMANN, *Pour une nouvelle politique publique d'aide aux victimes*, La Documentation française, 1999, pp. 173-218 ; R. CARIO, *Victimologie. Les textes essentiels*, Ed. L'Harmattan, Coll. Traité de Sciences criminelles, Vol. 2-2, 2è éd. 2003, p. 51 et s., 3è éd. 2015, en cours de parution.

45. victimsupporteurope.eu ; APAV / INTERVICT, *Report victims in Europe*, multigraph., 2009, 182 p.

46. euforumrj.org.

47. V. sur tous ces points, J. COITEUX, P. CAMPEAU, M. CLARKSON, M.M. COUSINEAU (Dir.), Question d'équité. L'aide aux victimes d'actes criminels, *op. cit.*, 389 p. ; A. GAUDREAULT, L'aide aux victimes au Québec : esquisse d'un parcours, *In* R. Cario, D. Salas, *Œuvre de justice et victimes. Volume 1*, Ed. L'Harmattan, Coll. Sciences criminelles, 2001, pp. 109-123 ; S. WALKLATE (Ed.), *Handbook on victims and victimology*, Willan publishing, 2007, 542 p. ; W.C. CHAN, *Support for victims of crime in Asia*, Routledge ed., 2007, 432 p. ; R. WHITE, F. HAIMS, *Crime and criminology*, OUP Australian and New Zealand, 4th ed. 2008, 238 p. ; J.K. WILSON, *The PraegerHandbook of victimology*, Preager publisher, 2009, 344 p. ; S.G. SHOHAM, P. KNEPPER, M. Kett (Eds), *International Handbook of victimology*, CRC Press Inc., New York, 2010, 732 p. ; H. WALLACE, C. ROBERSON, *Victimology : legal, psychosocial and social perspectives*, Prentice Hall, 3rd ed. 2010, 384 p. ; *Pour un plus grand respect des victimes dans la loi sur le Système correctionnel et la mise en liberté sous condition*, Bureau de l'Ombusman fédéral des victimes d'actes criminels, multigraph., 2010, 34 p., victimesdabord.gc/ca ; J. BOUDREAU, L. POUPART, L. LEROUX, A. GAUDREAULT, *Introduction à l'intervention auprès des victimes d'actes criminels*, Ed. AQPV, Montréal, 2009, 236 p. ; A. GAUDREAULT, Des initiatives pour mieux répondre aux préoccupations et aux besoins des victimes d'actes criminels : l'expérience du Canada, *In Cahiers de la sécurité intérieure*, 2013-23, pp. 135-141.

4. L'impact des théories victimologiques sur les droits des victimes

Inévitablement, les théories victimologiques se sont inscrites dans les constats criminologiques qui ont entouré sa création au début des années 1950, très étroitement orientés, en l'état des connaissances scientifiques de l'époque, vers les caractéristiques de l'acte, les mécanismes du passage à l'acte et la personnalité du seul infracteur [48]. Indéniablement, au cours des dernières décennies, les théories victimologiques ont permis de promouvoir, en permanence, l'humanisation du processus pénal au bénéfice de tous ceux qui sont concernés par le crime subi/commis : des protagonistes eux-mêmes à la société tout entière, en passant naturellement par les nombreux intervenant(e)s soucieu(ses)x, dans le cadre d'une stratégie transdisciplinaire pour le moins, de la prévention, de la répression et du traitement les plus harmonieux possibles du phénomène criminel.

En réaction parfois excessive aux travaux sur le couple pénal, les victimologues féministes ont provoqué une première, riche et salutaire rupture épistémologique, sans laquelle la victimologie n'aurait sans doute pas survécu. Avec le souci d'appréhender les violences faites aux femmes dans leur totalité, elles mettent en place des enquêtes de victimisation (sur le modèle en plein essor des enquêtes d'auto-confession réservées aux potentiels infracteurs). Les résultats obtenus sont uniques et très pertinents : le « profil » des victimes est pour la première fois établi, les raisons du non report des victimisations qu'elles subissent sont systématisées, le parcours stigmatisant que leur inflige l'appareil judiciaire (au sens large) est bien balisé, pour l'essentiel.

---

48. Ce terme d'infracteur devrait seul être utilisé pour évoquer les personnes qui transgressent la norme pénale (quelle que soit sa nature), pour au moins deux raisons majeures : la première provient de la variabilité des incriminations dans le temps et dans l'espace ; la seconde, de la présomption d'innocence qui protège ceux qui ne sont pas définitivement condamnés. Bien évidemment, il peut encore s'agir des personnes condamnées exécutant une sanction soit en milieu fermé soit en en milieu ouvert.

De manière sensible, l'indemnisation des victimes et/ou de leurs proches s'est ainsi déplacée de la stricte indemnisation pécuniaire au droit à la réparation globale des personnes victimes d'infraction. La procédure française d'indemnisation apparaît comme l'une des plus performantes au monde Par une articulation heureuse entre la Commission d'indemnisation des victimes d'infractions (CIVI, juridiction civile, autonome) et le Fonds de garantie des victimes d'actes de terrorisme et autres infractions (FGTI, alimenté par un prélèvement de 3.3 € sur tous les contrats d'assurance de biens), victimes et/ou proches sont indemnisés rapidement après les faits, par la collectivité nationale [49].

Les constats quotidiens des praticiens des associations d'aide aux victimes notamment, relayés par la doctrine victimologique, ont conduit en effet à élargir le champ des préjudices réparables, dans leur nature et le montant de leur indemnisation. Leur variété se mesure à l'aune des multiples préjudices retenus, temporaires ou permanents, actuels et futurs. Dans le même ordre d'idées, l'impact de la victimologie (théorique et clinique) se manifeste encore au travers du droit à l'indemnisation de préjudices particuliers aux situations infractionnelles et/ou à leurs conséquences à plus ou moins long terme.

A titre d'exemple, les indemnisations accordées aux victimes de terrorisme ou à leurs proches ont profondément évolué, grâce, notamment, aux enquêtes épidémiologiques effectuées à la demande de SOS-Attentats en 1987 et 1998. Elles ont souligné, plus particulièrement, la persistance, plus ou moins longtemps après les faits, de souffrances physiques, psychologiques et sociales graves, particulièrement préoccupantes en termes de santé publique (stress post-traumatique, séquelles auditives persistantes, dérèglement des aptitudes sociales et professionnelles, dépression persistante principalement). De telles victimisations collectives, très complexes, nécessitent des interventions médicales et psychologiques immédiates de très grande qualité, au travers de la mise en place d'équipes multi-

49. V. fgti.org ; *Rapport d'activité 2013,* multigraph., 59 p. ;V. *Infra*, 2.

disciplinaires spécialement formées pour traiter ces victimes physiques et/ou psychiques.

Un autre exemple de l'impact des travaux et pratiques victimologiques provient de la transposition aux personnes victimes d'infractions graves des connaissances acquises sur l'état de stress consécutif à l'événement criminel, élargissant par là-même encore le champ de leur droit à indemnisation. Il est aujourd'hui démontré que les personnes victimes d'infractions graves subissent, par l'effraction psychique que provoque l'acte criminel, un traumatisme (véritable blessure psychique) plus ou moins profond. Totalement imprévisible, le traumatisme peut être déformé par les représentations, la résistance, les aptitudes et les soutiens sociaux propres à chacun. L'angoisse qui découle de l'événement peut déboucher sur un état de stress, généralement bref, adapté ou non, voire sur un état confusionnel durant les jours qui suivent l'acte criminel. Mais lorsque le sujet est confronté au réel de la mort (physique ou psychique en cas de viol), à l'imminence de sa propre mort, à celle d'un proche ou de toute autre personne, le trauma peut conduire à des blessures psychiques plus intenses. Ainsi, l'effroi qui caractérise ce moment vécu très particulier (sidération, arrêt de la pensée, image du néant) est un symptôme pertinent de la survenue d'un trauma susceptible de caractériser une névrose traumatique.

L'accompagnement psychologique des intéressés s'est heureusement développé sur ces bases au sein même du Système de Justice pénale, au travers de dispositifs de soins très originaux et performants : création de Cellules d'urgence médico-psychologique, pluridisciplinaires, intervenant sur les lieux mêmes de l'attentat ou de l'infraction ; pratiques thérapeutiques spécialisées très originales et performantes, notamment [50].

---

50. V. not. J. HERMAN, *Trauma and recovery*, Basic books, 1992, 290 p. ; P. BRILLON, *Comment aider les victimes souffrant de stress post-traumatique ?*, Les éd. Quebecor, 2003, 447 p. ; F. LEBIGOT, *Traiter les traumatismes psychiques. Clinique et prise en charge*, Ed. Dunod, 2005, 239 p. ; S. GUAY, A. MARCHAND (Dir.), *Les troubles liés aux événements traumatiques. Dépistage, évaluation et traitements*, Presses univ. Montréal, 2006, 387 p. ; M. KEDIA, A. SABOURAUD-SEGUIN et al., *Psycho-traumatologie. 45 notions clés*, Ed. Dunod, Coll. L'aide mémoire, 2008, 291 p. ; C. DAMIANI, F.

Un dernier exemple illustre encore cette riche collaboration entre victimologues et criminalistes. Sous l'impulsion conjointe de policiers ou gendarmes et des professionnels de l'aide aux victimes, l'installation d'intervenant(e)s sociaux en Commissariat et en Gendarmerie est en cours de généralisation (effective aujourd'hui sur près de 200 sites) [51]. C'est dans ce même esprit d'intervention pluridisciplinaire, au plus près des faits, qu'ont été créés dans les années 2000 les Associations d'aide aux victimes en urgence (encore dénommées SAVU).

Les travaux les plus récents soulignent, plus généralement, que pour symboliser l'émotion, il importe encore de la mémoriser de la manière la plus réaliste possible. Il semblerait que le « partage social de l'émotion » la facilite, la parole des tiers ajoutant d'autres significations à celle(s) donnée(s) par la victime à l'événement traumatique [52]. Au-delà de la restauration individuelle de la victime elle-même, par le partage social de l'émotion, les liens affectifs entre humains se renforcent et participent, plus globalement, à la consolidation de l'harmonie sociale. D'où la nécessité de toujours replacer le traitement du traumatisme dans un contexte victimologique plus large afin de prendre en compte la victime de manière vraiment globale.

L'évolution vers une réparation globale de la victime d'infraction et de ses proches apparaît comme le meilleur exemple d'une effective collaboration entre victimologues, juristes, professionnels de l'aide aux victimes, policiers et gendarmes, magistrats et, plus largement, tous les acteurs socio-judiciaires engagés dans la prévention, la répression et le traitement du phénomène criminel, y compris ès qualités de législa-

---

LEBIGOT. (Dir.), *Les mots du trauma. Vocabulaire de psychotraumatologie*, Ed. Ph. Duval, 2011, 303 p.

51. V. Association nationale d'intervention sociale en commissariat et gendarmerie, aniscg.org ; E. BIEZANEK et al., *Les intervenants sociaux en commissariat et gendarmerie. Guide pratique*, Les Ed. de la DIV, 2008, multigraph.,96 p. ; M.L. FORT, *La victime au cœur de l'action des services de police et de gendarmerie*, Rapport au Premier ministre, 2012, multigraph., 60 p.

52. V. not. B. RIME, *Le partage social des émotions*, P.U.F., Coll. Psychologie sociale, 2005, 420 p.

teur. Mais effectivité (capacité du Système de justice pénale à absorber les coûts en personnels et matériels de ces trois missions complémentaires) n'est pas forcément synonyme d'efficacité (instrumentale, afin de resocialiser et réparer les intéressés ; symbolique pour apaiser socialement ; pédagogique pour obtenir le respect de la valeur protégée et la légitimé de sa sanction en cas de refus). La preuve en est la permanence de formes atténuées mais toujours insidieuses, fortement déstabilisantes voire même traumatisantes, de victimisation secondaire.

Il est en ce sens remarquable de noter que les travaux victimologiques ont très tôt aperçu les manifestations perverses de la victimisation secondaire. Les victimologues féministes ont effectivement mis en évidence, à l'occasion des enquêtes de victimisation que, lors de leur prise en charge par le Système de justice pénale, du policier au juge (d'instruction, de jugement et de l'exécution/application des peines), les personnes victimes sont frappées tout à fait injustement de victimisation secondaire. De nature à freiner, au surplus, la saisine des autorités compétentes pour connaître et traiter leurs souffrances, ces négligences graves à l'égard des personnes victimes sont multiples et attentatoires à leur dignité même, comme aux principes fondamentaux du procès équitable : dérision (quant à l'appréciation des faits reportés), provocation (quant à la « crédibilité » des déclarations), mépris (quant aux suites données à l'affaire et au déroulement du procès), abandon (quant au recouvrement des indemnisations obtenues)...

De manière toute aussi pertinente, les travaux des victimologues féministes ont permis que la victime soit enfin reconnue au travers des souffrances qu'elle subit, que l'infraction soit reportée ou non, voire évacuée en cours de procédure. A la suite des propositions classiques sur les facteurs « victimogènes », elles ont systématisé, grâce aux mêmes enquêtes, les caractéristiques personnelles et sociales des victimes de crime. En ce sens et de manière schématique, les lieux des victimisations les plus graves sont moins les transports en commun ou les parkings que le foyer familial lui-même. L'agresseur est alors connu de la plupart des personnes victimes. D'une manière synthétique, les personnes victimes vivent dans des situations de précarité diversifiées et profondes. En matière de violences conjugales ou sexuelles, chronicité et survictimisation sont la règle. Les liens entre violences agies et subies sont mis en évidence. Plus spécifiquement encore, les raisons du non report des victimisations auprès des autorités compétentes sont nettement identifiées : vulnérabilité de la victime ; peur des représailles ; honte à dévoiler ce que l'on a subi ou pas pu empêcher ; méconnaissance et crainte des recours, principalement [53].

A l'issue de ces travaux, il n'est pas étonnant que leurs auteures défendent avec justesse la nécessité de prises en compte, nettement plus élaborées, en offrant à la victime la possibilité de (re)prendre en main ses propres affaires, par l'apprivoisement des droits que son statut juridique contemporain lui confère, dans une authentique stratégie d'*empowerment*. Il importe absolument de placer les protagonistes au cœur de la résolution de leur conflit, en complémentarité avec le système de Justice pénale. Leurs propositions s'inscrivent ainsi dans la philosophie de la Justice restaurative et des mesures qu'elle promeut. Ayant le souci de tous, la Justice restaurative offre aux intéressés l'opportunité d'une rencontre volontaire afin qu'ils échangent, selon les mesures, autour des caractéristiques, des conséquences et des répercussions du conflit de nature pénale qui les oppose, quelle que soit la gravité de l'infraction. Le but de ces mesures est, tout d'abord, de rendre possible une telle rencontre ; d'encourager, ensuite, l'auteur à mesurer l'impact humain, social et/ou matériel de son action et d'en assumer la responsabilité ; de conduire encore chacun à reconsidérer le point de vue de l'autre et à en tenir davantage compte ; d'amener, enfin et principalement, les intéressés à envisager les contours de la réparation de tous les préjudices causés, conséquences directes du passage à l'acte, ou répercussions plus éloignées – a priori – d'ordre personnel, familial, professionnel, social et culturel principalement.

---

53. Sur cet aspect, V. not., L. CHAUSSEBOURG, *Se déclarer victime : de l'atteinte subie au dépôt de plainte*, *In* Infostat Justice, 2010-110, où il est remarqué que seulement 16 % des victimes d'agression portent plainte.

L'impact des théories victimologiques sur les droits des personnes victimes, en France pour le moins, est considérable et peu discutable. N'en déplaise aux esprits chagrins, la complémentarité entre l'approche scientifique du crime et la réaction sociale qu'il impose est non seulement viable mais aussi efficace. Un long chemin a été parcouru en ce sens. Beaucoup d'obstacles demeurent néanmoins à surmonter.

5. Les fantasmes « victimaires »

Il demeure que la réparation de la victime est aujourd'hui encore assez exclusivement indemnitaire. Son accompagnement psychologique et/ou social, lorsqu'il est nécessaire, apparaît toujours très insuffisant. Il faut pourtant bien se convaincre que seule une approche globale des droits et des besoins de la victime lui permettra de retrouver sa « plénitude » [54]. Or le débat doctrinal se crispe aujourd'hui autour du constat du prétendu « sacre » de la victime. Forts de pertinents arguments, si tous les observateurs semblent se féliciter de l'évolution des droits des victimes, ils paraissent également unanimes pour en dénoncer les « excès », les « dérives », les « effets pervers ». Mais de quelles victimes parle-t-on véritablement ? De la victime « singulière » accompagnée au quotidien par les professionnels de terrain ou de la figure fantasmée d'une victime « invoquée » [55] ?

L'opposition des pratiques entre l'endroit et l'envers du crime se perd actuellement sur le terrain des droits et attributs dont est supposé jouir chacun des deux titulaires directement engagés dans le conflit. Dans la crainte d'une quelconque instrumentalisation ou domination de l'une des parties sur l'autre, le débat s'enferme dans l'invective réciproque, stérile et contreproductive pour la défense de leur reconnaissance sociale respective. Si l'on ne peut nier l'influence des revendications des victimes, il est caricatural, dans un tel contexte, de la désigner

---

54. V. A. GARAPON, F. GROS, T. PECH, *Et ce sera justice. Punir en démocratie*, Ed. O. Jacob, 2001, p. 270.

55. V. D. SALAS, La volonté de punir. *Essai sur le populisme pénal*, Hachette littératures, 2004, p. 18, 63 et s.

comme seule responsable de la dégradation des droits des condamnés. N'est-il pas fallacieux de prétendre, en ce sens, qu'être victime risque de devenir une « vocation, un travail à plein temps » [56], un « business » [57], un « sport national » [58] ? Qu'« idolâtrée, [la victime] aggrave un peu plus le déséquilibre au détriment de l'accusé » [59], que sa présence « bouleverse jusqu'à l'architecture du droit pénal » [60] et que sa « prépotence » [61] au cœur du procès fait « trembler toute notre culture juridique » [62], soumise à « la dictature de l'émotion » [63] ? Que la souffrance « sacro-saintes » [64] des victimes, « contrairement à l'innocence », « ne se présume pas » : « elle se constate » et il n'est « actuellement pas décent » de la « mettre en doute » [65] ? Qu'adopter le point de vue de la victime, c'est s'engager sur une voie périlleuse entre tentation populiste et déni des droits des justiciables [66], fabriquer « des lois sur mesure » [67], trans-

---

56. V. P. BRUCKNER, *La tentation de l'innocence*, Ed. Grasset, 1995, Livre de Poche, 13927, p. 113 et s., spé. p. 130.

57. V. F. CASORLA, La victime et le juge pénal, *In Rev. Pénitentiaire et de droit pénal*, 2003-4, pp. 639-648.

58. D. ABIKER, *Le mur des lamentations : tous victimes et fiers de l'être*, Ed. Michalon, 2006, 281 p.

59. V. T. LEVY, *Eloge de la barbarie judiciaire*, Ed. O. Jacob, 2004, p. 10 ; comp. A. BLANC, La question des victimes vue par un président d'Assises, *In AJpénal*, 2004-12, pp. 432-434.

60. V. M. TUBIANA, Le champ des réformes, *In Hommes et libertés*, 2010-149, pp. 37-38.

61. V. M.L. RASSAT, *Le droit pénal*, Ed. Dalloz, Coll. Connaissance du droit, 2005, pp. 139-143.

62. V. J. COIGNARD, citant F. GROS, Une sacralisation des victimes qui embarrasse les juges, *In Libération*, 2 nov. 2004, p. 16.

63. V. G. ERNER, *La société des victimes*, La Découverte, 2006, p. 204.

64. V. P. ROBERT-DIARD, Sacro-saintes victimes, *In Le Magazine du Monde*, 2014-69, pp. 51-54.

65. V. X. PIN, La privatisation du procès pénal, *R.S.C.*, 2002, pp. 245-256.

66. V. D. SALAS, L'inquiétant avènement de la victime, *op. cit.*, p. 90 ; P. ROBERT-DIAZ, Le plaignant souverain, *Le Monde des livres,* 3 déc. 2004-IV.

former « la justice en vengeance au nom de la confusion entre droits des victimes et intérêt général » [68], alors qu'il « avait pourtant fallu des siècles pour arracher la justice pénale à la vengeance privée » [69] ? Dans une société « gouvernée » par la peur, où la « victime est reine », on pourrait par conséquent craindre que le système de justice pénale ne soit traversé par une « idéologie victimaire » [70]. La montée du populisme pénal, inexorable, ne peut ainsi qu'emballer la volonté de punir [71], le victimisme consistant de surcroît « à vouloir remplacer la solidarité par la charité » [72].

La société éprouverait-elle une peur si forte à l'égard des victimes en général pour n'apercevoir dans leurs revendications qu'une résurgence de la vengeance la plus archaïque [73], de « mécanismes victimaires » plus ou moins conscients [74] ? Si la stratégie victimaire – loin d'être confirmée par les réalités de terrain [75] – doit être fermement dénoncée, il convient de bien

---

67. V. G. BEAUSSONIE, Refus d'une consécration d'un « droit au procès pénal » pour les victimes d'une infraction, *In La Sem. Jurid.*, Ed. G., 2011-46, pp. 2241-2243.

68. V. P. DUBOIS, La France défigurée, *In LDH Info*, 2007-169, p. 1.

69. V. Note de la Fondation Copernic, M. CHAUVIERE et al., *op. cit.*, p. 36.

70. V. D. SIMONNOT, Notre système pénal est traversé par une idéologie victimaire, *In Libération*, 8-9 oct. 2005, pp. 46-47.

71. V. D. SALAS, *La volonté de punir. Essai sur le populisme pénal*, Hachette littératures, 2004, 287 p.

72. V. G. ERNER, *op. cit.*, pp. 191-192.

73. V. not. J. COIGNARD, Une sacralisation des victimes qui embarrasse les juges, *In Libération*, 29 nov. 2004, p. 16 ; X. MOLENAT, Pourquoi tant de victimes ?, *In Sciences humaines*, 2005-156, p. 9 ; C. AMBROISE-CASTEROT, Dissociation de l'action civile et recevabilité de l'action vindicative de la victime, *In Rev. Pénit.*, 2007-2, pp. 379-382 ; M. GIACOPELLI, Victimes et application des peines, *In Rev. Pénit.*, 2007-4, pp. 789-801 ; comp. P. BONFILS, L'action pénale de la victime. Une action innomée au régime juridique clairement définie, *In Etudes et analyses*, 2012-13, institutpourlajustice.org.

74. V. à cet égard les travaux de R. GIRARD, not. *La violence et le sacré* (Ed. Grasset, 1972, Coll. Pluriel, 534 p.) ou *Le bouc émissaire* (Ed. Grasset, 1982, Coll. Pluriel, 315 p.).

75. V. Y. CHARPENEL, *op. cit.*, qui dénonce la « victimôlatrie » attribuée à un courant criminologique minoritaire, p. 230 ; V. *contra* R. GASSIN qui

mesurer qu'elle procède davantage du mépris, voire de l'humiliation, dont les victimes sont encore trop fréquemment l'objet plutôt que d'une réactivation organisée de la vendetta la plus aveugle [76], se manifestant par « un rétributivisme punitif populiste » [77]. Loin d'être un « animal judiciaire » [78], un « agent martial de la répression » [79], un « acteur sauvage », « ventriloque » [80], la victime n'institue qu'exceptionnellement le *pretium doloris* comme « point final de sa thérapie » [81]. Si elle « envahit », voire « pollue », selon certains auteurs, le procès pénal jusqu'à le dominer et menacer « la sérénité des magistrats » [82], ce n'est certainement pas pour contribuer à « un jeu de massacre » [83], ou pour vider l'Œuvre de justice de sa substance [84], alimenter une « industrie » [85] ou installer un « em-

---

s'inquiète des effets pervers du « mouvement victimophilique actuel », *In Criminologie*, 6è éd. Dalloz, Coll Précis, 2007, p. 236 ; D. SALAS, Le droit pénal à l'ère du libéralisme autoritaire, *In* M. Massé, J.P. Jean, A. Giudicelli (Dir.), *Un droit pénal postmoderne ? Mises en perspectives des évolutions et ruptures contemporaines*, PUF, Coll. Droit et justice, 2009, pp. 114-115 ; J. COTTA, P. MARTIN, *La révolte des victimes*, Documentaire AV, InfraRouge, 2008, 1mn 10.

76. V. J. GAILLARD, *« Des psychologues sont sur place... »*, Ed. Mille et une nuits, Coll. Essai, 2003, p. 156 et s.

77. V. Y. CARTUYVELS, Les paradigmes du droit pénal moderne en « période postmoderne » : évolutions et transformations, *In* M. Massé et al. (Dir.), Un droit pénal postmoderne, *op. cit.*, pp. 94-95.

78. M.L. RASSAT, *Traité de procédure pénale*, PUF, Coll. Droit fondamental, p. 252.

79. V. J. CARBONNIER, *Droit et passion du droit sous la Vè République*, Ed. Flammarion, 2008, p. 147.

80. V. J. DANET, *Défendre. Pour une défense pénale critique*, Dalloz, Coll. États de droits, 2è éd. 2004, p. 246.

81. V. J. GAILLARD, *Ibid.*, p. 170.

82. V. J. BARILLON, P. BENSUSSAN, *Le désir criminel*, Ed. O. Jacob, 2004, pp. 91-130.

83. V. T. LÉVY, *op. cit.*, p. 169.

84. V. D. SOULEZ LARIVIERE, H. DALLE, *Notre justice. Le livre vérité de la justice française*, Ed. Laffont, 2002, pp. 309-313.

85. V. J. DANET, *Justice pénale, le tournant*, Gallimard Folio / Le Monde, 2006, p. 237 et s.

pire »[86] du traumatisme, mais pour sortir de la détresse et retrouver son désir de vivre[87].

Et cela passe aussi par la reconnaissance de leur état de victime et leur réparation intégrale, par la nomination de la faute, par la sanction de l'auteur en vue de sa resocialisation. Il s'agit bien là des objectifs que promeut le procès équitable, consacré par l'article préliminaire du Code de procédure pénale : « *I. La procédure pénale doit être équitable et contradictoire et préserver l'équilibre des droits des parties... II. L'autorité judiciaire veille à l'information et à la garantie des droits des victimes au cours de toute procédure pénale* »[88]. Et quoi qu'on en pense, le travail de deuil ne commencera la plupart du temps que lorsque le juge, dans un jugement définitif, séparera les deux parties au procès pour qu'elles puissent continuer leur destinée humaine respective. Ainsi s'affirme la réalité symbolique du procès pénal conduisant à conforter l'humanité des victimes, à les réinscrire dans la réciprocité juridique[89], loin de tout fantasme thérapeutique[90]. Ainsi s'affirme la réalité sociale du procès pénal favorisant la (ré)intégration sociale des protagonistes et, à travers elle, la pacification des communautés éprouvées.

---

86. D. FASSIN, R. RECHTMAN, *L'empire du traumatisme. Enquête sur la condition de victime*, Ed. Flammarion, 2007, 452 p.

87. V. M. CHOLLET, Reconnaissance ou sacralisation ? Arrières-pensées des discours sur la « victimisation », *In Le Monde diplomatique*, 2007-9, pp. 24-25.

88. V. not. A. GIUDICELLI, Premières applications jurisprudentielles de l'article préliminaire du code de procédure pénale, *In Rev. Sc. Crim.*, 2003, p. 122 et s. ; C. LAZERGES, De l'écriture à l'usage de l'article préliminaire du code de procédure pénale, *In Mélanges en l'honneur du professseur Reynald Ottenhof. Le champ pénal*, Dalloz, 2006, pp. 71-87 ; E. VERGES, L'effet normatif de l'article préliminaire du Code de procédure pénale, *In Mélanges offerts à Raymond Gassin. Sciences pénales et criminologiques*, P.U. Aix-Marseille, 2007, pp. 327-343.

89. V. A. GARAPON, F. GROS, T. PECH, *op. cit.*, p. 271.

90. V. La justice est-elle thérapeutique ?, *In Justice*, 2006-188, pp. 30-33 ; R. BADINTER, Ne pas confondre justice et thérapie, *In Le Monde* 9-10 sept. 2007, p. 13 ; comp. X. PIN, La victime : définitions et enjeux, *In A.P.C.*, 2006-28, pp. 49-72, où l'auteur précise qu'à « défaut de pouvoir être thérapeutique, le procès pénal semble être au moins devenu sympathique ».

Sans doute convient-il d'accueillir les prétentions des victimes avec prudence. Et la surenchère victimaire, pour demeurer exceptionnelle, est bien réelle. Le sens commun, ne reposant sur aucun constat scientifique par définition, recèle en ce sens de réels dangers : celui de l'instrumentalisation politicienne de la victime pour énerver toujours plus la répression pénale, celui de la confiscation de leur parole authentique par certaines associations de défense [91], celui de leur maintien prolongé dans le processus pénal, au-delà du jugement définitif, durant l'exécution des peines notamment [92]. Raisons de plus pour l'associer, le plus tôt et le plus complètement possible, au procès pénal, à la manière de son implication, durant de longs siècles, dans des modalités beaucoup plus participatives et restauratives de régulation des conflits.

6. La complexité du Droit des victimes

La complexité textuelle du droit des victimes constitue un obstacle supplémentaire à la reconnaissance pleine et entière, en toute équité, des droits de victimes. Le *droit criminel*, particulièrement concerné par le domaine de l'aide aux victimes, occupe une place majeure, tant aux plans substantiel que formel. Une connaissance approfondie des principes de responsabilité pénale (autour de la trilogie culpabilité-imputabilité-responsabilité) et de ceux relatifs à la sanction pénale apparaît essentielle, tant en ce qui concerne les personnes physiques que les personnes morales, de droit privé ou de droit public. De même, le droit pénal spécial des personnes et des biens, principalement (au travers des éléments constitutifs des infractions et des modalités de leur sanction), est indispensable. D'autres rameaux du droit pénal spécial sont naturellement concernés : droit pénal des affaires et des sociétés, droit pénal du travail, de

91. Dont la légitimité n'est pour autant pas à remettre en question. V. art. 2-1 à 2-19 *C.pr.pén.*

92. V. R. Cario, Qui a peur des victimes ?, *In A.J.pénal*, 2004-12, pp. 434-437 ; De la victime oubliée… à la victime sacralisée ?, *In A.J.pénal*, 2009-12, pp. 491-494 ; G. Royer, La victime et la peine. Contribution à la théorie du procès « *post sententiam* », *In Rec. Dalloz*, chron., pp. 1745-1750.

l'environnement, droit pénal économique, droit pénal médical et hospitalier, notamment. Il n'est pas vain de rappeler que la victimologie est d'un réel secours lors de l'analyse et de la prise en compte de ces multiples victimisations, d'autant plus lorsqu'elles sont d'émergence complexe : violences urbaines ou scolaires, violences intrafamiliales, attentats terroristes, violences en milieu de travail [93]. Il va sans dire que la procédure pénale, autour des phases d'enquête, de poursuite, d'instruction et de jugement est déterminante dans la prise en charge des victimes. Les apports de la criminalistique (police technique et scientifique ; médecine légale) enrichissent fortement la procédure pénale. Le droit de l'exécution des sanctions devrait occuper une autre place que celle qui lui est réservée, car de sa bonne connaissance dépend notamment l'effectivité des réparations dues à la victime.

Le *droit civil* apporte également de précieux éléments de compréhension, de protection et de réparation des victimes : protection des enfants en danger, droit des incapacités (tutelle et curatelle), régimes de responsabilité civile, exercice de l'action civile et constitution de partie civile, sûretés, recouvrement des préjudices. La définition des préjudices et le calcul des indemnités occupent en notre matière la place prépondérante. Le rôle de la Commission d'indemnisation des victimes d'infractions (CIVI) apparaît primordial dans la réparation financière des préjudices subis par les victimes d'infractions graves.

Le *droit public* est tout autant concerné au regard des principes généraux de la responsabilité administrative et des réparations auxquelles sont susceptibles d'être condamnés les agents de l'Etat ou des collectivités territoriales. Sans négliger le fait que nombre de victimisations découlent de manquements à la discipline sociale incriminés, pour la plupart, par des textes d'origine réglementaire. La définition et la mise en œuvre des politiques publiques d'intégration sociale, de lutte contre toutes les formes d'exclusion, de prévention du phénomène criminel notamment, sont d'un intérêt constant en la matière. Au même titre que la mise en place de dispositifs de protection et de sécu-

93. V. R. CARIO, Victimologie (2012), *op. cit.*, p. 97 et s.

rité civile (comme le plan rouge) en cas de crise permet encore des prises en charge globales des catastrophes et accidents collectifs.

Le *droit médical* tend à devenir majeur de nos jours au regard principalement de l'expertise médicale sur laquelle se fondent les magistrats pour allouer des indemnités à la victime de l'infraction. La rédaction des certificats médicaux constatant les préjudices et la durée de l'arrêt de travail sont ici d'une importance capitale. Dans le même esprit, les caractéristiques de la prise en charge des victimes par les services hospitaliers (notamment d'urgence) sont de nature à influer profondément sur la réparation (physique et psychique) de la victime. En ce qui concerne la prise en charge thérapeutique, la psycho-traumatologie, la psycho-criminologie, la psychiatrie, la psychanalyse et la psychopathologie apportent un soutien remarquable aux victimes traumatisées plus ou moins profondément. Quant au *droit de la sécurité sociale*, au-delà de la définition et des modalités d'attribution des prestations accordées à la victime, il emporte des conséquences que la victime ne saisit pas toujours, en termes de recours permettant l'imputation des sommes ainsi versées sur les dommages et intérêts alloués par le juge.

Le *droit des assurances* occupe une place de plus en plus importante dans le traitement contemporain des victimisations. L'anonymat de la délinquance de masse, désarmant l'intervention étatique, a conduit à une extension considérable du champ assurantiel. Timidement introduites dans nos sociétés occidentales, les garanties offertes ont pris un tour décisif avec le dernier produit né : la garantie des accidents de la vie qui couvre tous les dommages de la vie quotidienne, y compris les crimes et les délits subis. Une telle politique néo-libérale, vantée pour la rapidité de l'indemnisation et l'extension de la couverture, n'emporte pour autant pas que des avantages. L'intervention du juge est toujours nécessaire pour déterminer la qualification des faits. Elle risque surtout de conduire à une déresponsabilisation des conduites humaines et à un abaissement considérable de la solidarité dont doit témoigner, en premier lieu, la société au bénéfice des victimes. La prise en compte de la personne humaine risque ainsi de s'effacer derrière la réponse strictement indemnitaire.

Mais dans le meilleur des Systèmes de justice pénale, comme l'a relevé pertinemment Marie-Pierre de LIEGE, la victime n'obtiendra jamais que l'identification et la sanction du coupable, la reconnaissance de son état de victime et l'allocation de dommages et intérêts compensatoires des souffrances subies [94]. La compensation financière n'est pas la réparation véritable.

C'est la raison pour laquelle l'approche strictement juridique doit être complétée par les apports des autres sciences criminelles que sont la *philosophie pénale* (ensemble de théories sur la détermination du Bien commun, sur la conception de l'être humain, sur la participation de la communauté à la prévention et au traitement du phénomène criminel), la *pénologie* (au regard de la fonction de la peine évoluant entre rétribution, utilitarisme, resocialisation et restauration), la *criminologie* (agressologique et victimologique, générale et clinique) et la *politique criminelle* définie comme l'organisation rationnelle de la lutte contre le crime. A cet ensemble définitivement complexe s'ajoutent encore quelques disciplines ressortissant des sciences humaines : la *psychologie* (générale, clinique et sociale), la *sociologie* (pénale, générale et clinique), l'*anthropologie* (psycho-cognitive, sociale et culturelle), l'*ethnologie* (études des valeurs sociales, des unités sociales et des régulations sociales).

Pour schématique que soit une telle énumération des champs concernés par la prévention et le traitement des victimisations, elle apparaît fondamentale dans ses implications. L'approche multidisciplinaire et pluri-professionnelle est inévitable en droit (au sens large) des victimes, quand bien même sa complexité peut décourager les tentatives de globalisation, voire encourager les frilosités disciplinaires.

---

94. V. M. DE LIEGE, L'aide aux victimes : vingt ans après : bilan et perspectives, *In* R. Cario, A. Gaudreault (Dir.), *L'aide aux victimes : vingt ans après. Autour de l'œuvre de Micheline Baril*, Ed. L'Harmattan, Coll. Sciences criminelles, 2003, pp. 29-41.

La complexité du droit des victimes se retrouve en pratique lorsqu'une victime souhaite être prise en charge par une structure pluridisciplinaire telle qu'une association d'aide aux victimes. En effet, une victime souhaitera parfois, dès le départ, obtenir des informations juridiques et s'entretenir avec un juriste. Or, grâce aux formations dispensées aux « accueillants victimes » sur les techniques d'entretien et d'écoute, il sera bien souvent nécessaire d'orienter cette personne en souffrance vers un psychologue ou un travailleur social. En effet, les victimes ne prennent pas toujours la mesure de l'impact de l'infraction sur leur psychisme et elles souhaitent généralement prioriser les questions juridiques. Toutefois, il apparaît indispensable que le professionnel établisse au plus tôt un diagnostic généraliste pour ensuite répondre à la demande initiale et accompagner la victime vers le(s) professionnel(s) adéquat(s).

7. L'évolution contemporaine des droits des victimes

Quand bien même le CIC de 1808 a offert, officiellement, aux victimes d'infraction la possibilité de se constituer partie civile devant les juridictions pénales, il faut cependant attendre la seconde moitié du Xxème siècle pour que cette si pertinente opportunité s'accompagne des droits qui la rendent concrètement appropriable par les victimes et/ou leurs proches et, surtout, effective en termes d'indemnisation intégrale.

Parallèlement à la reconnaissance d'acteur au procès, l'indemnisation de la victime, son accompagnement global se sont nettement améliorés au cours des trois dernières décennies pour tendre vers un véritable Droit – sinon Code – des victimes [95].

La première décade, les années '80, est celle du *Droit à indemnisation* dont le premier jalon fut posé par la Loi du 3 janvier 1977, ouvrant à la victime un droit à réparation forfaitaire du dommage provoqué par des faits, volontaires ou non, présentant le caractère d'une infraction. Le dernier jalon d'envergure provient de la Loi du 6 juillet 1990, qui assure la réparation

---

95. V. INAVEM, *Justice du 21è siècle. 40 propositions pour un droit des victimes en mouvement*, p. 6, inavem.org.

intégrale des infractions graves contre les personnes et supprime le caractère subsidiaire de la procédure d'indemni-sation.

La seconde décade, les années '90, consacrent le *Droit à l'aide aux victimes*. En effet, afin de rendre effectif ce droit à indemnisation, des Associations d'aide aux victimes ont été créés à partir de 1982, sur les très fortes recommandations du Ministère de la Justice, parfaitement conscient des grandes difficultés rencontrées sur le terrain par la victime : méconnaissance de ses droits, lenteur des procédures, absence de prise en compte de la victimisation secondaire. Depuis 1986, les divers services sont fédérés au sein de l'Institut national d'aide aux victimes et de médiation (INAVEM) dont les objectifs sont principalement de définir et évaluer les missions d'aide aux victimes, d'une part, et d'assurer la coordination et le soutien de ces services, de l'autre.

La troisième décade, les années 2000, apparaît comme celle de la *rationalisation du Droit des victimes*, particulièrement au regard de leurs droits subjectifs. En ce sens, la première politique pénale raisonnée à l'égard des victimes provient finalement de la Circulaire du 13 juillet 1998, fortement inspirée par celle du 25 juillet 1983 qui n'a guère reçu d'application concrète soutenue ; la première politique publique d'aide aux victimes est esquissée par le Rapport LIENEMANN remis le 29 mars 1999 au Premier Ministre, dans la veine du Rapport MILLIEZ de 1982. Le droit des victimes est ainsi en cours d'élaboration et la reconnaissance des droits individuels des victimes en cours d'acquisition depuis la loi fondamentale du 15 juin 2000 [96]. Cependant, l'application de ces dispositions, minimales, se heurte toujours aux résistances, autour de la problématique du manque, des multiples intervenants impliqués dans la prise en charge des victimes. Et de circulaires en rapports, rarement appliqués, on peut craindre que les énergies se dispersent sans finalité [97].

---

96. V. *Vers une politique publique d'aide aux victimes*, multigraph., INAVEM, 1998, 61 p. ; M.N. LIENEMANN, *op. cit.*, 230 p.

97. V. not. R. CARIO, L'évolution de l'aide aux victimes en France, *In les Petites Affiches*, 2005-80, pp. 3-11 ; Y. STRICKLER (Dir.), *La place de la*

La quatrième décade, les années 2010, dont l'histoire est cours d'écriture, semble résolument se tourner vers l'*approche restaurative* de la question criminelle. La victime comme l'infracteur (ainsi que leurs proches et leurs communautés d'appartenance) doivent en ce sens être mis au cœur des dispositifs disponibles (judiciaires, psychologiques et/ou sociaux), dans une posture d'apprivoisement [98], d'appropriation si l'on préfère. En complémentarité avec la réponse pénale dominante (trop inflationniste de nos jours), les rencontres restauratives (avec le risque évitable de leur instrumentalisation) en sont les illustrations les plus prometteuses : médiation, conférence du groupe familial, cercles restauratifs [99], rencontres détenus-victimes, notamment. Inscrites dans le processus pénal sous l'autorité du juge compétent, elles sont préparées et mises en œuvre par un intervenant professionnel, selon des protocoles rigoureux. C'est dans une telle voie que s'est engagée résolument la Loi Taubira du 15 août 2014 [100].

S'agissant assez généralement de (re)découverte de pratiques plus anciennes, respectueuses certes aujourd'hui des droits humains et des principes fondamentaux de droit criminel, cette justice restaurative vient rappeler que l'histoire est riche d'enseignements, tant en erreurs à ne pas répéter… que de

---

victime dans le procès pénal, Ed. Bruylant, 2009, 320 p. ; A. D'HAUTEVILLE, L'évolution des droits des victimes dans le procès pénal, *In Cahiers de la sécurité intérieure*, 2013-23, pp. 57-64 ; R. CARIO, Approche victimologique des droits des victimes, *Ibid.*, 14-24 ; A. SPILLIAERT, La place de la victime dans le processus pénal, *In Cahiers français*, 2013-377, pp. 53-58 ; A. D'HAUTEVILLE, Les droits des victimes, *In* R. Cabrillac, (Dir.), *Libertés et droits fondamentaux*, Ed. Dalloz, 21è éd. 2015, pp. 747-762 ; Les droits des victimes, *In AJpén.*, 2015-1, Dossier, pp. 9-28.

98. V. à cet égard A. de SAINT EXUPERY, *Le petit prince* (1943), Ed. Gallimard/Folio, 1999, pp. 70-78.

99. V. en ce sens, § 46 Directive 2012/29/UE devant être transposée avant le 16 novembre 2015 en droit français.

100. V. Loi **relative à l'individualisation des peines et renforçant l'efficacité des sanctions pénales** introduisant dans la partie législative du *C.p.pén.* un article 10-1 consacrant le recours, à tous les stades de la procédure, à une mesure de justice restaurative ; V. B. SAYOUS, R. CARIO, La justice restaurative dans la réforme pénale : de nouveaux droits pour les victimes et les auteurs d'infractions pénales, *In AJpén.*, 2014-10, pp. 461-466.

bonnes pratiques à développer. Ce n'est qu'ainsi que l'indispensable distinction entre l'acte (portant atteinte à l'intérêt général) et les protagonistes (dont les interrelations ont été atteintes par le crime), essentielle au plan éthique, peut être aboutie. D'une telle complémentarité découle l'Œuvre de justice, seule de nature à conduire au retour de l'Harmonie sociale [101].

A défaut, en effet, de mise en œuvre d'une telle stratégie d'inclusion, d'implication, de collaboration de toutes celles et ceux qui le souhaitent, par les professionnel(le)s, dûment formé(e)s, de l'ensemble de la chaîne pénale, les missions de resocialisation, de réparation globale, de rétablissement de la paix sociale (à l'égard des protagonistes, de leur entourage comme de la société au sens large), la restauration de l'harmonie sociale demeurera un vœu pieux.

8. Les enjeux du Droit des victimes

La nécessité d'une reconnaissance légale des personnes victimes et/ou de leurs proches est incontournable à l'heure du procès équitable. La prise en compte des nombreux enjeux qui s'y rattachent, objectifs et subjectifs, devrait conduire à l'adoption d'un « Code des victimes ».

Les enjeux républicains [102] du/des droit(s)s des victimes et, partant, d'une réelle politique publique interministérielle d'aide aux victimes sont essentiels et multiformes. L'enjeu humain des droits des victimes et de l'aide aux victimes [103] est d'une évidence dramatiquement banale. Le crime éprouvé, comme résul-

---

101. V. not. R. CARIO, Justice restaurative. Principes et promesses, *op. cit.* ; H. ZEHR., *La justice restaurative. Pour sortir des impasses de la logique punitive*, Ed. Labor et Fides, Genève, 2012, 98 p. ; P. GAILLY, *La justice restauratrice. Textes réunis et traduits par...*, Ed. Larcier, 2011, Coll. Crimen, 471 p. ; Comp. S. JACQUOT, Y. CHARPENEL, *La justice réparatrice. Quand victimes et coupables échangent pour limiter la récidive*, Ed. l'Harmattan, Coll. Questions contemporaines, 2012, 130 p.,anjr.fr.

102. V. Rapport LIENEMANN, *op. cit.*, p. 19 et s.

103. Sur l'aide aux victimes, V. not. inavem.org.

tat d'un conflit inter-humain la plupart du temps, cristallise les souffrances de la victime et de ses proches, mais aussi celles de l'auteur de l'acte et de ses proches. Si le conflit grave doit être dénoué sur la scène pénale, selon des rôles spécifiques à chacun (victime, infracteur, procureur, juge, expert, avocat, intervenant(e) socio-judiciaire au sens large), les protocoles mis en place ne doivent pas conduire à aggraver encore la situation des principaux intéressés (victimisation secondaire pour l'une, rétribution classique pour l'autre), à les opposer davantage encore. L'équité commande la juste appréciation des faits, la reconnaissance et le respect des droits de chacun, la réparation de tous. D'objets de procédure, infracteur et victime doivent être (ré)investis dans leur qualité de personne humaine pour devenir d'authentiques sujets de droits, acteurs prépondérants, en toute réciprocité, du procès pénal. Les traumatismes subis par les victimes sont en effet souvent à la hauteur des précarités qui accablent l'auteur de l'acte criminel. Il importe donc d'offrir à la victime la réparation la plus globale et durable possible, au condamné la (re)socialisation la plus globale et durable possible, à la société la restauration la plus globale et durable possible du lien social.

C'est à un enjeu politique que l'on se trouve alors confronté. La montée irrésistible (?) des pauvretés ne doit en aucun cas conduire à pénaliser systématiquement les conflits intersubjectifs, groupaux ou sociétaux qui en découlent inéluctablement. Si la voie pénale apparaît la moins aléatoire (quant à la reconnaissance de la faute personnelle du coupable, au regard de la dilution de la faute civile ou administrative), elle conduit néanmoins à une multiplication inacceptable des contentieux. Elle n'est surtout pas la seule voie d'action et de réparation comme le démontre la recherche victimologique. Aussi la réappropriation communautaire des dérégulations sociales est urgente. Le Système de justice pénale est actuellement condamné à répondre, tous azimuts et souvent dans la précipitation, aux demandes, pas toujours fondées en fait comme en droit il est vrai, des victimes. Abandonnées par les stratégies néo-libérales à l'œuvre dans les pays continentaux, les victimes d'infraction perdent de plus en plus confiance en la justice qui peine à re-légitimer sa mission démocratique de pacification sociale [104].

Or, de ce point de vue, quand bien même la commission de l'infraction en signe l'échec, avec ses conséquences humaines et matérielles, la prévention des victimisations ne doit jamais être oubliée pour autant. Cet enjeu de politique criminelle harmonieuse est souvent effacé par la seule répression des comportements et des actes criminels. Or, la prévention est la première fonction, sinon la seule, des sciences criminelles. Elle souffre de deux handicaps aux yeux de ses détracteurs : elle est par définition invisible lorsqu'elle fonctionne ; elle coûte apparemment très cher à la collectivité. Traditionnellement multiforme (pénale, sociale, situationnelle) [105], elle offre pourtant d'incontestables résultats, surtout lorsqu'elle est précoce. Des recherches scientifiques, de plus en plus nombreuses, soulignent qu'il est possible de réduire les comportements criminels en accordant un soutien, le plus tôt et le plus massivement possible, aux enfants exposés à divers facteurs de risque, à leur famille et à leur entourage immédiat. Le sens commun rétorquera que de tels programmes visent encore à éviter le passage à l'acte criminel. Mais la solidarité citoyenne suppose que la recherche de l'intégration sociale de tous les citoyens, sans discrimination, soit le but ultime de nos sociétés démocratiques. D'autant plus que la recherche scientifique confirme que la prévention des situations à risque profite indistinctement aux auteurs potentiels et à leurs victimes potentielles, les passages

104. V. not. A. BENZAKRI, Les victimes de délit et le jugement de leur affaire : entre satisfaction et incompréhension, *In Infostat Justice*, 2010-111, 6 p. ; *Ibid.*, La satisfaction des victimes de délit suite au jugement de leur affaire : quels facteurs explicatifs ?, *In Infostat Justice*, 2011-112, 4 p. ; comp. Z. BELMOKHTAR, Les victimes face à la justice : le sentiment de satisfaction sur la réponse judiciaire, *In Infostat Justice*, 2007-98, 4 p. ; *Enquête de satisfaction auprès des usagers de la Justice*, Institut Harris/Min. justice, La Doc. Française, 2001, 24 p. ; Conseil supérieur de la magistrature, *Les français et leur justice. Restaurer la confiance*, pub. La Doc. Française, 2008, 116 p.

105. Sur ces diverses formes de prévention, V. R. GASSIN, S. CIMAMONTI, P. BONFILS, Criminologie, Ed. Dalloz, 7è éd. 2011, p. 811 et s. ; M. CUSSON, *La criminologie*, Ed. Hachette, 1998, p. 128 et s. ; R. CARIO, Introduction aux sciences criminelles, *op. cit.*, p. 197 et s.

fréquents d'un état à l'autre en fournissant d'irréfutables preuves, a posteriori.

Par conséquent, cet enjeu de politique criminelle s'inscrit dans une harmonisation plus aboutie des politiques sociales de lutte contre les exclusions et précarités en amont et des politiques pénales en aval. Il faut réinvestir, dans le bon ordre, le triple objet des sciences criminelles, et ce véritable enjeu scientifique criminaliste est essentiel : prévenir et, en cas d'échec, réprimer pour mettre en place un traitement de resocialisation des intéressés. 1) En premier lieu, prévenir les conditions défavorables au bien-être social par la promotion de politiques nationales de santé publique, de logement, d'emploi, d'éducation et de formation professionnelle, d'intégration pluriculturelle notamment (prévention sociale primaire). Prévenir encore, le plus tôt possible, les risques de comportements criminels, ou de victimisation, par le soutien des enfants comme des familles confrontées à des difficultés d'ordre affectif, éducatif ou scolaire (prévention psychosociale secondaire). 2) Prendre en charge, en second lieu, les conflits en les répartissant harmonieusement, selon leur gravité, entre les contentieux civil ou administratif (prévention sociale tertiaire) ou pénal, ce qui nécessite une réelle redistribution des atteintes aux valeurs sociales essentielles et des simples manquements à la discipline sociale [106]. Relativement aux infractions, c'est dans le cadre de la procédure pénale (de l'intervention de la police judiciaire au jugement) que la répression est mise en œuvre, en ce sens qu'elle « arrête » le crime et rend possible le jugement de son auteur ainsi que la réparation de la victime. 3) Les caractéristiques de la sanction prononcée comme les modalités de la réparation accordée aux victimes doivent s'inscrire, en dernier lieu, dans une même dynamique : agir pour éviter la récidive par la resocialisation des condamnés (« prévention » pénale spéciale), éviter toute forme de (re)victimisation par l'accompagnement psychologique et social des victimes et/ou de leurs proches.

---

106. Sur les conditions d'une telle répartition, V. R. CARIO, *op. cit.*, 2008, p. 183 et s. et références citées.

L'état des victimisations (cachées et reportées) semble indiquer que, pour le moins, la prévention n'est guère efficace. La répression non plus. Avant d'affirmer de manière péremptoire que « rien ne marche », il importe de s'assurer que les moyens nécessaires ont été mis à la disposition de ceux qui ont la charge de prévenir, réprimer et traiter le phénomène criminel, quel que soit l'angle d'approche. Or, de ce point de vue, le compte est loin d'être bon, l'enjeu économique de l'aide aux victimes apparaissant comme l'un des plus sérieux. Sans aucun doute, des sommes importantes, en constante augmentation, sont dégagées chaque année pour la lutte contre le crime (de 60 à 150 milliards d'euros), l'essentiel étant consacré à la répression publique, aux actions de prévention sociale tertiaire, aux investissements privés de sécurité... la part réservée à la prévention précoce demeurant congrue, tout comme les sommes octroyées aux Associations d'aide aux victimes, tout comme les investissements dérisoires consacrés aux services multidisciplinaires compétents pour connaître de la personnalité des infracteurs. Dans le même esprit, d'autres fonds, difficilement évaluables, sont réservés à l'indemnisation des conséquences néfastes du crime : indemnisation matérielle directe, soins de santé, rééducation fonctionnelle, prise en charge psychologique, manque à gagner professionnel, dépendance de l'assistance sociale, principalement. Pour le moins, une cohérence d'ensemble dans l'engagement des sommes correspondant à ces actions de terrain, quand elles arrivent sur le terrain, fait manifestement défaut : éparpillement, saupoudrage, empilement sont fréquemment dénoncés [107]. La tâche est certes d'autant plus complexe que les bénéficiaires sont des êtres humains. Il ne s'agit pourtant que de rationalisation budgétaire, fondée sur une politique transversale d'aide aux victimes nettement identifiable ; la concertation devrait en être la clé stratégique. Il importe d'ajouter à ce constat qu'une partie non négligeable de ces sommes aurait pu être épargnée par une prévention psychosociale précoce,

107. V. not. C. LAZERGES et J.P. BALDUYCK, Réponses à la délinquance des mineurs. Rapport au Premier ministre, La Documentation française, 1998, p. 79 ; V. réf. citées *In* R. CARIO, Introduction aux sciences criminelles, *op. cit.*, p. 140 et s.

dont la rentabilité est certaine à très long terme (rapport de 1 à 7, voire à 13 à des délais plus éloignés) : gains financiers pour la collectivité non seulement dans le domaine de la justice pénale, mais aussi relativement aux coûts sociaux de l'exclusion et, principalement, aux dépenses de santé publique... sans omettre les souffrances potentiellement épargnées [108]. De la même manière, pour être scientifiquement identifiée, de longue date, comme la réponse la plus contre-productive au crime, la peine privative de liberté coûte très cher au contribuable au regard du prix d'une mesure exécutée au sein de la communauté (35 euros par jour, 100 euros en détention, 700 en Centre éducatif renforcé pour mineur). Le gaspillage ainsi observé apparaît totalement indigne d'une société démocratique, où sévit la volonté du peuple citoyen par l'instrument de la représentation [109]. D'autant plus que les économies ainsi réalisées permettraient à la France d'occuper une bien meilleure place dans le classement

108. V. J. GRAHAM, What works in preventing criminality, *In Reducing offending : an assessment of research on way of dealing with offending behavior*, Home Office pub., Research Study, 1997-187, pp. 7-22 ; R. CARIO, *La prévention précoce des comportements criminels. Stigmatisation ou bientraitance sociale ?*, Ed. L'Harmattan, Coll. Controverses, 2004, 108 p. ; L.J. SCHWEINHART, H.V. BARNES, D.P. WEIKART, *Significant benefits. The High/Scope Perry Preschool Study Through Age 27,* The High/Scope Press, Michigan, 1993, 253 p. ; L.J SCHWEINHART, J. MONTIE, Z. XIANG, W.S. BARNETT, C.R. BELFIELD, M. NORES, *Lifetime effects. The High/Scope Perry preschool. Study through age 40*, High/Scope Press, Ipsilanti, 2005, 139 p. ; I. WALLER, *Lutter contre la délinquance. Comment le tout répressif tue la sécurité*, Ed. L'Harmattan, Coll. Logiques sociales, 2009, pp. 55-74.

109. Sur cette très délicate et controversée question du chiffrage du coût estimé ou réel du crime, V. not. P. ROBERT, T. GODEFROY, *Le coût du crime ou l'économie poursuivant le crime*, Ed. Masson, 1996, 226 p. ; F. OCQUETEAU, Les défis de la sécurité privée. Protection et surveillance dans la France d'aujourd'hui, *op. cit.*, 183 p. ; T. GODEFROY, C. PALLE, *Coûts du crime, une estimation monétaire des délinquances, 1992-1996*, Pub. Cesdip, Etudes et données pénales, 1998, 133 p. ; L. MUCCHIELLI, P. ROBERT (Dir.), *Crimes, délinquances et sanctions : l'état des savoirs*, Ed. La découverte, 2002, 400 p. ; Comp. J. BICHOT, *Le coût du crime et de la délinquance*, 2010-8, 77 p., 2012-16, 125 p., en ligne, institutpourlajustice.fr ; V. T. GODEFROY, *Le coût du crime. Règles de prudence méthodologique et perspectives de recherche*, 2011, en ligne, cesdip.fr.

européen des pays au regard de leur budget « Justice » [110]. Et ne manqueraient pas de profondément modifier l'opinion des français sur la Justice, dont la plus grande majorité (87 %) estime qu'il faut la réformer [111].

Une telle réorientation de la stratégie de lutte contre le phénomène criminel (comportements criminels et actes criminels) suppose des compétences professionnelles précises et adaptées. Ce n'est pas le moindre des enjeux du Système de justice pénale, de la criminologie (au sens large) et de l'aide aux victimes en particulier que de promouvoir la *professionnalisation et/ou la spécialisation* des intervenants dans le champ vaste de la restauration des victimes. Il s'agit d'impératifs éthique et déontologique, tout simplement. Or de ce point de vue, il est patent de constater qu'il manque, dans notre système de justice pénale, un corps professionnel particulier : celui de *criminologue*, entendu au sens large. Les textes ministériels les plus récents insistent sur cette inévitable spécialisation mais envisagent, comme toujours, des formations « adaptées », généralement complémentaires à la formation de base des personnels intéressés. Ce n'est pas suffisant au regard de la complexité du phénomène criminel, humain par définition. Aussi doit-on toujours se féliciter de la mise en place en 2010 de la Conférence nationale de criminologie (CNC) par la Ministre de l'enseignement supérieur, ayant conduit au dépôt du « Rapport Villerbu » sur « La faisabilité, la mise en place et le développement des recherches, études et formations en criminologie ». Au regard des propositions constructives de celui-ci, la création d'une « Section 75 : criminologie » avait été actée au sein du Conseil National des Universités et, en suivant, la nomination de ses membres effectuée.

Pour des raisons déraisonnables de chapelles disciplinaires ou d'idéologiques rétrogrades, un recours devant le Conseil

---

110. V. Rapport d'évaluation des systèmes judiciaires européens, 2014 ; J.P. JEAN, Perceptions et réalités du fonctionnement de la justice française, *In Cahiers français*, 2013-377, pp. 8-16.

111. L. CRETIN, L'opinion des français sur la Justice, *Infostat Justice*, 2014-125.

d'Etat en retardait la mise en route. Contre toute attente, la Section 75 de criminologie a été supprimée par un arrêté du 6 août 2012 (*J.O.* du 21). Au-delà des motifs officiels invoqués (traitement à « froid » des disciplines transversales au sein du CNU, nombre insuffisant de rattachements des enseignants-chercheurs dans le court délai d'un mois imparti, notamment), est-ce la crainte du rejet du recours qui a motivé une telle décision, incompréhensible au regard des besoins en formation que connaît la France ? Mais soixante ans de lutte supporteront bien encore quelques mois ou années d'attente, pour autant agaçante relativement à tout ce temps perdu, tant pour les enseignants, chercheurs, professionnels, les étudiants formés que, plus essentiellement encore, pour toutes les personnes en souffrances confrontées au désastre criminel, drames de la misère personnelle, familiale, sociale et sociétale [112].

La connaissance élargie des problématiques de la prévention, de la répression et du traitement du phénomène criminel fait du criminologue – agressologue ou victimologue – l'interlocuteur privilégié du juge, à qui la décision ne cessera jamais d'appartenir : interface entre les savoirs techniques des experts ou des spécialistes de l'aide aux victimes ; coordonnateur de l'exécution et de l'évaluation des décisions prononcées pour le « généraliste », notamment ; expertise, traitement de resocialisation (entendu au sens large) pour le professionnel « spécialisé » en agressologie ou victimologie, notamment.

Pareille évolution, à l'instar de la situation observable au Canada [113], en Belgique [114] et dans le monde anglo-saxon plus

---

112. V. Communiqué du MESR du 24 août 2012, enseignementsup-recherche.gouv.fr ; R. CARIO, La Section 75 du CNU est morte : vive la criminologie !, justicerestaurative.org.

113. Au Québec en particulier où un « Ordre des criminologues » est opérationnel depuis 2015 ! V. également *Guide de traitement des victimes d'actes criminels : application de la recherche à la pratique clinique*, justice.gc.ca ; metiers-quebec.org/sociaux/criminologue.htm ; V. également, I. DREAN-RIVETTE, *De la criminologie en Amérique. Perspectives comparées France-Canada*, Ed. L'Harmattan, Coll. Controverses, 2011, 109 p. ; J. PROULX, *Profession criminologue*, Les Presses univ. Montréal, 2007, 70 p

114. V. not. G. KELLENS (Dir.), *Criminologie et société. Le criminologue dans la cité : hier, aujourd'hui, demain*, Actes du cinquantième anniversaire

généralement, consacrant la profession de « Criminologue », consoliderait grandement les collaborations partenariales, chacun pouvant comprendre les préoccupations de l'autre, tous ayant en commun la recherche des moyens les meilleurs pour favoriser la réparation des victimes au même titre que la (re)socialisation des condamnés et le rétablissement de la paix sociale. Leur situation personnelle et sociale respective est trop préoccupante et complexe pour qu'elle soit abandonnée aux seuls disciples de Monsieur Jourdain, ou soumise aux caprices de quelques-uns, opposés, par principe désuet et coupable, à tout ce qui est nouveau. Notre responsabilité professionnelle commande une approche globale et intégrée, toutes disciplines confondues, tous intervenants associés : législateur, décideurs, acteurs, enseignants-chercheurs. Enfin [115].

Finalement, tous ces précédents enjeux, humain, politique, économique et professionnel se combinent plus globalement dans l'enjeu social de la victimologie et de l'aide aux victimes :

---

de l'Ecole Liégeoise de Criminologie Jean CONSTANT, Ed. Bruylant, 1998, 162 p.

115. Sur la formation en criminologie, en général, V. not. D. CAROLL, J. PINATEL, L'enseignement de la criminologie, *In Les sciences sociales dans l'enseignement supérieur*, Pub. UNESCO, 1956, 169 p. ; C. LAZERGES (Dir.), *L'enseignement des sciences criminelles aujourd'hui*, Ed. Erès, 1991, 139 p. ; V. R. CARIO, A.M. FAVARD, R. OTTENHOF (Dir.), *Profession criminologue : spécialisation ou professionnalisation ?*, Actes du 28è Congrès de l'Association Française de Criminologie, Ed. Erès, Coll. Criminologie et sciences de l'homme, 1994, et not. La formation en criminologie dans les Universités françaises, pp. 75-109 et pp. 111-122 ; R. GASSIN, S. CIMAMONTI, P. BONFILS, Criminologie, *op. cit.*, pp. 320-450 ; comp. L. MUCCHIELLI, L'impossible constitution d'une discipline criminologique en France. Cadres institutionnels, enjeux normatifs et développements de la recherche des années 1880 à nos jours, *In Criminologie*, 2004-1, pp. 13-42 ; P. CONTE, La nature juridique des procédures « alternatives aux poursuites » : de l'action publique à l'action à fin publique ?, *In Mélanges offerts à Raymond Gassin. Sciences pénales et sciences criminologiques*, Presses univ. d'Aix-Marseille, 2007, p. 189 ; V. récemment P.V. TOURNIER (Dir.), *La Babel criminologique Formation et recherche sur le phénomène criminel : sortir de l'exception française ?*, Ed. L'Harmattan, 2009, 296 p. ; J.P. BRODEUR, De grandes espérances, *op. cit.*, pp. 169-175 ; R. CARIO, M. HERZOG-EVANS, L.M. VILLERBU, *La criminologie à l'Université. Mythes... et réalités*, Ed. L'Harmattan, 2012, 104 p. ; La criminologie est-elle une science ?, *In Cahiers français*, 2014-372, pp. 71-75.

consolider l'harmonie sociale et, le cas échéant, la restaurer par des réponses équitables aux victimes du crime et aux infracteurs de la loi pénale. Mieux partager les richesses, mieux aider les plus démunis, mieux soigner leurs souffrances, mieux aimer son semblable en humanité. Ces divers enjeux devraient s'inscrire, le plus tôt possible, dans une loi d'orientation fixant, clairement et précisément, les contours du droit des victimes : définition de la victime, avec délimitation du champ des victimes d'infractions ; définition de l'infraction pénale autrement que par le facile recours à la classification juridique tripartite ; énoncé exhaustif et détaillé des droits des victimes, autour des droits à la reconnaissance, à l'accompagnement et à la réparation des intéressés ; énoncé exhaustif et détaillé des devoirs de chaque protagoniste (respect des valeurs sociales essentielles, de la dignité de l'être humain pour les uns ; promotion de la tranquillité publique, de la réparation des souffrances subies pour les autres), principalement.

Il apparaît alors aisé de comprendre que ces différents enjeux sont susceptibles d'être relevés par la mise en œuvre d'une justice restaurative, consistant à rendre aux intéressés le conflit qui les oppose en vue de trouver, par eux-mêmes, les solutions pour en sortir dignement, sous le contrôle bienveillant du juge. Néanmoins, l'individualisme moderne dominant ne permettra pas d'égaler la justice vindicatoire qui, à de nombreux égards cependant, apparaissait comme bien plus fortement restaurative des liens communautaires, dans la mesure où elle garantissait la « réciprocité » des prises en charge du « coupable » et de « l'offensé » [116]. Pourtant, en consacrant les droits de la victime, par principe en tous points égaux à ceux de l'infracteur, tout au long du procès pénal, la justice restaurative lui apporte la reconnaissance sans laquelle l'accès au symbolique est impossible. Elle lui permet surtout de vivre les conséquences et les répercussions de sa(ses) victimisation(s) au travers d'un processus de retour à la dignité de personne désirante et non pas dans

116. Sur ces aspects, V. not. les contributions rassemblées *In* P. DUMOUCHEL (Dir.), *Comprendre pour agir : violences, victimes et vengeances*, P.U. Laval /L'Harmattan, 2000, spé. M. HENAFF, La dette de sang et l'exigence de justice, pp. 31-64.

le cadre d'un statut juridico-social figé. En réactivant la victime dans tous les actes de la procédure pénale, la justice restaurative tente, avec bonheur, de ritualiser à nouveau la réponse sociale, avec le souci et à l'égard de tous [117].

Toutes ces actions et législations au bénéfice des victimes et/ou de leurs proches, recoupant souvent celles au bénéfice des infracteurs, favorisent l'émergence et la consolidation d'un droit des victimes, consacré aux principes juridiques généraux de mise en œuvre de leur réparation. Complexe par définition, il s'est progressivement mis en place dans un contexte international et régional particulier, sous la pression avisée des associations de victimes. Parallèlement, la systématisation des associations d'aide aux victimes sur l'ensemble du territoire national a permis à toutes les victimes de bénéficier d'une réponse globale, immédiatement après les faits, selon leurs attentes et besoins évalués avec professionnalisme et humanité (**Chapitre 1**).

Le cadre processuel au sein duquel évolue la victime aujourd'hui atteste bien la place importante qui lui est réservée. Authentique acteur d'un procès pénal équitable, elle se voit offrir dorénavant, en théorie pour le moins, la possibilité de (re)prendre en main le cours sa vie avec dignité, dont le crime l'a injustement privée. Lors de la mise en œuvre de ses droits, le système pénal classique doit lui assurer la réparation des préjudices subis. Or, cette compensation matérielle ne pourra être comprise et acceptée que si elle s'inscrit dans une justice plus restaurative, qui prend en considération l'ensemble des attentes et des besoins humains des protagonistes et/ou de leurs proches dans un objectif de rétablissement de la paix sociale (**Chapitre 2**).

---

117. V. T. CLAY, P. JOXE, C. LAZERGES, J.P. MIGNARD (Dir.), *Manifeste pour la Justice*, Ed. du Cherche midi, 2012, 229 p., spé. p. 159.

« Derrière la clameur de la victime
se trouve une souf-
france
qui crie moins vengeance que récit » [118].

1

Le cadre global du Droit des victimes

Ce n'est que depuis quelques décennies qu'un cadre normatif respectueux des droits des victimes se construit, tant au niveau international, régional que national. Les préoccupations du législateur se sont développées, tout d'abord, sur un plan nettement indemnitaire. Ces dispositions de nature à mieux assurer la réparation pécuniaire des victimes ont néanmoins favorisé leur intégration au procès pénal (Section 1). Parallèlement, les recherches en victimologie ont mis l'accent sur la nécessité de dépasser ce cadre strictement normatif, cependant essentiel, par la mise en place de dispositifs d'information, d'écoute, d'aide et d'accompagnement aux/des victimes relativement aux consé-

118. Paul RICOEUR, rapporté *In* C. LAZERGES, G. GUIDICELLI-DELAGE (Dir.), *La victime sur la scène pénale en Europe*, PUF, Les voies du droit, 2008, p. 21.

quences et répercussions psychologiques et sociales que la victimisation entraîne. Les missions de service public que développent les associations d'aide aux victimes sont à cet égard très prometteuses (Section 2).

Section 1 – Le cadre normatif global du droit des victimes

A de rares exceptions près, ce n'est que depuis la fin des années soixante-dix que la reconnaissance de la victime, en qualité de « partie » au procès pénal, est affirmée dans les textes officiels. Le droit des victimes s'est en premier lieu construit dans les normes supra-étatiques, d'application plus ou moins contraignantes, en offrant des garanties à l'égard de la victime, aux niveaux international (§1) et européen (§2). En France, elle a pu sembler jouir, plus tôt qu'ailleurs, d'un rôle plus actif dans le procès pénal. Mais la réalité des procédures conduit à observer que, dans notre pays, cette place a été longtemps très formelle et relative à l'indemnisation strictement matérielle des préjudices. Et la consolidation très contemporaine de son « statut » n'a pas manqué de susciter des peurs diffuses quant à l'avenir même du système de justice pénale (§3).

§ 1 – Les normes internationales

1. L'ONU. L'élan de solidarité à l'égard des victimes, observable depuis la fin des années soixante un peu partout dans le monde de manière plus ou moins structurée, a conduit l'*Organisation des Nations Unies* [119] à se doter d'instruments destinés à garantir la protection des victimes et la prise en compte de leurs attentes et besoins consécutifs aux victimisations subies. Il demeure qu'à défaut de ratification, leur intégration en droit interne est laissée à l'appréciation souveraine des pays membres (*soft law*). C'est ainsi que fut adoptée le 29 novembre 1985 la Résolution 40/34 portant Déclaration des prin-

---

119. L'ONU a officiellement vu le jour à l'issue de la Conférence de San Francisco le 26 juin 1945. Elle comporte à ce jour 193 Etats-membres ; www.un.org.

cipes fondamentaux de justice relatifs aux victimes de la criminalité et aux victimes d'abus de pouvoir, souvent condamnées de surcroît à l'oubli. Pour les unes comme pour les autres, sans aucune forme de discrimination, l'accès à la justice dans le cadre d'un traitement assurant respect et considération est fortement recommandé, tout comme les obligations de restitution, de réparation équitable, d'indemnisation et d'assistance (matérielle, psychologique et sociale) doivent être fermement garanties [120]. Des recommandations particulières sont adressées aux Etats en vue de procurer aux victimes, dans le cadre de services appropriés, l'assistance matérielle, médicale, psychologique et sociale dont elles ont besoin. Le droit d'être assisté par un conseil, tout comme celui d'être informé de l'évolution du dossier doivent être effectifs. Sécurité et protection de la vie privée sont des droits également impératifs. L'information des victimes sur l'existence de ces services et l'accès à ces derniers doivent être renforcés et, surtout, les personnes de ces divers services doivent recevoir une formation qui les sensibilise aux besoins des victimes[121].

Le *Conseil économique et social* des Nations Unies a complété cet édifice par l'adoption en juillet 2005 des principes fondamentaux et directives concernant le droit à un recours et à une réparation des victimes de violations flagrantes du droit international relatif aux droits de l'homme et de violations graves du droit international humanitaire. A côté des mesures destinées à assurer la sécurité, le bien-être physique et psychologique, la protection de la vie privée des victimes, l'accès à la justice doit leur être facilité. Le Conseil souligne que la répara-

---

120. V. *Supra*, Introduction ; A. BERISTAIN, La justice et l'assistance aux victimes. A propos de l'élaboration d'une Déclaration par les Nations Unies, *In R.I.C.P.T.*, 1987-3, pp. 331-341 ; du même auteur, *Victimologia. Nueve palabras clave*, Ed. Tirant lo blanch, 2000, p. 45 et s. ; M.C. BASSIOUNI (Ed.), *International protection of victims*, Ed. Erès, Nouvelles Etudes Pénales, 1988-7, 463 p. ; *Changing victim policy : the United Nations victim Declaration and recent developments*, pub. HEUNI, 1989-16, 218 p. ; J.F. FLAUSS (Dir.), *La protection internationale des droits de l'homme et les droits des victimes*, Ed. Bruylant, 2009, 266 p.

121. Sur la mise en œuvre de cette Déclaration, V. *Guide for Policy Makers*, Pub. ONU, 1999, 44 p.

tion doit être à la mesure de la gravité de la violation et des préjudices subis. Pleine et effective, elle peut prendre la forme de restitution, indemnisation, réadaptation, satisfaction et garanties de non répétition [122].

Dans ce même esprit de promotion des droits des victimes en général, le Conseil Economique et Social avait adopté en août 2002 une Résolution portant sur les principes de base relatifs à la mise en œuvre des programmes de justice restaurative. Le préambule, considérant fondamentalement le crime comme une atteinte à une personne (*harmful to people*), souligne que la justice restaurative produit une réponse qui respecte la dignité et l'égalité des personnes, favorise la compréhension et promeut l'harmonie sociale au travers de la guérison (*healing*) des victimes, des infracteurs et des communautés. La Résolution invite par ailleurs les États-membres à établir des *guidelines* et standards, par voie législative si nécessaire, que les programmes de justice restaurative devront respecter quant : aux cas éligibles ; au traitement des affaires retenues ; à la qualification, la formation et la désignation des animateurs (*facilitators*) ; à la gestion administrative, les standards de compétence et les règles de conduite les gouvernant... dans le respect des droits fondamentaux des parties. La Résolution souligne encore fort pertinemment qu'en cas d'impossible accord ou d'échec dans sa mise en place, l'affaire devrait être renvoyée devant les juridictions traditionnelles, sans que cela ne puisse être utilisé pour le prononcé d'une sanction plus sévère [123].

De multiples autres instruments (plus de trois cents) renforcent plus spécialement encore l'arsenal pénal international et permettent la poursuite, plus rarement la condamnation, des auteurs de crimes internationaux, sans dispositions spécifiques néanmoins au bénéfice des victimes sinon l'affirmation de leur

---

122. V. K. McCracken, Commentary on the Basic principles and guidelines on the right to a remedy and reparation for victims of gross violations of international human rights law and serious violations of international humanitarian law, *In R.I.D.*P., La coopération pénale internationale, Hommage à Dominique Poncet, 2005/1-2, pp. 77-90.

123. V. www.un.org/french/ecosoc ; V. R. Cario, Justice restaurative. Principes et promesses, *op. cit.*, p. 60 et s.

droit à réparation [124]. Cependant, la création contemporaine de tribunaux internationaux *ad hoc* et, plus heureusement encore, de la Cour pénale internationale constituent de réels espoirs, certes relativement à la qualité de la reconnaissance des victimes mais davantage encore quant à la fin de l'impunité dont cesseront de jouir nombre de ces auteurs de crimes contre l'humanité.

2. La *Cour pénale internationale*, dont le Statut a été adopté lors d'une Conférence des Nations Unies tenue à Rome le 17 juillet 1998 [125], est entrée en action dès la soixantième ratification, soit le 11 avril 2002. Les magistrats et le procureur ont été élus au cours du 1er semestre 2003 [126]. Ratifiée et publiée, la Convention portant statut de la Cour pénale internationale s'impose en droit français. Elle est compétente pour connaître, à titre complémentaire (art. 1 et 17 Statut), des crimes de génocide, des crimes contre l'humanité, des crimes de guerre, des

---

124. V. not. les dispositions de l'art. 8 de la Déclaration universelle des droits de l'homme, de l'art. 2 du Pacte international relatif aux droits civils et politiques, de l'art. 6 de la Convention internationale sur l'élimination de toutes formes de discrimination raciale, de l'art. 11 de la Convention contre la torture et autres peines ou traitements cruels, inhumains ou dégradants, de l'art. 39 de la Convention internationale des droits de l'enfant.

125. V. M.C. BASSIOUNI, *The statute of the international criminal court*, Transnational publishers Inc., 1999, 793 p. ; Cour pénale internationale. Ratification et mise en œuvre dans les législations nationales, *In R.I.D.P.*, 2000-71, Vol. 1-2, pp. 1-227 ; W. BOURDON, *La Cour pénale internationale*, Ed. Seuil, Coll. Points, 2000, 290 p. ; S. GUINCHARD, M. BANDRAC, M. DOUCHY, F. FERRAND, X. LAGARDE, V. MAGNIER, H. RUIZ-FABRI, L. SINOPOLI, J.M. SOREL, *Droit processuel. Droit commun et droit comparé du procès*, Ed. Dalloz, 2è éd. 2003, pp. 817-849 ; A. HUET, R. KOERING-JOULIN, *Droit pénal international*, PUF, Coll. Thémis, 3è éd. 2005, 507 p. ; *Le procès international : Liber amicorum Jean-Pierre Cot*, Ed. Bruylant, 2010, 368 p. ; W.A. SCHABAS, N. BERNAZ (Eds.), *Routledge Handbook of International Criminal Law*, Routledge, Ed., 2011, 480 p. ; O. DE FROUVILLE, A.L. CHAUMETTE, *Droit international pénal : sources, incriminations, responsabilité*, Ed. Pedone, 2012, 523 p. ; D. REBUT, *Droit pénal international*, Ed. Dalloz, Précis, 2è éd. 2014, 726 p.

126. V. sur tous ces points, le site de la Cour Pénale Internationale, www.icc-cpi.int ; en janvier 2015, 139 pays avaient signé la Convention portant statut de la CPI, 123 l'ont ratifiée.

crimes d'agressions commis après le 1er juillet 2002 [127]. Déclarés imprescriptibles (art. 29 Statut), ces crimes ne peuvent être couverts par aucune immunité (art. 27 Statut) [128].

Le 11 mars 2015, les juges de la CPI, réunis en Session plénière, ont élu comme présidente la juge S. FERNADES DE GURMENDI (Argentine), ainsi que les deux vice-présidentes, les juges J. ALUOCH (Kenya) et K. OZAKI (Japon). C'est la première fois que la présidence de la Cour est exclusivement composée de femmes. La juge F. BENSOUDA (Gambie) est l'actuelle procureure de la Cour et le juge H. VON HEBEL (Pays-Bas) en est le greffier.

Ratifiée le 9 juin 2000, la Convention portant statut de la Cour pénale internationale s'impose en droit français. La Loi du 26 février 2002, en intégrant les aspects procéduraux du Statut, consacre la coopération effective avec la Cour. La Loi du 5 août 2010, portant adaptation du droit pénal à l'institution de la CPI a intégré, avec des différences notables, les crimes contre l'humanité en droit positif [129] : son application est donc impérative désormais (*hard law)*. Néanmoins, la mise en œuvre de l'ensemble des dispositions du Statut est très contrariée quant à la reconnaissance de la compétence universelle de nos juridictions pénales. Les quatre verrous portés à l'art. 689-1 du *C.pr.pén.* demeurent malgré l'activité intense de certains parlementaires : résidence habituelle de l'accusé sur le territoire français ; double incrimination ; monopole du Ministère public ; renversement du principe de complémentarité [130]).

---

127. V. not. M. DELMAS-MARTY, I. FOUCHARD, E. FRONZA, L. NEYRET, *Le crime contre l'humanité*, PUF, Que sais-je ?, 2è éd. 2013- 3863, 128 p

128. Sur les causes de non responsabilité, V. art. 30 et s. du Statut.

129. L. du 26 février 2002, art. 627 à 627-20 *C.pr.pén.* ; D. 2002-925 du 6 juin 2002, *J.O.* du 11.

130. V. Coalition française pour la CPI, cfcpi.fr.

A savoir :

Aux fins du Statut et du Règlement, La victime « s'entend de toute personne physique qui a subi un préjudice du fait de la commission d'un crime relevant de la compétence de la Cour ». Il peut aussi s'agir de « toute organisation ou institution dont un bien consacré à la religion, à l'enseignement, aux arts, aux sciences ou à la charité, un monument historique, un hôpital ou quelque autre lieu ou objet utilisé à des fins humanitaires a subi un dommage direct » (règle 85 R.P.P.).

La Cour peut être saisie par tout Etat partie, par le Conseil de Sécurité ou par le procureur. Ce dernier peut agir de sa propre initiative, après accord de la Chambre préliminaire, au vu de renseignements ou de plaintes qui lui sont transmis par les victimes ou des Organisations non gouvernementales (ONG) dans la très grande majorité des cas. En cas de refus, il peut présenter par la suite une nouvelle demande en se fondant sur des faits ou des éléments de preuve nouveaux ayant trait à la même situation. Si les victimes ne peuvent saisir directement la Cour, elles se voient cependant ainsi offrir un pouvoir considérable. Leur participation effective, encadrée par les dispositions applicables devant la CPI, a profondément été améliorée par la jurisprudence des Chambres (préliminaires ou de première instance). Sous réserve de recevabilité, des perspectives remarquables, dans le cadre d'un statut qui pourrait évoluer vers celui de « quasi-partie civile », sont ainsi ouvertes aux victimes des crimes internationaux. Elles peuvent inciter le procureur à ouvrir une enquête sur la base des renseignements qu'elles lui fournissent, avec l'aide très précieuse des ONG. Le Procureur peut décider de les entendre, au même titre que les témoins. Une telle opportunité ne conduit pour autant pas à considérer la plainte comme recevable et, en tout état de cause, les poursuites ne peuvent être engagées qu'avec l'accord de la Chambre préliminaire. En cas de refus de poursuivre, les victimes peuvent néanmoins adresser des représentations écrites à la Chambre préliminaire pour l'inciter à donner son accord. En cas de refus du procureur d'ouvrir une enquête au motif qu'elle ne servirait pas « les intérêts de la justice », la Chambre préliminaire peut le lui imposer. En cas d'inaction pure et simple de la part du procureur, la Chambre préliminaire devrait pouvoir également être saisie.

Ainsi que le note Carla FERSTMAN, 10 000 victimes ont demandé, entre 2002 et 2011, à participer aux procédures devant la Cour pénale internationale ; un tiers d'entre elles y a été autorisé [131]. A ce jour, 22 affaires, dans le contexte de 9 situations sont pendantes devant la Cour [132]. Quatre pays ont saisi la Cour pénale internationale : l'Ouganda (2003) ; la République démocratique du Congo (2004), la République centrafricaine (2005) et le Mali (2012). Le Conseil de sécurité l'a quant à lui saisie le 31 mars 2005 à propos des crimes de guerre commis dans la région du Darfour au Soudan et le 26 février 2011 de ceux perpétrés en Lybie. Le Procureur a été autorisé le 31 mars 2010 à ouvrir une enquête dans le cadre de la situation au Kenya et le 4 novembre 2011 de celle de la Côte d'Ivoire. La première arrestation a eu lieu en 2005, 27 personnes ont été inculpées (7 sont en fuite, 2 décédées), 9 personnes sont détenues et 2 ont été condamnées. La première condamnation, historique, à 14 ans de privation pénale de liberté a été rendue le 10 juillet 2012 par la « Chambre de première instance I » à l'encontre de Thomas Lubanga Dyilo, ressortissant de la République Démocratique du Congo, pour enrôlement et conscription de force d'enfants de moins de 15 ans (plus de 18 000 « enfants-soldats » seraient concernés) dans le but de les faire participer activement à des hostilités [133].

Le budget de la Cour pour 2014 s'est s'élevé à 121 millions d'euros, dont environ 10 % sont affectés à la prise en compte des victimes et des témoins. Son montant est non seulement inférieur à celui des projets de budget déposés par le Greffe auprès de la Cour mais encore de ceux demandés par le Comité du Budget et des Finances de la Cour. Par ordre de grandeur, le coût des deux premiers procès concernant les affaires en République démocratique du Congo a été évalué à 41M€.

---

131. redress.org, 2012.

132. Sur ces notions, V. not. R. CARIO, La prise en compte des victimes par la Cour pénale internationale, *In Les Cahiers de la sécurité*, 2013-23, pp. 125-134.

133. V. icc-cpi.int.

La participation des victimes au processus pénal international a récemment évolué au regard des imperfections qui la caractérisaient. Selon l'article 68 § 3 du Statut, lorsque les intérêts personnels des victimes sont concernés, la Cour permet que leurs vues et préoccupations soient exposées et examinées, à des stades de la procédure qu'elle estime appropriés et d'une manière qui n'est ni préjudiciable ni contraire aux droits de la défense et aux exigences d'un procès équitable et impartial. Ces vues et préoccupations peuvent être exposées par les représentants légaux des victimes lorsque la Cour l'estime approprié, conformément au Règlement de procédure et de preuve. Cet accord express de la Cour à participer à la procédure est naturellement de nature à limiter la participation des victimes, quand bien même leur statut n'est plus celui de simple témoin.

Une première évolution, saluée d'historique par la FIDH qui l'a provoquée, provient de la décision de la « Chambre préliminaire I » précitée du 17 janvier 2006 selon laquelle les victimes « de violations des droits de l'homme ou leurs proches ont la possibilité d'agir durant la procédure pénale, à partir du stade de l'enquête et avant la confirmation des charges, dans le but d'obtenir une clarification des faits et la punition des coupables, et ont la possibilité de solliciter réparation du préjudice subi ». La Chambre précise qu'il s'agit là de prendre en compte « leurs intérêts personnels », conformément aux exigences supplémentaires de l'article 68-3 précité du Statut [134]. Avec une audace plus surprenante encore, elle estime de surcroît très pertinemment que le Statut réservant aux victimes « une voix et un rôle indépendants dans la procédure devant la Cour », son article 68-3 entend leur conférer « le droit de participer à la lutte contre l'impunité ». Elle offre ainsi à la participation de la victime une double finalité : réparatrice des préjudices subis et/ou répressive des crimes commis.

Selon les attendus complémentaires de la décision de la « Chambre préliminaire I », les conditions à remplir par toute personne demandant à se prévaloir de la qualité de victime afin

134. V. Décision 17.01.2006, § 61.

d'exercer les droits processuels sont au nombre de quatre (§ 78 et s.) :

1) il doit s'agir d'une personne physique ; 2) ayant subi un préjudice, au sens des Principes fondamentaux de justice (1985) et d'indemnisation (2005) de la Jurisprudence de la Cour européenne des droits de l'homme et de celle de la Cour interaméricaine des droits de l'homme ; 3) le crime doit relever de la compétence de la Cour ; 4) un lien de causalité doit exister entre les crimes relevant de la compétence de la Cour et le préjudice subi, en tout cas « des motifs de [le] croire » au stade de l'enquête.

Toutes les victimes devaient alors soumettre, individuellement, une demande écrite au greffier, selon le formulaire type établi par la Cour. De nombreuses informations devaient y apparaître [135]. La décision de considérer une victime comme « participante » à la procédure était alors prise par la Chambre, après observations éventuelles du Procureur et de la défense.

La plupart des membres de la Cour, des praticiens et observateurs ont adressé de multiples critiques à cette procédure, d'autant plus que le nombre de demandes de participation et de réparations ne cesse d'augmenter. Si la publicité sur l'existence et les missions de la Cour pénale internationale, tout comme les informations des victimes pour la saisir ont été améliorées, elles demeurent très insuffisantes [136].

Par une décision novatrice du 3 octobre 2012, la « Chambre de 1ère instance V » a notablement clarifié et simplifié la procédure de participation des victimes au procès afin de présenter leurs vues et préoccupations, selon qu'elles agissent de manière individuelle (§ 55 et s.) ou dans le cadre d'une représentation légale commune. Dans le premier cas, la procédure prévue à la Règle 89 s'applique : les victimes doivent adresser une demande écrite à la « Section de la participation des victimes et

135. V. règle 86 Rég. Cour.

136. V. not. G. BITTI, Chronique de jurisprudence de la Cour pénale internationale, *In R.S.C.*, 2006-3, pp. 694-708 ; L. WALLEYN, La Cour pénale internationale, une juridiction pour les victimes ?, *In Criminologie*, 2011-44-2, pp. 43-61 ; C. VAN DEN WYNGAERT, STESSENS G., VAN DAELE I. (Eds.), *International criminal law : a collection of international and european instruments*, Brill Academic Publishers, 3rd ed. 2005, 1542 p. ; V. Victims' rights working group, vrwg.org.

des réparations » du Greffe afin d'obtenir l'autorisation d'exposer leurs vues et préoccupations, de déposer des pièces devant la chambre compétente, à tous les stades de la procédure. Un Guide d'information offre aux victimes diverses instructions sur la manière de remplir les différentes sections du formulaire standard spécialement prévu à cet effet, à l'intention des personnes physiques ou des personnes morales (organisations ou institutions). Ce sont les juges des chambres concernées qui décident des modalités de leur participation à la procédure, incluant la possibilité de faire des déclarations au début et à la fin des audiences devant la Cour (en personne ou par vidéoconférences). Elle peut également rejeter une demande, d'office ou à la demande du Procureur ou de la Défense pour les raisons évoquées plus haut (qualité de victime non remplie, procès non équitable) ; ce qui n'empêche pas qu'une nouvelle demande soit déposée à une phase ultérieure.

Dans le second cas, les victimes ne souhaitant pas comparaître personnellement ne sont plus astreintes à ces formalités détaillées. Leur participation intervient alors par le biais d'un représentant légal commun, chargé de porter leurs vues et préoccupations. Elles n'auront plus à déposer une requête individuelle. Il n'y aura donc plus d'intervention ni de la Chambre concernée ni des parties pour valider leur statut de victime. Elles peuvent néanmoins, par souci de reconnaissance, s'inscrire auprès du Greffe. De surcroît, le RLCV parlera, dorénavant, y compris au nom des victimes non identifiées.

Il est aisé de comprendre que la participation individuelle des victimes de masse à la procédure devant la CPI est l'exception et non pas la règle. Elles sont ainsi amenées généralement à choisir elles-mêmes un représentant légal commun. Il demeure que la rencontre individuelle des victimes avec leur représentant légal commun est très aléatoire. Amnesty International rapporte que dans l'Affaire Bemba, l'une des avocates « reconnaît n'avoir pu rencontrer la totalité des 1600 victimes » [137]. Dans cet esprit, le financement de l'aide judiciaire doit être le plus élargi possible. Le Bureau du conseil public

137. V. amnesty.org.

pour les victimes (créé en septembre 2005) peut fournir par ailleurs aide et assistance aux représentants légaux communs des victimes et aux victimes participant aux procédures et/ou demandant des réparations. En effectuant des recherches juridiques pour les victimes ou leurs représentants, en leur donnant des avis juridiques à toutes les étapes de la procédure, il renforce le système de représentation des victimes. Des membres du Bureau peuvent même être désignés en tant que représentants légaux des victimes.

La victime ou le représentant légal commun (selon la modalité de participation retenue) assiste et participe à toutes les audiences, peut demander à interroger un témoin, un expert ou l'accusé. Ils peuvent demander des compléments d'enquête, fournir des pièces, contester son déroulement notamment. Toutes ces demandes, parfois écrites, sont communiquées au procureur et à la défense. A tous les stades de la procédure, notification de toutes les décisions est faite à la victime ou au représentant légal commun afin de les mettre en mesure de déposer des observations devant la chambre chargée de contrôler de telles décisions. Le greffe doit informer en temps voulu la victime du déroulement de la procédure, notamment de la date des audiences et de leur éventuel report, ainsi que de la date à laquelle les décisions seront rendues. Il en va de même pour les demandes, conclusions, requêtes et autres pièces relatives à ces demandes, conclusions ou requêtes. Pour favoriser ces notifications, la coopération des Etats Parties concernés ainsi que l'assistance d'ONG peuvent être sollicitées par le Greffe. Les Chambres peuvent également recueillir les vues des victimes ou du représentant légal commun.

Le Greffe de la CPI doit assumer d'importantes responsabilités par une assistance soutenue et multiforme aux victimes, aux témoins et aux personnes courant un risque. Il s'appuie sur la Direction des victimes et des conseils (DVC) et, plus particulièrement, sur la Section de la participation des victimes et des réparations (SPVR), l'Unité d'aide aux victimes et aux témoins (UVT) et le Bureau du conseil public pour les victimes, indépendant (BCPV). En matière d'assistance, le Greffe peut fournir, au cas par cas, divers services tels que la réinstallation, le soutien par des personnes accompagnatrices, des soins médicaux et psychologiques aux victimes elles-mêmes ainsi qu'aux personnes demeurant à leur charge, des indemnités exceptionnelles. Le Greffe organise le transport et fournit un logement aux victimes comparaissant devant la Cour ou en danger. Une assistance et des conseils psychologiques et sociaux peuvent être prodigués, sur le terrain ou ailleurs, aux victimes et à leurs familles. En cas de nécessité, le personnel de la Division, qui comprend des spécialistes de l'aide aux victimes de traumatismes y compris de traumatismes consécutifs à des violences sexuelles, peut intervenir de manière permanente durant les comparutions.

Le Greffe de la CPI doit mettre en place et coordonner les mesures nécessaires, toujours confidentielles, aussi bien localement que lors des comparutions afin d'assurer la protection et la sécurité des victimes. En ce sens, les Chambres peuvent décider du huis clos, ordonner des mesures propres à empêcher la révélation de l'identité de la victime ou du lieu où elle se trouve, ne pas transmettre à la demande des victimes les informations communiquées ni au Procureur ni à la défense, ne rendre publiques que des versions expurgées des décisions prises tout au long de la procédure, enregistrer électroniquement les dépositions (avec distorsion de l'image et altération de la voix), recourir aux techniques de vidéoconférence, utiliser un pseudonyme, empêcher aux organes de la Cour tout contact avec elle, contrôler avec vigilance la manière dont leur interrogatoire est mené pour éviter tout harcèlement et toute intimidation, entre autres facteurs de victimisation secondaire. La présence d'un psychologue, notamment, peut être requise lors des dépositions de victimes traumatisées ou particulièrement vulnérables. Le Greffe fournit encore et pour l'essentiel aux participants un accès téléphonique permanent pour introduire des demandes de protection ou demander tout renseignement concernant leur sécurité [138].

---

138. P. HAZAN P., *Cour Pénale Internationale. Guide à l'usage des victimes,* Pub. Reporters sans frontières et Réseau Damoclès, 2003, pp. 59-85 ; K. CALVO-GOLER, *La procédure et la jurisprudence de la cour pénale inter-*

Les crimes contre l'humanité exigent de multiples réparations, quand bien même elles pourraient paraître illusoires à d'aucuns. Affirmer leurs réalités est pour autant incontournable, tout comme la participation effective des victimes (devant les instances de la CPI en général ou lors des enquêtes) n'est en rien idyllique. Les rapports établis par les ONG notamment confirme l'impact très positif et valorisant de cet *empowerment* des victimes au procès devant la CPI, directement ou par représentation légale commune [139]. Les dommages consécutifs aux crimes de la compétence de la Cour sont de nature diverses : corporel, moral ou matériel. Les chambres de la CPI ont ainsi identifié comme préjudice, notamment : les violences physiques ; les souffrances psychologiques (état de stress aigu et très souvent post-traumatique) ; la perte ou la dégradation de biens (maison, terres, animaux) ; exil ; la perte de revenus, de soutien ; la détention et les tortures subies ; la souffrance physique liée à une réduction en esclavage ; l'anéantissement de projets de vie personnelle, familiale, sociale et/ou culturelle [140]. Plus généralement, tous les survivants aux crimes contre l'humanité, pour avoir côtoyé le réel de la mort (physique en cas de massacres ou psychique en cas de viols), souffrent massivement, à distance plus ou moins éloignée de l'événement, de stress post-traumatique aux conséquences dramatiques : reviviscence des faits criminels, troubles du sommeil, perturbations psychosomatiques diverses, modifications de la personnalité, dérèglement des aptitudes sociales et professionnelles, sentiment de culpabilité relativement aux victimes disparues, principalement. De telles victimisations collectives, de masse, très complexes, né-

---

nationale, Lextenso Ed. / Gazette du Palais, 2012, 392 p. ; B.M. METOU, *Le rôle du juge dans le contentieux international*, Ed. Bruylant, 2012, 632 p.

139. fidh.org ; redress.org ; vrwg.org ; également R. CARIO, Victimologie (2012), *op. cit.*, p. et s. ; NAHOUM-GRAPPE V., Le viol comme arme de guerre, *In* D. Salas (Dir.), *Victimes de guerre. En quête de justice*, Ed. L'Harmattan, Coll. Sciences criminelles, 2004, pp. 103-109 ; P. DUTERTRE, *Terres inhumaines. Un médecin face à la torture*, JC Lattès Ed., 2007, 262 p. ; primolevi.org.

140. V. C. LACHAL et al., *Comprendre et soigner le trauma en situation humanitaire*, Ed. Dunod, 2003, 284 p. ; GTDV/VRWG, *La mise en œuvre des droits des victimes devant la CPI*, 11è Assemblée des Etats Parties, 2012.

cessitent des interventions médicales et psychologiques immédiates de très grande qualité, au travers de la mise en place d'équipes multidisciplinaires spécialement formées pour traiter ces victimes physiques et/ou psychiques. Dans le même sens, des dispositifs de prise en charge, tant juridiques, judiciaires que sociaux, doivent être spécifiquement prévus, dans l'immédiat, le moyen et le long terme voire même, pour les actes les plus graves, dans l'intergénérationnel. Est-il encore utile de préciser que des inégalités flagrantes s'observent entre les victimes concernées selon les continents sur lesquels ces crimes contre l'humanité sont perpétrés ?

La création du « Fonds au profit des victimes » destiné à indemniser les victimes de crimes contre l'humanité est véritablement révolutionnaire [141]. Il appartient au Greffe d'informer les victimes des procédures de réparation. Les demandes en réparation sont présentées par les victimes, à leur initiative ou sur celle de la Cour. Un formulaire standard, accompagné d'un guide explicatif, est à la disposition des victimes personnes physiques et des organisations ou institutions victimisées. Les demandes sont appuyées par toutes pièces justificatives et, le cas échéant, des experts sont désignés pour aider la victime, ou ses ayants droit. Les réparations, individuelles ou collectives, peuvent prendre plusieurs formes : indemnisation (préjudices extra-patrimoniaux et économiques, impossibilité de procréer, pertes de chance, coûts judicaires), restitution (des biens volés, retour dans la famille, récupération de l'emploi précédent), réhabilitation (sociale, prestations médicales, accompagnement psychologique, aide matérielle), mesures symboliques (affichage des condamnations, commémorations, hommages) ; programmes d'éducation divers, notamment. La question de la détermination des barèmes d'indemnisation des préjudices subis demeure entière, sauf à transposer les échelles déjà utilisées par la Cour interaméricaine des droits de l'homme (CIDH ou le Fonds onusien d'indemnisation des victimes de torture notamment).

141. V. trustfundforvictims.org.

Le Fonds a été opérationnalisé en 2008 et a offert des réparations à des milliers de victimes, bien avant que les procès n'aboutissent devant la Cour, comme ce fut le cas, notamment, au Nord de l'Ouganda. Les ordonnances de réparation à titre individuel sont rendues directement – et exclusivement – contre la personne physique effectivement reconnue coupable, dont les biens auront pu faire l'objet d'une confiscation à la demande de la Chambre préliminaire. Les ONG réclament que la localisation, la traçabilité, la saisie, le gel et le transport de tous les actifs – sous quelque fois forme qu'ils soient –, appartenant aux accusés ou détournés au profit de proches, soit systématiques. Le montant de la réparation peut être versé par l'intermédiaire du « Fonds au profit des victimes » (alimenté notamment par des subventions et dotations volontaires publiques ou privées, le produit des amendes et des confiscations). Le fonds a reçu à ce jour 19 millions d'euros (dont 3,8 en 2014, 1/5è provenant de contributions volontaires de particuliers). La Cour a la possibilité d'accorder une réparation collective à un groupe de victimes ou à une communauté. Elle peut dans ce cas ordonner que cette réparation se fasse par l'intermédiaire du Fonds au profit des victimes, la réparation pouvant alors être versée également à une organisation internationale ou nationale agréée par lui.

La présidente du Conseil d'administration du Fonds, Madame REHN, a accueilli avec enthousiasme la première décision de condamnation à des réparations, historique, de la « Chambre de première instance 1 » du 7 août 2012, dans l'affaire Lubanga. Le Fonds palliera l'insolvabilité de l'intéressé en indemnisant directement les 85 victimes à s'être manifestées à ce jour. La décision précise un certain nombre de principes essentiels : le droit à réparation est un droit de l'homme fondamental ; toutes les victimes doivent être traitées de façon juste et équitable, avec dignité et respect, sans aucune discrimination quant à l'âge, l'ethnie, le genre ; sans aucune stigmatisation. Peuvent être indemnisés les victimes directes, les membres de la famille, les personnes intervenues pour aider ou empêcher la commission de crime (victimes « indirectes ») ; les entités légales (hôpitaux, ONG notamment). Au regard de l'indigence de T. LUBANGA DYILO, de l'importance des réparations et de la complexité de leur mise en œuvre concrète (relativement à la nature des victimisations subies et de leurs victimes), la « Chambre de première instance 1 » a établi un plan dont la préparation et la mise en œuvre seront, sous son contrôle, de la compétence du Fonds [142].

La Chambre d'appel vient de confirmer et élargir encore la décision de 1ère instance, dans un arrêt du 3 mars 2015 sur les principes et procédures applicables en matière de réparation des victimes. Tout d'abord, l'insolvabilité de la personne condamnée ne détermine pas les réparations allouées aux victimes. L'arrêt consacre, ensuite, la nécessité d'une réparation intégrale, consultative, culturelle appropriée et sensible au genre. Il reconnaît encore la validité de réparations à titre collectif, notamment au regard de l'espèce du nombre important de victimes. De surcroît, la Chambre d'appel confirme que les victimes, qu'elles aient ou non participé au procès ou déposé des demandes de réparation doivent être en mesure de participer aux réparations collectives, tout comme les membres de leur famille et de leur communauté, dès lors qu'elles remplissent les conditions requises. Enfin et pour l'essentiel, l'arrêt charge le Fonds au profit des victimes d'établir un plan de mise en œuvre des réparations dans les six mois [143].

La reconnaissance de la victime comme acteur au procès pénal devant la Cour pénale internationale constitue un progrès

---

142. V. trustfundforvictims.org ; vrwg.org ; G. Bitti Les droits procéduraux des victimes devant la Cour pénale internationale, *In Criminologie*, 2011-44-2, pp. 63-98 ; J.-B. Jeangene Wilmer, *Réparer l'irréparable. Les réparations aux victimes devant la Cour Pénale Internationale,* Puf, 2009, 201 p. ; C. Ferstman, Goetz M., Stephens A. (Eds), *Reparations for victims of genocide, war crimes and crimes against humanity. Systems in place and Systems in the making,* M. Nijhoff Publishers, 2009, 576 p. ; C. McCarthy, *Reparations and victim support in the International criminal court*, Cambridge Univ. press, 2012, 434 p. ; H. Rombouts, S. Parmentier, The International Criminal Court and its Trust Fund are coming of age : towards a process approach for the reparation of victims, *In International Review of victimology*, 2009-16-2, pp. 149-182.

143. V. Icc-01/04-01/06 AA2A3. ; fidh.org ; redress.org ; iccnow.org.

remarquable [144], quand bien même des questions demeurent en suspens quant à la mobilisation et à la représentation de ses droits [145]. Que l'on songe au rôle de simple témoin que lui accordent les tribunaux pénaux internationaux *ad hoc* ; sans compter sur le peu de protection dont les victimes sont l'objet avant comme après leurs dépositions, sans négliger les difficultés financières qu'elles doivent affronter à ces occasions, sans oublier qu'aucune indemnité ne peut leur être offerte en réparation de leurs préjudices pourtant bien réels [146]. Une telle évolution doit beaucoup à l'action des ONG et des Associations de victimes. En droit criminel international, des inégalités flagrantes ne vont cependant pas manquer d'exister selon la nationalité des victimes. Il est à craindre que les plus pauvres, souvent vulnérabilisés et survictimisés, seront les moins bien pris en charge. Il conviendrait au minimum de créer, au sein de l'Unité de la participation des victimes de la CPI, des postes d'accueillants et d'accompagnants dont la mission consisterait

144. V. not. Reporters sans frontières, *Cour pénale internationale. Guide pratique à l'usage des victimes*, multigraph., 2003, 108 p., rsf.org ; Juristes sans frontières, jsf.org ; Association suisse contre l'impunité (Track impunity always), trial-ch.org ; Avocats sans frontières, asfworld.org ; International criminal law : quo vadis ?, *In N.E.P.*, 2004-19, 'Victims' rights', pp. 503-536.

145. Sur cet aspect, V. not. L. PETTITI, La création d'un barreau international des conseils de la défense, *In* P. TAVERNIER (Dir.), *Actualité de la jurisprudence pénale internationale*, Ed. Bruylant, 2004, 281 p. ; L'organisation juristes sans frontières réclame avec pertinence la claire distinction entre les conseils de la défense et les représentants légaux des victimes au sein du Barreau pénal international, jsf.org ; bpi-icb.org ; sur la procédure de *common law*, plus généralement, V. not. quant au rôle de simple témoin offert à la victime, J. CEDRAS, La justice pénale aux Etats-Unis, Ed. Economica / Presses Univ. Aix-Marseille, 2è éd. 2005, 379 p. ; M. DELMAS-MARTY (Dir.), Procès pénal et droits de l'homme, P.U.F., Coll. Les voies du droit, 1992, 311 p. ; J. PRADEL, Droit pénal comparé, Ed. Dalloz, 3è éd. 2008, 892 p. ; M.C. BASSIOUNI (Ed.), *The Islamic Criminal Justice System*, Oceana pub., 1982, 255 p. ; R. PETERS, W.B. HALLAQ, *Crime and punishment in Islamic law*, Cambridge Univ. press, 2005, 238 p. ; M. CAVADINO, J. DIGNAN (Eds), *Penal systems : a comparative approach*, Sage Ed., 4è éd. 2014, 394 p.

146. V. not. P.M. WALD, Dealing with witnesses in war crimes trials : lessons from the Yugoslav tribunal, *In* D. Salas (Dir.), *Victimes de guerre*. En quête de justice, Ed. L'Harmattan, 2004, pp. 171-184 et 185-193 ; Tribunal pénal international pour l'Ex-Yougoslavie, un.org/icty ; Tribunal pénal international pour le Rwanda, un.org/ictr.

en la mise en place, avec la victime, d'un plan de prise en compte, pour le moins durant le procès. Dans une perspective plus solidaire encore, il importerait que des spécialistes de l'aide aux victimes s'investissent davantage dans les équipes dont les ONG disposent généralement sur le terrain même des crimes internationaux.

On ne saurait passer sous silence la mise en place de dispositifs remarquables à l'occasion de la prise en compte de crimes collectifs ou interethniques de très grande envergure. En ce sens, les *Commissions de réconciliation collective* sont susceptibles de produire des effets restauratifs inattendus comme, par exemple, en Afrique du Sud (Commission Vérité et Réconciliation), ou au Rwanda (juridictions *Gacaca*) ou, plus récemment l'Instance Vérité Dignité en Tunisie (2014). La déclaration officielle des actes, souvent constitutifs de crimes contre l'humanité, la désignation des coupables et/ou leur propre aveu, la reconnaissance des victimes constituent un vecteur puissant de réconciliation nationale : « la vérité blesse mais le silence tue » soulignait la CVR. De telles commissions ont vraisemblablement permis aux proches des victimes de commencer leur travail de deuil, aux survivants d'envisager enfin une sortie de la détresse psychologique consécutive à de telles victimisations. Mais, s'il demeure que dans la plupart de ces modalités restauratives de régulation collective des conflits le retour à une vie commune, inévitable, entre infracteurs et victimes a été rendu possible (ce que la justice classique ne permet en aucun cas), la question de l'indemnisation effective des victimes demeure pleine et entière. Tout comme celle de la condamnation pénale des commanditaires, au plus haut niveau de l'Etat, de tels crimes contre l'humanité. Dans la mesure du possible, il conviendrait de tendre vers la réalisation de ces divers objectifs, de manière cumulative [147].

---

147. V. not. sur la Commision « Vérité et reconciliation », D. TUTU, *Il n'y a pas d'avenir sans pardon. Comment se réconcilier après l'Apartheid ?*, Ed. Albin Michel, 2000, 285 p. ; S. LEMAN-LANGLOIS, Mobilizing victimization : the construction of a victim-centred approach in the South African Truth and Reconciliation Commission, *In Criminologie*, 2000-33, pp. 145-165 ; S. PARMENTIER, The South African truth and reconciliation Commission. To-

C'est animé des mêmes préoccupations de reconnaissance, d'accompagnement et de réparation que les institutions européennes recommandent souvent, depuis de nombreuses années, voire imposent parfois à leurs Etats-membres des dispositions protectrices au bénéfice des victimes.

§ 2 – Les normes européennes

1. Concomitamment à la mise en place des institutions qui vont permettre la construction économique et sociale de l'Europe, la **Convention européenne de sauvegarde des droits de l'homme et des libertés individuelles** est adoptée à Rome le 4 novembre 1950. Ratifiée tardivement par la France en 1974 [148], elle est d'application directe en droit positif interne. Elle est destinée à permettre à toute personne s'estimant victime de la violation de l'un des droits et libertés protégés par la Convention ou l'un des protocoles additionnels d'obtenir gain de cause. Elle peut être saisie par un particulier, une association ou une ONG, à la condition d'agir dans les six mois suivant la décision définitive attestant de l'épuisement des recours exercés devant le juge national. En particulier, le paragraphe 1er de son article 6 précise que « toute personne a droit à ce que sa cause soit entendue équitablement, publiquement et dans un délai raisonnable, par un tribunal indépendant et impartial, établi par la loi ». La possibilité d'exposer librement et contradictoirement

---

wards restorative justice in the field of human rights, *In* E. Fattah, S. Parmentier (Eds), *Victim policies and criminal justice on the road to restorative justice*, Essays in honour of Tony Peters, SCS, Leuven, 2001-23, pp. 401-428 ; B. CHESNELONG, Victimes et justice des crimes de guerre et contre l'humanité, *In* Victimes de guerre, *op. cit.*, pp. 31-54 ; X. NSANZUWERA, Le cas du Rwanda, *In* Victimes et justice restaurative, *Les cahiers de la Justice*, Ed. Dalloz/ENM, 2005-1 ; A. GARAPON, *Des crimes qu'on ne peut ni punir, ni pardonner. Pour une justice internationale*, Ed. O. Jacob, 2002, p. 282 et s. ; D. BLOOMFIELD, T. BARNES, L. HUYSE (Dir.), *La réconciliation après un conflit violent. Un manuel*, Pub. IDEA, 2003, 177 p. ; idea.int ; E. MATIGNON, Les dispositifs restauratifs mis en œuvre à la suite de victimisations de masse, *In* R. Cario, P. Mbanzoulou (Dir.), *La justice restaurative. Une utopie qui marche ?*, Ed. L'Harmattan, 2010, pp. 69-89.

148. V. D. 74-360 du 3 avril 1974, *J.O.* du 4 mai.

sa cause, dans le respect de l'égalité des armes, est en effet fondatrice d'un système de justice pénale démocratique.

Paraphrasant quelques dispositions prévues par cet article 6, dont la transposition à la victime s'impose, il importe que soit également respecté, pour elle-même, le droit à disposer du temps et des facilités nécessaires à la préparation de sa défense, de bénéficier de l'assistance d'un avocat ou d'être assistée gratuitement si elle n'en a pas les moyens, d'interroger et de faire interroger les témoins à charge et à décharge, de se faire assister gratuitement le cas échéant par un interprète. Dans le même esprit, toute personne a droit à la liberté et à la sécurité (article 5) comme au respect de sa vie privée et familiale, de son domicile et de sa correspondance (art. 8) [149].

L'application des dispositions de la CEDH en droit interne aux victimes d'infractions ne supporte aucun doute. L'évolution même de la jurisprudence de la Cour invite à considérer que le procès doit être équitable pour toutes les parties, sans qu'il y ait lieu à distinguer entre les fins poursuivies par la victime partie civile. Par conséquent, il apparaît réducteur de ne pas considérer que dans toute action intentée par une victime se conjuguent la symbolique pénale et la réparation civile [150]. C'est en ce sens que la Cour a pu affirmer que « si les impératifs inhérents à la notion de procès équitable ne sont pas nécessairement les

149. V. not. L.E. PETTITI, E. DECAUX, P.H. IMBERT (Dir.), *La Convention européenne des droits de l'homme. Commentaire article par article*, Economica, 2è éd. 1999, 1230 p., spé. p. 239 et s. ; J. PRADEL, G. CORSTENS, *Droit pénal européen*, Dalloz, 4è éd. 2009, 834 p. ; J.F. RENUCCI, *Droit européen des droits de l'homme. Droits et libertés fondamentaux garantis par la CEDH*, LGDJ, 5è éd. 2013, 446 p. ; *Ibid.*, Droit européen des droits de l'homme. Contentieux européen, LGDJ, 4è éd. 2010, 478 p. ; echr.coe.int.

150. V. not. sur cette question, M. VAN DE KERCHOVE, *Quand dire, c'est punir. Essai sur le jugement pénal : des débats, une histoire, un avenir (1789-2005)*, Pub. des Facultés universitaires Saint Louis, 2005, 332 p. ; V. art. 418 *C.pr.pén.* qui prévoit une telle alternative : « La partie civile peut, à l'appui de sa constitution, demander des dommages intérêts correspondant au préjudice qui lui a été causé ». C'est reconnaître que la constitution de partie civile peut également poursuivre un autre but : la participation à la manifestation de la vérité qui éclairera la décision du juge relativement à la responsabilité pénale de l'infracteur et sa condamnation subséquente.

mêmes dans les litiges relatifs à des droits et obligations de caractère civil que dans les affaires concernant des accusations en matière pénale… il n'en résulte pas que la Cour doive se désintéresser du sort des victimes et minorer leurs droits » [151]. Une telle position apparaît en tous points conforme aux actions menées, très concrètement, sur le terrain. Loin d'exercer un droit à la vengeance privée par une action civile à des fins purement répressives, la victime entend participer au procès pénal à des fins légitimes de reconnaissance, de séparation et de réparation[152].

2. Concernant plus spécifiquement les victimes, le **Conseil de l'Europe** [153] - dont les textes ne sont pas d'application impérative (*soft law)* - a inclus dans son programme de travail, dès 1970, le dédommagement des victimes. En septembre 1977, la Résolution R(77)27 institue les principes directeurs de l'indemnisation par l'Etat des victimes d'actes intentionnels de violences graves, ou de leurs ayants droit, lorsqu'une telle indemnisation ne peut pas être assurée à un autre titre [154]. L'introduction corrélative par les Etats-membres de législations en la matière n'a pas suffi à rendre effective l'indemnisation des victimes concernées. Bien plus, une absence totale d'harmonie

---

151. V. Cour eur. dr. h., arrêt Pérez c. France, 12 fév. 2004 ; V. not. F. MASSIAS, Chronique internationale. Droits de l'homme, *In R.S.C.*, 2004, pp. 698-711.

152. V. sur ces points, F. TULKENS, Victimes et droits de l'homme dans la jurisprudence de la Cour européenne des droits de l'Homme, *In Archives de politique criminelle*, 2002-24, pp. 41-59 ; D. ROETS, Le contentieux de l'action civile et l'article 6 § 1 de la Convention européenne des droits de l'homme : une tentative de clarification de la Cour de Strasbourg, *In Recueil Dalloz,* 2004, Chron., pp. 2943-2947 ; M. VERDUSSEN, La Convention européenne des droits de l'homme et les droits de la victime dans le procès pénal, *In Les cahiers de l'Institut sur la Justice*, 2005-9, 'La place de la victime dans le procès pénal', pp. 147-167 ; V. art. 47 et s. de la Charte des droits fondamentaux de l'Union Européenne, *J.O.C.E,* du 18 déc. 2000, C. 364/1-22.

153. Créé en 1949, le Conseil de l'Europe comprend aujourd'hui 47 Etats-membres ; coe.int.

154. Résolution sur le dédommagement des victimes d'infractions pénales, Pub. Conseil de l'Europe, multigraph., 68 p.

entre les législations en ruinait l'essence même, les unes soulignant l'obligation de l'Etat à indemniser (parce que défaillant dans la lutte contre le crime), les autres insistant davantage sur les principes de solidarité sociale et d'équité pour justifier l'intervention étatique. Une Convention fut alors élaborée et ouverte à la signature des Etats le 24 novembre 1983. Entrée en vigueur le 1er février 1988 [155] et ratifiée par la France le 29 mai 1990, elle subordonne l'indemnisation par l'Etat au principe de subsidiarité, à la réalisation de faits de violences intentionnelles (physiques ou psychologiques) aux conséquences particulièrement graves (atteintes à la vie, à l'intégrité physique ou à la santé), plafonnée dans son montant avec, le cas échéant, exclusion des victimes de conditions économiques aisées.

De manière plus globale, d'autres Recommandations ont été adoptées par le Comité des Ministres du Conseil de l'Europe. La « violence au sein de la famille » a ainsi fait l'objet de recommandations aux Etats-membres en vue de prévenir les victimisations, informer les victimes, professionnaliser les intervenants ; d'encourager la création d'agences ou d'associations d'aide et d'assistance aux victimes et de préciser leurs compétences. Les modalités du signalement des actes de violence et de l'intervention de l'Etat quant à leur indemnisation complètent ces propositions[156]. « La position de la victime dans le cadre du droit pénal et de la procédure pénale » a également été envisagée. Le besoin constant d'information de la victime à tous les stades du procès pénal a été souligné, tout comme la nécessaire formation des professionnels de la justice, soucieux du respect de la situation personnelle de la victime, de ses droits et de sa

---

155. V. Rapport explicatif sur la Convention Européenne relative au dédommagement des victimes d'infractions violentes, Pub. Conseil de l'Europe, multigraph., 1984, 28 p. ; Changing victim policy : the U.N. Victim Declaration and recent developments in Europe, pub. HEUNI, 1989-16, 218 p. (seulement 29 signatures, dont 18 avec ratification, sont intervenues à ce jour) ; V. R. CARIO, *Victimologie. Les textes essentiels*, Vol. 2, Ed. L'Harmattan , 2è éd. 2003, p. 19 et s.

156. Recomm. R(85)4, pub. Conseil de l'Europe, multigraph., 1986, 16 p. ; V. Victimologie, Vol. 2, *op. cit.*, p. 23 et s. ; V. M. BRIENEN, E. HOEGEN, *Victims of crime in 22 europeans criminal justice systems*, Multigraph, Intervict, 1178 p., victimology.nl/onlpub/brienenhoegen.

dignité, de sa protection et de sa réparation (sous forme de peine ou de substitut à la peine) [157]. Logiquement, le Conseil s'est alors attaché à préciser le cadre, les structures et la nature des prestations procédant de l'« assistance aux victimes et [de la] prévention de la victimisation » [158]. Plus récemment, une recommandation encourage les Etats à recourir à « la médiation en matière pénale », de nature à offrir plus de souplesse et à favoriser davantage la participation de la victime et de l'infracteur au règlement de leur conflit [159].

3. Dans le même esprit, l'**Union Européenne** [160] a porté sa réflexion sur les normes et mesures à prendre au bénéfice des victimes de la criminalité [161]. En ce sens, dans une Communication du 17 juillet 1999 au Parlement Européen, au Conseil de l'Europe et au Comité Economique et Social, la Commission estime, tout d'abord, que les échanges des meilleures pratiques en matière de prévention de la victimisation doivent être encouragés. Elle souligne, ensuite, la nécessité de favoriser l'assistance due aux victimes (services soumis à des contrôles de qualité quelle que soit la forme d'aide, information de premier secours, permanence téléphonique), la participation des victimes aux procédures et la reconnaissance d'un statut juridique corrélatif (traitement respectueux et digne, assistance et

---

157. Recomm. R(85)11, 1985, 25 p. ; V. Victimologie, 2, *op. cit.*, p. 27 et s.

158. Recomm. R(87)21, 1988, 40 p. ; V. Victimologie, 2, *op. cit.*, p. 31 et s.

159. Recomm. R(99)19, 1999, 23 p. ; V. Victimologie, *op. cit.*, p. 35 et s. ; C. PELIKAN, The impact of the Council of Europe Recommendation 99(19) on Mediation in penal matter, *In Crime policy in Europe. Good practices and promising samples*, Pub. Conseil de l'Europe, 2005, 208 p., spé. pp. 49-74 ; Forum européen de médiation et de justice restaurative, euroforumrj.org ; V. également S. DE BIOLLEY. H. LABAYLE, M. POELEMANS, A. WEYEMBERGH, *Code of the criminal law of European Union. 2012*, Ed. Bruylant, 2012, 1096 p.

160. L'Union Européenne est l'ultime aboutissement de la Communauté européenne du charbon et de l'acier créée en 1951. Elle comprend 28 membres à ce jour ; europa.eu.int.

161. V. Com(1999)349 final, multigraph., 14 p.

conseils dans l'enceinte judiciaire, locaux spécifiques, information multilingue, restitution, expérimentation et développement de la médiation), le dédommagement des victimes (ratification de la Convention de 1983, garantie d'un paiement rapide, aide au recouvrement, coopération entre Etats), au même titre que la formation des professionnels impliqués.

Conformément aux dispositions du « Troisième pilier » du Traité d'Amsterdam, les conclusions du Conseil européen de Tampere (15 et 16 octobre 1999), celles de la Conférence Eurojustice ayant rassemblé à Rouen les Procureurs généraux des Etats-membres (27-29 octobre 1999), le Programme de Stockholm (20 avril 2010) comme les travaux entrepris sous les présidences portugaises et françaises, ont offert des perspectives heureuses au bénéfice des victimes [162]. Elles s'étaient concrétisées par l'adoption d'une Décision-cadre, le 15 mars 2001, « relative au statut des victimes dans le cadre de procédures pénales », dont les dispositions étaient entrées pour la plupart en vigueur le 22 mars 2002, les autres en 2004 (art. 5 et 6) et 2006 (art. 10).

Fort pertinemment, l'article 18 de la Décision-cadre avait prévu l'évaluation des mesures prises par les Etats, dans le délai d'un an à compter de l'entrée en vigueur de ses dispositions. Seuls dix Etats-membres y avaient répondu, conférant à l'analyse un caractère « parcellaire ». Si l'objectif de la Décision-cadre était d'établir et de garantir un niveau élevé comparable de protection aux victimes, dans une stratégie d'harmonisation des législations, il demeure qu'aucun Etat membre n'a pu prétendre avoir transposé l'ensemble des obligations en découlant. La transposition fut donc jugée « insatisfai-

162. V. not. ue.int pour les conclusions de Tampere ; portugal.ue-2000.pt pour la présidence portugaise ; *adde*, *Towards a victim policy in Europe*, pub. HEUNI, 1984-2, 230 p. ; M. JOUTSEN, *The role of the victim of crime in european criminal justice systems. A transnational study of the role of the victim*, pub. HEUNI, 1987-11, 368 p. ; M. BRIENEN, M. GROENHUIJSEN, E. HOEGEN, Evaluation and Meta-evaluation of the effectiveness of victim-oriented legal reform in Europe, *In Criminologie*, 2000-33, pp. 121-144 ; G. GIUDICELLI-DELAGE, C. LAZERGES (Dir.), *La victime sur la scène pénale en Europe*, PUF, 2008, 290 p.

sante » par la Commission qui invite tous les Etats-membres à y pourvoir de manière rapide et complète [163].

L'absence de réactivité de la plupart des 27 Etats membres de l'UE a conduit le Parlement européen et le Conseil, sur la base juridique de l'article 82-2 du Traité sur le fonctionnement de L'UE (TFUE DU 26 juin 2012) à adopter, le 25 octobre 2012, une Directive « établissant des normes minimales concernant les droits, le soutien et la protection des victimes de la criminalité [164] et remplaçant le décision cadre de 2001 du Conseil ». Elle s'applique aux infractions pénales commises au sein de l'Union et aux procédures pénales qui s'y déroulent. Sa transposition en droit positif devra intervenir au plus tard le 16 novembre 2015 [165]. Elle concrétise les résolutions du Parlement européen et laisse naturellement les États membres libres d'adopter des règles plus protectrices au profit des victimes [166].

Cette Directive a pour objet de garantir que les victimes de la criminalité reçoivent des informations, un soutien et une protection adéquats et puissent participer à la procédure pénale. Les victimes doivent être reconnues et traitées avec respect, tact, professionnalisme, de façon personnalisée et de manière non discriminatoire, chaque fois qu'elles sont en contact avec des associations d'aide aux victimes ou de justice réparatrice ou une autorité compétente agissant dans le cadre d'une procédure

---

163. V. Rapport de la Commission fondé sur l'article 18 de la décision cadre du Conseil du 15 mars 2001 relative au statut des victimes dans le cadre de procédures pénales, Com(2004)54 final/2, multigraph., 24 p. ; sur la portée d'une décision-cadre en droit interne, V. CJCE 16 juin 2005 (aff. C. 105-03), *In A.J. Pénal*, 2005-12, pp. 452-453, obs. J. LEBLOIS-HAPPE.

164. V. *Supra*, Introduction, la définition de la victime retenue par la Directive ; Comp. La proposition du Conseil des barreaux européens qui, dans le souci de garantir le respect de la présomption d'innocence, suggère de retenir le terme de « victime alléguée » aussi longtemps qu'une décision judiciaire ne sera pas intervenue sur le fond de l'affaire, ccbe.eu.

165 . V. Directive 2012/29/UE, PE et Cons. UE, 25 oct. 2012 : *JOUE* n° L 315, 14 nov. 2012, L 318/57.

166 . V. S. DETRAZ, *In La semaine juridique*, Ed. Générale, aperçu rapide, janv. 2013, p. 8 ; V. A. DIMITROVA, Droits des victimes de la criminalité. Etat des lieux et perspectives de l'action de l'UE, *In Briefing*, 05 déc. 2013, not. sur les actions du Parlement en cette matière, europarl.europa.eu.

pénale. Les droits énoncés dans la présente directive s'appliquent aux victimes de manière non discriminatoire, y compris en ce qui concerne leur statut de résident. Lorsque la victime est un enfant, l'intérêt supérieur de l'enfant est une considération primordiale, évaluée au cas par cas, tenant dûment compte de son âge, de sa maturité, de son opinion, de ses besoins et de ses préoccupations (art. premier).

Les droits de la victime sont consacrés par les 26 premiers articles comme, notamment, le droit d'accès aux AAV afin de bénéficier de leur soutien. La participation des victimes à la procédure est renforcée sous la forme de droits très précisément détaillés : droit de comprendre, d'être compris, entendu ; droit à l'information immédiate et relativement au déroulement de l'affaire ; à l'interprétation et à la traduction (art. 3 à 10) ; droit en cas de décision de ne pas poursuivre ; à l'aide juridictionnelle ; au remboursement des frais ; à la restitution des biens (art. 11 à 17). Les victimes et les membres de sa famille ont le droit à la protection : dès le dépôt de plainte et tout au long du procès, dans des locaux et avec des dispositifs adaptés ; droit à la vie privée ; droit à être protégée au cas de risque de victimisation secondaire et répétée (art. 18 à 24).

L'innovation majeure de la Directive du 25 octobre 2012 réside en la possibilité de recourir à des services de justice restaurative (« réparatrice ») à tous les stades de la procédure. L'article 2-1-d) définit la justice restaurative comme :

> […] tout processus permettant à la victime et à l'auteur de l'infraction de participer activement, s'ils y consentent librement, à la solution des difficultés résultant de l'infraction pénale, avec l'aide d'un tiers indépendant » […].

Les mesures susceptibles d'être proposées sont variées : médiation entre victime et auteurs (encore dénommée « médiation restaurative », la conférence du groupe familial (ou « conférence restaurative »), les cercles de détermination de la peine, auxquelles il est possible d'ajouter les « cercles restauratifs » (lorsque l'action publique ne peut être introduite, ou ne peut plus prospérer), les « cercles de soutien et de responsabilité », tant en ce qui concerne les infracteurs adultes que mineurs, quelle que soit la gravité de l'infraction [167].

A l'occasion de la mise en œuvre de ces mesures, toutes victimisation secondaire et répétée, intimidations et représailles, doivent être proscrites en cas de recours à tout service de justice « réparatrice ». Les services de justice « réparatrice » sont considérés comme sûrs et compétents aux conditions suivantes : s'ils ne sont utilisés que dans l'intérêt de la victime (sic !) [168], sous réserve de considérations relatives à la sécurité et au fonctionnement sur la base du consentement libre et éclairé de celle-ci, révocable à tout moment.

Avant toute participation, la victime reçoit des informations complètes et impartiales au sujet de ce processus et des résultats possibles, ainsi que des renseignements sur les modalités de contrôle de la mise en œuvre d'un éventuel accord. L'auteur de l'infraction doit avoir reconnu les faits. Tout accord est librement conclu et peut-être pris en considération dans le cadre d'une procédure pénale ultérieure. Les débats ne sont pas publics et couverts du sceau de la confidentialité. Leur teneur ne peut être divulguée, sauf accord des parties ou en raison d'un intérêt public supérieur. Le renvoi des affaires aux services de justice restaurative doit être facilité par les autorités judiciaires, notamment au travers de l'établissement des procédures idoines ou de directives relatives à un tel renvoi.

Les informations et conseils fournis par les autorités compétentes, les associations d'aide aux victimes et de justice réparatrice devraient, autant que possible, être donnés en utilisant différents supports médiatiques et de manière à pouvoir être compris par la victime. Ces informations et conseils devraient être communiqués dans un langage simple et accessible. Il con-

---

167. V. not. justicerestaurative.org.

168. Il s'agit là d'un détournement surprenant de la philosophie restaurative. La justice restaurative, ayant le souci de tous, doit prendre en effet en compte les intérêts de tous les protagonistes : infracteurs, victimes et/ ou leurs proches. L'initiative de participer à l'une de ces mesures restauratives appartient à chacun d'entre eux ; V. R. CARIO. La justice restaurative, *op. cit.*, p. 73 et s. ; V. *Supra*, Introduction, 4, 7 et réf. citées ; justicerestaurative.org.

vient également de s'assurer que la victime puisse elle-même être comprise pendant la procédure.

L'article 25 de la Directive insiste encore sur la nécessité de veiller à ce que les intervenants au contact des victimes reçoivent une formation spécialisée. Il appartient à l'Etat, par le biais de leurs services publics ou par le financement d'organisations d'aide aux victimes, d'encourager les initiatives de nature à permettre aux personnes chargées de l'aide aux victimes et de la justice « réparatrice » de recevoir une formation adéquate, d'un niveau adapté aux contacts qu'elles ont avec les victimes et observent les normes professionnelles (éthiques et déontologiques) en vigueur, afin de leur permettre de traiter les victimes avec impartialité, respect et professionnalisme, de manière non discriminatoire. De la même impérative manière, il y a lieu de promouvoir la formation destinée aux avocats, aux procureurs et aux juges ainsi qu'aux praticiens qui fournissent des associations d'aide aux victimes ou de justice réparatrice (art. 25).

Les préoccupations de l'Union Européenne à l'égard des victimes se manifestent également au travers de la prise en charge des victimisations subies par un ressortissant de l'Union dans un autre Etat membre. Ces délicats problèmes [169] ont été résolus par une Directive du Conseil de l'Union Européenne qui vise à garantir aux victimes de la criminalité le droit à une indemnisation juste et appropriée pour les préjudices qu'elles ont subis, quel que soit l'endroit de l'Union où l'infraction a été commise. Est ainsi mis en place un système obligatoire de coopération transfrontalière facilitant l'accès à l'indemnisation pour les victimes d'infractions violentes (art. 1er). Si l'indemnité doit être versée par l'Etat membre sur le territoire duquel l'infraction a été commise, la demande d'indemnisation peut être introduite dans l'Etat membre de sa résidence. Les « autorités chargées de l'assistance » et les « autorités de décision »

---

169. V. not. CJCE, I.A. Cowan c/ Trésor public (France), 2 fév. 1989, Aff. 186-87, *In* Activités de la Cour, 2-89, pp. 8-10 ; Civ. 2è 21 juill. 1992, *Bull. civ.*, I, 224 ; Civ. 2è 2 mars 1994, *Bull. civ.*, I, 80 ; l'indemnisation des dommages subis à l'étranger par une victime de nationalité française ne pose en principe aucune difficulté, Civ. 2è 2nov. 1994, *Bull. civ.*, I, 214.

désignées par les Etats se coordonnent pour satisfaire, dans les meilleurs délais, les prétentions des demandeurs [170].

Parmi les dispositions novatrices, les mesures de protection définies aux articles 18 à 23 de la présente directive apparaissent essentielles. Plus particulièrement, l'article 22 de la directive propose une évaluation personnalisée de chaque victime, afin de détecter sa vulnérabilité et de déterminer l'étendue des mesures de protection destinées à prévenir des représailles éventuelles. Cette disposition est en cours d'expérimentation auprès de plusieurs Tribunaux de Grande Instance en vue d'une transposition avant la date butoir.

Le rôle tenu par la France, à côté des autres Etats-membres, dans la construction du droit pénal international et européen, spécialement des dispositions applicables aux victimes, est très souvent souligné par les organisations bénéficiaires. Il est vrai que la plupart des experts qui participent à l'élaboration des textes supranationaux sont aussi des acteurs reconnus de la politique criminelle interne. C'est de cette fécondation mutuelle que provient sans aucun doute l'accélération très récente de la prise en compte globale des victimes par le droit positif français.

§ 3 – Les normes nationales

Le législateur a plus récemment pris la mesure de l'importance des droits des victimes qui, jusqu'à la fin des années 70, ne bénéficiaient d'aucun statut particulier. C'est autour de la problématique de l'indemnisation de leurs droits patrimoniaux que les textes vont porter (a). Une évolution notable s'amorce plus tard relativement à la prise en compte des souffrances consécutives au crime et de la protection de leurs droits extrapatrimoniaux (b).

---

170. V. Directive 2004/80/UE du Conseil du 29 avril 2004 relative à l'indemnisation des victimes de la criminalité, *In* JOUE, 6 août 2004, L 261/15 à 18.

1. La prise en considération de l'indemnisation des victimes titulaires de droits patrimoniaux

Plusieurs lois ont offert aux victimes un recours en indemnité contre l'Etat. Le postulat de départ reposait sur la volonté de ne pas abandonner la victime au motif que l'auteur de l'infraction n'a pu être découvert, n'a pu être poursuivi et, surtout, n'était pas solvable.

La **Loi 3 du janvier 1977**, figure comme l'acte fondateur en posant le principe selon lequel « *toute personne ayant subi un préjudice résultant de faits volontaires ou non et présentant le caractère matériel d'une infraction peut obtenir de l'État une indemnité* ». A certaines conditions particulièrement restrictives : dommages corporels graves, préjudice économique, intervention subsidiaire, grave situation matérielle, plafonnement de l'indemnité accordée à titre de secours par une « Commission d'Indemnisation des Victimes d'Infractions » (CIVI), siégeant auprès de chaque Cour d'appel [171].

La **Loi du 2 février 1981** ouvre le champ d'application à quelques infractions contre les biens [172]. La Loi du 8 juillet 1983 [173] aménage la procédure de manière à assurer aux victimes d'infractions pénales la réparation effective de leurs dommages. Elle installe notamment la « Commission juridictionnelle » d'indemnisation auprès de chaque Tribunal de Grande Instance, en associant aux deux magistrats professionnels une personne s'étant signalée par l'intérêt qu'elle porte aux problèmes des victimes et en y introduisant le ministère public. Elle lève surtout l'obligation de justifier d'un préjudice économique et de se trouver dans une situation matérielle grave : une

---

171. L. 77-5 du 3 janvier 1977 garantissant l'indemnisation de certaines victimes de dommages corporels résultant d'une infraction.

172. L. 81-82 renforçant la sécurité et protégeant la liberté des personnes, *J.O.* du 3, p. 417, introduisant un art 706-14 au *C.pr.pén.*

173. L. 83-608 renforçant la protection des victimes d'infractions, *J.O.* du 9, p. 2122 ; Art. L 313-1 et 2 nouveaux du *COJ* ; V. J. PRADEL, Un nouveau stade dans la protection des victimes d'infractions, *In Rec. Dalloz-Sirey*, 1983, chron., pp. 241-252.

indemnisation est versée à la victime qui invoque un trouble grave dans ses conditions de vie [174].

La **Loi du 30 décembre 1985** complète la liste des infractions concernées en y intégrant le viol et les attentats à la pudeur [175], à l'égard desquels la condition de gravité du dommage est supprimée. Une nouvelle étape, fondamentale, est franchie par la Loi du 5 juillet 1985 imposant aux assureurs et au Fonds de garantie automobile l'obligation d'indemniser intégralement et dans de brefs délais les victimes de la circulation routière [176].

La **Loi du 9 septembre 1986** institue le Fonds de garantie des actes de terrorisme qui prend en charge intégralement tous les préjudices subis, contrairement aux autres victimes, toujours soumises aux dispositions de 1977 [177]. Sont ainsi visés les actes commis intentionnellement, en relation avec une entreprise individuelle ou collective, ayant pour but de troubler gravement l'ordre public par l'intimidation ou la terreur [178].

La **Loi du 6 juillet 1990** [179] harmonise tous les régimes, les différentes catégories de victimes ne comprenant pas ces sub-

---

174. V. Circ. 25 juill. 1983, 83-21-F.1, sur la protection des victimes et le renforcement de leurs droits, Min. Justice, multigraph., 18 p., *BOMJ* 20 sept. 1983, 11, p. et s.

175. V. art. 73 L. 85-1047 portant diverses dispositions de procédure pénale et de droit pénal, *J.O.* du 31 déc., p. 15511.

176. L. 85-677 tendant à l'amélioration de la situation des victimes d'accidents de la circulation et à l'accélération des procédures d'indemnisation, *J.O.* du 6, p. 7584 ; D. 86-15 du 6 janv. 1983 portant application de cette loi, *J.O.* du 7, p. 337 ; V. Y. LAMBERT-FAIVRE, La Loi Badinter. Les perspectives d'évolution 10 ans après, *In Victimologie*, 1995-3, pp. 12-17.

177. V. Art. 706-16 et s. *C.pr.pén.* ; L. 126-1, L 422-1 à 3, R 422-1 à 10 *C. Ass.* ; A. D'HAUTEVILLE, Victimes mieux aidées, mieux indemnisées, *In R.S.C.*, 1989, pp. 172-175.

178. V. art. 421-1 et 2 du *C.pén.* ; depuis 1985, 3 971 victimes du terrorisme ont été indemnisées. Près de 100 M€ leur ont été versés.

179. L. 90-589 modifiant le code de procédure pénale et le code des assurances relative aux victimes d'infractions, *J.O.*, du 11, p. 8175 ; D. 90-1211 du 21 déc. 1990, *J.O.* du 30, 16505 et s. ; V. J. PRADEL et J.M. GUTH, La marche vers l'uniformisation ? : la quatrième réforme du droit à indemnisation des victimes d'infractions. Art. 706-3 à 15 *C.pr.pén.*, *In La sem. Jurid.*, 1990, 3466.

tiles inégalités. Allant plus loin que ne le préconisait la Convention Européenne de 1983, elle supprime en ce sens la condition de subsidiarité [180] et généralise la réparation intégrale des victimes d'actes graves contre les personnes : faits ayant entraîné la mort, une incapacité permanente ou une incapacité totale de travail égale ou supérieure à un mois ; viols, agressions sexuelles ou attentats à la pudeur [181]. Les citoyens français, les ressortissants de la « CEE » comme les étrangers en situation régulière au moment des faits ou de la demande d'indemnisation sont tous recevables. Les proches (ayants droit ou victimes par « ricochet ») de la victime peuvent également prétendre à une indemnisation. Dans une moindre mesure, les dommages corporels entraînant un arrêt de travail inférieur à un mois, ainsi que quelques infractions contre les biens (vols, escroqueries et abus de confiance) peuvent être partiellement indemnisés [182]. Elle uniformise encore le Fonds de garantie des victimes d'actes de terrorisme (FGTI) – institution unique au monde – aux infractions visées [183], alimenté par un prélèvement annuel sur tous les contrats d'assurance de biens [184], tout en distribuant toujours les contentieux : les victimes d'attentats terroristes saisissent directement le Fonds de garantie [185], alors que les autres victimes portent leur demande devant la CIVI, juridiction civile [186]. A ce titre, un arrêté du 24 août 2012 maintient le taux de la contribution au FGTI pour l'année 2013 à 3,30 euros par contrat (taux identique à celui de l'arrêté du 30 septembre 2011). Les sommes correspondantes sont perçues par les

---

180. Sur le caractère autonome de cette juridiction, V. Civ. 2è 18 juin 1986, *Bull. civ.*, 93 ; Civ. 2è 23 juin 1993, *Bull. civ.*, I, 224.

181. V. art. 706-3 *C.pr.pén.*

182. V. art. 706-14 *C.pr.pén.* ; V. *Infra*, Chap. 2.

183. V. fgti.fr.

184. V. Arr. du 26 oct. 2000, *J.O.* du 29, p. 17 261 ; ainsi, près de 90 % de la population française alimente ce Fonds de garantie, le prélèvement portant sur environ 80 millions de contrats.

185. V. art. 2 de la Loi ; art. 706-3-1° *C.pr.pén.* ; V. le site de Fédération nationale des victimes d'attentats et d'accidents collectifs, fenvac.com ; Association française des victimes du terrorisme, afvt.org.

186. V. art. 706-3 et s. *C.pr.pén.* ; *L'indemnisation des victimes de la violence. Dossier-Bilan*, Min. Justice, multigraph., 1991, 172 p.

entreprises d'assurance à l'occasion de l'émission des primes ou cotisations recouvrées en matière d'assurances de biens entre le 1er janvier et le 31 décembre 2013 [187]. La Loi du 16 juillet 1992 permet d'interjeter appel des décisions rendues par les CIVI. devant la Cour d'Appel, sous le contrôle éventuel de la Cour de Cassation [188].

La **Loi du 15 juin 2000**, renforçant la protection de la présomption d'innocence et les droits des victimes, a étendu le régime d'indemnisation aux vols, escroqueries ou abus de confiance mais encore aux extorsions de fonds et aux destructions, dégradations ou détériorations d'un bien. L'indemnisation n'est plus seulement accordée aux victimes se trouvant du fait de l'infraction dans une situation matériellement grave mais aussi à celles qui sont dans une situation psychologique grave [189].

Des lois particulières vont compléter l'édifice entrepris. La **Loi du 31 décembre 1991** crée un fonds spécialement destiné à l'indemnisation des victimes de préjudices résultant de la contamination par le virus d'immunodéficience humaine causé par une transfusion de produits sanguins ou une injection de produits dérivés du sang [190]. L'Office national d'indemnisation des accidents médicaux, des affections iatrogènes et des infections nosocomiales (ONIAM, créé par la Loi du 4 mars 2002), organisme placé sous la tutelle du Ministère de la santé, a pour mission d'organiser, dans le cadre d'un règlement amiable, les in-

---

187 . V. Arr. du 24 août 2012 fixant le taux de la contribution des assurés au Fonds de garantie des victimes des actes de terrorisme et d'autres infractions, *J.O.* n° 0207 du 6 sept. 2012, p. 14411, texte n° 8.

188. Art. 36, *J.O.* du 17, p. 9580.

189 . L. 2000-516 du 15 juin 2000 renforçant la protection de la présomption d'innocence et les droits des victimes, *J.O.* 157 du 8.

190. V. art. 47 et s. L. 91-1406 portant diverses dispositions d'ordre social, *J.O.* du 4 janv. 1992, p. 184 et s. ; V. L. du 23 déc. 2000 créant le Fonds d'indemnisation des victimes de l'amiante (FIVA) ; V. L. 4 mars 2002 relative aux droits des malades et à la qualité du système de santé, portant création d'un fonds d'indemnisation – généraliste – d'indemnisation pour les victimes d'aléas thérapeutiques (ONIAM), art. L 1142-1 et s. *C.s.pub.* ; sur ces Fonds de garantie, V. not. *Guide des droits des victimes*, Ed. Prat Europa / Min. Justice, 2005, pp. 141-165 ; *Les droits des victimes*, multigraph, 60 p., justice.gouv.fr.

demnisations des accidents médicaux. L'ONIAM assure l'indemnisation des victimes d'accidents médicaux dont le préjudice présente un degré de gravité inférieur à un seuil fixé par le décret du 4 avril 2003. Depuis le 1er Janvier 2006, L'ONIAM, reprend les droits et obligations du Fonds d'Indemnisation des Transfusés et Hémophiles et indemnise les victimes d'une contamination par le VIH lorsque celle-ci a été causée par une transfusion de produits sanguins ou une injection de produits dérivés du sang. Dans le même sens, la loi du 17 décembre 2008 [191] a confié à L'ONIAM l'indemnisation, dans le cadre d'un règlement amiable, des contaminations transfusionnelles par le virus de l'hépatite C. Suite au scandale du Médiator, l'article 57 de la loi du 29 juillet 2011 confie également à L'ONIAM la mission de faciliter et, s'il y a lieu, de procéder au règlement amiable des litiges relatifs aux dommages causés par le benfluorex [192].

A savoir :

La Fédération INAVEM et la plate-forme téléphonique 08VICTIMES ont été mandatés officiellement et de façon conjointe par le ministère de la Justice et des Libertés et le ministère du Travail, de l'Emploi et de la Santé pour assurer la prise en charge des personnes concernées par le Médiator. Cette saisine nationale, émanant pour la première fois de deux ministères, démontre la confiance, l'expertise et la légitimité des interventions des AAV auprès de l'Etat Français. Ainsi, la mission de ces structures a été d'accompagner, d'informer ces personnes des procédures possibles, de les orienter vers des professionnels intéressés par cette affaire (psychologue, avocat, sécurité sociale, médecin, pharmacie, notamment) et d'organiser des réunions afin de concentrer les informations et de permettre une rencontre entre tous [193].

L'INAVEM dresse un constat mitigé lors d'un communiqué de presse [194] : tout d'abord, le faible chiffre de recevabilité des demandes pose question. En effet, en Janvier 2013, seuls 4,5 % des dossiers étudiés sur les 7 721 ont été considérés comme recevables selon le Président du collège d'experts. La difficulté d'établir le lien de causalité entre les séquelles physiques (déficit fonctionnel) et la prise de benfluorex est à l'origine de la majorité des rejets des dossiers.

---

191. L. 2008-1330 du 17 déc. 2008 de financement de la sécurité sociale pour 2009, *J.O.* 0294 du 18, p.19291.

192. L. 2011-900 du 29 juillet 2011, *J.O.* 0175 du 30, p. 12969 et son décret d'application n° 2011-932 du 1er août 2011.

193. V. inavem.org.

194. *Ibid.*

Ensuite, la réparation intégrale des préjudices n'est pas assurée, selon la nomenclature Dintilhac, pour la victime directe ou ses proches (victimes « indirectes »).

Enfin, le principe de l'expertise sur pièces des dossiers, et non sur les personnes, ne permet nullement le respect du contradictoire, à savoir une discussion.

Au-delà de ces difficultés techniques, de nombreuses victimes se sont vu opposer des refus intégraux ou partiels ou ont rencontré des obstacles en provenance des professionnels de santé relativement à la remise de leurs propres dossiers médicaux. A la suite de quelques rappels légaux, des lettres types ont été établies pour accompagner ces patients, dès le début d'un véritable parcours du combattant. En effet, l'instrumentalisation sensationnelle par les médias des futures victimes, le jargon juridico-médical inaccessible, l'angoisse de ne pas savoir si ce médicament a pu ou va causer des dégâts réversibles ou non, la perte de confiance dans le monde médical prescripteur, ont été autant de difficultés à affronter pour toutes ces personnes plongées, du jour ou lendemain, dans une affaire de santé publique. Partant, un accompagnement pluridisciplinaire et partenarial, appuyé sur des compétences techniques, est dorénavant en place afin de permettre à toutes ces personnes d'avancer pas à pas dans leurs démarches et d'être rassurées à chaque nouvelle étape.

A savoir :

La loi du 4 mars 2002 [195] sur les droits des malades a modifié les modalités d'accès au dossier médical. Depuis cette date, toute personne qui en fait la demande peut accéder directement à son dossier médical et aux informations de santé la concernant. Le dossier médical peut être défini comme l'ensemble des informations formalisées sur un support, notamment des résultats d'examen, des comptes rendus de consultation ou d'intervention, des prescriptions thérapeutiques, des correspondances entre professionnels de santé.

- Qui peut demander l'accès ?

Toute personne majeure pour les informations de santé qui la concernent. Cette demande n'a pas à être motivée ; les parents ou tuteurs de mineurs sous

195. L. 2002-303 du 4 mars 2002 relative aux droits des malades et à la qualité du système de santé, *J.O.* du 5, p. 4118.

réserve que le mineur n'ait pas exercé son droit d'opposition prévu à l'article L 1111-5 du Code de la Santé publique ; les tuteurs de majeurs protégés par une mesure de tutelle ; un médecin, s'il a été désigné par l'un des titulaires précédents du droit d'accès ; les ayants droit d'une personne décédée sous certaines conditions ; la personne de confiance, à la demande du patient ; toute autre personne mandatée (sauf conflit d'intérêts) par le patient, disposant d'un mandat exprès et pouvant justifier de son identité.

Les informations contenues dans le dossier ont un caractère strictement personnel vis à vis des tiers, qui sont totalement exclus du droit de réclamer directement ces informations aux professionnels, aux établissements de santé ou aux hébergeurs.

- Quels professionnels de santé sont concernés ? Tous les professionnels de santé et pas seulement les médecins traitants ou hospitaliers : les médecins-conseils des assurances, les médecins du travail, les médecins-conseils de la Sécurité sociale, les spécialistes, les paramédicaux tels que les infirmiers, les kinésithérapeutes, les orthophonistes, les ergothérapeutes, les pharmaciens, notamment.

- Quelles informations sont accessibles ? Le droit d'accès concerne toute information de santé détenue par un professionnel de santé ou un établissement de santé, quelle qu'en soit la source. La notion d'« informations de santé » est très large et n'est pas limitée, le cas échéant, à ce qui est contenu dans le « dossier médical » ou le « dossier de santé ». La jurisprudence considère comme informations de santé : des résultats d'examen, des comptes rendus, des protocoles et prescriptions (ordonnances), des feuilles de surveillance, des correspondances entre professionnels de santé, des radiographies...

Pour être accessible, l'information de santé doit être « formalisée », c'est-à-dire conservée sur un support (écrit, radiographie, enregistrement, principalement).

- Quelles formalités accomplir pour demander son dossier médical ? Le droit d'accès s'exerce par demande adressée au professionnel de santé (pour les professionnels libéraux) ou au directeur de l'établissement de santé ou de la structure médico-sociale. Si les inforations sont détenues par un hébergeur de données de santé, le droit d'accès s'exerce auprès de celui-ci. La demande doit être établie par lettre recommandée avec accusé de réception accompagnée d'une copie de la pièce d'identité ou du livret de famille lorsque la demande est faite par les parents ou de la décision de désignation du tuteur.

- Quel délai de réponse ? Les informations doivent être communiquées dans un délai de 8 jours pour les actes récents ou 2 mois pour les informations de plus de 5 ans et dans certains cas particuliers.

- Quels sont les recours possibles ? Les recours face à un refus explicite ou implicite d'accès au dossier médical dépendent du statut juridique du détenteur de l'information. Ils sont différents selon qu'il s'agit d'un professionnel de santé exerçant en libéral, d'un établissement de santé public ou encore d'un établissement privé.

. Recours contre un établissement de santé. Lorsque les informations sont détenues par un établissement tel qu'un hôpital, le recours dépend de la nature publique ou privée de l'établissement. S'il s'agit d'un établissement public de santé ou d'un établissement privé participant au service public hospitalier et en cas de refus ou de silence pendant un mois, le demandeur dispose d'un délai de deux mois pour saisir la Commission d'accès aux documents administratifs (CADA) avant tout recours contentieux. Le demandeur doit joindre à sa lettre la copie de sa demande d'accès, le refus de l'établissement et les renseignements permettant d'identifier le dossier.

Si l'établissement ne participe pas au service public hospitalier, il convient de saisir la commission interne de l'établissement puis, en l'absence de solution, la direction de l'hospitalisation et de l'organisation des soins au Ministère en charge de la santé. Le demandeur doit joindre à sa lettre la copie de sa demande d'accès, le refus de l'établissement et les renseignements permettant d'identifier le dossier.

. Recours contre un praticien libéral. Les ordres professionnels, tels que le conseil départemental de l'ordre des médecins peuvent intervenir auprès des praticiens lorsque ces derniers refusent la communication des informations. A défaut de réponse de la part d'un professionnel de santé exerçant en libéral, il est possible de saisir la Commission nationale de l'informatique et des libertés (CNIL) qui interviendra auprès de lui.

. La procédure en référé devant le juge administratif peut être exercée en cas d'échec de la phase amiable ou en cas d'urgence, qu'il s'agisse d'un établissement de santé privé ou public ou à caractère public ou d'un praticien exerçant en libéral. En cas d'urgence, et même sans décision préalable de l'administration, le juge des référés du tribunal administratif peut prononcer toute mesure utile pour la délivrance de documents détenus par un établissement public de santé ou un établissement privé exerçant des missions de service public. La demande peut être déposée directement au tribunal ou par courrier en recommandé avec accusé réception, avec la mention « référé ». Elle doit contenir un résumé des faits et justifier de l'urgence. Le jugement intervient ensuite dans un délai de 15 jours, en général ; il peut faire l'objet d'un recours devant le Conseil d'État dans les 15 jours suivant sa notification.

. Au sein du tribunal d'instance, le juge de proximité du lieu du cabinet médical ou de l'établissement de santé privé est compétent pour tous les litiges portant sur une obligation dont la valeur est inférieure ou égale à 4 000 €. Il est donc envisageable de saisir cette juridiction d'une requête datée, signée et adressée au greffe, mentionnant l'identité du demandeur, les coordonnées de la personne physique ou morale détenant l'information médicale concernée, l'objet de la demande, la nature de l'obligation ainsi que son fondement juridique et, éventuellement, les dommages et intérêts réclamés en cas d'inexécution de l'obligation. Le demandeur doit joindre à sa requête tous les documents justificatifs nécessaires, sous peine de nullité. Si le juge considère la demande comme justifiée, il rend une ordonnance d'injonction de faire qu'il adresse aux deux parties, précisant la date de l'audience en cas de non-respect de l'ordonnance. La décision du juge n'est pas susceptible de recours [196].

Ces procédures ne nécessitent pas l'assistance d'un avocat mais il est fortement recommandé de se faire assister ou représenter compte tenu de la technicité de ce contentieux [197].

La **Loi du 1er juillet 2008** créant de nouveaux droits pour les victimes [198] a institué le Service d'Aide au Recouvrement des Victimes d'Infractions. Il permet aux victimes, qui n'ont pas été réglées volontairement par le condamné des sommes accordées par le tribunal, d'en obtenir rapidement le paiement total ou partiel. Dans ce dernier cas, le SARVI se chargera de récupérer, auprès du condamné, le complément des sommes dues [199].

Une **proposition de Loi** visant à l'indemnisation des personnes victimes de prise d'otage a été déposée au Sénat le 12

196. V. Art. L 1111-7, L 1112-1 et s., R 1111-1 et s., R 1112-2, R1112-7 du *C.S.pub.* ; Arrêté du 5 mars 2004 portant homologation des recommandations de bonnes pratiques relatives à l'accès aux informations concernant la santé d'une personne et, notamment, l'accompagnement de cet accès ; Circulaire 2006-90 du 2 mars 2006 relative aux droits des personnes hospitalisées et comportant une charte de la personne hospitalisée ; Référentiels ANAES (HAS) juin 2003. Le dossier du patient : amélioration de la qualité de la tenue et du contenu, réglementation et recommandations ; Référentiels ANAES (HAS) février 2004. Dossier du patient : réglementation et recommandations : accès au aux informations concernant la santé d'une personne – modalités pratiques et accompagnement.

197. V. leciss.org/sante-info-droits. « Le CISS » est un collectif interassociatif sur la santé qui regroupe 39 associations intervenant dans le champ de la santé à partir des approches complémentaires de personnes malades et handicapées, de personnes âgées et retraitées, de consommateurs et de familles ; leciss.org.

198. V. L. 2008-644 du 1er juillet 2008 créant de nouveaux droits pour les victimes et améliorant l'exécution des peines, *J.O.* du 2 ; Assemblée Nationale, Proposition de loi n° 575 créant de nouveaux droits pour les victimes et améliorant l'exécution des peines, présentée par MM. J.-L. WARSMANN et E. BLANC, 10 janvier 2008, 15 p. ; Assemblée Nationale, Rapport n° 610 fait au nom de la Commission des lois constitutionnelles, de la législation et de l'administration générale de la République sur la proposition de loi de MM. J.-L. WARSMANN et E. BLANC (n° 575) créant de nouveaux droits pour les victimes et améliorant l'exécution des peines, par E. BLANC (Député), 16 janvier 2008, p. 4.

199. V. *Infra*, Chap. 2.

juin 2013 [200]. Suite à une forte augmentation du nombre de prises d'otages à travers le monde, la France n'échappe pas à ce phénomène. Les prises d'otages sont toujours vécues comme des périodes de grandes souffrances, tant pour les personnes retenues que pour les membres de leur famille. Pourtant, face aux différents traumatismes physiques et psychiques générés, victimes directes et proches sont aujourd'hui confrontées à un obstacle supplémentaire : l'absence de procédure d'indemnisation unifiée s'appliquant à leur situation. En effet, en droit français, la prise d'otages est une circonstance aggravante de l'infraction de séquestration ou détention illégale. C'est la volonté du preneur d'otages d'utiliser les personnes qu'il retient comme moyen d'obtenir d'une tierce personne la réalisation ou l'abstention d'un ou plusieurs actes qui va distinguer la qualification de l'infraction et les peines applicables. Cette absence de notion indépendante de prise d'otages induit une indemnisation différente selon les circonstances de cet acte, lequel donne lieu, ou non, à la qualification d'acte de terrorisme et selon ses conséquences pour la victime, c'est-à-dire de la gravité des dommages subis. La proposition de loi vise à permettre une indemnisation homogène des personnes prises en otages, en alignant les modalités de leur indemnisation sur celles des victimes d'atteintes graves à la personne.

Toutes ces lois (dont la liste n'est en rien exhaustive) témoignent de l'adaptation nécessaire – et assez réussie – du droit positif aux nouveaux enjeux à relever pour prévenir et traiter le phénomène criminel contemporain. Reflet de notre société, il touche, plus que proportionnellement, les personnes exposées à des précarités multiples, profondes et durables.

200. V. Proposition de loi visant à l'indemnisation des personnes victimes de prise d'otages du 12 juin 2013.

2. La prise en considération des victimes titulaires de droits extra-patrimoniaux

La **Loi du 4 janvier 1993** [201] réforme profondément la procédure pénale. Elle introduit notamment en cette matière la possibilité pour les associations de défense des victimes de la circulation de se constituer partie civile.

La **Loi du 8 février 1995** porte les délais de prescription respectivement à 30 et 20 ans pour les crimes et les délits terroristes [202].

Le caractère inacceptable des violences sexuelles à l'égard des mineurs a conduit la **Loi du 17 juin 1998** relative à la prévention et à la répression des infractions sexuelles ainsi qu'à la protection des mineurs à mettre en place des dispositifs ambitieux : audition filmée des mineurs ; suivi socio-judiciaire des infracteurs, fichier national automatisé des auteurs d'infractions sexuelles ; modification des délais de prescription, notamment [203]. En ce sens, elle modifie les articles 7 et 8 du Code de procédure pénale. Le report du point de départ du délai de prescription de l'action publique est généralisé à l'ensemble des crimes commis contre les mineurs (et plus seulement ceux commis par ascendant ou personne ayant autorité). Il est étendu à de plus nombreux délits commis contre des mineurs expressément visés par le texte [204] (notamment les agressions sexuelles autres que le viol). Le délai de prescription a, en outre, été allongé à dix ans pour quelques délits lorsque la victime est mineure.

---

201. L. 93-2 portant réforme de la procédure pénale, *J.O.* du 5, p. 215 et s. ; mod. par L. 93-1013 du 24 août 1993, *J.O.* du 25, p. 11991 et s.

202. V. art. 706-25-1 *C.pr.pén.*

203. L. 98-468 relative à la prévention et à la répression des infractions sexuelles ainsi qu'à la protection des mineurs, art. 706-47 et s. *C.pr.pén.* ; sur le fichier des auteurs d'infractions sexuelles, V. art. 706-53-1 et s. (introduits par la Loi du 9 mars 2004) et D. 53-8-1 et s. *C.pr.pén.* (D. 30 mai 2005) ; V. également art. 706-54 et s. relatifs au fichier national automatisé des empreintes génétiques ; sur la prescription, V. art. 7, 8, 706-47 *C.pr.pén.*

204. V. art. 222-27 à 222-30 *C.pén.*

A savoir :

Cette réforme marque un tournant dans la prise en charge des victimes d'infraction de nature sexuelle en reconnaissant, pour la première fois, que la procédure pénale peut constituer une épreuve douloureuse pour elles. Dans le cas de violences sexuelles intrafamiliales, les victimes taisent bien souvent leur calvaire par peur des représailles, par honte, par menace, par conflit de loyauté. De nombreuses victimes voient alors leur dépôt de plainte classé sans suite au motif que l'infraction est prescrite. Cette décision apparaît bien souvent injuste pour ces victimes qui ont eu le courage de parler, mais trop tardivement pour la justice. La loi prend pertinemment en compte de délai de latence spécifique à ce titre d'agression. Quand bien même la procédure n'aboutit pas au motif de l'insuffisance de caractérisation de l'infraction (absence de preuve suffisante), il demeure que les intéressé(e)s se sentent considérées par le seul dépôt de plainte. A minima, en effet, l'infracteur sera entendu par l'institution judiciaire. Dans ces affaires délicates, il est essentiel que les professionnels du droit les informent du risque de classement sans suite ou de non-lieu compte tenu du délai écoulé et de l'absence de preuve matérielle. En revanche, au-delà de cette information, l'accompagnement à chaque étape de la procédure et l'orientation vers un professionnel de santé et/ou du droit sont indispensables pour les aider à mieux accepter et comprendre les enjeux de son dossier.

De manière significative, la **Loi du 15 juin 2000** renforçant la protection de la présomption d'innocence et les droits des victimes [205] assez nettement en deçà des propositions formulées par le Rapport LIENEMANN, issues pour la plupart des consultations et réflexions du secteur associatif actuellement activement investi dans l'aide aux victimes. Elle accroît néanmoins les prérogatives accordées à la victime au cours de la procédure pénale, en consacrant à son profit un véritable statut juridique. L'intitulé évocateur de ce texte témoigne de la volonté du législateur de mettre infracteur et victime sur un pied d'égalité quant à leurs droits procéduraux. L'article préliminaire du Code

205. Texte consultable sur justice.gouv.fr ; V. Circ. NOR JUS-D-00.30115C du 31 mai 2000, BOMJ, 2000-78, pp. 223-298 ; V. Circ. Crim-01-07/F1 du 14 mai 2001 relative aux victimes, *In* Victimologie, Vol. 2, *op. cit.*, p. 147 et s. ; Sur la loi du 15 juin 2000, V. not. A. D'HAUTEVILLE, Un nouvel élan est donné à la politique publique d'aide aux victimes de la délinquance, *In R.S.C.*, 1999, pp. 647-655 ; F.J. PANSIER, C. CHARBONNEAU, Commentaire article par article de la loi sur la présomption d'innocence, *In Gaz. Palais*, 2000/129, pp. 3-21, 2000/130, pp. 6-25 ; C. LAZERGES, Le renforcement de la présomption d'innocence et des droits des victimes. Histoire d'une navette parlementaire presque achevée, *In Arch. Pol. Crim.*, 2000-22, pp. 53-70.

de procédure pénale, issu de cette loi, dispose symboliquement que « *la procédure pénale doit... préserver l'équilibre des droits des parties* » et que « *l'autorité judiciaire veille à l'information et à la garantie des droits des victimes au cours de toute procédure pénale* » [206].

Par touches successives, des lois sont venues compléter ce statut en cours d'élaboration de la victime. La loi du 9 septembre 2002 [207] comme celles du **18 mars 2003** [208] et du **9 mars 2004** [209] ont eu le souci de rendre le plus effectif possible l'information, l'accompagnement et la réparation de la victime, en l'associant davantage encore à toutes les phases du procès pénal. Y compris lors de l'exécution des peines, au prix de son instrumentalisation parfois, à des fins d'aggravation de la situation de l'infracteur (délai de prescription et périodes de sûreté allongés, personnalisation de la peine crispée sur l'indemnisation et la sécurité des victimes) [210].

La **Loi du 5 mars 2007** tendant à renforcer l'équilibre de la procédure pénale inspirée par le rapport de la commission d'enquête de l'Assemblée Nationale sur l'affaire d'Outreau a mis en avant quatre objectifs [211] : limiter le recours à la détention provisoire ; améliorer le déroulement des informations en renfor-

---

206. V. *Infra*, Chap. 2 ; A. D'HAUTEVILLE, Le point de vue des victimes : quel équilibre ?, *In Politique(s) criminelle(s). Mélanges offerts à Christine Lazerges*, Ed. Dalloz, 2014, pp. 649 et s.

207. V. L. 2002-1138 d'orientation et de programmation pour la justice, *J.O.* du 10, p. 14934 et s. ; V. également F.J. PANSIER, C. CHARBONNEAU, Présentation de la loi du 4 mars 2002 complétant la loi du 15 juin 2000 renforçant la présomption d'innocence, *In Les Petites affiches*, 2002-60, pp. 4-13.

208. V. L. 2003-239 pour la sécurité intérieure, *J.O.* du 19, p. 4761 et s.

209. V. L. 2004-204 d'adaptation de la justice aux évolutions de la criminalité, *J.O.* du 10, p. 4657 et s. ; V. not. M. VERON, La Loi du 9 mars 2004 dite Loi « Perben 2 ». Remarques sur les dispositions générales relatives au droit pénal général et au droit pénal spécial, *In Dr. pén.*, 2004-5, pp. 6-9 ; F. LE GUNEHEC, La loi 2004-204 portant adaptation de la justice aux évolutions de la criminalité. Troisième Partie : achèvement de la réforme de l'application des peines, *In JCP*, Ed. G., 2004, I, pp. 713-716.

210. *Ibid.*

211. L. 2007-291 du 5 mars 2007 tendant à renforcer l'équilibre de la procédure pénale, *J.O.* 55 du 6, p. 4206.

çant le caractère contradictoire de celles-ci et en instituant de nouveaux droits de la défense ; prévenir les plaintes avec constitution de partie civile injustifiées ou abusives ; améliorer sur différents points le déroulement des procédures en ce qui concerne les mineurs victimes d'infractions de nature sexuelle.

Le **Décret du 13 novembre 2007** institue le juge délégué aux victimes (JUDEVI) [212]. Dès le 2 janvier 2008, il entre en fonction avec pour mission, en particulier, d'informer les victimes sur leurs droits. Ce juge veillait à l'indemnisation des victimes par les condamnés ou par les dispositifs existants mais également à la protection des victimes après la libération des condamnés. Le Conseil d'Etat, dans une décision du 28 décembre 2009 [213], a annulé l'article 1er de ce décret, sur saisine du Syndicat de la magistrature en demande d'annulation pour excès de pouvoir.

Concernant spécifiquement le dépôt de plainte, le **Décret du 29 octobre 2008** [214] a créé, à titre expérimental, un traitement automatisé dénommé "pré-plainte en ligne". La pré-plainte en ligne est un dispositif qui permet un signalement immédiat des faits commis et réduit les délais d'attente lors du dépôt de plainte par un système de rendez-vous. La pré-plainte en ligne représente une avancée dans la simplification des démarches administratives, aussi bien pour les victimes que pour les personnels de police ou de gendarmerie.

A savoir :

Pour des raisons d'efficacité et des impératifs d'enquête, ce dispositif est réservé aux atteintes contre les biens dont la victime ne connaît pas le ou les auteurs des faits (vols, dégradations, escroqueries, notamment).

Elle ne doit pas être utilisée pour les situations d'urgence, les victimes devant, dans ce cas, téléphoner au 17 ou au 112, ou se déplacer directement auprès d'un commissariat de police ou d'une brigade de gendarmerie.

---

212. D. 2007-1605 du 13 novembre 2007 instituant le juge délégué aux victimes, *J.O.* 265 du 15, p. 18712.

213. V. Conseil d'Etat 28 décembre 2009, n°312314.

214. V. Décret n° 2008-1109 du 29 octobre 2008 portant création à titre expérimental d'un traitement automatisé dénommé « pré-plainte en ligne ».

. La pré-plainte en ligne est une démarche simple :

- la victime effectue sa télé-déclaration via internet, sur le site « www.pre-plainte-en-ligne.gouv.fr » et renseigne un formulaire guidé comportant des rubriques obligatoires ;
- elle choisit le jour de son rendez-vous, ainsi que le commissariat ou la brigade de gendarmerie où elle souhaite venir signer sa plainte ;
- elle est rapidement contactée par les services de police ou de gendarmerie pour confirmer le rendez-vous et l'informer des pièces nécessaires à fournir.

. La pré-plainte en ligne ne dispense pas de venir dans un commissariat ou une brigade de gendarmerie. Le dépôt de plainte devient juridiquement valable après contact avec un officier ou un agent de police judiciaire et signature du procès-verbal.

Si l'auteur de la pré-plainte ne vient pas au rendez-vous qu'il a choisi ou qui lui est proposé, les données nominatives sont automatiquement effacées 30 jours après la réception de la déclaration.

Expérimenté depuis le 1er novembre 2008, d'abord en Charente-Maritime et dans les Yvelines, ce dispositif a été étendu, en décembre 2011, aux départements de la Haute-Garonne et du Bas-Rhin, au XVème arrondissement de Paris et au 4ème district des Hauts-de-Seine. Le suivi de ces expérimentations, les enquêtes de terrain et les sondages de satisfaction ont conduit le ministère de l'Intérieur à généraliser la pré-plainte en ligne à l'ensemble du territoire national depuis Janvier 2013 [215].

Concernant spécifiquement les violences au sein du couple, deux lois importantes ont été votées. La **Loi du 4 avril 2006** [216] a élargi le champ d'application des circonstances aggravantes aux concubins, pacsés et anciens conjoints et étendu la liste des infractions répertoriées (viol conjugal, mutilation, privation des papiers d'identité, séquestration).

La **Loi du 9 juillet 2010** [217] a créé le délit de violence psychologique au sein du couple. Sa principale disposition est l'ordonnance de protection des victimes, rendue par le juge aux

215. V. interieur.gouv.fr

216. L. 2006-399 du 4 avril 2006 renforçant la prévention et la répression des violences au sein du couple ou commises contre les mineurs, *J.O.* 81 du 5, p. 5097.

217. L. 2010-769 du 9 juillet 2010 relative aux violences faites spécifiquement aux femmes, aux violences au sein des couples et aux incidences de ces dernières sur les enfants, *J.O.* 0158 du 10, p. 12762.

affaires familiales, en urgence, sous forme de référé, pour une durée de 4 mois. L'article 515-9 du Code civil dispose que « *Lorsque les violences exercées au sein du couple ou par un ancien conjoint, un ancien partenaire lié par un pacte civil de solidarité ou un ancien concubin mettent en danger la personne qui en est victime, un ou plusieurs enfants, le juge aux affaires familiales peut délivrer en urgence à cette dernière une ordonnance de protection* ».

Dès la réception de la demande d'ordonnance de protection, le juge convoque les parties pour une audition (assistées, le cas échéant, d'un avocat) et le Ministère Public. L'ordonnance de protection est délivrée par le juge aux affaires familiales, s'il estime, au vu des éléments produits devant lui et contradictoirement débattus, qu'il existe des raisons sérieuses de considérer comme vraisemblables la commission des faits de violence allégués et le danger auquel la victime est exposée [218].

Par Ordonnance de protection le Juge aux Affaires Familiales peut prendre les mesures suivantes : interdire à l'auteur des violences de recevoir ou de rencontrer la victime ou tout autre personne, ainsi que d'entrer en relation avec elles, de quelque façon que ce soit ; interdire à la partie défenderesse de détenir ou de porter une arme et, le cas échéant, lui ordonner de remettre au greffe contre récépissé les armes dont elle est détentrice ; statuer sur la résidence séparée des époux en précisant lequel des deux continuera à résider dans le logement conjugal et sur les modalités de prise en charge des frais afférents à ce logement ; attribuer la jouissance du logement ou de la résidence du couple au partenaire ou au concubin qui n'est pas l'auteur des violences et préciser les modalités de prise en charge des frais afférents à ce logement ; se prononcer sur les modalités d'exercice de l'autorité parentale et, le cas échéant, sur la contribution aux charges du mariage pour les couples mariés, sur l'aide matérielle au sens de l'article 515-4 pour les partenaires d'un pacte civil de solidarité et sur la contribution à l'entretien et à l'éducation des enfants ; autoriser la victime à dissimuler son domicile ou sa résidence et à élire domicile chez

218. V. article 515-11 *C.civ.*

l'avocat qui l'assiste ou la représente ou auprès du procureur de la République près le tribunal de grande instance pour toutes les instances civiles dans lesquelles elle est également partie [219].

> *A savoir :*
>
> Le rapport d'information sur l'application loi du 9 juillet 2010 relative aux violences conjugales rendu le 17 janvier 2012 par Monsieur Guy GEOFFROY et Madame Danielle BOUSQUET laisse apparaître un bilan en demi-teinte.
>
> [... « En huit mois, jusqu'au 1er mai 2011, 854 ordonnances de protection ont été sollicitées auprès des 122 tribunaux de grande instance qui ont répondu à la Chancellerie, ce qui correspond aux trois-quarts des tribunaux de grande instance de France. Il faut comparer ce chiffre avec ceux de l'ancien « *référé violences* », que l'ordonnance de protection remplace. En 2008, sur une année complète (et non pas seulement huit mois) et dans la totalité des tribunaux de grande instance de France, seules 469 demandes de « *référé violences* » avaient été formulées. L'ordonnance de protection a donc permis plus d'un doublement des demandes, alors que ce dispositif n'a pas encore atteint la plénitude de ses effets. Je tiens à souligner que la problématique des violences conjugales est particulièrement difficile car le taux de révélation de ces violences est encore faible ». [...] Lors d'une conférence de presse tenue ce matin, le ministre de l'Intérieur, M. Claude GUEANT, a estimé avec raison que l'augmentation du nombre de faits constatés résultait certainement d'une libération de la parole, davantage que d'une augmentation du nombre de situations de violences conjugales ».[...] « Tous les magistrats ont jugé positive la création de l'ordonnance de protection. Ils ont cependant mis en lumière un certain nombre d'améliorations possibles » [...].

L'ordonnance de protection a une durée de 4 mois. Pour tous les acteurs rencontrés, cette durée est trop courte et dissuade nombre de victimes d'entreprendre la procédure. À l'occasion d'un prochain texte législatif, cette durée pourrait être portée à six mois. Le délai nécessaire à la délivrance d'une ordonnance de protection est beaucoup trop long. Il est en moyenne de 26 jours, alors que le législateur escomptait un délai de 48 heures. Ce délai excessif met en danger les victimes qui entament une procédure et doit être absolument réduit [220].

La loi relative à la garde à vue du **14 avril 2011** vient renforcer les droits de la personne gardée à vue en lui permettant désormais d'être assistée d'un avocat lors de chaque interroga-

---

219. V. village-justice.com.

220. V. assemblee-nationale.fr.

toire. En cas de confrontation entre le gardé à vue et la victime, cette dernière pourra être assistée d'un avocat si elle en fait la demande [221].

> *A savoir :*
>
> Cette disposition est très intéressante pour les victimes qui, en l'absence de conseil, se retrouvaient seule avec l'infracteur et son avocat. Un grand nombre de victimes n'osait pas parler lors des confrontations, par intimidation, incompréhension des questions posées. Désormais, une victime qui est convoquée par les services de police et gendarmerie a la possibilité de faire appel à l'avocat de permanence pénale. En pratique, cette disposition n'est pas complètement assurée, les plaignants n'étant pas toujours informés de ce droit d'assistance. De surcroît, le délai imparti entre la convocation et la confrontation est si bref qu'il n'est pas toujours évident de faire appel à un avocat disponible.

Les juristes en charge d'informer les victimes doivent connaître les textes de loi afin de préparer au mieux les victimes à cette épreuve douloureuse, notamment pour les infractions commises dans le cadre familial. A ce titre, il apparaît utile de travailler en partenariat avec l'ordre des avocats afin d'inventer une prise en charge complémentaire dans l'urgence pour les victimes convoquées, à bref délai, pour une confrontation.

La **Loi du 10 août 2011** sur la participation des citoyens au fonctionnement de la justice pénale et le jugement des mineurs est entrée en vigueur au 1er janvier 2012 [222]. D'une part, le texte prévoit que des personnes tirées au sort sur les listes électorales feront partie de la composition de plusieurs juridictions pénales en tant que citoyens assesseurs. D'autre part, le texte prévoit de réduire le nombre de jurés populaires dans les Cours d'assises : ils passent de 9 à 6 en première instance et de 12 à 9 en appel. Par un arrêté du 18 mars 2013, il a été justement mis un terme à cette expérimentation.

L'article 12 de la loi a inséré dans le code de procédure pénale un article 365-1 qui prévoit la motivation des décisions

---

221. V. L. 2011-392 du 14 avril 2011 relative à la garde à vue, *J.O.* 0089 du 15, p. 6610.

222. V. L. 2011-939 du 10 août 2011 sur la participation des citoyens au fonctionnement de la justice pénale et le jugement des mineurs.

rendues par les cours d'assises. Le législateur a pertinemment considéré que, même si cette motivation n'était ni imposée par les exigences constitutionnelles (comme l'a indiqué le Conseil Constitutionnel dans une décision [223] du 1er avril 2011), ni par les exigences conventionnelles (telles qu'interprétées par la chambre criminelle de la Cour de cassation dans ses arrêts du 15 juin 2011 [224]), elle était essentielle pour renforcer les droits de la défense et des victimes. Il met fin à un paradoxe qui prévoyait la motivation des décisions contraventionnelles ou correctionnelles, mais pas celles des décisions les plus graves rendues en matière criminelle.

Le **Loi du 10 août 2011** modifie le code de procédure pénale relativement à l'application des peines. La victime ou la partie civile qui, conformément aux dispositions du dernier alinéa de l'article 712-16-2, souhaite être informée de la libération d'une personne condamnée pour une infraction visée à l'article 706-47, à la date d'échéance de sa peine, adresse cette demande par lettre recommandée avec accusé de réception au procureur de la République ou au Procureur Général de la juridiction de condamnation. Cette demande est transmise par le ministère public au juge de l'application des peines dont relève le condamné.

A la suite du **Décret du 7 mai 2012** relatif aux bureaux d'aide aux victimes [225], les bureaux d'aide aux victimes (BAV) peuvent désormais être mis en place dans chaque tribunal de grande instance (TGI). Implantées dans les tribunaux de grande instance, ces structures dédiées aux victimes doivent permettre de mieux renseigner, orienter et accompagner les victimes d'infractions pénales. En 2012, 50 bureaux d'aide aux victimes

---

223. V. *QPC* n° 2011-113/115.

224. *Crim.* 15 juin 2011, 09-87135 et 10-80508.

225. V. Décret n° 2012-681 du 7 mai 2012 relatif aux bureaux d'aide aux victimes, *J.O.* 0108 du 8, p. 8264.

étaient comptabilisés ; ils seront généralisés sur tout le territoire fin 2015 pour atteindre le nombre de 164 [226].

A savoir :

Animés par des juristes d'associations d'aide aux victimes locales, les bureaux d'aide aux victimes incarnent une sorte de service public des victimes, à part entière. Dans un lieu unique et au sein même du tribunal, les victimes bénéficient d'une information rapide et fiable. Elles sont informées des procédures d'urgence telles que les comparutions immédiates par exemple. Elles sont renseignées sur le déroulement de la procédure pénale et des suites données. Elles sont informées et accompagnées dans les dispositifs d'indemnisation auxquels elles peuvent prétendre, tels que le SARVI ou la CIVI. Elles peuvent être accompagnées lors d'audience lorsqu'elles en font la demande. Cet accompagnement est riche lorsqu'il complète le rôle de représentation de l'avocat. En effet, certaines victimes auront plus de facilités à parler de leurs souffrances à l'accompagnant plutôt qu'à leur avocat. Avec l'accord de la victime, un relais ou une traduction de ses souffrances peut avoir lieu auprès du conseil, au moment de l'audience.

Comme suite à la décision du Conseil constitutionnel du 4 mai 2012 [227] abrogeant le délit de harcèlement sexuel prévu à l'article 222-33 du code pénal, une série de consultations a été menée auprès des associations et des parlementaires impliqués afin de répondre le plus rapidement possible à ce vide juridique. La **Loi du 6 août 2012**, relative au harcèlement sexuel, a été en ce sens publiée au Journal Officiel du 7 août 2012 [228]. Ce texte rétablit le délit de harcèlement sexuel, clarifie sa définition, aggrave et harmonise les sanctions, renforce la prévention du harcèlement dans le monde professionnel.

A savoir :

Cette loi a eu un double objectif : donner une définition large du harcèlement sexuel afin de viser le plus grand nombre de situations concrètes vécues par les victimes et sanctionner les comportements discriminatoires consécutifs au harcèlement sexuel.

La loi définit le harcèlement sexuel comme « le fait d'imposer à une personne, de façon répétée, des propos ou comportements à connotation sexuelle qui :

226. V. *Circ.* du 9 janv. 2013 (SG-12-019/SADJAV/27/11/12) relative à la présentation des bureaux d'aide aux victimes et des conditions de mise en œuvre de leur généralisation, Min. Justice, multigraph., 16 p.

227. V. Décision 2012-240 *QPC* du 04 mai 2012, *J.O.* du 5, p. 8015.

228. L. n° 2012-954 du 6 août 2012, *J.O.* 0182 du 7.

soit portent atteinte à sa dignité en raison de leur caractère dégradant ou humiliant ; soit créent à son encontre une situation intimidante, hostile ou offensante ».

Est assimilé au harcèlement sexuel le fait, même non répété, d'user de toute forme de pression grave, dans le but réel ou apparent d'obtenir un acte de nature sexuelle, que celui-ci soit recherché au profit de l'auteur des faits ou au profit d'un tiers. La discrimination est définie comme « toute distinction opérée entre les personnes : parce qu'elles ont subi ou refusé de subir des faits de harcèlement sexuel ; parce qu'elles ont témoigné sur de tels faits ».

Le contenu du nouvel article 222-33 du code pénal sera affiché dans les lieux de travail ainsi que dans les locaux ou à la porte des locaux où se fait l'embauche.

La protection contre les discriminations se manifeste lors de toute distinction opérée entre les personnes : parce qu'elles ont subi ou refusé de subir des faits de harcèlement sexuel ; parce qu'elles ont témoigné sur de tels faits.

L'orientation de politique pénale menée par l'actuelle Garde des sceaux, Ministre de la Justice, semble tendre vers une prise en considération des victimes de façon assez concrète, comme en témoigne la circulaire du 19 septembre 2012 de politique pénale [229]. Le Rapport NIESON sur la pérennisation du financement des associations d'aide aux victimes va dans le même sens.

La circulaire porte une attention particulière aux victimes d'infractions (5ème disposition). L'accent est mis sur l'accompagnement des victimes par une association d'aide aux victimes avant, pendant et après le procès ; elle propose une généralisation et une information de l'existence des BAV avant et après l'audience passant par la mise en place d'une signalétique *ad hoc* au sein des juridictions et une demande aux huissiers audienciers de conduire ou d'indiquer leur emplacement aux victimes. Elle invite également les magistrats du ministère public à veiller à l'effectivité des convocations des victimes lors des audiences correctionnelles, notamment à l'occasion des comparutions immédiates, en s'assurant qu'elles ont pu bénéficier de l'assistance effective d'un avocat. Relativement à l'indemnisation effective des victimes, la mise à disposition à la sortie de la salle l'audience de formulaires de saisine du SARVI ou de la

229 . V. Circulaire du 19 sept 2012 de politique pénale, *J.O.* 0243 du 18 octobre 2012, p. 16225 ; legifrance.gouv.fr.

CIVI doit être effective (ainsi que leurs notices explicatives). Ces formulaires doivent être joints lors de l'envoi du jugement. La circulaire rappelle enfin que les magistrats du ministère public sont encouragés à recourir à une association d'aide aux victimes au titre de l'article 41 du code de procédure pénale afin qu'il soit porté aide et assistance à la victime d'infraction et, de manière plus systématique s'agissant des victimes particulièrement traumatisées [230].

La **Loi du 15 août 2014** relative à l'individualisation des peines et renforçant l'efficacité des sanctions pénales [231] poursuit un double objectif. D'une part, elle vise à adapter la peine à chaque infracteur qui commet un délit, afin de mieux prévenir la récidive. D'autre part, elle ambitionne de mieux prendre en compte le droit des victimes tout au long de l'exécution de la peine [232].

Pour la première fois dans le domaine de la justice, le projet de loi a été précédé d'une Conférence de consensus qui a permis d'établir un état des lieux des savoirs et des méthodes prévenant les risques de récidive, tant en France qu'à l'étranger. Cette pratique issue du monde médical à visée scientifique a réuni une vingtaine de personnalités ayant des parcours et convictions variées (magistrats, chercheurs français et étrangers, personnels pénitentiaires, représentants d'associations de victimes et de syndicats de police, élus, principalement).

La garantie des droits des victimes quant à sa place dans le procès pénal est renforcée. La loi consacre la présence d'un bureau d'aide aux victimes dans chaque tribunal de grande instance d'ici fin 2014. Ces BAV offrent un service d'accueil, d'écoute et d'information de proximité à l'intérieur des tribunaux. C'est un guichet unique qui permet aux victimes d'être renseignées, accompagnées et orientées, du dépôt de plainte à la phase d'exécution de la décision judiciaire. Ces bureaux sont

---

230. V. Les « *40 propositions pour un droit des victimes en mouvement* », INAVEM, multigraph., 2014, 23 p. ; inavem.org.

231. V. legifrance.gouv.fr.

232. V. justice.gouv.fr/la-reforme-penale-12686/pourquoi-la-reforme-12687/ ; V. Plaquette-Loi-15-aout-2014.pdf.

tenus principalement par des juristes d'association d'aide aux victimes. Les victimes pourront également saisir le juge lors d'une atteinte à leurs intérêts en cours d'exécution de peine et demander à être informées de la fin de l'exécution d'une peine de prison. Il sera aussi possible d'attribuer le « pécule parties civiles » non réclamé par la victime au Fonds de garantie des victimes des actes de terrorisme et d'autres infractions.

La réforme reconnaît expressément la justice restaurative dans le Code de procédure pénale. Elle permet d'organiser une rencontre entre la victime et l'auteur afin « de leur permettre de participer activement à la résolution des difficultés résultant de l'infraction, et notamment à la réparation des préjudices de toute nature résultant de sa commission »[233]. Chacun d'entre eux doit y consentir expressément après avoir reçu une information complète à son sujet. Elle est mise en œuvre par un tiers indépendant formé à cet effet, sous le contrôle de l'autorité judiciaire ou de l'administration pénitentiaire Elle peut être mise en œuvre à tous les stades de la procédure pénale sur proposition du juge compétent. Lors de l'exécution de la peine, la victime a le droit d'obtenir réparation de son préjudice, à côté de son « indemnisation » […] par « tout autre moyen adapté », comme la proposition d'une mesure de justice restaurative.

Le Conseil constitutionnel a validé la réforme pénale, annulant cependant l'article relatif à « la contribution victime », le 7 août 2014. Il s'est saisi d'office de l'article 49 de la loi et a censuré le caractère automatique de la majoration des amendes, contraire au principe d'individualisation des peines, en précisant que « ces peines d'amendes sont appliquées automatiquement dès lors qu'est prononcée une peine d'amende ou une sanction pécuniaire prévue par ces dispositions sans que le juge ou l'autorité compétente ne les prononce en tenant compte des circonstances propres à chaque espèce[234]. Dans un communiqué de presse du 12 août 2014, l'INAVEM regrette telle censure « d'une disposition essentielle permettant au réseau des associations d'aide aux victimes de disposer de ressources complémen-

233. V art 10-1 *C.pr.pén.*

234. V. Décision n° 2014-696 du 07 aout 2014.

taires leur permettant de faire face à leurs missions ». La Ministre de la Justice « regrette la censure de la contribution victime inscrite dans la loi sous forme de sur amende ». Elle affirme qu'elle va chercher « de nouvelles ressources pour l'aide aux victimes » en rappelant que « depuis 2012, elle construit une politique d'aide aux victimes, autour de l'augmentation budgétaire » [235]. Un nouvel amendement, adopté le 13 mai à l'unanimité par les députés en Commission des lois, vient d'être inscrit dans le projet de loi portant adaptation de la procédure pénale au droit de l'Union européenne. La nouvelle rédaction prévoit la faculté pour le juge de ne pas prononcer cette majoration de 10 % en fonction des circonstances de l'infraction, de la personnalité de l'auteur ainsi que de sa situation matérielle, familiale et sociale. L'INAVEM approuve pleinement cet amendement car la Fédération croit au pouvoir pédagogique d'une telle contribution au bénéfice de l'aide aux victimes au regard de la plus grande prise de conscience de la part des infracteurs quant aux répercussions multiples qui découlent de l'infraction. Il ne fait guère de doute que l'évolution du contenu du texte initial est de nature à répondre aux légitimes réserves émises par le Conseil constitutionnel.

La réforme pénale de 2014 a également eu le souci de consolider les droits des infracteurs. Tout d'abord, en réaffirmant le principe fondamental de l'individualisation des peines, clairement énoncé dans le Code pénal [236]. D'une manière générale, il convient d'approuver les nouvelles dispositions qui redonnent au juge son plein pouvoir d'appréciation, comme, notamment : la suppression des peines planchers, la suppression de la révocation automatique du sursis simple, la suppression des révocations « en cascade » automatiques du sursis avec mise à l'épreuve ; la création de la césure du procès pénal lors de la phase décisoire ; l'aménagement des peines facilité en matière de confusion de peines et de prononcé du travail d'intérêt général.

235. V. lagazettedescommunes.com ; lesechos.fr/07/08/2014.

236. V. Art 130-1, 132-1, 132-19 *C.pén.*

Ensuite, en renforçant le milieu ouvert au travers de la mesure phare de la contrainte pénale. Sous le contrôle du juge d'application des peines, elle consiste à respecter en milieu ouvert des obligations et interdictions (pour une durée de six mois à cinq ans) afin de prévenir la récidive et favoriser la réinsertion des condamnés. Elle est applicable aux délits punis d'un emprisonnement inférieur ou égal à cinq ans. A compter du 1er janvier 2017, elle sera applicable à tous les délits [237]. Dans le même esprit, la création de la libération sous contrainte devrait conduire à éviter les sorties de prison dites « sèches ». En ce sens, la situation pénale des condamnés à une ou plusieurs peines d'emprisonnement d'une durée maximum de 5 ans doit être systématiquement examinée dès qu'ils ont exécuté les deux-tiers de leur peine. Pour les peines supérieures à 5 ans, le dispositif de libération sous contrainte n'est pas applicable, mais un examen contradictoire systématique des situations, aux deux tiers de la peine, est rendu obligatoire en vue d'une éventuelle libération conditionnelle.

De manière générale, la volonté du législateur de se préoccuper des victimes et de l'effectivité de leurs droits est réelle. Toutefois, il reste encore à organiser et former des professionnels pour l'accompagnement psychologique et social des victimes. Il apparaît en effet essentiel que la victime, par les soins et attentions qui lui sont prodigués, sorte, dès que possible, du « statut » de victime cristallisé par l'infraction pour redevenir une personne pleinement humaine. Les intervenants de l'aide aux victimes œuvrent magistralement dans cette voie.

---

237. V. not. P.V. TOURNIER, *Naissance de la contrainte pénale*, Ed. l'Harmattan, 2 vol., 2015, en cours de publication.

Section 2 – Le cadre associatif de l'aide aux victimes

Encouragée par les expériences étrangères [238] et stimulée par les textes internationaux [239], la France s'est engagée dans la mise en place de structures d'aide aux victimes fin 1982. Ce relatif retard pourrait s'expliquer – et ce n'est pas le moindre des paradoxes – par l'existence ancienne de l'action civile offrant à la victime une compensation financière aux dommages subis [240]. Derrière cette réalité se cache en fait un discours de sens commun : le juge finit toujours par « liquider » le préjudice de la victime ; justice lui est donc rendue. Une telle bonne conscience a été fermement remise en cause par les recherches féministes en victimologie, soutenant que l'indemnisation financière ne conduit pas à une réparation véritable de la victime. A l'irrépa-rable, à la reviviscence des traumatismes s'ajoutent des répercussions personnelles, familiales, sociales et professionnelles graves qu'il importe de prendre en considération. C'est sur la base d'un tel constat que sont nées les Associations de victimes (§1), les associations d'aide aux victimes (§2) fédérées aujourd'hui au sein de l'Institut National d'Aide aux Victimes et de Médiation (§2).

§ 1 – Les associations de victimes

Les associations de victimes sont nées du besoin de reconnaissance légitime que la société tarde encore à leur accorder quand elles sont l'objet de victimisations. Les victimes ont en effet été longtemps balancées entre les récupérations politiques ultra-sécuritaires et l'opinion publique, au mieux gênée de

---

238. V. not. A. GAUDREAULT, Les premiers centres d'aide aux victimes d'actes criminels : lorsque la mémoire refait surface, *In* J. Coiteux et al. (Dir.), Question d'équité, *op. cit.*, pp. 181-203 ; R. COUTURE, M. HETU, L'IVAC au service de la personne, *Ibid.*, pp. 114-126 ; J.A WEMMERS, *Introduction à la victimologie*, Presses Univ., 2003, p. 162 et s. ; A. GAUDREAULT, L'aide aux victimes d'actes criminels au Canada et au Québec : esquisse d'un parcours, *In* Œuvre de justice et victimes, *op. cit.*, pp. 109-122.

239. V. *Supra*, Sect. 1.

240. V. M.P. DE LIEGE, Actions et stratégies en faveur des victimes, *In Victimologie*, 1995-3, p. 10.

n'avoir pu épargner les violences subies, au pire indifférente voire même hostile aux velléités de vengeance supposées les animer. C'est à partir des années quatre-vingts que des victimes ont commencé à se regrouper en association – dont le nombre ne cesse de croître [241] –, soucieuses de connaître la vérité sur le drame qui les a frappées. Les unes regroupent les parents d'enfants victimes (« Aide aux parents d'enfants victimes », APEV [242]) ou les victimes de violences en général [243], les autres celles d'attentats terroristes (« Association française des victimes du terrorisme »), les victimes de catastrophes ou d'accidents collectifs (« FENVAC ») [244] ou les victimes de violences routières (« LCVR » [245]), notamment.

Toutes ces associations ont en commun de permettre aux victimes ou à leur famille elle-même (ce qui les différencie des associations d'aide aux victimes) de se rencontrer afin de rompre leur isolement social, le repli sur elles-mêmes. Ces réunions sont l'occasion de se parler, d'exprimer ses souffrances,

---

241. V. not. lesannuaires.com.

242. V. apev.org, 3 rue E. Branly, tél. 01.46.48.35.94, 92130 Issy-les-Moulineaux ; A. BOULAY (Dir.), Victimes… De l'image à la réalité, Ed. L'Harmattan, Coll. Sc. criminelles, 2003, 190 p. ; A. BOULAY, Le rôle des associations de victimes, *In Les Cahiers de la sécurité*, 2013-23, pp. 98-104 ; V. également lavoixdelenfant.org ; enfance-et-partage.org.

243. V. not. Fédération pour l'aide et le soutien aux victimes de violences, 106 rue du Mont-Gedry, 70200 Arpenans, fpasvv.com ; Association de parents d'enfants accidentés par strangulation, 16 rue des Ecoles, 75005 Paris, jeudufoulard.com ; Association nationale pour la reconnaissance des victimes, 36bis avenue du Général de Gaulle, 93110, Rosny-sous-Bois ; sos-femmes.com ; Association nationale de prévention et d'information concernant la pédophilie (ANPICP), ange-bleu.com ; Association internationale des victimes de l'inceste, Maison des associations, 20 rue E. Pailleron, 75019 Paris, aivi.org.

244. Fédération Nationale des Victimes d'Accidents Collectifs–SOS catastrophes et terrorisme, fenvac.org ; « Sos-Attentats » a récemment rejoint la FENVAC ; V. not. V. G. Doucet (Dir.), *Terrorisme, victimes et responsabilité pénale internationale*, Ed. Calmann-Lévy, 2003, 545 p. ; Etude épidémiologique des conséquences sanitaires des attentats (ESCAT), *In Paroles de victimes*, 2001-12/14 ; F. RUDETZKI, Œuvre de justice : histoire d'un combat, *In* R. Cario (Dir.), Victimes : du traumatisme à la restauration, *op. cit.*, pp. 219-255.

245. Ligue contre la violence routière, lcvr.org.

de se déculpabiliser d'être toujours en vie, de recevoir le soutien de personnes ayant traversé les mêmes expériences dramatiques. Elles sont encore un lieu d'échange d'informations et de formation sur le procès pénal, de formulation de propositions de nature à améliorer leur prise en charge par les professionnels de la justice, de l'aide aux victimes et, plus généralement, des organismes sanitaires et sociaux. Les associations de victimes fournissent encore à leurs adhérents un accompagnement tout au long du procès pénal, voire bien au-delà dans certains cas particulièrement douloureux. Par leurs prises de position, elles contribuent à sensibiliser les institutions et les citoyens aux conséquences matérielles, psychologiques et sociales des victimisations.

Les enquêtes épidémiologiques effectuées à la demande de SOS-attentats en 1985 et 1998 sont remarquables de ce point de vue. Les résultats qu'elles soulignent attestent la persistance, longtemps après les faits, de souffrances physiques, psychologiques et sociales graves, particulièrement préoccupantes en termes de santé publique. Ils devraient conduire à une amélioration substantielle de la prise en charge de toutes les victimes d'infractions.

Soutenues par les pouvoirs publics, les associations de victimes participent aux réformes en cours, avec d'autant plus de succès que celles-ci sont souvent dictées par la survenue d'événements tragiques. La reconnaissance des droits des victimes a progressé très significativement grâces aux actions menées lors des vagues d'attentats terroristes qui frappent notre pays depuis 1985. Il demeure néanmoins qu'aujourd'hui les associations de victimes ont le sentiment d'être écoutées mais pas vraiment entendues [246]. Or, « tant que les victimes auront le sentiment de ne rien pouvoir obtenir du système qui soit de

---

246. V. Fédération pour l'aide et le soutien des aux victimes de la violence et de l'enfance assassinée, fpasvv.unblog.fr ; V. not. M. BOURGAT, *Comment des enfants deviennent des assassins. Comprendre et enrayer la violence des jeunes*, Ed. Favre, 1999, 269 p. ; A. BOULAY, Réflexions sur la place des victimes dans le système judiciaire par des parents d'enfants assassinés, *In* R. Cario, D. Salas (Dir.), Œuvre de justice et victimes, *op. cit.*, pp. 129-144.

l'ordre du respect, de la reconnaissance de leur souffrance et de la réparation effective, elles seront acculées à n'avoir que la vengeance comme seule consolation, comme seul objectif »[247]. Est-il besoin de souligner qu'une telle stratégie est définitivement vouée à l'échec : « on ne construit rien sur la vengeance et la haine », rappellent avec sagesse les associations de victimes les plus représentatives. Dans le même sens, prendre appui sur la comparaison des droits acquis à l'infracteur, « refusés » par opposition caricaturale à la victime, est tout aussi vain. Le crime est en effet complexe par définition et les situations criminelles démontrent, au surplus, que l'interchangeabilité des rôles infracteur/victime est fréquente, la proximité des vulnérabilités assez souvent la règle.

Il n'est guère contestable que les conditions actuelles de prise en charge des infracteurs ne correspondent pas toujours aux principes fondamentaux d'intervention minimale, de proportionnalité et de resocialisation, au regard de la morphologie des actes criminels commis dans notre pays pour le moins. Il est encore plus évident que les principes de dignité, de réparation globale et de restauration sociale sont insuffisamment respectés à l'égard des victimes[248]. Ces deux aspects d'une même réalité criminelle doivent être profondément améliorés, le plus rapidement possible, pour être mis en œuvre dans le cadre de politiques publiques intégrées, véritablement restauratives et soucieuses de consolider l'Harmonie sociale[249]. Cela suppose une évolution significative des mentalités, des citoyens comme des professionnels, tant aux niveaux international, régional que national, afin de promouvoir la garantie des droits de l'accusé et des droits de la victime, considérés enfin comme authentiques acteurs du procès pénal. En toute équité.

---

247. V. Rapport MILLIEZ, *op. cit.*, p. 13.

248. V. not. N. PIGNOUX, *La réparation des victimes d'infraction*, Ed. L'Harmattan, 2008, 433 p.

249. V. sur ces aspects, les dispositions de la Charte des droits fondamentaux de L'UE du 18 déc. 2000, europarl.europa.ue.

§ 2 – Les Associations d'aide aux victimes

Les associations d'aide aux victimes sont une émanation assez spontanée de la solidarité nationale. Leur création a été fortement préfigurée par les travaux de la Commission spécialement missionnée par le Ministre de la justice du premier gouvernement socialiste de la Vème République (A). Son ampleur et sa qualité ont conforté les acteurs associatifs à s'engager résolument dans cette œuvre citoyenne de justice et de reconnaissance à l'égard des victimes d'infractions (B).

1. La préfiguration des « services » d'aide aux victimes

Installée le 5 mai 1982 par Robert BADINTER, Garde des Sceaux, la « Commission d'étude et de propositions dans le domaine de l'aide aux victimes », présidée par Paul MILLIEZ, a rendu public son rapport en juin 1982. Les propositions formulées relativement à la situation de la victime et à ses besoins sont remarquables d'actualité. La nécessité de créer un organisme spécifique d'aide aux victimes, bien qu'apparue à la Commission seulement vers la fin de ses travaux, a été considérée comme tellement primordiale qu'elle constitue le premier titre du rapport [250]. Le Service d'Aide aux Victimes d'Infractions, structure nationale placée sous la tutelle du Ministère de la Justice, devrait coordonner les initiatives, susciter de nouvelles créations, disséminer et soutenir les bonnes pratiques, veiller à la qualité des services offerts voire même vérifier le bon emploi des subventions allouées, dynamiser les recherches. Au niveau local, le SAVI serait représenté par un coordonnateur départemental chargé de coordonner les actions des autorités locales et des associations d'aide aux victimes. Sa mission serait étendue au recrutement de correspondants permanents dans les commissariats, gendarmeries, hôpitaux, comités de probation, tribunaux, services d'action sanitaire et sociale, mairies et bureaux d'aide sociale.

Quant aux associations, elles auraient la charge d'assurer l'aide immédiate aux victimes, en se voyant attribuer de mul-

250. Rapport de la Commission, multigraph., juin 1982, pp. 16-33.

tiples missions : « permanence téléphonique (SOS victimes), permanences de vitriers, serruriers, médecins, psychiatres et professionnels divers dont le secours urgent peut se révéler nécessaire ; locations d'appartements de dépannage pour femmes en difficulté ; permanences de bénévoles disposés à apporter un réconfort moral à des personnes en difficulté à la suite d'un cambriolage, d'un viol, notamment ; service d'accueil dans les tribunaux ; garderie d'enfants ; informations sur la sécurité et la protection des citoyens ; formation au secourisme ; informations juridiques (qui aideraient notamment la victime à rassembler les premiers éléments nécessaires pour obtenir une provision sur l'aide de solidarité fournie par le SAVI) ; transport pour handicapés, vieillards, essentiellement (que l'on voit rarement dans les tribunaux) ; arbitrages de petits litiges d'ordre familial et de voisinage ».

Le Rapport MILLIEZ détaille ensuite les droits de la victime, de la constatation de l'infraction à l'exécution de la peine, soulignant les particularités de la prise en charge de certaines formes de victimisations à l'égard des enfants, des femmes victimes de violences physiques et sexuelles, des personnes âgées [251]. La Commission envisage encore la place de la victime dans la procédure civile qui, à la condition d'être performante, pourrait devenir un instrument de dépénalisation de fait des comportements les moins graves. Dans le même souci de meilleure indemnisation des victimes, les relations qu'elles entretiennent avec les compagnies d'assurance sont enfin analysées, sur-déterminées par les oppositions, quant à la définition de la faute intentionnelle non assurable par définition, entre la jurisprudence pénale et la jurisprudence civile. Soucieuse de répression, la première donne un contenu très large à la notion de faute intentionnelle – la seconde retient, au contraire, une définition restrictive – ouvrant par là une meilleure couverture assurantielle. La Commission propose d'harmoniser les positions par une modification de l'article 611-3 *C.Ass.* « à l'effet de rendre assurables les conséquences involontaires d'un acte volontaire ».

251. *Ibid.*, pp. 84-105.

La dynamique déclenchée par ce rapport MILLIEZ a conduit le Ministère de la Justice à créer au sein de la Chancellerie, en septembre 1982, un « Bureau des victimes », actuel Service de l'accès au droit et à la justice et de l'aide aux victimes (SADJAV). Le Rapport BONNEMAISON préconise, à la même époque, la création de bureaux municipaux d'aide aux victimes qui auraient pour rôle : d'offrir un service de réparation d'urgence, d'accorder une aide financière de secours, de faciliter la délivrance rapide de papiers d'identité, d'accélérer le règlement de problèmes administratifs, d'apporter une aide psychologique et juridique. Cette Commission des maires sur la sécurité suggère encore de faire connaître les méthodes de prévention les plus efficaces et les plus adaptées [252]. Dans le même mouvement, les trois premières Associations d'aide aux victimes voient le jour en octobre de la même année, imitées à grande échelle un peu partout en France, dont la création et le développement sont fortement encouragés par le Ministère de la Justice, au travers de la Circulaire du 25 juillet 1983 [253]. Ce soutien des pouvoirs publics est parfois perçu comme une relégitimation politique du rôle de l'Etat, harcelé de toutes parts par l'inefficacité relative des actions développées pour lutter contre le crime. De manière bien plus injuste, il est encore prétendu que l'extension du réseau des associations d'aide aux victimes peut être comparé aux « mailles d'un filet de pêche à la victime » [254]. L'investissement et le travail finalement réalisés par les professionnels de ces associations nuancent fortement de tels constats. L'aide aux victimes est en effet aujourd'hui « pleinement acte de solidarité » [255].

252. *Face à la violence : prévention, répression, solidarité*, Rapport au Premier Ministre, La Documentation française, 1983, p. 145 et s.

253. V. Circ. du 25 juill. 1983, *op. cit.* et Circ. Crim. 83-34F1 du 17 décembre 1983, multigraph., 7 p.

254. V. S. ROCHE, *Sociologie politique de l'insécurité*, PUF, 1998, p. 186.

255. V. Rapport MILLIEZ, *op. cit.*, p. 124.

2. La concrétisation des associations d'aide aux victimes

Gérées pour la plupart sous la forme d'associations relevant du régime de la Loi du 1er juillet 1901, les associations d'aide aux victimes (169 financées par le Ministère de la Justice) doivent contribuer à la prise en charge globale des victimes. Au 1er janvier 2015, 131 associations membres de L'INAVEM, dans plus de 800 permanences, couvrent l'ensemble du territoire national, sans grandes disparités géographiques : il y a en effet au moins une AAV par département en France métropolitaine et Outre-mer. Chaque année plus de plus de 300 000 personnes sont ainsi reçues par 1 250 intervenants, salariés et bénévoles [256].

Les missions des Associations d'aide aux victimes, consacrées par la Loi du 15 juin 2000 [257], sont multiples : accueil, écoute, information, soutien, aide, accompagnement des victimes, du jour de la révélation de la victimisation à la réparation complète du préjudice, en principe. Dans leur mise en œuvre, ces associations doivent surmonter de nombreuses difficultés [258], souvent liées à leur statut associatif privé, rendant délicate leur intégration parmi les organismes publics de prévention et de traitement du phénomène criminel.

Il est encore vrai que les associations d'aide aux victimes manquent cruellement d'un budget suffisamment consolidé – et surtout pluriannualisé [259], le subventionnement par convention d'objectifs n'ayant toujours pas produit cet effet tant attendu sur le terrain. Et cette anomalie demeure récurrente, indigne d'un État de droit soucieux de ses concitoyens souffrant des consé-

256. V. inavem.org.

257. V. Circ. du 14 mai 2001, *op. cit.*, 3.1 ; V. Victimologie, Vol. 2, *op. cit.*, p. 165 et s.

258. Sur ces aspects, V. not. R. ZAUBERMAN et P. ROBERT, Du côté des victimes, Ed. L'Harmattan, 1995, p. 20 et s. ; J. FAGET, *Justice et travail social*, Ed. Erès, 1992, p. 42 et s. ; Discours de la Garde des Sceaux E. GUIGOU aux 15èmes Assises de l'INAVEM, 2 juin 1999, multigraph., p. 4 et s. ; R. CARIO, L'évolution de l'aide aux victimes en France, *In Les petites affiches*, 2005-80, pp. 3-11.

259. V. en ce sens le Rapport du CNAV 2000, *op. cit.*, p. 28.

quences et répercussions du crime, qu'il n'a pas su/pu éviter [260]. Comment construire, à défaut, une équipe véritablement pluridisciplinaire, comprenant au minimum : un chef de service (garant de la globalisation de la prise en charge), un juriste spécialisé dans le droit des victimes, un travailleur social, un psychologue et un secrétariat conséquent [261] ? Si le temps de la « nationalisation » des Associations d'aide aux victimes ne semble pas venu, ni même voulu, il s'agit-là d'une responsabilité de l'Etat et le compte est loin d'être bon avec les 16,9 millions d'euros versés en 2015. De surcroît, une telle subvention ne constitue qu'un peu plus d'un tiers du financement global de l'aide aux victimes. Les deux autres tiers sont abondés par les partenariats financiers avec les collectivités locales et territoriales, qui rechignent de plus en plus, à l'heure des délocalisations massives, à se substituer à une obligation qu'ils estiment régalienne, en tout cas insuffisamment à la hauteur des enjeux couverts par l'aide aux victimes. Néanmoins, la participation de ces collectivités est inévitable car les répercussions sanitaires (somatiques et psychologiques), économiques et sociales (aux plans individuel et familial) sont profondes. Et l'absence de leur prise en compte dans l'immédiat du crime accroît inéluctablement les charges corrélatives que devront immanquablement assumer ces collectivités pour la réintégration sociale harmonieuse de tous les protagonistes du crime et de leurs proches. Un accroissement sérieux du financement de l'aide aux victimes et un rééquilibrage entre les fonds publics et territoriaux participe ainsi d'une réelle urgence citoyenne et solidaire.

Le budget global de l'aide aux victimes apparaît, en pratique, très nettement insuffisant, malgré les efforts conséquents

---

260. V. récemment Cour des comptes, *La politique d'aide aux victimes d'infractions pénales*, Rapport public annuel, 2012, Recom. n° 5, p. 469 ; C. BECHU, P. KALTENBACH, *Rapport d'information sur l'indemnisation des victimes*, 2013-107, Proposition n° 14, « Sanctuariser les crédits alloués par l'Etat aux associations d'aide aux victimes » ; N. NIESON, Rapport au Premier ministre et à la Ministre de la Justice sur le *financement des Associations d'aide aux victimes et la gouvernance de la politique nationale d'aide aux victimes*, 2013, 107 p., Proposition 5 (convention pluriannuelle d'objectifs) ; V. CNAV, Procès verbal de la séance du 24 septembre 2013, justice.gouv.fr.

261. V. Rapport LIENEMANN, *op. cit.*, p. 91.

de l'actuelle Garde des Sceaux. Son augmentation, absolument nécessaire, pourrait provenir de différentes et bénéfiques réformes : prélèvement supplémentaire sur les contrats d'assurance [262], affectation d'une part du produit des amendes par la création d'une « suramende compensatoire » [263] ; reversement de la quasi totalité des sommes perçues en matière de criminalité en col blanc, dont les auteurs, pour faire de nombreuses victimes anonymes, sont rarement condamnés à verser des dommages et intérêts aux petits épargnants totalement ruinés ; prise en charge des personnels de l'aide aux victimes par l'Etat, augmentation des subventions (en nature ou en personnels) des collectivités territoriales à ce jour encore trop parcimonieuses [264]. Ce n'est donc pas une politique du manque qu'il s'agit de promouvoir – et la remarque a valu pour d'autres dysfonctionnements affichés par le système de justice pénale – mais de redistribution cohérente et harmonieuse des moyens disponibles. De surcroît, par des politiques de prévention précoce audacieuses, des sommes considérables pourraient être épargnées et profiter, notamment, au renforcement des moyens alloués à l'aide aux victimes [265].

Le fort roulement de personnels observable au sein des organismes publics de la justice, de la police judiciaire et, dans

262. V. *Rapport d'activité 1998* de l'INAVEM, p. 22 et s.

263. A. NORMANDEAU, *In* A. Bernard, R. Cario (Dir.), *Les politiques publiques interministérielles d'aide aux victimes*, Ed. L'Harmattan 2001, pp. 79-103 ; V. Art. 8-1 *C.pr.pén.* du Québec (2002) : « Une contribution d'un montant de 10 $ s'ajoute au montant total de l'amende [...]. Les sommes perçues en vertu de cette contribution sont affectées à l'aide aux victimes d'actes criminels dans la mesure déterminée par le gouvernement » ; V. le projet de Loi Taubira qui souhaitait instituer une majoration des amendes de 10 % pour financer les associations d'aide aux victimes rejetée par le Conseil constitutionnel considérant que le caractère automatique de cette majoration, ou "suramende", contrevenait au principe d'individualisation des peines, Décision n° 2014-696 DC du 07 août 2014; Rapport NIESON, *op. cit.*, Propositions 13 à 17 ; un nouvel examen de cette opportunité est à nouveau à l'examen au Parlement, V. *Infra*, Chap. 2.

264. V. Rapport LIENEMANN, *op. cit.*, p. 91.

265. V. *Supra*, Introduction et réf. citées ; V. Recomm. R(00)20 sur le Rôle de l'intervention psychosociale précoce dans la prévention des comportements criminels, Conseil de l'Europe, 2001, multigraph., 57 p.

une moindre mesure des personnels d'action sociale et de santé, comme de ceux employés par les collectivités territoriales rend difficile la continuité des politiques publiques mises en œuvre au bénéfice des victimes. Pourtant, sans partenariat local réel et étendu, la réponse aux victimisations et aux victimes, éclatée, perd de son sens. De ce point de vue, malgré – ou à cause de – la diversité des dispositifs, il n'est pas toujours évident de travailler ensemble, chacun protégeant jalousement ses prérogatives comme ses pratiques, tous hésitant à avouer leur absence de maîtrise de la complexité des situations appréhendées. Cette culture de l'approche interinstitutionnelle, ne se décrétant pas, a toujours et de manière anachronique du mal à s'imposer dans notre pays. Elle est loin d'être irréalisable si l'esprit de chapelle cède enfin le pas au but commun : offrir aux victimes le meilleur traitement possible de leurs souffrances nées de la réalisation d'une infraction et favoriser leur retour au sein de nos communautés de vie [266].

Le partage des savoirs et leur intégration raisonnée au traitement des victimes ne s'improvisent pas. Ils nécessitent une volonté affirmée, du temps incompressible de pratique collective transparente, une évaluation régulière destinée à adapter sans cesse les réponses apportées aux besoins des victimes. Tous les discours convergent pour appuyer une telle politique, au niveau national comme à l'échelon local. Les pratiques viennent cependant, avec la même assurance, les contredire fréquemment. La lecture comparée des Rapport MILLIEZ et LIENEMANN en offre une preuve flagrante et consternante. Près de 20 ans après, peu de propositions ont reçu une consécration législative ou réglementaire, en dehors du domaine indemnitaire. Tout semble toujours devoir être (ré)inventé : la création de Commissions spéciales et l'accumulation des Rapports sur ces thèmes en sont des preuves plus que flagrantes. Les avancées sont timides, ponctuelles, réactives, sans stratégie globale, sans inscription dans la durée. Pourtant, les états des lieux, régulièrement effectués, sont exhaustifs, les réformes à engager

266. V. N. TERCQ, Vers un réel partenariat local pour la prise en charge des victimes, *In* Les politiques publiques interministérielles d'aide aux victimes, op. cit., pp. 39-46.

clairement exposées et les moyens pour y parvenir tout à fait réalistes. Comment comprendre, dans un tel contexte, les résistances politiques, institutionnelles et professionnelles qui révoltent les victimes et épuisent les personnes décidément engagées sur le terrain pour rendre effectif notre devoir citoyen de solidarité à l'égard de celles et de ceux qui souffrent des conséquences et des répercussions du crime que nous n'avons pas su/voulu prévenir suffisamment précocément [267] ?

En ce sens, s'il est de bonne convivialité professionnelle de présenter le service aux partenaires institutionnels, dont les roulements de personnels sont très fréquents, pourquoi devoir expliquer, chaque fois, les raisons mêmes de leurs missions, habilitées justice par définition ? Pourquoi le secteur associatif privé est fréquemment considéré comme suspect du point de vue des compétences, de la déontologie professionnelle, de l'impartialité, leurs personnels salariés étant jusqu'à la caricature assimilés à des philanthropes, des « dames patronnesses » ou à des « militants », activités par ailleurs parfaitement respectables au niveau d'intervention qui leur est réservé ? Pourquoi, plus généralement, abandonner à la seule sensibilité de partenaires la question des victimes alors que tous poursuivent le même objectif ? Peut-on imaginer, par exemple, un procureur demandant à chaque nouveau collègue policier en quoi consiste son travail ?

Il est surtout regrettable que la plupart des personnes impliquées dans l'aide aux victimes ne possèdent pas de formation particulière (initiale ou continue) associant aux acquis techniques inévitablement liés à chacune des spécialités concernées des connaissances approfondies en sciences humaines, en

---

267. Sur la rentable prévention précoce, V. not. F. VITARO, C. GAGNON (Dir.), *Prévention des problèmes d'adaptation chez les enfants et les adolescents*, Tome I, Les problèmes internalisés, Tome II, Les problèmes externalisés, Presses de l'Université du Québec, 2000, 535 et 616 p. ; R. CARIO, La prévention précoce des comportements criminels. Stigmatisation ou bientraitance sociale ?, Ed. L'Harmattan, 2004, p. ; R. TREMBLAY, *Prévenir la violence dès la petite enfance*, Ed. O. Jacob, 2008, 269 p.

agressologie et en victimologie [268]. Trop peu de formations adaptées sont mises à la disposition des praticiens des services impliquées tout au long de la chaîne pénale. Les offres que l'on constate çà et là en France sont insuffisantes, malgré la qualité de celles dispensées par l'INAVEM ou encore par de trop rares universités françaises [269]. La professionnalisation de l'aide aux victimes suppose également que tous les autres acteurs institutionnels impliquées dans l'œuvre commune de justice reçoivent eux-mêmes, en complément de leur formation de base, une spécialisation relativement à la question criminelle, dans l'endroit comme dans l'envers du crime [270]. Il devrait en aller de même pour les professionnels de tous les médias pour que leur devoir d'information ne devienne pas source de victimisation supplémentaire pour les victimes (comme pour les auteurs) [271]. La complexité des situations à prendre en compte exige en effet une pluridisciplinarité et une pluriprofessionnalité abouties, dans l'ordre des théories mais aussi des pratiques, en termes notamment de méthodologie de l'action partenariale à mettre en œuvre auprès des victimes.

Avec le recul et la neutralité que confère le statut d'observateur attentif mais non participant, un constat s'impose effectivement : les associations d'aide aux victimes ne jouissent pas pleinement de la place qui leur revient dans les dispositifs de prise en compte des victimes. Insuffisamment de locaux sont disponibles et/ou des permanences offertes auprès des lieux-clé où s'expriment les victimes : hôpital, palais de justice, commissariat de police ou brigade de gendarmerie, services sociaux. Rares sont les représentants des associations d'aide aux vic-

---

268. V. sur cet aspect, l'intervention d'E. GUIGOU, Ministre de la Justice, Vers une politique publique d'aide aux victimes, Pub. INAVEM, 1998, p. 58.

269. V. not. les diplômes proposés par les Universités de Pau et des pays de l'Adour, de Rennes 2, de Poitiers et de Paris V principalement.

270. Il suffit de constater le faible volume consacré à la criminologie et à l'aide aux victimes dans les Ecoles professionnelles nationales, quand il n'est pas seulement offert aux stagiaires qu'une unique journée de sensibilisation, voire de spectacularisation, sur ces thèmes pourtant essentiels dans leurs pratiques à venir.

271. V. *Infra*, Chap. 2, sur le droit à l'oubli.

times désignés ès qualités d'assesseur au sein de la Commission d'indemnisation des victimes d'infraction. Plus évidente, assez curieusement, a été considérée leur place au sein des Chambres de l'application des peines. Exceptionnelles sont les conventions de collaboration avec les services de Protection de l'enfance, de Protection judiciaire de la jeunesse, les structures de prise en charge des femmes victimes de violences ou avec les barreaux, dont certains perçoivent parfois même les associations d'aide aux victimes comme des concurrents relativement à l'accès au droit notamment. Aléatoires sont les implications des associations d'aide aux victimes dans les dispositifs particuliers comme le plan rouge (en cas de catastrophes ou d'accidents collectifs), les cellules d'urgence médico-psychologique, la politique de la ville principalement [272].

Les politiques publiques interministérielles d'aide aux victimes actuellement à l'œuvre affichent, certes moins clairement que par le passé, leur ambition de dépasser toutes ces contradictions et carences. Reconnaissant la nécessité de répondre aux difficultés rencontrées par la victime non seulement au plan juridique mais encore aux niveaux psychologique et social, elles tentent de donner une impulsion à leur prise en charge par une concertation interministérielle impliquant les collectivités locales et les associations. La création du Conseil National de l'Aide aux Victimes (CNAV) en 1999 en constitue un premier exemple. Regroupant à l'époque 14 ministères, 12 acteurs de terrains et 4 élus [273], il est chargé de coordonner l'action du gouvernement. A cette fin, il est supposé formuler, notamment, toutes propositions pour l'élaboration d'une action concertée d'aide aux victimes tendant à améliorer leur accueil, leur infor-

272. V. sur ces aspects le Rapport LIENEMANN, *op. cit.*, 230 p. ; Circ. JUSA9800177C du 13 juill. 1998 relative à la politique pénale d'aide aux victimes d'infractions pénales, *BOMJ*, 1998-71, pp. 4-38 ; Note DACG sur le Bilan d'application de la circulaire du 13 juill. 1998, Min. Just., multigraph., 17 janv. 2000, 12 p.

273. V. D. 3 août 1999 relatif au Conseil National de l'Aide aux Victimes, *J.O.* du 10, p. 12057 ; Direction des Affaires Criminelles et des Grâces, Fiche technique n° 30, 1999, 2 p. ; V. Victimologie, Vol. 2, *op. cit.*, p. 119 et s.

mation, leur indemnisation et leur prise en charge ; il élabore la charte de référence des associations d'aide aux victimes [274]. Des groupes de travail, au sein desquels siégeaient des représentants d'associations d'aide aux victimes, ont ainsi remis des propositions pertinentes dans divers domaines de l'aide aux victimes, au sens large : « L'indemnisation du dommage corporel » (juin 2003) ; « La prise en charge des victimes en urgence » (octobre 2003) ; « La Commission d'indemnisation des victimes d'infractions » (juin 2004) ; « La lutte contre les violences au sein du couple » (septembre 2004) ; « La prise en charge des victimes d'accidents collectifs » (décembre 2004), « La justice restaurative » (mai 2006). Après une activité réduite, le CNAV vient d'être reconduit dans ses missions initiales de force de consultation dans le cadre de la Conférence de consensus en 2013 et la Réforme pénale de 2014, principalement [275].

L'augmentation et la déconcentration (par le canal du Service de l'action régionale dirigé par un magistrat de la Cour d'appel délégué à la politique associative) des crédits destinés aux associations d'aide aux victimes en est une seconde illustration. La gestion de ces fonds est de la compétence des magistrats délégués à la politique associative (MDPA), placés auprès de chaque Cour d'appel [276]. La mise en place, sous la responsabilité parfois de directeurs d'AAV, des « Comités de pilotage (ou des Commissions) 'aide aux victimes' » au niveau départemental, au sein des CDPD, en constitue une autre. Cette même volonté de globalisation de l'approche a conduit à intégrer dans les divers volets de la politique de la ville (contrat de ville [277], Comités départementaux, intercommunaux ou locaux de sécurité et prévention de la délinquance notamment) les préoccupations spécifiques aux victimes et à l'aide, au sens large, susceptibles de leur être apportée par les associations généralistes ou

---

274. V. Rapport du CNAV 2000, *op. cit.*, 31 p.

275. V. Rapport NIESON *précité*, Proposition n° 4.

276. V. Rapport de la Cour des comptes *précité*, 2012, Recom. n° 3.

277. V. Rapport LIENEMANN, *op. cit.*, p. 48, précisant que sur 205 sites en contrat de ville, 129 étaient couverts par les permanences de 102 associations d'aide aux victimes en 1995.

spécialisées. C'est autour d'un même partenariat que s'organise la lutte contre les violences à l'encontre des femmes, au sein du couple, au niveau national ou au sein de commissions départementales [278].

Les textes les plus récents soulignent le rôle essentiel que sont amenées à jouer les associations d'aide aux victimes. La Circulaire du 13 juillet 1998 a établi une véritable politique pénale d'aide aux victimes d'infractions de nature à enrayer, malgré les efforts déjà accomplis, « certains processus de marginalisation subis par les victimes d'infractions pénales qui souffrent toujours de deux handicaps : traumatisées par un fait délictueux, elles sont trop souvent tenues en lisière de l'action judiciaire ». Défendant avec force la nécessité d'accompagner l'indemnisation des victimes de mesures d'aide et d'assistance, la Circulaire a enjoint aux juridictions de promouvoir la légitimité des associations d'aides aux victimes – et particulièrement aux parquets –, d'intégrer l'aide aux victimes « comme outil de politique pénale » [279].

Le Rapport LIENEMANN, après avoir rappelé que « l'action associative a été initiée et soutenue par les pouvoirs publics… mais limitée dans ses moyens et ses interventions », proposait, de son côté, d'accentuer encore le renforcement des capacités d'intervention des associations d'aide aux victimes par la création d'associations départementales et d'antennes locales par tranche de 100 000 habitants en zone urbaine, par arrondissement en zone rurale. L'Etat devra pourvoir au fonctionnement des personnels des associations départementales, les collectivités locales assurant celui des antennes. La coordination des différents acteurs publics et privés se fera au niveau départemental en vue de dynamiser les partenariats et la contractualisation [280].

---

278. V. Circ. MES/DEDF 980014 du 8 mars 1999, multigraph. 7 p.

279. V. Circ. NORJUS 9800177C relative à la politique pénale d'aide aux victimes d'infractions pénales, *BOMJ*, 1998-71, p. 34 ; V. Victimologie, Vol. 2, *op. cit.*, p. 75 et s.

280. V. p. 47 et s., et Propositions 90 à 95, pp. 117-118.

Prenant acte des propositions du Groupe interministériel d'aide aux victimes présidé par Marie-Noëlle LIENEMANN, le Conseil de Sécurité Intérieure du 19 avril 1999 avait élaboré un plan de 3 ans au bénéfice des victimes et de leurs familles. Soulignant immédiatement la nécessité de former tous les professionnels de l'aide aux victimes à l'accueil et à l'information des victimes, il propose une meilleure articulation des organismes publics avec le réseau associatif : information sur les associations d'aide aux victimes par les hôpitaux et les tribunaux ; place reconnue de l'aide aux victimes dans les politiques de protection judiciaire de la jeunesse, de justice de proximité et de médiation ; intégration des associations d'aide aux victimes dans les Maisons de justice et du droit ; mandatement des associations d'aides aux victimes par les procureurs [281].

Plus récemment, l'heureuse création d'un Secrétariat d'Etat aux droits des victimes fin mars 2004, avait renforcé l'espoir d'une action globale et concertée à l'intention des victimes d'infractions ou d'événements catastrophiques mais aussi des services chargés de les accompagner dans toutes les actions destinées à reconnaître et à prendre en compte leurs souffrances. L'ambitieux programme de Nicole GUEDJ commençait à porter de réels et précieux fruits [282]. Un remaniement ministériel a conduit à sa disparition une année plus tard, comme si l'aide aux victimes n'était plus considérée comme une priorité de l'action de la justice, décidément peu en phase avec l'action politique [283].

---

281. V. Circ. PRMX9903764C du 29 sept. 1999 relative à la politique publique d'aide aux victimes d'infractions pénales, *J.O.* du 30, p. 14487, contenant un extrait du relevé de conclusions du Conseil de Sécurité Intérieure du 19 avril 1999.

282. V. Premier programme d'action, multigraph., sept. 2004, 19 p. ; Premier bilan du programme d'action du secrétariat d'Etat aux droits des victimes, multigraph., mars 2005, 21 p. ; *Le guide des droits des victimes*, pub. Min. Justice / Prat Ed., 2005, p. 1.

283. C. LIENHARD, Droit des victimes : une circulaire à vocation testamentaire (circ. du 20 mai 2005, NorJus n° 0500157C), *In JAC*, 2005-57, en ligne jac-cerdacc.fr.

Sans volonté politique affirmée – issue elle-même d'une détermination citoyenne résolue – d'encadrer effectivement par voie législative et d'appliquer immédiatement par voie réglementaire la mise en œuvre permanente d'une politique publique d'aide aux victimes, la plupart des vœux ci-dessus énoncés sont destinés à demeurer pieux : les suites réservées au Rapport MILLIEZ de 1982 comme à la Circulaire de 1983 en sont de pertinents exemples. Malgré le remarquable travail, mené dans la continuité ministérielle, du « Bureau » des victimes, il n'est pas du tout certain que le bilan d'application de la Circulaire du 13 juillet 1998, réalisé en 2000 au cœur des pratiques, soit de meilleure augure aujourd'hui, en dépit même des avancées offertes par les lois postérieures à la fondamentale Loi du 15 juin 2000 : quant au nombre de conventions relatives aux modalités d'accueil des victimes passées entre juridictions, barreaux et associations d'aide aux victimes ; quant aux permanences des AAV dans les commissariats ou les groupements de gendarmerie (plus de 200 professionnels néanmoins actuellement en poste) [284], les urgences médico-judiciaires, les bureaux d'aide aux victimes [285]. Si la plupart des chefs de parquet adressent un courrier personnalisé aux victimes ou à leurs familles dans les affaires particulièrement graves, peu d'entre eux communiquent

---

284. V. sur cet aspect not. art. L 121-1-1 C.ASF ; F. PINAUD, Les commissariats saisis par le social, *In ASH*, 2002-226, pp. 25-26 ; P. D'AUTHENAY-NICOLAS, Lorsque l'intrus rencontre l'ennemi. Un travailleur social au commissariat de police, *In Générations*, 2003-28 ; L'aide aux victimes et les services enquêteurs, *La lettre de l'INAVEM*, 2003-55 ; C. DELHOUME, Civique ouvre le dossier victime, *In Civique*, 2004-133, pp. 28-35 ; M. LE BRIS, Un nouveau métier en quête d'identité ?, *In ASH*, 2005-2393, pp. 23-26 ; E. BIEZANEK et al., *Les intervenants sociaux en commissariat et en gendarmerie. Guide pratique*, Les éd. de La DIV, 2008, multigraph., 96 p. ; M.L. FORT, *La victime au cœur de l'action des services de police et de gendarmerie*, Rapport au Premier ministre, fév. 2012, multigraph., 60 p. ; Manuel Valls salue l'action menée par les intervenants sociaux en commissariat et gendarmerie, mai 2013, en ligne sur aniscg.org, Association Nationale d'Intervention Sociale en Commissariat et Gendarmerie.

285. V. not. *Circ.* 19 sept. 2012 (Crim 2012-16/E-19.09.2012) de politique pénal de Madame la Garde des Sceaux, Min. Justice, multigraph., 14 p., not. p. 9 ; *Circ.* du 9 janv. 2013 (SG-12-019/SADJAV/27/11/12) relative à la présentation des bureaux d'aide aux victimes et des conditions de mise en œuvre de leur généralisation, *précitée*.

les coordonnées du service d'aide aux victimes ou mandatent expressément un service pour une prise en charge. Ce sont toujours majoritairement les fonctionnaires assurant l'accueil au sein du TGI ou les Officiers de police judiciaire qui orientent les victimes vers les associations, bien plus que les juges. Bien plus préoccupant encore, peu de TGI organisent des réunions avec les associations d'aide aux victimes, sinon lors des demandes de renouvellement ou de répartition parcimonieuse des subventions étatiques. Les réunions avec le parquet semblent plus fréquentes mais principalement pour la mise en œuvre des médiations pénales [286].

En résumé, l'information sur l'existence du Service généraliste d'aide aux victimes de la Fédération devrait être systématique, quelle que soit la gravité de l'infraction, dès la révélation des faits et, par précaution, à tous les stades de la procédure : présentation sommaire de la structure, remise d'une plaquette d'information, désignation d'un référent. Un accompagnement personnalisé leur est alors prodigué par l'équipe pluridisciplinaire. Dans le cadre d'un diagnostic le plus généraliste possible, un bilan global des besoins des victimes est établi. Une telle opération est indispensable, non seulement pour atteindre à la certitude la plus grande possible que les attentes et les besoins de la victime et/ou de ses proches sont bien identifiés mais, surtout dans le cas contraire, pour ne pas conduire à l'aggravation de leur état de personnes souvent morcelées par le crime en les soumettant à des interventions éclatées, en cascade [287]. Un tel diagnostic généraliste permet ainsi de s'assurer que les répercussions personnelles, familiales et sociales du crime, comme ce fut le cas il n'y a pas si longtemps encore quant aux perturbations d'ordre psychologique, ne seront pas oubliées ou insuffisamment envisagées par de trop nombreux intervenants non spécialement formés aux métiers du social. Si

---

286. Note du Directeur des Affaires criminelles et des grâces sur le Bilan d'application de la circulaire du 13 juill. 1998, *op. cit.*, 10 p. ; V. Victimologie, Vol. 2, *op. cit.*, p. 123 et s.

287. V. A. D'HAUTEVILLE, Les victimisations successives pendant le parcours judiciaire, *In Victimes et société*, Actes du XXVème Congrès de l'Assoc. Française de Criminologie, Grenoble, multigraph., 1990, pp. 1-4.

la réparation indemnitaire des divers dommages et de leurs préjudices consécutifs est nécessaire, elle est loin d'être suffisante et pas toujours en lien avec la gravité de l'infraction.

Selon les cas, des interventions directes sont proposées à la victime (directe ou proches), dans l'ordre juridique, psychologique [288] et/ou social [289], au regard de ses véritables attentes et/ou besoins. Chaque fois que cela s'avère nécessaire, les partenariats, pré-établis par conventions particulières, sont activés dans de multiples directions auprès de services plus spécialisés : services de santé, barreau, réseaux divers (femmes, enfants, aînés, notamment), services sociaux, associations de victimes. Un tel accompagnement s'avère tout autant indispensable lors des décisions de classement sans suite, de non lieu, de relaxe ou d'acquittement, ainsi qu'à l'occasion des consultations dorénavant très élargies que le Juge de l'application des peines pourrait souhaiter mettre en œuvre lors de l'octroi des modalités de personnalisation de la peine. Plus concrètement encore, les Associations d'aide aux victimes sont en mesure d'aider à la rédaction de dossiers auprès d'organismes divers : sécurité sociale, commission d'indemnisation des victimes d'infractions, assurances, employeur, aide sociale, aide juridictionnelle, administration pénitentiaire [290].

Au quotidien, malgré les imperfections et les dysfonctionnements relevés, les associations d'aide aux victimes effectuent un remarquable travail de proximité auprès des blessé(e)s de la vie. En toute compétence, solidarité et humanité [291], ils tentent

---

288. V. not. C. DAMIANI, L'accompagnement psychologique des victimes, *In Les Cahiers de la sécurité*, 2013-23, pp. 118-124.

289. N. TERCQ, A. CLESSE, L'accompagnement social des victimes. L'aide aux victimes a-t-elle ou peut-elle avoir compétence en accompagnement social ?, *In* J.L. Senon, G. Lopez, R. Cario (Dir.), *Psycho-criminologie*, Ed. Dunod, 2è éd. 2012, pp. 427-434.

290. Sur ces divers aspects, V. N. TERCQ, L'accompagnement social des victimes, *In* Œuvre de justice et victimes, *op. cit.*, Vol. 1, pp. 177-189 ; E. MONSAINGEON, L'accompagnement social, *In* R. Cario, A. Gaudreault (Dir.), Ed. L'Harmattan, 2003, pp. 51-62.

291. *Humanité et compétence dans l'aide aux victimes. Les 20 ans de l'Inavem*, Ed. L'Harmattan, 2008, 211 p.

de panser les plaies provoquées par l'acte criminel, dont la consolidation est encore retardée par la victimisation secondaire en provenance d'institutions et d'intervenants ayant en charge la lutte contre le crime. Soulignée par tous les partenaires, la qualité des services rendus aux victimes et, à travers elles, à la société tout entière, mérite une meilleure reconnaissance sociale. Sans remettre en cause la compétence de la plupart des acteurs de ces associations d'aide aux victimes, il importe de pérenniser leur statut par leur intégration dans un authentique service public.

Une telle évolution, à la manière des services réservés au traitement des infracteurs eux-mêmes (de l'arrestation à l'exécution de la peine) offrira les garanties de recrutement et de stabilité professionnelle, au niveau de compétence que la complexité de leurs interventions requiert. Il en ira de même pour le budget de fonctionnement de ces associations, annualisé et abondé par le budget de l'Etat. Pour le moins, une telle organisation s'impose pour l'implantation d'un service départemental de l'aide aux victimes, épaulé, le cas échéant, par le secteur associatif privé. Les services départementaux seraient placés sous la tutelle d'une Direction générale de l'aide aux victimes, au sein du Ministère de la Justice, au même titre que la Direction de la Protection judiciaire de la jeunesse ou de l'Administration pénitentiaire notamment. Ce qui n'exclurait en rien la mise en œuvre de politiques interministérielles. Ce besoin de coordination et de valorisation n'a d'ailleurs pas manqué de se faire sentir dès l'instant où le nombre des associations d'aide aux victimes a pris de l'ampleur.

L'une des dernières enquêtes de satisfaction auprès des victimes d'infractions pénales ayant recours aux associations d'aide aux victimes, commanditée par le SADJAV à L'IPSOS [292], souligne un fort taux de satisfaction chez elles. Effectuée à partir d'un échantillon de 2 322 victimes, elle souligne l'adéquation entre les attentes des victimes et les réponses apportées par les professionnels de l'aide aux victimes. En ce sens, 92 % des victimes questionnées déclarent que, globale-

292. V. Z. BELMOKHTAR, pub. Min. Justice, multigraph., juill. 2012, 35 p.

ment, l'AAV a répondu à leurs attentes (69 % « tout à fait répondu », 23 % « plutôt répondu »). Celles-ci sont de quatre ordres principalement : information sur les droits, accompagnement dans les démarches, écoute et soutien, information sur l'état d'avancement de la procédure. Il demeure que toutes les victimes ne sont toujours pas en mesure d'avoir plein accès aux AAV, seulement 1,6 % des victimes informées de leur existence ayant bénéficié de leurs services, selon les données enregistrées en 2011 par l'enquête « cadre de vie et sécurité » que mène chaque année L'INSEE [293].

§ 3 – L'I.N.A.V.E.M.

L'Institut National d'Aide aux Victimes Et de Médiation a été créé en 1986 pour satisfaire à cette exigence de promotion cohérente des associations d'aide aux victimes. A l'issue d'une modification des statuts intervenue en juin 2004, l'INAVEM est devenu une Fédération. Instance représentative des associations adhérentes, il garantit les services offerts au sein de celles-ci [294]. Ses objectifs, selon les termes de l'article 1 des Statuts, sont les suivants : « l'accueil et l'écoute des victimes d'atteintes à la personne ou aux biens ; l'aide psychologique, l'information sur les droits et l'accompagnement social des victimes ». Interlocuteur obligé et privilégié des politiques publiques d'aide aux victimes, il est à l'origine de nombreuses réformes ayant conduit à améliorer la reconnaissance et la réparation des victimes d'infractions. Pratiquement toutes les associations d'aide aux victimes sont membres de l'INAVEM, tissant ainsi un véritable réseau de l'aide aux victimes en France [295].

---

293. V. not. *Enquête CVS 2011*, insee.fr ; inhesj/ondrp.fr.

294. V. inavem.org ; V. not. R. CARIO, O. MONS, Mouvement associatif d'aide aux victimes, *In* J.L. Senon, G. Lopez, R. Cario (Dir.), Psychocriminologie, *op. cit.*, pp. 357-365 ; S. BELLUCCI, Les associations d'aide aux victimes du réseau INAVEM : des professionnels au service des victimes, *In Les Cahiers de la sécurité*, 2013-23, pp. 91-97.

295. Sur la composition et les activités de l'INAVEM, V. *Rapport d'activité. Année 2013*, inavem.org.

L'INAVEM est composé d'un conseil d'administration de 24 membres. Y siègent également cinq membres du conseil scientifique et le président fondateur, Claude LIENHARD. La Directrice générale, Sabrina BELLUCCI, coordonne une équipe de 19 salariés permanents, auxquels s'ajoutent plus 31 formateurs occasionnels. Pour mener à bien les diverses missions qui lui incombent, l'Institut dispose d'un budget annuel de 1,5 millions € [296].

Les missions de l'INAVEM sont multiples : définition et évaluation des pratiques d'aide aux victimes ; animation et coordination du réseau ; formation des personnels salariés et bénévoles des associations ; plate-forme téléphonique ; documentation, publication et études ; activités européennes. Pour mener à bien chacune de ses missions, l'INAVEM associe aux membres permanents des représentants des associations d'aide aux victimes.

Une charte des associations a été adoptée en 1993, précisant leur vocation de « service public ». Elles sont ouvertes gratuitement à tout public, autour de valeurs fondamentales : respect de la vie privée, autonomie et liberté de décision de la victime, confidentialité des entretiens, consentement pour toute demande, absence de références idéologiques ou confessionnelles, partenariat, notamment. Les associations ne représentent pas les victimes, ne se substituent pas davantage à elles au cours du procès pénal [297].

Un code de déontologie, élaboré en 1996, consacre les devoirs généraux : aucune démarche sans le consentement de la victime ; compétence professionnelle appropriée quant aux dispositifs judiciaires, médicaux et sociaux ; obligation de confidentialité dans le respect des lois en vigueur, notamment [298]. Il

296. V. not. Rapport 2013.

297. V. Victimologie, Vol. 2, *op. cit.*, pp. 199-200.

298. Le secret professionnel, ressort de la confiance, crédibilise le travail social. Sauf le cas de péril imminent, les professionnels de l'aide aux victimes, pour le moins ceux qui ne sont pas assujettis par profession au secret professionnel, ont la possibilité de révéler, ou non, les informations qui leurs sont confiées. V. art. 223-6, 434-1, 226-13 et 14 du C.pén. ; V. J.P. ROSENCZVEIG

définit les missions des associations d'aide aux victimes : accueil, écoute et soutien, information et orientation, accompagnement, médiation. Il fixe leurs devoirs envers leurs partenaires : confraternité entre services ; cohésion, solidarité et collaboration avec les autres acteurs institutionnels et les collectivités territoriales impliquées dans l'aide aux victimes [299].

Avec beaucoup d'à-propos, L'INAVEM participe aux réformes et à la promotion des politiques publiques d'aide aux victimes. Les contributions apportées [300] à la Commission LIENEMANN notamment ont trouvé un écho très favorable, non seulement dans le rapport remis au Premier ministre lui-même mais dans les dispositions adoptées par la loi du 15 juin 2000 et quelques autres subséquentes, dont celle du 15 août 2014 [301].

Un renforcement de ses moyens est intervenu mais demeure insuffisant au regard de l'extension souhaitée du réseau d'aide aux victimes qu'il anime. Dans le même sens, ses missions traditionnelles ont été heureusement amplifiées, à un point tel que la reconnaissance d'utilité publique de la Fédération et des associations adhérentes devrait enfin leur être offerte [302]. Après s'être vu confier la mise en place d'un numéro national à la disposition des victimes en octobre 2001, l'Institut gère depuis le 26 avril 2005, dans le cadre de plages horaires étendues, une plate-forme téléphonique au travers du « 08victimes », numéro

---

et P. VERDIER, *Secret professionnel et travail social*, Ed. Dunod, 2011Jeunesse et Droit/Dunod, 150 p. ; Comp. *Le secret professionnel*, travailleurs-sociaux-libres.fr.

299. V. Code de déontologie de L'INAVEM, multigraph., 1996, 4 p. ; V. Victimologie, Vol. 2, *op. cit.*, pp. 195-198.

300. V. not. les Rapports annuels d'activité, inavem.org.

301. V. not. Rapport d'activité 2013, *op. cit.*; V. *40 propositions pour un droit des victimes en mouvement* », INAVEM, multigraph., 2014, 23 p. ; inavem.org.

302. V. Rapport LIENEMANN, *op. cit.*, pp. 91-92 ; Circ. 29 sept. 1999, précitée ; V. récemment Rapport NIESON *précité*, Proposition n° 8.

dédié à toutes les victimes, à charge de les réorienter vers les services d'aide adéquats [303].

A côté de la dynamisation de son réseau, la Fédération est appelée à intervenir dans le cadre d'accidents collectifs, chaque fois que les associations d'aide aux victimes sont impliquées dans des dispositifs de crise. Des résultats remarquables ont ainsi été obtenus depuis les attentats de 1995, à l'occasion de la mise en œuvre de dispositifs d'indemnisation des victimes de l'accident aérien de Mont-Saint-Odile (1992), de l'effondrement de la tribune du stade de football de Furiani (1992) ou, plus près de nous, lors de l'explosion de l'usine AZF à Toulouse (2001), de l'incendie du tunnel du Mont Blanc (1999), du crash de Charm El-Cheikh (2004) ou de Maracaïbo (2005), Collision TER / car scolaire à Allinges (2008) ; accident aérien du vol Rio-Paris (2009) ; Séisme à Haïti (2010) ; Naufrrrage du Costa concordié (2012) ; prise d'otages en Algérie (2013) ; accident ferroviaire de Brétigny-sur-Orge (2013), notamment [304]. Depuis 2010, l'INAVEM est sollicité de manière systématique pour toutes les autres affaires dites « sensibles » : Benfluorex, ou mediator (2011), prothèses PIP (2013) ; attentats à Paris des 7-9 janvier 2015, notamment.

Ces dernières années, L'INAVEM est associé à la mise en place des procès collectifs relatifs à ces événements collectifs : depuis 2008 pour celui des prothèses de marque Pip ; depuis 2008 pour celui d'Allinges, notamment [305].

L'Institut est également à la base de conventions nationales avec d'autres partenaires : Convention d'objectifs « aide aux victimes » avec l'Education nationale (1999), Groupe Carrefour hypermarchés France (2002, 2013), la MAIF (2003), Ministère des affaires étrangères (2003) ; Stokomani (2003), le Conseil National des Barreaux (2004), la SNCF (2004 ; agents, 2007) ;

---

303. Le « 08Victimes », soit le « 08 842 846 37 » (coût d'une communication locale) est accessible 7 jours sur sept, de 9 à 21 heures. La plate-forme comprend 14 écoutants-experts et un coordonnateur national ; inavem.org.

304. V. not. Rapports d'activité, inavem.org.

305. Sur tous ces aspects, V. les *Rapports d'activité* de l'INAVEM, not. celui de 2013, p. 24 et s.

client, 2013, la Fondation pour l'enfance (2004), le Crédit coopératif (2004), le Ministère de l'Intérieur (2005), le Ministère de l'agriculture, de l'agroalimentaire et de la forêt (2007, 2012), Fédération française de football (2009, 2013) ; la Société générale (2010) ; les Mousquetaires (2015), principalement [306].

L'activité de l'INAVEM est également fortement mobilisée par les formations dispensées aux personnels des associations d'aide aux victimes, voire à l'égard d'autres bénéficiaires [307]. Le catalogue des formations est riche et diversifié. Les stagiaires concernés comme la durée des formations ne cessent d'augmenter (43 sessions, 124 journées de formation, 585 stagiaires en 2014). Les stages initient aux pratiques d'accueil et d'accompagnement, aux techniques d'écoute et d'entretien, aux modalités de la médiation, aux procédures de l'indemnisation, au statut d'administrateur *ad hoc*, à l'animation des rencontres restauratives (directe ou non) entre infracteurs et victimes [308]. Chaque année depuis 1985, des Assises nationales réunissent l'ensemble des associations d'aide aux victimes [309]. La création en 1997 d'un Collège scientifique permet d'organiser des rencontres scientifiques en victimologie et devrait conduire à initier des recherches fondamentales, appliquées et évaluatives dans le champ pluridisciplinaire de l'aide aux victimes.

Au niveau européen, l'INAVEM appartient au Forum d'aide aux victimes, *Victim support Europe* (VSE), constitué en 1990 pour soutenir la création de associations d'aide aux victimes en Europe, favoriser l'indemnisation équitable et égale des victimes sans condition de nationalité et promouvoir les droits des

---

306 . V. inavem.org.

307. V. par ex. la Convention de partenariat avec le Centre de formation des professions bancaires, les conférences et séminaires dans les Diplômes universitaires de Victimologie ou de Droit des victimes, au sein du Master de criminologie et droit(s) des victimes de l'Université de Pau depuis sa création par R. CARIO, notamment.

308. V. sur inavem.org l'ensemble des formations proposées

309. La publication des actes de ces journées d'étude est assurée par l'INAVEM sur son site. Quelques-uns ont fait l'objet de publication aux Editions L'Harmattan, not. : *La victimisation des aîné(e)s* (Pau, 2001), *Humanité et compétence dans l'aide aux victimes* (Paris, 2006).

victimes dans le procès pénal [310]. La Directrice de l'Institut, Mme Sabrina BELLUCCI, est dorénavant membre de son Conseil d'administration. Dans ces perspectives, VSE, qui regroupe 38 organisations nationales provenant de 25 pays, a publié plusieurs recommandations : droits des victimes dans le cours du procès pénal [311] ; droits sociaux des victimes de crime [312] ; droit à des services de qualité [313] ; minimum rights for victims of crime in Europe (2011), notamment. Ce même esprit de collaboration a conduit à la création en 1999 d'un second Forum européen, réservé à la médiation pénale et plus spécifiquement à la Justice restaurative [314].

Depuis quelques années, l'INAVEM s'est résolument engagé dans le champ de la justice restaurative. A partir des années 2002, la Fédération a manifesté un intérêt certain pour la philosophie restaurative, l'inscrivant parmi les objectifs à atteindre au regard de ses missions. En ce sens, plusieurs manifestations ont offert une tribune à la Justice restaurative : Colloque des 20 ans de l'Institut du 13 mars 2007, Assemblée générale de juin 2007, Rapports annuels d'activité adoptés depuis lors, notamment. Mais c'est sans doute lors des XXIIèmes Assises, tenues en juin 2008 à Versailles, que l'étape majeure dans l'orientation restaurative des réponses offertes aux victimes de crime fut franchie. Le thème retenu fut le suivant : « De la réparation à la restauration ». Les différents partenaires présents décidèrent quelques temps après de mettre en place une expérience de Rencontres détenus-victimes (RDV). Après de longs mois de préparation, la première Session de Rencontres détenus-victimes se déroulait au sein de la Maison Centrale de Pois-

310. V. le site du forum, victimsupporteurope.eu.

311. V. Les droits des victimes dans le cours du procès pénal, 1996, *In* Victimologie, Vol. 2, *op. cit.*, p. 53 et s.

312. Recommandations sociales en faveur des victimes d'infractions pénales, 1998, 12 p., *In* Victimologie, Vol. 2, *op. cit.*, p. 59 et s.

313. V. Les droits des victimes à des services de qualité, 1999, *In* Victimologie, Vol. 2, *op. cit.*, p. 67 et s.

314. V. European forum for restorative justice, euforumrj.org.

sy [315]. D'autres rencontres ont eu lieu en 2014. Dans ce même esprit d'innovation, l'Institut français pour la Justice restaurative (IFJR) a mis en place au sein du service de formation de L'INAVEM des modules de formation à l'ensemble des mesures restauratives disponibles .[316]

Sans beaucoup d'hésitation, il convient de saluer l'ampleur et la pertinence des actions menées au bénéfice des victimes par les associations d'aide aux victimes fédérées au sein de l'INAVEM. C'est par leur mobilisation quotidienne et opiniâtre, fondée sur les réalités humaines des victimisations et les besoins des victimes en souffrances que, peu à peu, les droits des victimes sont en voie de reconnaissance, de respect et de garantie effective. Néanmoins, un certain nombre d'inquiétudes jaillissent ces derniers temps quant à l'évolution de l'aide aux victimes dans notre pays. Quelques-unes, propres aux associations elles-mêmes, tiennent au déficit de formation des intervenants, salariés et bénévoles, au regard des questions victimologiques au plan fondamental et des pratiques de partenariat au plan méthodologique. Dans le même ordre d'idées, un déficit scientifique chronique nuit à l'épanouissement des bonnes pratiques, dû à la rareté des études évaluatives en matière d'aide aux victimes, tant en ce qui concerne les missions menées au sein des Associations que celles effectuées par les autres partenaires,

---

315. V. not. sur cette expérience, O. MARBŒUF, Des victimes au parloir : crimes et apaisement, *In Libération*, 29 nov. 2010, pp. 10-11 ; M. KOSTRZ, *Justice restaurative : la France tarde à réunir victime et bourreau*, [en ligne], 22 déc. 2010, www.rue89.com ; M. Lefebvre-Billiez, Quand victimes et criminels se parlent : cette justice qui restaure, *In Réforme*, 2011-3416, pp. 8-10 ; La justice restaurative : présentation et explications, *In Le ralliement protestant*, 2012-597, pp. 11-18 ; V. également ; S. JACQUOT, Y. CHARPENEL (Dir.), *La justice réparatrice. Quand victimes et coupables échangent pour limiter la récidive*, Ed. l'Harmattan, Coll. Questions contemporaines, 2012, 130 p. ; anjr.fr.

316. V. justicerestaurative.org ; inavem.org ; V. not. R. CARIO, P. MBANZOULOU, Les rencontres détenus-victimes à la Maison centrale de Poissy : un retour d'expérience, *In Les chroniques du Cirap*, 2011-11 ; P. MBANZOULOU, Les rencontres détenus-victimes : une expérience française de justice restaurative, *In Les Cahiers de la sécurité*, 2013-23, pp. 83-90 ; R. CARIO (Dir.), *Les rencontres détenus-victimes. L'humanité retrouvée*, Ed. L'Harmattan, 2012, 164 p.

notamment institutionnels. De telles évaluations, certes délicates lorsqu'il s'agit de l'activité humaine, sont pour autant nécessaires dans une société où la tentation de la culpabilisation individuelle, toute comme celle de la psychologisation des réponses, sont envahissantes. Il apparaît tout à fait normal que tous les acteurs de l'aide aux victimes rendent compte de la manière dont leur activité contribue finalement au bien commun, au mieux-être social. Il apparaît tout à fait utile, dans le même sens, que les bonnes pratiques soient effectivement disséminées sur l'ensemble du territoire national. Mais une telle évaluation demeure un vœu pieux en France, aussi longtemps que des formations en criminologie générale et appliquée ne seront pas mises en place dans notre pays. Les oppositions à une telle nécessité conceptuelle et praxéologique, de nature essentiellement idéologiques, apparaissent d'un autre temps et décrédibilisent fortement leurs promoteurs [317].

Dans le cadre du projet de la Commission européenne relatif au « Droit des victimes à des services de qualité », un très pertinent outil vient d'être testé auprès de quatre pays européens : Portugal, France, Allemagne et Ecosse [318]. Cette étude pilote, coordonnée par l'APAV [319] et l'Institut de Victimologie de Tilburg [320], démontre que l'outil « CQ VICS [321] » peut se révéler très utile « pour mesure l'expérience des victimes avec différents acteurs de l'aide aux victimes ». Par l'application de l'indice « consommateur qualité » portant sur la manière dont elles sont prises en compte et l'importance des indicateurs caractéristiques de celles-ci, il est possible de vérifier si les victimes bénéficient réellement de leur droit à des services d'aide

317. V. not. sur ces aspects, R. CARIO, M. HERZOG-EVANS, L.M. VILLERBU, *La criminologie à l'Université. Mythes ... et réalités*, Ed. L'Harmattan, 2012, 104 p. et réf. citées.

318. V. *Droit à des services de qualité pour les victimes d'infractions*, multigraph., 2015, 116 p., en ligne sur inavem.org.

319. Association portugaise d'aide aux victimes, apav.pt.

320. V. www.intervict.nl

321. Questionnaire élaboré par l'Institut international de victimologie de Tilburg dans le cadre des enquêtes internationales de victimisation (*International crime victimisation survey)*.

de qualité. En effet, du professionnalisme et des performances des « prestataires » de l'aide aux victimes dépendent l'effectivité et l'efficacité des réponses apportées à ces personnes en souffrances. La mission des AAV consiste, en ce sens, à leur offrir une réparation globale des conséquences et répercussions du crime en vue de leur retour le plus restaurateur et le plus harmonieux possible au sein de leurs/nos communautés.

D'autres inquiétudes, provenant de sources externes au réseau de l'aide aux victimes, peu soucieuses de la réalité de l'expérience vécue par les victimes, sont de nature à ruiner, chaque jour davantage, les efforts entrepris tant par les pouvoirs publics que par les associations. Que le système de justice pénale soit en panne de sens, à cause de la crise aiguë que traverse la pénalité contemporaine ne doit pas rejaillir sur les droits légitimement accordés aux victimes et aux associations qui les accompagnent. Il n'est guère raisonnable de n'apercevoir dans les revendications de la plupart des victimes que des résurgences d'une vengeance privée aveugle et destructrice. Participer à la recherche de la vérité et à la lutte contre l'impunité quand on a connu cette expérience particulière du crime, être reconnue comme personne en souffrances et en réclamer la réparation globale, retrouver la maîtrise de sa vie et de celle de ses proches le cas échéant dans le cadre d'un procès pénal équitable, séparateur et restaurateur participe pleinement et tout simplement de l'Œuvre de justice.

La complexité des victimisations comme celle des dispositifs destinés à les prévenir, les arrêter et les réparer, rendent d'autant plus nécessaire la protection effective des droits propres de la victime. Ces différents droits sont acquis à la victime, à ses ayants droit et à ses proches. Il va de soi qu'ils sont susceptibles d'intensité, de cumul et de permanence variables selon les souffrances propres à chacune des victimes, mais aussi en fonction de la mise en place de dispositifs particuliers, très fortement médiatisés, de prise en charge comme au cas d'attentats, de catastrophes ou d'accidents collectifs. La difficulté principale de leur plein exercice provient aujourd'hui encore, certes de l'absence de globalisation de la réponse socio-judiciaire à leur égard – la victime demeurant trop souvent morcelée entre les multiples intervenants au procès –, mais davantage de la garantie illusoire de leur mise en œuvre tout au long du procès pénal.

« Pour les victimes, la justice est trop souvent labyrinthe, tunnel, si longue est l'attente, si nombreux les renvois, si contourné le chemin des procédures. Je les ai souvent rencontrées ces victimes ballottées de greffe en bureau, de couloir en salle, tentant d'arracher un renseignement à ces femmes et hommes trop pressés, dont l'air important décourage l'importun – comme si au malheur doit s'ajouter l'indifférence ».

Robert BADINTER, *In Guide des droits des victimes*, Ed. Gallimard / Ministère de la Justice, 1982, p. 4.

2

Le cadre processuel des droits des victimes

Le procès pénal est de plus en plus souvent vécu comme l'un des seuls lieux possibles de résolution des conflits. La judiciarisation de la société se traduit par un recours massif à la justice pour assurer la régulation des comportements infractionnels.

Les juridictions répressives sont les seules compétentes pour connaître du contentieux infractionnel. Pour être suralimenté par l'inflation pénale galopante, le procès pénal demeure le lieu où se réalisent pleinement les droits fondamentaux de chacun des protagonistes. Formel, car la forme est l'ennemi juré de l'arbitraire [322], il est aussi substantiel car il offre à tous la possibilité de recouvrer leur dignité de personne et, par leur responsabilité assumée, leur responsabilisation aboutie, de réintégrer notre humanité.

322. Selon R. IHERING, la forme « ...ennemie jurée de l'arbitraire... est sœur jumelle de la liberté... », *L'esprit du droit romain*, Tome III, Paris 1877, p. 164.

Pour importante que soit l'évolution de l'environnement global du droit des victimes comme de celle de l'aide aux victimes, elle demeure encore incomplète et, surtout, abandonnée à la sensibilité personnelle des acteurs institutionnels investis dans le règlement judiciaire des répercussions du crime. A défaut d'avoir été fixés dans des textes fondamentaux, les droits des victimes restent toujours incertains d'application par les acteurs judiciaires, aléatoires de mobilisation par les protagonistes du crime. La première décennie de ce XXIè siècle devrait permettre de combler heureusement ces graves lacunes, sous la pression d'une demande citoyenne affirmée. Logiquement, car toute personne victime d'un dommage, quelle qu'en soit la nature, a droit d'en obtenir réparation de celui qui l'a causé par sa faute [323].

Si la victime possède bien le droit d'agir en justice – ou de ne pas agir – à la suite d'une infraction subie, son choix doit être facilité et éclairé par une information juridique accessible et précise, en tous lieux et moments de sa mise en œuvre (Section 1). Or le constat est actuellement toujours aussi simple : « trop souvent encore les victimes se retrouvent seules, sans écoute et soutien, pour affronter les difficultés personnelles et les difficultés de procédure auxquelles elles sont confrontées » [324]. Il est aisé de comprendre, dans de telles conditions, que la victime ne puisse faire pleinement respecter, de la commission des faits à l'exécution de la décision pénale, l'ensemble des droits qui lui semblent pourtant dorénavant acquis (Section 2).

323. V. not. Cass. Crim. 28 oct. 1992, *In Bull. Crim.*, 349, pp. 964-967.

324. V. E. GUIGOU, Discours prononcé lors des XVèmes Assises de l'INAVEM, 1999, multigraph., pp. 2-3.

Section 1 – Le droit d'action des victimes

Toute infraction à la loi pénale donne naissance à une action dite « publique »[325]. Cette action a pour but la répression de l'atteinte portée à l'ordre social et pour objet l'application d'une peine. Cette action appartient à la société.

En même temps que l'infraction provoque un trouble social, elle cause le plus souvent un dommage corporel, matériel ou moral à la victime directe et/ou indirecte. Elle donne ainsi naissance à une action dénommée « action civile »[326].

Cette action a pour but la réparation du dommage résultant de l'infraction et pour objet la condamnation de l'infracteur à des dommages et intérêts soit devant un tribunal civil soit devant le tribunal répressif[327].

D'une manière très générale, divers droits essentiels sont acquis à toute personne victime d'une infraction. Ils sont de nature à garantir la pertinence de ses choix (§ 1). Ceux qui entourent et caractérisent la constitution de partie civile offrent, sans aucun doute, entre autres actions disponibles, à la victime la possibilité d'être un authentique acteur lors du règlement du conflit né de l'infraction (§ 2).

§ 1 – Les droits reconnus à toute personne victime

Conformément à la Directive du 25 oct. 2012 précitée, les principes consacrés par la Charte des droits fondamentaux de l'Union européenne doivent impérativement être respectés. Elle vise en particulier à promouvoir le droit à la dignité, à la vie, à l'intégrité physique et mentale, à la liberté et à la sécurité, au respect de la vie privée et familiale, le droit de propriété, le principe de non-discrimination, le principe d'égalité entre les

---

325. V. art. 1er *C.pr.pén.* ; V. C. Ribeyre, Action publique et action civile : *J.Cl.Proc.pén.*, art. 1er.

326 . V. art. 2 *C.pr.pén.* ; V. Cass. crim, 6 fév. 1978, *Bull. Crim.*, 42 ; V. A. Maron, Action Civile exercée devant les tribunaux répressifs : Généralités, *J.Cl.Proc.pén*, art. 2 à 3, Fasc. 20.

327 . V. art. 3 *C.pr.pén.*

femmes et les hommes, les droits de l'enfant, des personnes âgées et des personnes handicapées, ainsi que le droit à un procès équitable

Atteinte par la victimisation dont la société n'a su éviter la survenue injuste, la victime doit être réinstituée dans sa qualité de personne. Cette exigence éthique se réalise par l'activation cumulative d'une série de trois droits fondamentaux (A). D'un point de vue plus strictement victimologique, cet objectif de réintégration sociale doit permettre à la victime de s'approprier tous les droits et devoirs s'attachant à cet état momentané (B).

1. D'un point de vue éthique

D'un point de vue éthique, toute personne victime possède une triple série de droits : à la reconnaissance, à l'accompagnement et à réparation. Ils ont une double ambition : garantir la dignité de la personne et les droits humains qui s'y rattachent d'une part ; consolider la place de la victime en tant qu'acteur au procès pénal, de l'autre. Au regard de l'échec, patent par définition, des politiques préventives, c'est leur intégration qui permettra d'offrir, le plus rapidement possible, à la victime et/ou à ses proches[328], la voie de la restauration. Ces droits lui sont acquis indépendamment du point de savoir si elle entend faire valoir, ou non, son droit au juge et à la justice, aussi longtemps que ses besoins consécutifs à l'infraction le nécessitent.

Mais cet ensemble de droits ne sera garanti que si la victime est effectivement placée au centre des dispositifs judiciaires, psychologiques et sociaux disponibles, dans le cadre d'une authentique stratégie d'*empowerment*, chacun devant effectivement acquérir la maîtrise de ses propres affaires [329]. Bien plus

328. L'expression « proches » des victimes doit très impérativement être préférée à la dénomination commune de « victimes par ricochet ». Quand bien même leur préjudice est la conséquence du crime subi par la victime principale, le crime leur inflige inévitablement des souffrances directes et personnelles.

329. V. J. RAPPAPORT, Terms of empowerment/exemplars of prevention : toward a theory for community psychology, *In American Journal of community psychology*, 1987-15, pp. 121-145 ; D. DAMANT, J. PAQUET, J. BELANGER,

qu'au travers d'une simple prise en charge, les intervenants doivent amener la victime à s'approprier les outils disponibles, à en « apprivoiser » les modalités, pour « [re]créer des liens ». Sa restauration ne semble en effet envisageable que dans la mesure où elle se sent responsable de ce qu'elle a apprivoisé [330].

a) Le droit des victimes à la reconnaissance. Reconnaître, c'est considérer la personne de la victime souffrante. Or, par la catastrophe intersubjective éprouvée, la victime est projetée dans l'abîme creusé par l'inhumanité du crime. Sa re-connaissance apparaît bien alors comme l'unique manière de nature à lui permettre de redevenir une personne humaine, désirante. En effet, venant d'autrui, la reconnaissance fonde l'humanité de la victime-sujet. C'est par le regard de l'autre que l'humanité se réalise, c'est par la grâce du toi que le moi s'éveille à nouveau [331]. En d'autres termes, « …être reconnu veut dire être considéré face à l'autre – ou l'autre face à nous – comme un être libre, méritant le respect, capable de défi et capable de réponse. Exister comme un être humain, c'est offrir et exiger ce respect. C'est là l'essentiel du lien social » [332]. C'est une posture éthique fondamentale : comme le postulent Edgard MORIN et Stéphane HESSEL, la « forme suprême de la reconnaissance d'autrui est l'amour » [333]. Selon Axel Honneth, la structure des relations de reconnaissance sociale s'organise, autour de trois caractéristiques qui participent de l'amour (vecteur de confiance

---

Analyse du processus d'empowerment dans la trajectoire de femmes victimes de violence conjugale à travers le système judiciaire, *In Criminologie*, 2000-33, pp. 73-95.

330. V. à cet égard A. de SAINT EXUPERY, *Le petit prince* (1943), Ed. Gallimard/Folio, 1999, pp. 70-78.

331. V. E. FIAT, De la dignité du vieillard : réflexion éthique, *In* J.J. Amyot et M. Billé (Dir.), *Vieillesses interdites*, Ed. L'Harmattan, Coll. La gérontologie en actes, 2004, pp. 123-143.

332. V. M. HENAFF, La dette de sang et l'exigence de justice, *In* P. Dumouchel, *Comprendre pour agir : violences, victimes et vengeances*, Ed. L'Harmattan/ Les presses de l'Univ. Laval, 2000, pp. 31-64.

333. S. HESSEL, E. MORIN, *Le chemin de l'espérance*, Ed. Fayard, 2011, 63 p.

en soi), de droits (vecteur de respect de soi) et de solidarité sociale (vecteur d'estime de soi). La reconnaissance est ainsi « fondée dans l'expérience de l'intersubjectivité [supposant] de considérer le lien comme plus essentiel que l'individu »[334].

> *A savoir :*
>
> Lors du premier entretien avec une victime, il apparaît essentiel de poser la question de « l'attente » qu'elle éprouve de la part de la justice. En effet, quelle que soit la réponse donnée, il sera nécessaire de ne pas perdre de vue cette attente afin d'adapter les réponses et d'anticiper les éventuelles déceptions. Il est évident que le rôle de la justice n'est pas de « réparer » les souffrances, mais d'être une passerelle vers un processus possible de reconstruction. Cette passerelle apparaît bien trop souvent comme un « parcours du combattant » trop long et inaccessible pour les victimes.
>
> A ce titre, les Associations d'Aide aux Victimes, entre autres associations, conscientes de ce postulat, ont pour mission de permettre à ces victimes de passer en « douceur » cette épreuve par une prise en charge pluridisciplinaire et un relais si nécessaire auprès de partenaires.
>
> D'un point de vue général, la première attente des victimes auprès de la justice est la reconnaissance de leur souffrance. La reconnaissance passe par toutes les étapes de la procédure et s'entend en pratique par l'écoute sans jugement de leur souffrance. Quelle que soit l'issue de la procédure, aucun acteur ne peut remettre en question la souffrance éprouvée par une personne. Et force est de constater qu'il peut exister parfois une confusion chez les acteurs de justice entre la recherche de la manifestation de la vérité et la demande d'écoute sans jugement des souffrances éprouvées par les victimes. Une victime entendue dans ses souffrances acceptera d'autant plus les décisions prises par la justice et se sentira ainsi reconnue.

b) Le droit des victimes à l'accompagnement. Accompagner, c'est se joindre à quelqu'un pour aller où il va, en même temps que lui. C'est aussi partager, momentanément, les souffrances de la victime. Il importe donc de placer la victime au centre de la prise en compte à laquelle elle a droit, car elle seule sait ce dont elle souffre pour avoir connu l'expérience du crime, elle seule connaît la direction dans laquelle il faut chercher, ce que

334. V. not d'A. HONNETH (1992), *La lutte pour la reconnaissance*, Ed. du Cerf, 2000, 352 p. ; J. HABERMAS, *Théorie de l'agir communicationnel*, Ed. Fayard, 1987, Tome 1, Rationalité de l'action et rationalisation de la société, 448 p., Tome 2, Pour une critique de l'action fonctionnaliste, 480 p. ; P. RICOEUR, *Parcours de la reconnaissance. Trois études*, Ed. Stock, 2004, 387 p. ; V. également H. GUEGUEN, G. MALOCHET, *Les théories de la reconnaissance*, Ed. La Découverte, 2012, 126 p.

sont ses problèmes cruciaux pour y faire face et ses besoins pour tenter de les résoudre tous [335]. A un rythme qui ménage fatigue physique et psychique : par l'aménagement de temps de repos lors des moments les plus pénibles, par le recours, le cas échéant, aux moyens modernes de télécommunication audiovisuelle. Car « redire, c'est refaire… c'est revivre ».

A savoir :

Tout au long de la procédure judiciaire, la victime peut bénéficier d'un accompagnement en s'adressant, à titre gratuit à une Association d'Aide aux Victimes ou à d'autres structures d'accès aux droits plus généralistes. Les « bureaux d'aide aux victimes », institués dans près d'une cinquantaine de Tribunaux de Grande Instance en 2012, généralisés fin 2015, rencontrent un accueil positif et contribuent à une meilleure prise en compte des victimes. Cependant, ils dépendent de l'existence d'une association dynamique sur le ressort de la juridiction, capable d'assurer une permanence avec des moyens parfois limités [336].

Les victimes qui ont le courage de solliciter une AAV bénéficient d'un accompagnement pluridisciplinaire par des professionnels formés à la victimologie. Trois types d'accompagnement sont proposés. 1) Un accompagnement psychologique pour soutenir les victimes dans les conséquences psychologiques, affectives et relationnelles liées à l'événement criminel vécu. La prise en compte peut être individuelle, familiale ou dans le cadre de groupes de parole (violences conjugales, infractions de nature sexuelles, enfant témoin de violences familiales, par exemple). 2) Un accompagnement juridique destinés à informer les victimes sur leurs droits, les orienter vers les partenaires judiciaires (avocats, huissiers, notamment), les préparer et les accompagner aux audiences. 3) Un accompagnement social : pour accueillir les victimes au commissariat de police et en brigade de gendarmerie, pour faire le point sur les conséquences sociales liées à l'infraction et les aider en ce sens, pour gérer les urgences sociales.

Les victimes sont libres d'accepter, ou non, cet accompagnement et n'ont peut-être pas toutes besoin de cette aide globale. Toutefois, il est essentiel de les informer de cette possibilité dès le report des faits, quelle que soit la spécialité du professionnel rencontré.

En effet, un psychologue, un assistant social ou un juriste salarié d'une association d'aide aux victimes présente cette particularité d'être formé aux techniques d'écoute et d'entretien et, notamment, au recueil de données généralistes afin de mieux cerner les attentes, les besoins, les demandes des victimes en vue de les orienter, la cas échéant, vers les professionnels adéquats.

---

335. V. C.R. ROGERS, *Le développement de la personne* (1961), Ed. Dunod, 1998, p. 10.

336. V. Cour des comptes, *Rapport public annuel 2012*, ccomptes.fr.

c) Le droit des victimes à réparation

Au sens strict, la réparation s'entend de l'allocation d'une somme d'argent, par équivalent ou de manière symbolique, destinée à réparer un dommage. Au sens plus large, la réparation suppose la reconnaissance des droits et des souffrances des victimes et/ou de leurs proches mais encore, au-delà de la sanction de l'infracteur, sa propre réparation et celles de ses proches.

Réparer, c'est prendre soin de l'autre, en tant que personne victimisée, dans la complexité de toutes les souffrances subies. La réintégration de la victime, ou de ses proches, parmi les autres humains est un devoir absolument impératif. La réparation doit être globale, intégrale et effective.

A savoir :

La réparation ne doit pas être confondue avec l'indemnisation. L'indemnisation des dommages matériels est un élément essentiel de la réparation des victimes, conséquence « directe et immédiate » de l'infraction subie. Mais qu'en est-il de la réparation des souffrances physiques et psychiques (traumatismes psychologiques et sociaux durables, notamment) que l'infraction a, par répercussion, générées : équilibre psychique fragilisé, communication familiale détériorée ; statut social dévalorisé, activité professionnelle compromise, relations intersubjectives perturbées, notamment) ?

Une somme d'argent barèmisée (bien souvent difficilement réglable directement par l'infracteur) peut-elle faire office de solde de tout compte ? La réponse est bien évidemment négative.

En pratique, force est de constater que les victimes ne sont pas toutes vindicatives au point de souhaiter un emprisonnement ferme des infracteurs. Et dans certaines situations, des victimes développent même un sentiment de culpabilité face à une décision qu'elles jugent trop sévère. En réalité, ce qu'elles attendent du procès est de l'ordre de l'écoute, de la prise en considération de leur parole, sans jugement, d'informations claires tout au long de la procédure, d'explications sur le « pourquoi moi », des excuses de la part de l'infracteur, un repentir sincère. Lorsque tous ces éléments sont réunis, les victimes se sentent apaisées et un travail de réparation peut s'envisager, quelle que soit la peine retenue.

2. D'un point de vue victimologique

L'expérience très concrète des victimes permet de mettre en évidence un ensemble de droits essentiels, acquis à toute personne victime, indépendamment de toute action contentieuse. Mais il est vrai que ces personnes victimes ont également des devoirs à respecter.

a) Les droits de la victime

Dès lors que le fait commis sur une personne est constitutif d'une infraction pénale, les principes de la procédure pénale s'appliquent. Ce droit spécifique, coercitif à l'égard de l'infracteur, n'a guère laissé de place à la victime, durant de longs siècles. Malgré les grandes avancées législatives en faveur d'un droit des victimes dans la procédure pénale, l'institution judiciaire apparaît encore difficile d'accès pour les victimes. En ce sens, nombre de victimes ne déposent pas plainte pour des infractions graves et, particulièrement, pour les infractions à caractère sexuel. Les raisons de ce silence peuvent être subjectives (peur, honte, culpabilité) ou objectives (manque de moyens financiers, manque d'information sur l'accès à la justice).

Or, Toute personne victime devrait pouvoir *accéder au droit et à la justice. Gratuitement et rapidement.* L'accès au droit correspond à l'idée selon laquelle, en dehors de tout procès, quels que soient son âge, son sexe, sa nationalité, son lieu de résidence et son niveau de vie, toute personne doit pouvoir : connaître ses droits et ses obligations ; être informée sur les moyens de les faire valoir ou d'exécuter ses obligations.

Principe fondamental de la citoyenneté, l'accès au droit, défini par l'article 53 de la loi du 10 juillet 1991 [337] relative à l'aide juridique, modifiée par la loi du 18 décembre 1998 [338] relative à l'accès au droit et à la résolution amiable des conflits, consiste à offrir, dans des lieux accessibles à tous, des services : d'information sur les droits et devoirs des personnes ; d'orientation vers les structures chargées d'assurer ou d'en faciliter l'exercice ; d'aide à l'accomplissement des démarches

337. L. n° 91-647 du 10 juillet 1991 relative à l'aide juridique.

338. L. n° 98-1163 du 18 décembre 1998 relative à l'accès au droit et à la résolution amiable des conflits.

nécessaires à l'exercice d'un droit ou l'exécution d'une obligation ; d'assistance par un professionnel compétent au cours de procédures non juridictionnelles, devant certaines commissions ou devant certaines administrations ; de consultations juridiques et d'assistance pour la rédaction ou la conclusion d'actes juridiques [339].

Toute société démocratique doit mettre en œuvre des dispositifs favorisant cet accès au droit et s'assurer que toute personne en jouit pleinement. Si l'on ne peut mesurer l'existence du chiffre noir qu'à cette seule aune de l'accès au droit, les enquêtes de victimisation soulignent néanmoins que des « freins se conjuguent pour devenir des obstacles » à la révélation : par ignorance, peur, éloignement, incapacité physique ou mentale [340]. Comme toute personne confrontée à un problème juridique, la victime d'infraction doit bénéficier d'une aide à l'accès au droit se manifestant de diverses manières. L'existence d'Associations d'Aide aux Victimes, la généralisation des Maisons de Justice et du Droit (MJD) [341], la mise en place des guichets uniques de greffe (GUG), la création des Bureaux d'Aide aux Victimes auprès des Tribunaux, la mise en place de permanences gratuites d'auxiliaires de justice (Avocats, Notaires) constituent de réelles avancées pour le justiciable. En un même lieu, il peut recevoir des informations juridiques précises, effectuer divers actes, connaître le déroulement de la procédure, être accompagné à plusieurs niveaux, être orienté vers des spécialistes.

Au-delà de la mise en place de ces « points droit » gratuits, l'Etat offre aussi la possibilité, si les ressources du justiciable sont limitées, d'avoir accès à l'aide juridictionnelle depuis la loi

---

339. V. Rapport triennal du Conseil National d'Aide Juridique, Mars 2010-2013.

340. V. CERF, Note de synthèse sur l'enquête des victimes non reconnues : du droit à la parole au droit à la réponse, Annexe 4 au Rapport Lienemann, *op. cit.*, pp. 153-171.

341. L. 98-1163 relative à l'accès au droit et à la résolution amiable des conflits, *J.O.* du 22, p. 19343.

du 3 janvier 1972. Depuis le 21 février 2007 [342], un nouveau dispositif, lié aux contrats d'assurance de protection juridique, vient compléter l'arsenal des mesures destinées à faciliter l'accès gratuit à la justice.

> *A savoir :*
>
> 1 - L'aide juridictionnelle recouvre les frais d'avocat, les coûts de la procédure, les frais de notaire, les rémunérations d'huissier, les frais d'expertise. Selon les revenus du demandeur, l'aide juridictionnelle peut être totale ou partielle. Elle s'applique : 1) en matière gracieuse (par exemple au cas de changement de nom de famille) ou contentieuse (*i.e. dans* toute procédure opposant deux personnes) ; 2) en demande ou en défense (soit la personne qui attaque soit celle qui se défend) ; 3) devant toutes les juridictions (civiles, pénales, administratives) ; pour tout ou partie de l'instance, y compris pour l'exercice des voies de recours ; pour régler un litige, en parvenant à une transaction, avant l'introduction d'une procédure aussi bien en matière civile, sociale, commerciale que pour les litiges administratifs.
>
> Peuvent bénéficier de l'aide juridictionnelle, les personnes de nationalité française ; les personnes de nationalité étrangère : ressortissantes d'un pays de l'Union européenne, ressortissantes d'un Etat ayant conclu une convention internationale avec la France ou résidant habituellement et régulièrement en France. L'aide est principalement destinée aux personnes physiques. Toutefois, les associations ou les syndicats peuvent exceptionnellement en bénéficier s'ils sont à but non lucratif, ont leur siège en France et ne disposent pas de ressources suffisantes.
>
> Les conditions de ressources pour l'octroi de l'aide juridictionnelle prennent en compte les revenus de toute nature du demandeur (salaires, pensions, revenus locatifs notamment), les éléments extérieurs du train de vie, les biens meubles et immeubles et les revenus du conjoint (sauf en cas de procédure de divorce) et ceux des personnes vivant sous le même toit. Sont en revanche exclues les prestations familiales et quelques prestations sociales.
>
> IMPORTANT : n'ont pas à justifier de leurs ressources : les personnes bénéficiaires du RSA ; les personnes formulant une demande sur le fondement du code des pensions militaires d'invalidité et des victimes de la guerre ; les victimes des crimes les plus graves (atteintes volontaires à la vie ou à l'intégrité de la personne) ; les personnes détenues pour une procédure devant la Commission de discipline de l'établissement pénitentiaire ou une mesure d'isolement ; la personne gardée à vue lorsque l'intervention d'un avocat désigné d'office pour s'entretenir avec elle est nécessaire.

---

342. L. n° 2007-210 du 19 février 2007 portant réforme de l'assurance de protection juridique, *J.O.* n°44 du 21 février 2007, p. 3051.

Le plafond des ressources pour demander en 2015 une aide juridictionnelle exige que le montant moyen des revenus perçus en 2014 soit être inférieur à : 941 € pour l'aide juridictionnelle totale ; 1 411 € pour l'aide juridictionnelle partielle. Il convient d'ajouter à ces montants 167 € pour les deux premières personnes à charge (conjoint, concubin ou partenaire d'un Pacs sans ressources personnelles, enfants ou ascendants à charge et vivant sous le même toit), 106 € à partir de la troisième personne [343].

La loi du 19 février 2007 portant réforme de l'assurance de protection juridique a pour objectif d'aider les assurés à supporter tout ou partie des frais de l'avocat, ainsi que les frais d'huissier et, éventuellement, les honoraires d'un expert désigné pour les différends et litiges opposant l'assuré à un tiers. L'assurance protection juridique fonctionne notamment dans les circonstances suivantes : pour défendre ou garantir la représentation de l'assuré avant ou pendant la procédure ; pour défendre l'assuré lorsqu'il fait l'objet d'une réclamation ; pour obtenir réparation du préjudice subi de façon amiable ou contentieuse. Généralement, l'assurance protection juridique couvre toute la famille. Elle peut se trouver soit dans un contrat déjà souscrit (assurance multirisques habitation), soit dans un contrat autonome.

Il existe trois formes de protection juridique : 1) *la garantie défense pénale et recours après un accident.* Présente en assurance automobile et en assurance multirisques habitation, cette garantie ne vaut que pour les différends relatifs aux événements figurant dans le contrat. Il peut s'agir, par exemple, d'un accident de la route, d'un incendie, d'un dégât des eaux. Cette garantie a une double fonction : permettre la défense de l'assuré devant les juridictions pénales ; obtenir la réparation du préjudice subi par l'assuré victime ; 2) *la protection juridique qui couvre un domaine d'intervention* précis tels que la santé, l'habitation, l'automobile, la consommation, les accidents corporels ; 3) *la protection juridique générale* présente la garantie la plus étendue. Son champ d'application se trouve défini négativement en dressant la liste des exclusions ou positivement en mentionnant les domaines couverts. Cette assurance complémentaire peut renfermer la garantie défense pénale et recours suite à un accident.

Peut-on cumuler l'assurance de protection juridique et l'aide juridictionnelle ? Non. La loi sur l'aide juridictionnelle a introduit un principe dit de subsidiarité : une personne éligible à l'aide juridictionnelle n'en bénéficiera pas si elle est titulaire d'un contrat de protection juridique. L'article 2 de la Loi n° 91-647 du 10 juillet 1991 sur l'aide juridictionnelle est désormais rédigé ainsi : « L'aide juridictionnelle n'est pas accordée lorsque les frais couverts par cette aide sont pris en charge au titre d'un contrat d'assurance de

343. V. vosdroits.servicepublic.fr.

protection juridique ou d'un système de protection ». Le décret du 15 décembre 2008 [344] a précisé les modalités de fonctionnement de ce système, notamment aux articles 4 et 5 qui précisent les modalités de mise en œuvre de ce principe de subsidiarité.

Pour terminer sur cette notion d'accès gratuit et égalitaire à la justice, la Garde des Sceaux a souhaité supprimer la taxe de 35 € imposée aux justiciables depuis la loi de finances rectificative de 2011. « En supprimant ce timbre de 35 €, nous supprimons l'accès payant au juge » a annoncé Madame Christiane TAUBIRA. [...] « garantir à tous la possibilité de faire respecter ses droits, quels que soient ses revenus, son niveau d'instruction ou sa connaissance du système judiciaire, est un devoir du service public de la justice. C'est aussi une question de justice sociale » [345].

Toutes ces nuances juridiques de prise en charge des frais de procédure pour les justiciables, notamment victimes d'infraction, doivent être largement maîtrisées par les professionnels : ils ont une obligation d'information et/ou de conseil. En effet, la maîtrise du droit et de ses subtilités ainsi que la transmission juste et précise de l'information sont des nécessités incontournables pour un égal accès au droit des citoyens.

Toutes les victimes d'infraction possèdent ***le droit à l'information***. Il s'agit là de l'un des grands principes de procédure pénale énoncés à l'article préliminaire. Il apparaît en pratique comme l'une des conditions de l'effectivité des droits des victimes [346]. Mais que revêt-il ? L'adage selon lequel « nul n'est censé ignorer la loi » trouve t'-il sa place dans un contexte de victimisation ? D'un point de vue victimologique, la réponse est, très logiquement, négative. Pourtant, bien que la loi impose une obligation d'information à l'égard de tous les professionnels du droit tout au long de la procédure (du dépôt de plainte à

---

344. V. Décret n° 2008-1324 du 15 décembre 2008 relatif à la prise en charge au titre de l'aide juridictionnelle des frais non couverts par un dispositif de protection juridique.

345. V. justice.gouv.fr.

346. V. art préliminaire *C.pr.pén.* : « L'autorité judiciaire veille à l'information et à la garantie des droits des victimes au cours de toute procédure pénale ».

l'exécution du jugement), de trop nombreuses victimes font l'objet d'un « déni d'information », voire de « désinformation ».

Le cas des classements sans suite et du recouvrement des dommages et intérêts illustrent parfaitement le non-respect de ce droit essentiel à l'information. Selon l'article 40-2 al. 1 et 2 *C.p.pén.* « Le procureur de la République avise les plaignants et les victimes si elles sont identifiées, ainsi que les personnes ou autorités mentionnées au deuxième alinéa de l'article 40, des poursuites ou des mesures alternatives aux poursuites qui ont été décidées à la suite de leur plainte ou de leur signalement ». « Lorsqu'il décide de classer sans suite la procédure, il les avise également de sa décision en indiquant les raisons juridiques ou d'opportunité qui la justifient ». La pratique montre que l'institution judiciaire omet bien trop souvent d'informer les parties de sa décision de ne pas poursuivre. De nombreuses victimes sont ainsi dans l'attente d'une décision pendant un laps de temps important où leur vie est parfois même en suspens ! Soit elles se résignent, soit elles se renseignent après d'un service judiciaire ou d'une AAV. A l'annonce, des réactions d'émotions très vives surgissent parfois et peuvent s'ancrer dans un processus de colère et d'acharnement envers la justice. Ces réactions proviennent de la décision qu'elles considèrent comme un déni de leur souffrance mais aussi grandement de l'absence d'information qu'elles estiment être un manque de considération, voire un désintérêt marqué inadmissible de la part de la justice.

Sans doute conscient de cette pratique qui ne respecte pas les termes de la loi, des parquets sollicitent l'intervention d'une Association d'Aide aux Victimes pour pallier leur inertie, dans des affaires délicates (homicide involontaires, agressions sexuelles, violences graves..). Selon l'article 41 al 7 *C.pr.pén.* « Le procureur de la République peut également recourir à une association d'aide aux victimes ayant fait l'objet d'un conventionnement de la part des chefs de la cour d'appel, afin qu'il soit porté aide à la victime de l'infraction ». Cette pratique peut apporter un apaisement aux victimes qui seront reçus par des professionnels formés à une prise en charge victimologique. Toutefois, de nombreuses victimes ont le sentiment que L'AAV qui les accueille dans ses locaux, a contribué à la décision de classement sans suite et elles ne souhaitent plus être prises en charge par la structure, par confusion des rôles. Il apparaîtrait opportun, pour clarifier les fonctions de chacun, d'annoncer ces décisions avec un membre du Parquet et d'une AAV au sein même des locaux du Tribunal compétent.

Les victimes doivent être informées de leur droit à réparation par la CIVI ou le SARVI, du dépôt de plainte à l'annonce de l'octroi de dommages et intérêts par la juridiction de jugement [347]. Le constat est que cette information est bien trop souvent omise par les professionnels en charge du dossier. Elles pensent bien souvent que cette somme leur sera versée par l'intermédiaire de leur avocat ou directement par l'infracteur. Or, en pratique, il n'en n'est rien. La victime ou son conseil doit déposer cette demande par la saisine, sous certaines conditions et dans un délai imparti, soit du FGTI, de la CIVI soit du SARVI, dans l'hypothèse où l'infracteur est insolvable. Sans compter que parfois des mécanismes d'assurance compliquent le recouvrement. Cette carence de l'information amplifie bien souvent, aux yeux de la victime, l'image négative de l'institution judiciaire qui condamne mais ne donne pas aux justiciables les moyens de recouvrer ce qui leur est dû.

Les motifs objectifs ou subjectifs constatés en pratique sont quelque fois déroutants : le manque de temps, la non considération de la victime en tant que personne humaine mais plutôt comme un dossier numéroté, la non connaissance des obligations légales d'information, le dénigrement de la victime incapable de comprendre le droit, l'absence de formation et de conscience de l'importance de ce droit à l'information, l'absence de qualité pédagogique du professionnel incapable de transmettre une information juridique claire, précise et adaptée à la situation, notamment.

Comment exercer des droits reconnus par le législateur si leurs titulaires n'en sont pas informés ? Les règles de droit et le

---

347. V. art. 706-15 *C.pr.pén.*

jargon juridique ne sont accessibles qu'aux professionnels du monde judiciaire. Il est incontestable que la compréhension et le maniement des techniques juridiques ne peuvent être compris par le citoyen non initié. Cette information juridique, pour être accessible et comprise, doit être à la fois générale et particulière, claire et adaptée à chaque étape de la procédure. En effet, l'absence d'information comme la désinformation sont susceptibles d'entraîner chez des victimes vulnérables ce que la victimologie dénomme comme une « une victimisation secondaire ». *A contrario*, les victimes accompagnées et informées tout au long de la procédure acceptent d'autant plus facilement les décisions prises par la justice, quand bien même l'issue n'est pas celle attendue lors de leur engagement dans le procès pénal.

Une prise en compte pluridisciplinaire et pluriprofessionnelle s'avère être une nécessité pour que les victimes puissent, tout au long de la procédure, entendre, comprendre puis accepter l'information afin de cheminer vers une possible reconstruction. Les Associations d'Aide aux Victimes, conscientes de l'importance de ce devoir d'information et de l'impact psychologique qu'il revêt, mettent en place des pratiques innovantes : entretiens en binôme entre un juriste et/ou un psychologue et/ou un travailleur social ; entretiens en binôme entre un juriste et un autre professionnel du droit ; réunion collective à destination de plusieurs victimes de la même infraction, pouvant être ensuite animée par deux professionnels sous forme de groupe de paroles, notamment.

Plusieurs pistes de travail pourraient améliorer le système actuel. La Garde des Sceaux insiste, dans une circulaire sur la politique pénale [348] sur l'indemnisation effective des victimes, sur la nécessité de les orienter efficacement vers les instances appropriées. Elle préconise la mise à disposition de formulaires de saisine de la CIVI et du SARVI et de leurs notices explicatives à la sortie de la salle l'audience, comme quelques tribunaux de grande instance le pratiquent déjà. L'envoi de tels formulaires, conjointement à l'envoi du jugement, s'avèrerait également

---

348. V. Circulaire du 19 septembre 2012 de politique pénale de Madame la garde des sceaux, *J.O.* n°0243 du 18 octobre 2012, p. 16225.

pertinent pour s'assurer de l'information des victimes quant à leur droit à indemnisation. Dans le même esprit il importe de faire connaître aux victimes non éligibles à la CIVI ou au SARVI la possibilité de saisir l'Agence pour la gestion des avoirs saisis et confisqués (AGRASC) afin d'obtenir prioritairement le paiement de ses dommages et intérêts sur les biens confisqués à l'infracteur définitivement condamné [349].

Une autre piste d'amélioration consiste en la signature de convention de partenariat entre les Bureaux d'Aide aux Victimes (qui reçoivent de nombreuses demandes de recouvrement de dommages et intérêts) et les Barreaux afin d'organiser des sessions de formation technique et d'échanges sur la pratique des CIVI et du SARVI et les embûches à éviter. La signature d'une telle convention de partenariat peut être élargie au Juge d'application des peines, au Bureau de l'exécution et aux Services pénitentiaires d'insertion et de probation. Ce riche partenariat aurait pour ambition de contribuer à la réparation des victimes mais aussi au reclassement des auteurs.

Toute personne victime a le ***droit d'être protégée***. La victime peut courir des risques en s'adressant à la justice. La révélation de l'infraction et la dénonciation de son auteur peuvent conduire ce dernier à vouloir intimider, écarter, éloigner la victime ou s'en prendre à ses proches. L'État doit donc dans sa mission de préservation de l'ordre public, se préoccuper du sort et de la sécurité des victimes. Tout doit être mis en place pour qu'elle ne soit plus en contact avec l'infracteur.

La subornation de témoin est réprimée par le code pénal à l'article 434-15 *C.pén.* De même, les violences sont réprimées et aggravées quand elles sont exercées sur un témoin, une victime ou une partie civile [350].

Le procureur de la République peut, dans le cadre d'une mesure de composition pénale, ordonner une interdiction de ren-

---

349. V. not. INAVEM, V. proposition n° 40, *In* « 40 propositions… », *op. cit.*, inavem.org ; Saisie pénale et confiscation : récentes évolutions, Dossier In Ajpén., 2015-5, pp. 227-244.

350 . V. art. 222-13 et 5° *C.pr.pén.*

contrer ou recevoir pour une durée qui ne saurait excéder six mois, la ou les victimes. En cas d'inexécution, le procureur met en mouvement l'action publique [351].

Dans les infractions les plus graves, l'infracteur est placé en détention provisoire, dans de nombreux autres cas il demeure libre, sans que ne soit toujours ordonné un contrôle judiciaire. Ce dernier subordonne le maintien en liberté au respect de certaines conditions, comme celles lui interdisant, précisément, de se rendre en certains lieux ou de rencontrer certaines personnes [352]. C'est dans cet esprit qu'une même interdiction est susceptible d'être imposée au mineur condamné, dès l'âge de dix ans, dans le cadre d'une sanction éducative prononcée par le tribunal pour enfants [353].

La victime doit encore être protégée contre la réitération de nouvelles infractions. Les revictimisations n'étant pas rares notamment dans le cadre de violences intrafamiliales, il est indispensable de mettre en place un dispositif spécifique de protection, chaque fois que cela apparaît nécessaire. Des visites régulières au domicile de la victime par les services de police ou de gendarmerie la rassurent efficacement.

Conscient de ce risque de réitération, le législateur a voté deux lois importantes concernant spécifiquement les violences au sein du couple. Les lois du 4 avril 2006 et du 9 juillet 2010 ont créé le délit de violence psychologique au sein du couple et prévu le possible prononcé d'une ordonnance de protection.

La victime doit également être protégée des médias. Une interrogation de plus en plus d'actualité se pose relativement à l'instrumentalisation du passé des victimes (presse, internet, émissions télévisées, notamment...) à des fins d'audimat ou de recherche de sensationnalisme. A l'heure de la révolution du numérique et des moteurs de recherche, les victimes doivent-elles être poursuivies à vie par des éléments de leur passé, sélectionnés par une machine indomptable ? Ont-elles le droit de

351. V. art. 41-2 et 10° *C.pr.pén.*

352. V. art. 138-1 *C.pr.pén.*

353. V. art. 15-1 Ord. 2 fév. 1945 *mod.* L. 9 sept. 2002.

réparer leurs blessures dans l'anonymat sans crainte d'être stigmatisées par un public voyeur et avide de drames humains ?

Autant de questions qui touchent à l'intégrité de chacun, la dignité humaine, le respect de la vie privée et qui laissent des traces indélébiles quand ces valeurs sont atteintes sous le couperet du « droit à l'information du public » !

A savoir

Il n'existe pas de définition juridique du droit à l'oubli. Cette notion peut recouvrir différentes réalités qui concourent toutes vers un même objectif : celui pour une personne de décider qu'une information relative à son passé sorte de la sphère publique. Lorsqu'est évoquée la notion de droit à l'oubli, il est fait précisément référence au droit à l'oubli numérique. Les litiges portent sur la question de la publicité de l'information, c'est-à-dire l'affichage de celle-ci. Or, quel que soit son support, un tel droit ne peut plus faire l'objet d'un « oubli législatif », tant les conséquences et répercussions pour les personnes visées peuvent être graves.

Droit à l'oubli en matière de presse - L'approche récente du droit à l'oubli numérique a pour effet de faire passer au second plan son application la plus ancienne, en matière de presse [354]. Or, la loi peut imposer le silence à la presse en matière de condamnations pénales. En témoignent les lois d'amnistie, qui interviennent généralement dans le but d'imposer une réconciliation après un conflit international et en matière de réhabilitation (procédure qui permet à un condamné qui a purgé sa peine de bénéficier de l'effacement de sa condamnation s'il n'a pas fait l'objet d'une nouvelle condamnation pendant un certain délai). En France, l'essentiel du droit à l'oubli a une origine jurisprudentielle [355] avec la célèbre affaire Landru. Le droit à l'oubli dans la presse a été expressément consacré par les tribunaux dans une affaire dite Madame M. c./ Filipacchi et Cogedipresse du 20 avril 1983 [356]. Dans cette affaire, le Tribunal de grande instance de Paris a décidé que : « *Attendu que toute personne qui a été mêlée à des événements publics peut, le temps passant, revendiquer le droit à l'oubli (...) ; Attendu que ce droit à l'oubli qui s'impose à tous, y compris aux journalistes, doit également profiter à tous, y compris aux condamnés qui ont payé leur dette à la société et tentent de s'y réinsérer* ». Le droit à l'oubli a donc intégré le droit positif par la voie de la responsabilité civile mais il est envisageable de recourir bien évidemment à la juridiction

354. V. television.telerama.fr/television/droit-a-l-oubli-quand-la-tele-remue-le-couteau-dans-la-plaie,76655.php.

355. V. TGI Seine, 14 oct. 1965, Mme. S. c. Soc. Rome-Paris Films, *JCP 1966.II. 14482*, note G. LYON-CAEN, confirmé par CA Paris, 15 mars 1967, *JCP 1967.II.20434*, obs. LINDON ; V. *Infra.*

356. V. TGI Paris, 20 avril 1983 Madame M. c. Filipacchi et Cogedipresse, *JCP 1983.II.20434*, obs. LINDON.

répressive (violation de la vie privée, atteinte à la dignité humaine, diffamation, notamment).

Droit à l'oubli numérique - Avec l'expansion des réseaux sociaux et du volume d'informations présents sur la toile, ce droit à l'oubli ne peut plus être occulté par le législateur ! Si le droit à l'oubli numérique n'est, pour l'instant, pas consacré par un texte officiel, il est encadrée par la Cour de Justice de l'Union Européenne. Depuis le 13 mai 2014 [357], la Cour de Justice de l'Union Européenne, dans une « décision droit à l'oubli », a déclaré que les moteurs de recherche sont responsables juridiquement des données à caractère personnel qu'ils affichent sur leur plateforme. Dès lors, une personne physique peut adresser directement au moteur de recherche une demande de désindexation sur le fondement du droit européen encadrant la protection des données à caractère personnel. En pratique, la décision de désindexer ou non un contenu sera prise en fonction d'un équilibre : celui du respect de cette législation d'une part (données obsolètes ou non-pertinentes au regard du traitement) et de la protection du droit à l'information du public, d'autre part. La consécration d'un droit à l'oubli numérique confère aujourd'hui à tout individu européen la possibilité de demander la suppression partielle ou complète de résultats de recherche sur son nom qu'il juge inappropriés.

Pour la première fois en France, le TGI de Paris a fait application du droit à l'oubli pour enjoindre à la société Google Incorporated de déréférencer un lien renvoyant vers un article de presse [358]. Par une Ordonnance du 19 décembre 2014 [359] venant compléter une première Ordonnance du 24 novembre 2014 [360], le Président du Tribunal a ainsi estimé, en référé, que le droit à l'oubli du requérant devait prévaloir sur le droit à l'information du public [361].

---

357. V. http://www.droit-oubli-numerique.org/droit-oubli-internet. Au 30 mai 2014, Google avait reçu plus de 12.000 demandes de suppression par les internautes européens. En Septembre 2014, Google aurait reçu au total plus de 135 000 demandes de désindexation par les internautes européens.

358. V. village-justice.com/articles/Premiere-condamnation francaise,18636.html#9PTkjzbG28kFmrs3.99.

359. V. TGI Paris, Ord. référé 19 déc. 2014 ; Marie-France M. / Google France et Google Inc. ; legalis.net/spip.php?page=jurisprudence-decision&id article=4425.

360. V. TGI Paris, Ord. référé 24 novembre 2014 : Marie-France M. / Google France et Google Inc. ; legalis.net/spip.php?page=jurisprudence-decision&id article=4424.

361. Dans le lien incriminé par l'internaute, il était fait référence à une ancienne condamnation pour escroquerie datant de 2006. Condamnation ancienne pouvant donc entrer dans les conditions pour faire valoir son droit à l'oubli numérique. D'autant plus que la plaignante arguait que cette référence à une condamnation antérieure pouvait nuire à sa recherche de travail. Las, après avoir rempli et envoyé son formulaire de demande de droit à l'oubli numérique à Google, la firme de Mountain View a décliné sa demande en

Droit à l'oubli audiovisuel - Ce droit à l'oubli peut-il s'appliquer à des émissions de télévision de grande écoute qui se donnent pour objectif de refaire le travail de la justice pénale, au cours desquelles défilent avocats, policiers, magistrats, témoins, journalistes, parfois même victimes, dévoilant alors l'identité et l'image des protagonistes ? Après de nombreuses plaintes de condamnés visés, un groupe de travail « Déontologie des contenus audiovisuels » du CSA a engagé une réflexion sur « le droit à l'oubli » audiovisuel. Le CSA, dans son rapport annuel 2010 [362] ainsi que dans plusieurs communiqués, a décidé que « des précautions soient prises pour assurer, par tout moyen permettant l'anonymat, le droit à la vie privée des personnes condamnées et se garder de toute information relative à la vie présente de la personne condamnée » [363]. Dans deux communiqués, le CSA a souligné que toutes les précautions devaient être prises « afin de préserver les possibilités de réinsertion des personnes condamnées et améliorer leur sécurité ainsi que celle de leur fa-

---

septembre 2014 jugeant l'article d'intérêt public, poussant ainsi l'internaute à se tourner vers la justice ; village-justice.com/articles/Premiere-condamnation-francaise,18636.html#9PTkjzbG28kFmrs3.99.

362. csa.fr/Etudes-et-publications/Les-rapports-annuels-du-CSA/CSA-Rapport-annuel-2010 ; csa.fr/var/ezflow site/storage/csa/rapport2010.

363. csa.fr/var/ezflow site/storage/csa/rapport2010/rapport/III suivi.htm. Plusieurs plaintes portaient sur l'émission de France 2 « Faites entrer l'accusé ». Le groupe de travail a ainsi entendu, en novembre 2009, les représentants de France Télévisions et de la société de production de l'émission. Le 22 février 2010, le Conseil a adressé un courrier à France Télévisions. Notant l'absence de consécration légale ou jurisprudentielle du droit à l'oubli, il rappelait cependant les principes encadrant les émissions sur les procédures judiciaires et demandait d'assurer le droit à la vie privée des personnes condamnées, soulignant notamment qu'aucun élément relatif à la vie présente de la personne ne devait être diffusé ou révélé à cette occasion. Il a rappelé que « cette protection [devait] être pleinement garantie par tout moyen adapté, y compris si nécessaire par la transformation de la voix de l'intéressé […] ». Ne souhaitant pas se limiter à l'application de la jurisprudence, le Conseil a demandé que « toute précaution utile soit prise […] afin de préserver les possibilités de réinsertion des personnes condamnées et améliorer leur sécurité, ainsi que celle de leur famille ».

mille » [364]. Le CSA a appelé les chaînes de télévision « à la plus grande retenue dans la diffusion d'images relatives à des personnes mises en cause dans une procédure pénale » et a souligné que « le principe de la liberté d'expression et le droit à l'information ne doivent pas méconnaître le fait que de telles images sont susceptibles de porter atteinte au respect de la dignité de ces personnes ». Notons que ces décisions ne visent que les mis en cause ou condamnés : une telle tendance ne peut être approuvée.

Qu'en est-il lorsque sont évoqués des éléments de vie privée des victimes de nature à permettre leur identification physique et/ou géographique sans leur autorisation, alors même que le procès a eu lieu 5, 10 ou 20 ans auparavant ? Les victimes bénéficient-elles des droits au respect de la dignité humaine, à la reconstruction, à l'oubli ? Les conséquences peuvent être d'une extrême gravité et favoriser une victimisation secondaire incontestable, les enfermant encore plus dans leurs souffrances et leur

---

364. V. CSA 7 janvier 2010 : csa.fr/Espace-juridique/Decisions-du-CSA/Emission-Faites-entrer-l-accuse-intervention-aupres-de-France-2 ; Le Conseil est intervenu auprès de France 2 à la suite de plusieurs plaintes reçues au sujet de l'émission « Faites entrer l'accusé ». Le Conseil a fait remarquer à France 2 que, lorsqu'il s'agit de programmes traitant d'affaires judiciaires dans le cadre de documentaires ou de magazines, des précautions complémentaires devaient être prises. Afin de garantir le droit à la vie privée, le Conseil considère qu'aucun élément relatif à la vie présente de la personne condamnée ne doit être diffusé ou révélé à l'antenne à cette occasion. Lorsque cette personne s'exprime dans l'émission mais demande la protection de son image et ne souhaite pas pouvoir ensuite être reconnue, cette protection doit être pleinement garantie par tout moyen adapté, y compris si nécessaire par la transformation de la voix de l'intéressé. Le Conseil souhaite également que d'autres précautions soient prises par les éditeurs et producteurs de l'émission, afin de préserver les possibilités de réinsertion des personnes condamnées et améliorer leur sécurité ainsi que celle de leur famille. CSA 17 mai 2011 : http://www.csa.fr/Press-area/Communiques-de-presse/Le-Conseil-appelle-les-chaines-a-la-plus-grande-retenue-dans-la-diffusion-d-images-de-personnes-mises-en-cause-dans-une-procedure-penale Le CSA appelle les chaînes de télévision à la plus grande retenue dans la diffusion d'images relatives à des personnes mises en cause dans une procédure pénale. Le principe de la liberté d'expression et le droit à l'information ne doivent pas méconnaître le fait que de telles images sont susceptibles de porter atteinte au respect de la dignité de ces personnes. Le Conseil rappelle en particulier que la loi du 15 juin 2000 renforçant la protection de la présomption d'innocence et les droits des victimes punit d'une amende la diffusion, sur tout support, d'une image faisant apparaître menottée ou entravée une personne, quelle qu'elle soit, qui n'a pas fait l'objet d'une condamnation.

« statut » de victimes. Faire état de faits criminels graves détaillés ou de leur identité dans des émissions de grande écoute peut être vécu comme une atteinte à l'intime, à la pudeur, si grave que l'assimilation à un « viol » de leur vie privée peut être envisagée. La honte, l'humiliation et l'impuissance sont autant de sentiments, d'angoisses que peuvent revivre ces victimes lors du visionnement de telles émissions. Elles peuvent ressentir une trahison de la justice qui ne les protège pas de ce climat de harcèlement en continu et d'intrusion assimilable à « un viol informatif » dont le seul objectif est de nourrir un public anxieux, avide de drame et de voyeurisme ! Il est regrettable, qu'à ce jour, n'existe pas de décision en faveur des victimes car, de manière incontestable, le droit à l'oubli doit leur bénéficier ainsi qu'à leurs proches dont l'identité est révélée.

Il est insupportable dans un Etat de droit de tolérer que de telles émissions puissent contribuer à encore blesser, meurtrir celles et ceux qui ont eu à connaitre des rouages judiciaires dans l'endroit comme dans l'envers du crime ainsi que leurs proches. Le législateur ne peut plus rester silencieux face à la « reviviscence » programmée de ces drames humains pour de simples raisons d'audimat et de voyeurisme objectivement malsain.

L'avidité populaire pour le fait divers conduit parfois à dépasser le cadre objectif du droit d'informer. La publication de photographies représentant très concrètement la victime dans le drame qu'elle vient de vivre ne devrait avoir lieu, au minimum, qu'avec son plein consentement. Une telle atteinte à leur dignité de personne est dorénavant sanctionnée [365].

---

365. Sur ce droit au respect de l'image, V. art. 35 et s. L. 1881 ; V. également art. 7 à 15 *C.civ.*, art. 9 : respect de la vie privée ; art. 226-1 à 226-7 *C.pén.* : Atteinte à la vie privée ; art. 484 à 492-1 *C.pr.civ.* : Procédure de référé ; V. néanmoins les violations mercantiles de ce droit essentiel par quelques médias de « choc », *In not. Le Monde*, 29 sept. 2001/20 ; 17 janv. 2003/20 ; V. également C. LIENHARD, Les victimes et le choc des photos, *In Rec. Dalloz*, 1999-38, V-VI ; I. CORPART, Liberté de la presse et protection d'une victime et de sa photographie, *In JAC*, n° 49, iutcolmar.uha.fr/jac ; V. plus généralement, R. CARIO, Médias et insécurité : entre liberté d'informer et illusions sécuritaires, *In Rec. Dalloz*, 2004- Chron., pp. 75-78.

Toute personne victime a **le *droit d'être aidée***. Selon l'article 41 al. 7 *C.pr.pén.*, le procureur de la République peut recourir à une association d'aide aux victimes afin que soit porté aide à la victime. Il la saisit en cas : de classement sans suite pour les délits graves ; d'infractions criminelles lorsqu'il est nécessaire de se rendre sur les lieux pour une prise en charge psychologique immédiate ; d'infractions criminelles nécessitant une prise en charge sociale destinée à organiser les obsèques et toutes les formalités qui entourent le décès ; d'affaires criminelles quand une décision de justice difficile a été prise [366].

Il est important de savoir que le recours à l'article 41 al. 7 *C.pr.pén.* n'est pas financé par les services de justice car il ne s'agit pas d'un mandat judiciaire. Par définition pourtant, le cas est grave et il nécessite de faire appel à deux professionnels devant être opérationnels rapidement. Un financement à l'acte s'impose donc.

Le postulat de départ est qu'une victimisation contre les biens ou contre les personnes peut avoir des répercussions dans plusieurs sphères de la vie d'une personne. L'exemple de l'infraction de vol aggravé (par une arme, commis par effraction, ou avec violence, notamment) ou d'escroquerie est très révélateur de l'impérieuse nécessité de prise en charge multiple. L'effraction dans la sphère intime d'une personne est souvent vécue comme un véritable « viol ». Etre dupé ou trompé par un inconnu peut entraîner des conséquences et répercussions psychologiques importantes (conduite d'évitement, agoraphobie, perte de confiance, principalement). Dans le cas de dégradations volontaires, notamment de véhicules incendiés, le législateur a prévu un fonds de garantie spécial.

---

366. Circulaire du 19 septembre 2012 de politique pénale de Mme la garde des sceaux, *J.O.* n° 0243 du 18 octobre 2012, p. 16225.

> *Par exemple :*
>
> La famille X, rentrant de vacances, décide de garer ses deux véhicules dans la rue en face de leur logement en laissant toutes leurs affaires à l'intérieur. Quelques heures après, M. X décide d'aller les récupérer. De de son balcon, il aperçoit ses deux véhicules en feu. Dans un élan impulsif, il part en courant pour tenter d'éteindre le feu tandis que son épouse le lui interdit par peur qu'il n'« explose » avec les véhicules.
>
> Toute la famille a eu besoin d'une prise en charge multiple : psychologique, sociale et juridique ; individuelle et familiale face à cette infraction contre les biens qui les a gravement atteints.

Le Rapport MILLIEZ précité avait bien identifié les multiples perturbations de la vie quotidienne qu'une infraction est susceptible d'engendrer. Rien n'est à négliger. Souvent modestes et de réalisation assez aisée, ces aides financières destinées à accompagner les petites choses de la vie quotidienne sont très appréciées des victimes. Traumatisées plus ou moins profondément par l'événement, elles sont souvent incapables de maîtriser la situation nouvelle et injuste dans laquelle elles ont été plongées. Ces aides doivent être gérées par les associations d'aide aux victimes sur des fonds spécifiques pour faire face à toutes sortes de problèmes matériels : déplacements divers auprès des professionnels de santé ou de justice, hébergement momentané, remplacement des objets fracturés (porte, fenêtre notamment), location de voiture, garderie, remise de liquidités, avances de traites éventuelles à acquitter, aides plus généralement aux nécessités impérieuses de la vie quotidienne au bénéfice de la victime et de sa famille, principalement. Une fois encore, c'est de la rapidité et de la globalité de ces accompagnements que peut dépendre la réparation à plus long terme de la victime permettant d'épargner, finalement, de sérieux surcoûts sanitaires et sociaux que l'inaction entraînera toujours. Sans compter sur les conséquences désastreuses au plan personnel d'une telle victimisation secondaire, très certainement évitable.

b) Les devoirs de la victime. Mais toute personne victime a également *des devoirs*. Elle doit respecter le cadre imposé par la loi et, notamment, si elle souhaite agir en justice, s'inscrire dans les délais utiles. En ce sens, la prescription de l'action publique a plusieurs justifications. Elle peut provenir de l'idée selon laquelle, au bout d'un certain temps, il est nécessaire de laisser place à « l'oubli » plutôt que de « raviver » des blessures anciennes. Ou encore que, passé un certain délai, les preuves et les témoignages ne seront plus fiables, voire auront disparu [367].

La question de la prescription est un débat largement ouvert. Du point de vue du droit, la prescription est justifiée car elle permet d'éviter des erreurs judiciaires. Du point de vue sociétal, la prescription est contestable dans le sens où le temps ne peut atténuer ou supprimer le danger potentiel que peut représenter celui qui est passé à l'acte une fois.

Les règles de prescription de l'action publique sont régies par les articles 6 à 9 *C.pr.pén.* Elles varient selon la nature de l'infraction. Le délai de droit commun est de un an pour les contraventions [368], trois ans pour les délits [369], dix ans pour les crimes [370] à compter du jour où ces infractions ont été commises, ou de celui de l'accomplissement de tous les actes nécessaires à leur constitution [371] ou de celui où l'infraction a cessé, sauf acte de poursuite ou d'instruction interruptif. La prescription de certains crimes et délits commis contre les mineurs ne commence à courir qu'à partir de leur majorité. Et quelques-uns d'entre eux se prescrivent dorénavant, quelle que soit la qualité de l'auteur, par vingt années en matière criminelle et par dix ans en matière délictuelle [372]. Il s'agit principalement des infractions de meurtre ou d'assassinat d'un mineur précédé ou accompagné d'un viol, de tortures ou d'actes de barbarie, de cas d'agressions ou d'atteintes sexuelles ou de recours à la prostitution d'un mi-

---

367. V. not. R. CARIO, La prescription de l'action publique. Au-delà du victimaire et du sécuritaire : le souci de la restauration des personnes, *In Rec. Dalloz*, 2007, pp. 1798-1799.

368. V. art. 9 *C.pr.pén.*

369 V. art. 8 *C.pr.pén.*

370. V. art. 7 *C.pr.pén.*

371. V. not. Cass. Crim. 4 nov. 1999, *In Rev. dr. pén.*, 2000-4-43, p. 12-13.

372. V. art. 7, 8, 706-47 *C.pr.pén.* (*mod.* L. 17 juin 1998, 9 mars 2004).

neur [373]. Plus exceptionnellement encore, certains délits se prescrivent par vingt années, au regard de la qualité de leurs auteurs ou de circonstances particulières [374]. Dans le même sens, d'autres crimes se voient appliquer des délais plus longs de prescription [375]. Les crimes contre l'humanité sont quant à eux imprescriptibles (tant en ce qui concerne l'action publique, l'action civile que les peines prononcées) [376].

A savoir :

Le principe : le délai de prescription a pour point de départ le jour où l'infraction a été commise, *i.e.* le jour où tous les éléments constitutifs sont réunis. Cette règle s'applique aux infractions dites « instantanées » qui sont réalisées en un trait de temps : par exemple le vol [377].

Concernant les infractions dites « continues », qui se prolongent dans le temps, la prescription ne commence à courir qu'à partir du jour où le fait délictueux a pris fin « dans ses actes constitutifs et ses effets » : notamment le recel [378].

Concernant les infractions dites « d'habitudes », qui nécessitent la commission de plusieurs faits dont la répétition seule est punie par la loi, la prescription ne commence à courir qu'à partir du jour du dernier fait constitutif de l'habitude qui réalise l'infraction : l'exercice illégal d'une profession, par exemple de la médecine.

Généralement, l'action civile se prescrit par dix ans en matière délictuelle, trente ans en matière contractuelle.

---

373. V. art. 7, 8, 706-47 *C.pr.pén.* (*mod.* L. 9 mars 2004) allongeant ces délais, non sans contradiction avec la notion même de prescription ; V. en matière civile l'art. 2270-1 al. 2 *C.civ.*

374. V. art. 8 *C.pr.pén.* (mod. L. 9 mars 2004), 222-30 et 227-26 *C.pén.*

375. V. art. 706-25 *C.pr.pén.* qui prescrit par trente ans et vingt ans les actes de terrorisme (art. 421-1 à 421-5 *C.pén.*) constitutifs de crimes ou de délits respectivement ; il en va de même pour les crimes et délits commis en matière de trafic de stupéfiants (art. 706-31 *C.pr.pén.* ; art. 222-34 à 222-40, 450-1 *C.pén.*) ; dans ces deux hypothèses, les délais de prescription de la peine sont également portés à trente et vingt ans.

376. V. art. 213-5 *C.pén.* ; Cass. Crim. 1er juin 1995, *Bull. Crim.*, 202.

377. V. Cass. Crim. 19 janv. 2000, *Bull. Crim.*, 32.

378. V. Cass. Crim. 6 fév. 1997, *Bull. Crim.*, 48.

A savoir :

La loi relative à la prescription en matière civile du 17 juin 2008 a eu plusieurs objectifs, notamment en faveur des victimes. Elle fixe un point de départ général de la prescription au jour où le titulaire de l'action a connu ou aurait dû connaître les faits lui permettant d'exercer son action. Ce point de départ est protecteur pour le créancier ou la victime, puisque le délai de la prescription ne commencera à courir que lorsqu'il aura eu connaissance de son dommage.

Elle améliore le sort des victimes de dommages corporels ou de discrimination. S'agissant des victimes de dommages corporels, outre que le délai de prescription de 10 ans est maintenu, le point de départ de ce délai est fixé à la date de la consolidation du dommage initial ou aggravé.

S'agissant des salariés victimes de discrimination, la loi prévoit que la victime peut obtenir la réparation de l'intégralité de son préjudice quelle que soit la durée de la discrimination.

La Loi prévoit la suspension de la prescription lorsque les parties décident de recourir à la conciliation ou à la médiation. Cette mesure, qui permet aux parties de prendre le temps de dégager une solution amiable sans crainte de perdre leurs droits à agir en justice, doit favoriser le recours aux modes alternatifs de règlement des conflits [379].

Devant la CIVI, le délai particulier est de trois ans à compter de la date de l'infraction ou d'un an après que la juridiction ait statué sur l'action publique ou civile. Pour les mineurs, ces délais ne courent qu'à compter de leur majorité [380]. Selon les circonstances de l'espèce, des relevés de forclusion peuvent intervenir. Quant aux délais courant en matière d'assurance, ils sont établis par le contrat : déclaration dans les deux jours des faits incriminés ou de leur découverte, sauf force majeure ; estimation précise des préjudices dans les cinq jours. Parallèlement, les compagnies d'assurances enjoignent à leurs assurés de déposer plainte auprès d'une autorité de police judiciaire dans les vingt-quatre ou quarante-huit heures.

Toute personne victime a encore le devoir de respecter les institutions ou services qu'elle côtoie. Elle doit leur offrir une

---

379. V. L. portant réforme de la prescription en matière civile, *J.O.* du 18 juin 2008.

380. V. not. F.J. PANSIER, La prescription de l'action en responsabilité extra-contractuelle ne court pas pendant la minorité de la victime, *In Rev. Jurid. Personnes et familles*, 2003/7-8, pp. 9-10.

collaboration loyale lorsque, le cas échéant et indépendamment de toute action en justice de sa part, ils sollicitent des renseignements relativement à l'infraction commise, voire lui adressent des convocations particulières relativement à l'évaluation des victimisations subies (demandes de pièces médicales, de précisions sur le lieu ou la nature de l'infraction, notamment). Pour faire valoir ses droits, la victime va devoir effectuer elle-même certaines démarches, dont la nature et surtout l'ampleur sont assez directement déterminées par la manière dont elle va être prise en charge par des professionnels (assistante sociale, avocat, juriste, psychologue, médecin, principalement).

Comme tout citoyen, la victime directe et/ou ses proches ont-ils le devoir de signaler ou dénoncer une infraction pénale aux autorités compétentes ? Selon l'article 17 du *C.pr.pén.*, les officiers de police judiciaire ont le pouvoir de recevoir les plaintes et les dénonciations. La dénonciation désigne, en droit pénal, l'acte par lequel un citoyen informe les autorités judiciaires d'une infraction commise par autrui. Lorsque cet acte émane de la victime, il ne s'agit pas d'une dénonciation mais d'une plainte. La dénonciation peut être faite soit par un fonctionnaire [381], soit par un particulier [382]. Concernant la forme, les dénonciations peuvent être écrites ou orales [383].

S'agissant de la plainte en provenance de la victime, elle peut être adressée soit à un officier de police judiciaire [384], soit directement au procureur de la République [385], soit au Doyen des Juges d'Instruction par la voie d'une constitution de partie civile [386]. Il arrive bien souvent, en matière d'infractions intrafamiliales, que le dépôt de plainte ne soit pas évident voire impossible pour la victime : peur des représailles, conflit de loyauté, peur du jugement, sentiment de culpabilité, de honte, notamment. La victime doit, par conséquent, être entourée de pro-

381. V. art. 40 al 2 *C.pr.pén.*

382. V. art. 434-1, 434-2 ou 434-3 *C.pén.*

383. V. Cass. Crim. 14 décembre 2000, *Bull. Crim.*, 380.

384. V. art. 17 *C.pr.pén.*

385. V. art. 40 *C.pr.pén.*

386. V. art. 85 *C.pr.pén.*

fessionnels avertis afin de l'aider à libérer cette parole et à envisager de dénoncer l'infracteur auprès de la justice. La prise en charge pluridisciplinaire et la présence d'assistante sociale ou de psychologue formé(e) à la victimologie dans les commissariats de police ou en gendarmerie apparait être, en ce sens, une aide précieuse.

La loi impose t'-elle au tiers une obligation de dénonciation quand la victime ne peut, en raison de sa vulnérabilité, ou ne veut pas signaler une infraction commise sur sa personne ? La dénonciation faite par un tiers pose des questions d'ordre éthique, morale et donc juridique [387]. En droit français, il existe un délit de non dénonciation qui sanctionne le manquement à une obligation préexistante de dénonciation. Chaque citoyen doit se poser la question de savoir dans quelle hypothèse la non-dénonciation d'une infraction dont il a été témoin est sanctionnée par le droit pénal.

Toutes les infractions ne sont pas concernées par cette obligation. Selon l'article 434-1 *C.pén.*, la non dénonciation d'un crime, « dont il est encore possible de prévenir ou de limiter les effets ou dont les auteurs sont susceptibles de commettre de nouveaux crimes qui pourraient être empêchés » constitue un délit.

Selon l'article 434-3 du *C.pén.*, « le fait, pour quiconque ayant eu connaissance de privations, de mauvais traitements ou d'atteintes sexuelles infligés à un mineur de moins de quinze ans ou infligés à des personnes fragiles, de ne pas en informer les autorités judiciaires ou administratives » constitue un délit. Hormis ces cas précités, les autres délits et les contraventions n'ont pas à être obligatoirement dénoncés.

Toutes les personnes ne sont pas également concernées par l'obligation légale de dénonciation : les parents et les proches de l'auteur ou du complice sont exemptés de cette obligation, sauf cependant lorsque le crime est commis sur un mineur de moins de quinze ans. Les personnes astreintes au secret professionnel sont aussi exemptées. Toutefois, bien que tenues au

387. V. cabinetbrechard.com/obligation-de-notification-ou-de-delation.

secret professionnel, elles ont néanmoins la possibilité de choisir en conscience entre la dénonciation et le secret. Il s'agira dans cette hypothèse de s'interroger sur l'articulation entre le secret professionnel et l'obligation de signaler imposés par le législateur. Tout professionnel peut être amené à dénoncer des faits de violence dont il a eu connaissance. Parfois, il peut être en difficulté au regard de ses obligations professionnelles et de l'intérêt de la victime.

A savoir :

Que dit la loi au sujet du secret professionnel ?

Pour le professionnel, c'est une obligation de se taire qui lui est imposée par la loi sous peine de sanction pénale. L'article 226-13 *C.pén.* précise que « la révélation d'une information à caractère secret par une personne qui en est dépositaire soit par état, soit par une profession, soit en raison d'une fonction ou d'une mission temporaire, est punie d'un an de prison et 15 000 € d'amende ». Cet article définit l'infraction de violation du secret professionnel et prévoit l'existence de trois éléments constitutifs : α) une information à caractère secret : sont visés l'information expressément confiée, mais aussi ce que le professionnel a vu, entendu, deviné ; β) une personne dépositaire d'une telle information soit par état, soit en raison d'une fonction ou d'une mission temporaire ; γ) une révélation de cette information, hors les cas où la révélation est obligatoire [388].

Parmi les personnes tenues au secret professionnel, deux catégories sont distinguées : α) les personnels du fait de leur profession (domaine médico-social soit essentiellement les assistantes sociales et les élèves assistantes en stage [389]) ; β) les personnels du fait de fonctions particulières définies par la loi (instruction, attribution ou révision des admissions à l'aide sociale ; Commission des droits et de l'autonomie des personnes handicapées (CDAPH, remplaçant et à l'ex- COTOREP et les membres de l'ex- Commission départementale de l'éducation spéciale, CDES) [390], missions du service d'aide sociale à l'enfance [391], agents du service national d'accueil téléphonique pour l'enfance maltraitée [392], surveillance des établissements accueillant des personnes âgées, des adultes infirmes, des indigents valides ou des personnes accueillies en vue de leur réadaptation sociale [393], fonctionnaires [394].

388. V. art. 434-3 *C.pén.*

389. V. art. L. 411-3 du code de l'action sociale et des familles (*C.ASF*).

390. V. art. L 241-5 et s. *C.ASF.*

391. V. art. L. 221-6 *C.ASF.*

392. V. art. L. 226-9 *C.ASF.*

393. V. art. L. 331-2 et L. 331-3 *C.ASF.*

Concernant précisément les médecins, l'article 44 du Code de déontologie médicale rappelle que « lorsqu'un médecin discerne qu'une personne auprès de laquelle il est appelé est victime de sévices ou de privations, il doit mettre en œuvre les moyens les plus adéquats pour la protéger en faisant preuve de prudence et de circonspection. S'il s'agit d'un mineur de quinze ans ou d'une personne qui n'est pas en mesure de se protéger en raison de son âge ou de son état physique ou psychique il doit, sauf circonstances particulières qu'il apprécie en conscience, alerter les autorités judiciaires, médicales ou administratives ».

Que dit la loi au sujet de l'obligation de signaler ?

L'obligation imposée par l'article 434-1 *C.pén.* dispose que « la non dénonciation d'un crime dont il est encore possible de prévenir ou de limiter les effets ou dont les auteurs sont susceptibles de commettre de nouveaux crimes qui pourraient être empêchés, constitue un délit ». Sont également exclues des dispositions de l'alinéa 1 les personnes astreintes au secret dans les conditions prévues à l'article 226-13.

L'obligation imposée par l'article 434-3 *C.pén.* dispose que « le fait, pour quiconque ayant eu connaissance de privations, de mauvais traitements ou d'atteintes sexuelles infligés à un mineur de moins de quinze ans ou infligés à des personnes fragiles, de ne pas en informer les autorités judiciaires ou administratives » constitue un délit. Cet article se termine ainsi : « sauf lorsque la loi en dispose autrement, sont exceptées des dispositions qui précèdent les personnes astreintes au secret dans les conditions prévues à l'article 226-13 ». L'alinéa 2 exclut les dépositaires du secret professionnel de cette obligation, tout comme l'alinéa 3 de l'article 434-1. Ces professionnels ne pourraient plus être poursuivis pour non dénonciation de crime sur le fondement de ces articles.

A la lecture de ces textes, la dénonciation est-elle laissée au choix du professionnel ? L'article 226-14 *C.pén.* définit les situations où il est possible de parler sans être poursuivi pour violation du secret professionnel. Sont autorisés à parler : la personne qui informe les autorités judiciaires, médicales ou administratives de privation, sévices, d'atteintes sexuelles infligées à un mineur ou à une personne qui n'est pas en mesure de se protéger en raison de son âge ou de son état physique ou psychique ; le professionnel de santé ou de l'action sociale à l'enfance qui informe le Préfet du caractère dangereux pour elles-mêmes ou pour autrui des personnes qui consultent et dont ils savent qu'elles détiennent des armes ou qu'elles ont manifestement l'intention d'en acquérir une ; le médecin qui, avec l'accord de la victime, porte à la connaissance du procureur de la République les sévices ou privation de soins qu'il a constatés. L'accord de la victime n'est pas nécessaire si celle-ci est mineure.

En matière de mauvais traitements, sévices et privations, le professionnel a

394. V. art. 26 de la loi n° 83-634 du 13 juillet 1985 portant droits et obligations des fonctionnaires.

une option de conscience : soit révéler les faits et il ne pourra pas être poursuivi pour violation au secret professionnel ; soit ne pas révéler et il ne pourra pas être sanctionné pour non dénonciation de mauvais traitements. Selon la jurisprudence, il faut toutefois que la connaissance du crime ait bien eu lieu dans le cadre étroit du secret professionnel [395].

IMPORTANT - Il faut néanmoins être vigilant car tout citoyen professionnel ou non à une obligation générale de porter secours [396]. Selon l'article 223-6 *C.pén.* « tout citoyen est tenu d'agir s'il peut empêcher par son action immédiate, sans risque pour lui ou pour les tiers, soit un crime, soit un délit contre l'intégrité corporelle d'une personne » et « porter à une personne en péril l'assistance soit par son action personnelle, soit en provoquant les secours ».

En définitive, lorsqu'une situation entre à la fois dans des textes de la non dénonciation de sévices sur personne vulnérable et de la non-assistance à personne en danger, la responsabilité du professionnel qui sait et qui n'a rien fait pourra être engagée sur le terrain du droit commun sans que puisse être invoqué le secret professionnel.

Conformément à l'œuvre de justice, toute personne victime peut ainsi exercer des droits et assumer des devoirs. Mais, pardessus tout, elle se voit reconnaître, de mieux en mieux, le droit de prendre la parole, tout au long du procès pénal, sous le contrôle du juge certes la plupart du temps. Mais pouvoir verbaliser la nature et l'importance des souffrances consécutives au crime, ses conséquences et répercussions sur sa situation personnelle et sociale permet finalement d'apaiser l'émotion qui submerge la victime et/ou ses proches, de la partager socialement [397]. C'est ainsi que se construit sans doute le choix éclairé de la victime relativement à son désir de (re)devenir active dans la régulation du conflit qui l'oppose à l'infracteur.

§ 2 – Les diverses actions offertes à la victime

Selon l'article 30 du nouveau Code de procédure civile : « l'action est le droit pour l'auteur d'une prétention, d'être entendu sur le fond de celle-ci afin que le juge la dise bien ou mal fondée. Pour l'adversaire, l'action est le droit de discuter le bien-fondé de cette prétention ». La commission d'une infrac-

395. V. Cass. Crim. , 27 février 2001, *Juris-Data*, n° 2001-84532.

396. V. art. 223 *C.pén.*

397. B. RIME, Le partage social des émotions, *op. cit.*, p. 251 et s.

tion pénale peut donner lieu à deux prétentions puisque la plupart du temps, elle frappe deux intérêts spécifiques.

En premier lieu, toute infraction porte atteinte à l'intérêt public, social. Cette infraction à la loi pénale donne naissance à une action appelée action publique [398]. Elle a pour finalité la répression de l'atteinte portée à l'ordre social et pour objet l'application d'une sanction. Elle appartient à la société [399] (Garde des sceaux, Ministère public). Les infractions qui ne portent atteinte qu'à l'ordre de la société (infractions politiques, diffamations, délit de port d'armes prohibées) excluent la voie civile.

En second lieu, l'infraction peut porter atteinte à un intérêt privé causant le plus souvent un dommage corporel, psychologique ou matériel à la victime et/ou à ses héritiers. Elle donne naissance à une action privée destinée à obtenir la réparation du préjudice éprouvé par la partie lésée : l'action civile [400]. Elle a pour finalité la réparation du dommage résultant de l'infraction et pour objet la condamnation de l'infracteur à des dommages et intérêts soit devant une juridiction civile soit devant une juridiction pénale [401].

La victime bénéficie ainsi d'une option définie aux articles 4 al. 1er et 3 al. 1er du *C.pr.pén.* : d'une part, « l'action civile peut être exercée devant une juridiction civile séparément de l'action publique » et, d'autre part, « l'action civile peut être exercée en même temps que l'action publique et devant la même juridiction ».

Il est utile de se demander pourquoi une juridiction répressive serait amenée à connaître d'un contentieux civil ? Du point de vue de l'intérêt général, il s'agit d'une simplification de la procédure. En effet, la compétence du juge pénal entraîne une concentration du contentieux issu de l'infraction en évitant une dualité d'instances. De surcroît, le juge pénal qui statue sur l'action publique est plus apte à statuer sur les dommages et

398. V. art. 1er *C.pr.pén.* ; Cass. Crim., 12 déc. 1972, *Bull. Crim.*, 386.

399. V. art. 13 alinéa 2 de la *Constitution* du 4 octobre 1958.

400. V. art. 2 *C.pr.pén.* ; Cass. Crim. 6 février 1978, *Bull. Crim.*, 42.

401. V. art. 3 al 1 *C.pr.pén.*

intérêts. Du point de vue de la victime, cette concentration de contentieux lui permet d'espérer une indemnisation plus certaine, plus rapide.

Plus certaine, dans la mesure où les preuves sont rapportées par la juridiction pénale et non par le demandeur. Ainsi, si la victime ignore l'identité du délinquant seule la voie pénale lui sera ouverte par le biais d'un dépôt de plainte « contre X ». Plus rapide, car l'action publique requiert une solution aussi rapide que possible notamment en raison de la prééminence de l'intérêt général sur les intérêts particuliers ou au regard des mesures privatives de liberté que peut emporter le procès pénal. Face à un tel droit d'option, la victime doit- elle privilégier une voie en premier ?

A savoir :

Selon l'article 5 *C.p.pén.* et la célèbre maxime « *electa una via, non datur recursus ad alteram* », la victime qui a exercé son action devant la juridiction civile compétente ne peut la porter ensuite devant la juridiction répressive. L'option est définitive et irrévocable.

Toutefois, cette règle connaît quelques tempéraments. L'option n'est pas irrévocable en cas d'option première en faveur de la voie répressive, à moins que la juridiction concernée ait déjà statué sur le fond. Dans cette hypothèse, la victime doit abandonner définitivement la voie pénale en se désistant de son action [402]. Notons également que la saisine du juge des référés n'implique pas le désistement de la voie criminelle.

Lorsque la victime a choisi la voie civile en priorité, elle peut revenir sur son choix et opter pour la voie répressive lorsque la juridiction civile saisie est une juridiction étrangère [403] ou une juridiction française incompétente.

Le principe d'irrévocabilité ne s'applique que si la victime qui a saisi une juridiction civile compétente entend porter devant la juridiction répressive la même action en réparation avec le même objet, la même cause et la même partie. *A contrario*, le principe n'est pas applicable en cas d'absence d'identité d'objet [404] de cause ou de parties [405]. Le principe ne s'applique pas lorsque la victime ne savait pas que le fait dommageable constituait une infraction pénale.

Le principe d'irrévocabilité ne s'applique pas non plus lorsque la juridiction pénale a été saisie par le Ministère public avant qu'un jugement sur le fond

402. V. art. 426 *C.pr.pén.*, Cass. Crim. 20 déc. 1996, *Bull. Crim.*, 296.
403. V. Cass. Crim. 22 nov. 1967, *D.* 1968, 221.
404. V. Cass. Crim. 9 mai 1977, *Bull. Crim.*, 158.
405. V. Cass. Crim. 19 janvier 1993, *Bull. Crim.*, 23.

n'ait été rendu par la juridiction civile.

Selon la jurisprudence, ce principe d'irrévocabilité ne peut être soulevé d'office par les juges [406]. Seule la personne mise en cause peut y procéder, avant toute défense au fond [407].

Ces diverses actions ont pour objet de porter à la connaissance des autorités judiciaires la commission d'un fait infractionnel dommageable. Ces dernières peuvent également avoir été saisies par dénonciation ou signalement. Elles ont encore pu le découvrir elles-mêmes dans le cadre de l'exercice de leurs missions. En définitive, ces actions recouvrent une triple ambition : poursuivre et condamner l'infracteur, réparer la victime, faire cesser le trouble social causé par l'infraction.

1. L'action publique

Mettre en mouvement l'action publique engage la poursuite d'une infraction devant le juge pénal. Selon l'article 1er *C.pr.pén.*, « l'action publique pour l'application des peines est mise en mouvement par les magistrats ou par les fonctionnaires auxquels elle est confiée par la loi. Cette action peut aussi être mise en mouvement par la partie lésée, dans les conditions déterminées par le présent code ».

a) Action publique déclenchée par le Ministère Public

Le Ministère public, est aussi dénommé le « Parquet », car dans l'ancienne France, ses membres se tenaient sur le parquet de la salle d'audience et non sur l'estrade réservée aux juges, ou encore « Magistrat debout » car ses représentants se lèvent pour présenter leurs réquisitions. Le procureur de la République représente le Ministère Public devant toutes les juridictions de l'ordre judiciaire. Suivant le principe d'indivisibilité du Parquet, chacun de ses membres peut se substituer à un autre à n'importe quel stade de la procédure. Le procureur de la République est

406. V. Cass. Crim. 13 janv 1987, *Bull. Crim.*, 9.

407. V. Cass. Crim. 8 janv. 1990, *Bull. Crim.*, 12.

placé sous l'autorité du procureur général (chef du Parquet auprès de la Cour d'Appel) et du Garde des Sceaux, Ministre de la Justice.

Les articles 31 et s. du *C.pr.pén.* définissent les attributions, compétences et missions du Parquet. S'agissant des missions du Parquet, selon l'article 43 du *C.pr.pén.*, « est compétent le procureur soit du lieu de l'infraction, soit du lieu de résidence de l'une des personnes soupçonnées d'avoir participé à l'infraction, soit du lieu d'arrestation d'une de ces personnes même lorsque cette arrestation a été opérée pour une autre cause, soit du lieu de détention d'une de ces personnes même lorsque cette détention est effectuée pour une autre cause ».

Selon l'article 41 du *C.pr.pén.*, le procureur de la République procède ou fait procéder à tous les actes nécessaires à la recherche et à la poursuite des auteurs d'infractions pénales. A cette fin, il dirige l'activité de la police judiciaire. Il contrôle les placements et les prolongations de garde à vue, les interpellations, principalement.

Selon l'article 40 du *C.pr.pén.,* « le procureur de la République reçoit les plaintes et les dénonciations et apprécie la suite à leur donner [...] ». Plusieurs possibilités s'offrent à lui (art. 40-1) : α) engager des poursuites : en matière de contravention ou de délit, il peut renvoyer l'auteur devant un tribunal (tribunal pour enfants, juridiction de proximité, tribunal de police, tribunal correctionnel) ; en matière de crime ou de délit complexe, il peut ouvrir une information par la saisine du juge d'instruction.

β) classer l'affaire sans suite : après mise en œuvre des mesures alternatives aux poursuites (rappel à la loi, composition pénale, mesure de réparation des dommages ou médiation pénale entre l'auteur des faits et la victime, orientation de l'auteur des faits vers une structure sanitaire, sociale ou professionnelle, notamment). Il résulte de l'article 41-1 que le procureur peut, préalablement à sa décision sur l'action publique, prescrire l'une des obligations prévues par cet article sans que l'exécution de cette obligation n'éteigne l'action publique

A savoir :

Pour de nombreuses victimes, le principe de l'opportunité des poursuites est un jargon incompréhensible, notamment quand la décision prise ne correspond pas à leurs attentes de la justice (classement sans suite, alternatives aux poursuites). Ces décisions sont d'autant plus inacceptables pour les victimes quand elles ne sont pas informées ou trop tardivement.

***1 :** Comment le procureur de la République procède-t-il pour décider de mettre en mouvement, ou non, l'action publique en vertu du principe de l'opportunité des poursuites ?*

Dès la réception d'une plainte par les services de police ou gendarmerie ou par un particulier, le procureur de la République va procéder à deux vérifications avant de prendre sa décision : α) qu'une infraction a bien été commise, *i.e.* que le comportement en question est interdit et qualifié par la loi pénale (par exemple, le vol est défini par l'article 311-1 *C.pén.* comme « la soustraction frauduleuse de la chose d'autrui ». Il implique la soustraction de la chose d'autrui et le caractère frauduleux de cette soustraction [408] ; β) qu'il n'y a pas d'obstacle procédural à la poursuite de l'auteur (par exemple, pour les infractions d'atteinte à la vie privée ou pour certaines diffamations ou injures, une plainte préalable de la victime conditionne les poursuites) ; γ) que l'action publique n'est pas éteinte.

L'article 6 *C.pr.pén.* énumère toutes les causes d'extinction de l'action publique : la mort du prévenu, la prescription, l'amnistie, l'abrogation de la loi pénale et la chose jugée. Si l'une de ces conditions n'est pas remplie, le procureur ne peut pas mettre en mouvement l'action publique, *i.e.* engager les poursuites devant la juridiction compétente. Il classe l'affaire sans suite pour « absence d'infraction » ou « infraction insuffisamment caractérisée ».

En revanche, si le procureur de la République constate la légalité des poursuites, il peut se demander si les poursuites sont opportunes. Il peut considérer les poursuites comme non opportunes et classer sans suite la plainte pour les motifs suivants : recherches infructueuses, désistement du plaignant, état mental déficient, carence plaignant, comportement de la victime, victime désintéressée d'office, régularisation d'office, préjudice ou trouble peu important causé par l'infraction.

***2 :** La victime doit-elle être informée en cas de non mise en mouvement de l'action publique ?*

La réponse est affirmative. La loi du 9 mars 2004 [409] a accentué l'obligation d'information de la victime imposée au Ministère Public à l'article 40 *C.pr.pén.* Selon l'article 40-2 *C.pr.pén.*, lorsque l'auteur est identifié, le parquet est tenu d'aviser la victime en indiquant les « raisons juridiques ou d'opportunité qui la justifient ». Les raisons juridiques font référence aux

---

408. V. Cass. Crim. 7 août 1937, *Bull. Crim*, 183.

409. V. L 2004-204 du 9 mars 2004 portant adaptation de la justice aux évolutions de la criminalité.

dispositions légales qui feraient obstacles à la mise en mouvement de l'action publique, alors que les raisons d'opportunités sont celles qui entourent les circonstances liées à l'infraction ».

3 : Existe-t-il un recours contre une décision de classement sans suite ?

Avant d'envisager un recours, il apparaît essentiel d'avoir accès à son dossier pénal pour apprécier l'opportunité de contester la décision du parquet. Les articles R 155 et R 165 *C.pr.pén.* règlent le droit d'accéder, gratuitement, au dossier. Il est possible de solliciter, avec l'autorisation du procureur de la République, l'expédition des pièces d'une enquête terminée par une décision de classement sans suite. La délivrance de la copie des pièces de la procédure est légalement et réglementairement obtenue en raison de l'exercice des droits à la défense que possède tout citoyen. Il faut savoir que l'on peut obtenir la copie des pièces de la procédure avec ou sans l'intermédiaire d'un avocat et que la délivrance de ces pièces est gratuite en première reproduction [410]. A réception de ces pièces et en cas de volonté de contester la décision, il sera judicieux de se rapprocher d'un avocat pour savoir si cette démarche est opportune.

La décision de classement sans suite étant une mesure d'administration judiciaire, seul le recours hiérarchique est envisageable, auprès du procureur Général qui peut : enjoindre au procureur de la République d'engager des poursuites ; juger le recours infondé.

Toutefois, la victime n'est pas privée de la possibilité de mettre en mouvement l'action publique par la voie d'une citation directe de l'auteur devant la juridiction de jugement, quand bien même sa plainte avait été classée sans suite [411] ou de se constituer partie civile devant le Doyen des juges d'instruction en cas de crime ou délit.

Le procureur peut toujours revenir sur sa décision de classement jusqu'à la fin du délai de prescription.

b) Action publique corroborée ou déclenchée par la victime

La victime d'une infraction qui a personnellement souffert du dommage causé directement par l'infraction a, conformément aux articles 1, alinéa 2, 2 et 3 *C.pr.pén.*, le droit d'agir devant la juridiction répressive. Par la constitution de partie civile, la victime d'un crime ou d'un délit se voit offrir la possibilité soit de mettre en mouvement l'action publique, par voie d'action, soit de s'y associer, par voie d'intervention.

---

410. V. art. R 165 al 2 du *C.pr.pén.*

411. V. Cass. Crim. 17 janv. 2012, n° 10-88.226 : *jurisdata* 2012-001297.

La constitution de partie civile produit un double effet : assurer à la victime la réparation des préjudices consécutifs à l'infraction ; lui permettre de concourir et de participer à la recherche de la vérité des faits et des responsabilités [412]. Les droits qui sont dorénavant acquis, en théorie pour le moins, à la victime qui s'est constituée partie civile consolident son statut d'authentique acteur au procès pénal, à côté de l'infracteur et du procureur de la République [413]. Un tel statut éloigne de plus en plus la victime contemporaine de la traditionnelle figure vengeresse – maintes fois caricaturée – de la victime. En effet, la vengeance qui lui permet effectivement de redevenir active est opérationnalisée dans une stratégie vindicatoire (équitable et réciproque) et non plus vindicative (aveugle et privée), l'exception confirmant manifestement la règle [414].

La constitution de partie civile présente des avantages incontestables. La procédure devant conduire à l'indemnisation des préjudices subis est plus simple, plus rapide, moins coûteuse. En ce sens, la recherche de la faute commise par l'infracteur est grandement facilitée par les moyens dont dispose l'autorité judiciaire pénale qui doit, pour parvenir à déclarer responsable pénalement le présumé innocent, démontrer sa culpabilité et établir son imputabilité. Par la sanction prononcée à l'encontre de l'infracteur, la victime, définitivement disculpée socialement, peut de surcroît envisager sa réintégration, la plus complète possible, parmi les autres êtres humains.

---

412. V. not. J.L. DOMENECH, Victime et sanction pénale. La participation de la victime au procès, *In Rev. pénit. dr. pén.*, 2005-3, pp. 599-621.

413. Comp. cependant G. BEAUSSONIE, Refus d'une consécration d'un « droit au procès pénal » pour les victimes d'une infraction, *In La Sem. Jurid.*, Ed. G., 2011-46, pp. 2241-2243, à propos d'une décision du Conseil d'Etat du 19 juill. 2011, *JurisData*, n° 2011-014676 ; V. également, P. BONFILS, La participation de la victime au procès pénal, une action innomée, *In Mélanges J. Pradel*, Ed. Cujas, 2006, 269 ; du même auteur, L'action pénale de la victime. Une action en justice innomée au régime juridique clairement défini, *In Etudes et analyses*, 2012-17, IPJ, multigraph. 17 p.

414. V. sur ces aspects, R. CARIO, La justice restaurative, *op. cit.*, p. 23 et s. et réf. citées.

La victime peut se constituer partie civile selon deux modalités différentes. Si le Ministère Public a mis l'action publique en mouvement, la victime peut s'associer aux poursuites en agissant par voie d'intervention, devant la juridiction d'instruction ou devant la juridiction de jugement. Une telle prérogative ne présente pas de difficultés majeures sur le plan des principes car, en se ralliant à la procédure enclenchée par le représentant de la société, la victime n'exerce pas de pouvoir pénal exorbitant. C'est l'une des raisons pour lesquelles l'accès au procès pénal par voie d'intervention a été sans cesse facilité et simplifié par le législateur.

Si le Ministère public n'a pas déclenché les poursuites, la victime peut procéder par voie d'action, devant la juridiction d'instruction ou de jugement (citation directe). Un tel contre-pouvoir à caractère pénal semble légitime pour contrecarrer un Ministère public hiérarchiquement dépendant et libre de ne pas déclencher les poursuites. Mais il est également sujet à inquiétudes dans la mesure où il peut nuire aux personnes poursuivies lorsqu'il est utilisé à mauvais escient. Par conséquent, le législateur a encadré la voie d'action.

Lorsque la constitution se fait par voie d'intervention en cours d'instruction ou devant une juridiction de jugement, la manifestation de volonté de la victime doit être écrite ou orale et non équivoque [415]. Pendant la phase d'instruction [416], l'intervention peut se faire à tout moment. Devant la juridiction de jugement, la constitution doit, à peine d'irrecevabilité, intervenir avant les réquisitions du ministère public sur le fond ou, si le tribunal a ordonné l'ajournement du prononcé de la peine, avant les réquisitions du ministère public sur la peine [417]. La Loi du 15 juin 2000 a facilité ce mode d'intervention pour les victimes qui ne peuvent se déplacer et risquent de se voir opposer l'irrecevabilité de leur action pour cause de tardiveté [418].

---

415. V. Cass. Crim., 29 nov 1989, *Bull. Crim.*, 454.
416. V. art. 87 al. 1 *C.pr.pén.*
417. V. art. 421 *C.pr.pén.*
418. V. art. 418 et s. *C.pr.pén.*

La constitution peut intervenir aux trois stades de la procédure : dès l'enquête, avant l'audience ou à l'audience. Dès l'enquête de police, la victime peut formuler sa demande de restitution d'objets saisis ou de dommages-intérêts, auprès d'un officier ou agent de police judiciaire qui en dresse procès-verbal [419]. Cette demande vaut constitution de partie civile si l'action publique est mise en mouvement et que le tribunal est directement saisi. Toutefois, cette procédure est soumise à l'accord du procureur de la République.

Avant l'audience, la constitution revêt deux modalités : α) déclaration au greffe [420] tout d'abord. Elle doit préciser l'infraction poursuivie et contenir élection de domicile dans le ressort du tribunal saisi quand la partie civile n'y réside pas. Cette déclaration est immédiatement transmise au ministère public qui cite la partie civile à l'audience ; β) par lettre recommandée avec demande d'avis de réception, ensuite, parvenant à la juridiction 24 heures au moins avant la date de l'audience. La demande, à laquelle doivent être jointes toutes les pièces justificatives du dommage allégué, peut tendre à la restitution d'objets saisis ou à l'obtention de dommages-intérêts. Les documents sont immédiatement joints au dossier. Le recours à cette procédure dispense la partie civile de comparaître ou de se faire représenter à l'audience. Cette procédure a été assouplie par la Loi du 15 juin 2000. Elle autorise la transmission des demandes par télécopie et a supprimé la règle limitant son emploi aux cas où les sommes réclamées ne dépassaient pas le plafond de la compétence, en premier ressort, des tribunaux d'instance.

A l'audience [421], par déclaration consignée par le greffier, ou par dépôt de conclusions.

A savoir :

Même si le législateur a largement facilité ce mode d'intervention pour les victimes, un accompagnement de ces dernières est essentiel. En effet, le

419. V. art. 420-1 al. 2 *C.pr.pén.*

420. V. art. 420 *C.pr.pén.*

421. V. art. 419 *C.pr.pén.*

jargon juridique et les modalités à respecter sous peine d'irrecevabilité sont bien souvent peu compréhensibles par les victimes qui n'ont pas de conseil. La création des Bureaux d'Aide aux Victimes institués auprès des Tribunaux de Grande Instance est une véritable avancée pour rendre effectif les droits des victimes. Les professionnels pourront expliquer les termes et les enjeux d'une constitution de partie civile, les préparer à l'audience en leur expliquant entre autre le déroulement et le rôle de chacun des protagonistes, proposer un accompagnement physique à l'audience et les orienter vers les avocats de permanence quand les victimes le souhaitent. Un véritable partenariat entre le Barreau et Bureau d'Aide aux Victimes facilite une meilleure prise en charge des victimes, généralement seules et perdues dans ce parcours judiciaire.

La constitution de partie civile par voie d'action intervient selon deux modalités : α) la saisine du Doyen des Juges d'Instruction par une plainte avec constitution de partie civile ; β) la saisine de la juridiction de jugement (Tribunal correctionnel, Tribunal de police, Juridiction de Proximité) par la voie de la citation directe. Le choix entre les deux modalités est tributaire de la nature de l'infraction : en matière criminelle, seule la plainte avec constitution de partie civile devant le doyen des juges d'instruction est envisageable dans la mesure où une instruction est obligatoire ; en matière délictuelle, la victime a en principe le choix entre la citation directe ou la constitution de partie civile devant le doyen des juges d'instruction sauf si l'auteur est inconnu, en fuite ou mineur, auquel cas une instruction s'impose ; en matière de police, seule la citation directe est permise car seul le ministère public peut alors saisir le juge d'instruction.

Au cas de saisine du Doyen des Juges d'Instruction par une plainte avec constitution de partie civile [422], la constitution doit être écrite et rédigée dans des termes qui manifestent sans équivoque l'intention d'être partie civile [423]. La manifestation claire de volonté n'est soumise à aucune autre condition de forme devant le juge d'instruction. Toutefois, la jurisprudence s'est interrogée sur la question de savoir si la victime doit rapporter la preuve des faits qu'elle dénonce ou si elle peut se contenter

422. V. art. 85 *C.pr.pén.*

423. V. Cass. Crim. 13 déc. 1983, *Bull. crim.*, 338.

d'apporter les éléments tendant à démontrer le caractère vraisemblable de ce qu'elle allègue ? Il a été décidé que la recevabilité de la plainte avec constitution de partie civile « n'est pas subordonnée à la double preuve préalablement rapportée par la personne qui se prétend lésée par une infraction, d'abord de l'existence de ladite infraction, ensuite de l'existence du préjudice dont elle aurait souffert ». Il suffit « que les circonstances sur lesquelles elle s'appuie permettent au juge d'admettre comme possible l'existence du préjudice allégué et la relation directe de celui-ci avec une infraction à la loi pénale » [424].

La constitution doit, par ailleurs, comporter une élection de domicile. En application de l'article 89, la partie civile doit déclarer une adresse, qui peut être la sienne, celle d'un tiers ou celle de son avocat, sous réserve que ceux-ci aient donné leur accord de façon certaine [425]. Elle doit aussi veiller à informer le magistrat de tout changement, sous peine de ne pouvoir opposer le défaut de notification des actes qui auraient dû lui être notifiés [426]. Inversement, seule la notification régulière établie à l'adresse déclarée par la partie civile fait courir les délais de recours [427].

Dans les cas de saisine de la juridiction de jugement (Tribunal correctionnel, Tribunal de police, Juridiction de Proximité) par la voie de la citation directe [428], la citation directe doit énoncer le fait poursuivi et viser le texte de loi qui le réprime. La méconnaissance de ces conditions entraîne la nullité de la citation [429]. La citation directe doit mentionner les noms, prénoms, profession et domicile réel ou élu de la partie civile, l'élection

424. V. Cass. Crim. 3 mars 2009, *Bull. Crim.*, 49 ; Cass. Crim. 4 juin 1996, *Bull. Crim.*, 230.

425. V. Cass. Crim. 9 nov. 2000, *Bull. Crim.*, 291.

426. V. Cass. Crim. 19 nov. 1997, *Bull. Crim.*, 396.

427. V. Cass. Crim. 5 oct. 1999, *Bull. Crim.*, 205.

428. V. art. 388, 390, 392, 551 *C.pr.pén.*

429. V. art. 550 *C.pr.pén.*

de domicile dans le ressort du tribunal saisi s'imposant, à moins que la partie civile n'y soit pas domiciliée [430].

> *A savoir :*
>
> Quel que soit le mode de saisine, la recevabilité de la constitution par voie d'action est largement encadrée par le législateur. Depuis la Loi du 5 mars 2007 « tendant à renforcer l'équilibre de la procédure pénale » et élaborée dans le contexte de l'affaire d'Outreau, la constitution de partie civile fait dorénavant l'objet d'une procédure de filtrage. En application de l'article 85 *C.pr.pén.*, la plainte auprès du juge d'instruction ne sera recevable qu'à la condition que la victime justifie que le Procureur lui ait préalablement fait part de son intention de ne pas engager de poursuites ou que celui-ci n'ait pas pris de décision à l'expiration d'un délai de trois mois suivant le dépôt de plainte. Cette procédure ne s'applique pas en matière criminelle et n'aura, de façon générale, que peu d'effet sur le droit d'accès au juge d'instruction, excepté un retard de trois mois dans sa saisine.
>
> Le législateur impose (art. 88, 392-2 et 533 *C.pr.pén.*) à la personne qui se constitue tant devant le juge d'instruction que devant la juridiction de jugement, le versement d'une consignation. Elle a pour objet de garantir le paiement de l'amende civile susceptible d'être mise à la charge de la partie civile si les poursuites qu'elle a engagées se terminent par un non-lieu ou une relaxe. Le montant de la consignation ainsi que le délai dans lequel elle doit être déposée au greffe sont fixés par le juge d'instruction ou la juridiction de jugement. L'article 88 *C.pr.pén.* autorise le juge d'instruction à dispenser la partie civile du versement d'une consignation. En revanche, cette faculté n'est pas ouverte à la juridiction de jugement. La partie civile est recevable à interjeter appel de l'ordonnance du juge fixant le montant de la consignation et le délai de versement [431]. Les juges apprécient souverainement, au vu des circonstances, le montant de la consignation en fonction des ressources de la partie civile [432]. La partie civile qui a obtenu l'aide juridictionnelle est dispensée du versement de la consignation, qu'elle agisse devant le juge d'instruction ou la juridiction de jugement.
>
> Seul le versement de la consignation permet à la victime d'acquérir la qualité de partie civile, tant devant le juge d'instruction [433] que devant le tribunal correctionnel [434] ou le tribunal de police. Cette acquisition est rétroactive à la date du dépôt de plainte ou à la date de la citation directe, qui interrompt alors la prescription de l'action publique [435].

430. V. art. 551 et 392 *C.pr.pén.*
431. V. Cass. Crim. 19 juill. 1994, *Bull. Crim.*, 283.
432. V. Cass. Crim. 7 juin 2000, *Bull. Crim.*, 214.
433. V. Cass. Crim. 7 mars 2000, *Bull. Crim.*, 104.
434. V. Cass. Crim. 21 janv. 1997, *Bull. Crim.*, 20.
435. V. Cass. Crim. 7 sept. 1999, *Bull. Crim.*, 181.

c) La sanction des abus de constitution de partie civile

Le pouvoir considérable reconnu à la partie civile peut donner lieu à des abus notamment dans le cas de constitution de partie civile devant le juge d'instruction. Dans cette hypothèse, le dommage subi par la victime de la partie civile devra être réparé de même que celui que la société aura subi par un usage excessif de l'Institution judiciaire.

La partie civile peut être poursuivie sur le fondement du délit de **dénonciation calomnieuse** [436]. Si l'action n'est pas calomnieuse mais jugée abusive, dilatoire ou téméraire, la partie civile peut être condamnée à verser une amende civile. Toutefois, pour que l'amende puisse être prononcée, trois conditions doivent être réunies. α) La première dépend des réquisitions en ce sens du procureur de la République et/ou une demande du Juge d'instruction. β) La seconde tient à l'issue donnée à la procédure (en cas de citation directe, une relaxe doit avoir été prononcée par la juridiction de jugement ; en cas de plainte avec constitution de partie civile, il importe que l'information se soit soldée par un non-lieu [437] ou, depuis la Loi du 9 septembre 2002 modifiée par la Loi du 5 mars 2007, par un refus d'informer [438]. Mais tous les non-lieux ne débouchent pas sur le prononcé d'une amende civile. Seuls sont concernés ceux qui sont fondés sur l'absence ou l'insuffisance de charges. Par exemple, aucune amende ne peut être décidée lorsque le non-lieu procède d'une amnistie. En outre, il faut que la plainte ait été dirigée contre une personne dénommée ou que, sans l'être, elle ait implicitement visé sans équivoque une personne aisément identifiable. γ) La troisième condition a trait au comportement de la partie civile : seules les plaintes et les citations directes abusives ou dilatoires autorisent la condamnation à l'amende. Le caractère dilatoire est établi chaque fois que la supposée victime a entendu user de la voie pénale pour profiter de la règle selon laquelle le pénal tient le civil en l'état et retarder ainsi une procédure engagée devant une autre juridiction. Le caractère abusif, de

---

436. V. art. 226-10 *C.pén.*

437. V. art. 177-2 et 212-2 *C.pr.pén.*

438. V. art. 86 al. 5 *C.pr.pén.*

spectre plus large, suppose une faute, volontaire ou d'imprudence, pouvant notamment résider en la mauvaise foi ou en la témérité de l'usage de la voie d'action.

Il importe de souligner que, même lorsque toutes ces conditions sont remplies, le juge n'est jamais tenu de prononcer l'amende. En pratique, les magistrats usent peu de cette possibilité, ce qui contribue à diminuer l'effet d'une mesure déjà faiblement dissuasive.

En plus de l'amende civile, la partie civile ayant abusé de la citation directe peut être condamnée à verser des **dommages et intérêts** au prévenu relaxé par le tribunal correctionnel [439] ou de police [440]. De même, la partie civile ayant abusé de la plainte avec constitution de partie civile peut être condamnée à verser des dommages et intérêts à la personne mise en examen ou à toute autre personne visée dans la plainte, dès lors qu'une décision de non-lieu a été rendue [441].

A l'instar de toute action en responsabilité civile, l'allocation d'une réparation suppose une faute de la partie civile et un préjudice causé par cette faute à la personne initialement poursuivie. Comme pour l'amende civile, la mauvaise foi ou la témérité de la citation ou de la plainte constitue la faute, qui peut être volontaire ou de simple imprudence [442]. Le préjudice peut être moral (atteinte à l'honneur) ou financier (frais engagés pour se défendre par exemple). La Cour de cassation en facilite grandement la preuve en estimant que toute plainte ou citation portée de mauvaise foi ou de manière hâtive et téméraire cause nécessairement un préjudice à la personne visée [443]. Pour permettre plus aisément à la personne injustement poursuivie d'obtenir réparation, le législateur lui offre des facilités procédurales puisqu'il appartient à la juridiction pénale prononçant la relaxe ou au tribunal correctionnel où l'affaire a été instruite de

439. V. art. 472 *C.pr.pén.*

440. V. art. 425 *C.pr.pén.*

441. V. art. 91 *C.pr.pén.*

442. V. Cass. Crim. 6 nov. 1979, *Bull. Crim.*, 168.

443. V. Cass. Crim. 22 mars 1994, *Bull. Crim.*, 109.

statuer sur la demande de dommages et intérêts. Cette dérogation aux règles de compétence permet d'accélérer la procédure.

Quelle que soit leur nature, les sanctions *a posteriori* ne remettent pas en cause l'accès au juge pénal. En outre, elles n'atteignent que les indélicats, à l'exclusion des victimes authentiques qui recourent légitimement à la voie d'action. Finalement, le juge pénal reste accessible, malgré l'encadrement *a priori* et *a posteriori* dont fait l'objet la voie d'action.

2. L'action civile en réparation du dommage causé par l'infraction

Aux termes de l'article 2 *C.pr.pén.*, l'action civile est une action en réparation du dommage causé par un crime, un délit ou une contravention. L'action civile permet d'obtenir une réparation par l'octroi de dommages et intérêts, sauf texte spécial. La victime possède une option entre la saisine des juridictions civiles ou répressives.

Le droit d'agir devant le juge civil suppose la réunion de trois conditions, strictement examinées par la juridiction saisie : un intérêt (les préjudices consécutifs à l'infraction), la qualité (la victime, ses ayants droit et quelques autres personnes) et la capacité pour le faire (les personnes incapables devant être représentées) [444]. A ce stade des développements, il importe de rappeler l'état des relations que l'action civile entretient avec l'action publique. Tout en ayant la même origine, l'acte pénalement prohibé, l'action publique résulte directement de l'infraction ayant causé un trouble à l'ordre social, alors que l'action civile n'existe que par le préjudice personnel consécutif de l'infraction. Elles n'ont ni le même but (sanction de l'auteur, réparation de la victime), ni le même objet (application d'une peine, allocation de dommages intérêts), ni le même fondement (droit pénal substantiel, droit de la responsabilité civile), ni le

444. On ne saurait confondre l'action civile et l'action « à des fins civiles » comme, not., celle ayant pour objet la restitution des objets placés sous la main de la justice (art. 478 *C.pr.pén.*) ou celle menée pour déclarer l'indignité successorale de l'infracteur (art. 726 et 727 *C.civ.*).

même caractère (d'ordre public pour l'une, d'intérêt privé pour l'autre).

Indépendantes l'une de l'autre, elles entretiennent néanmoins des relations étroites selon les modalités de leur mise en œuvre : sauf exception, l'action civile, accessoire, est soumise à l'action publique concomitamment engagée [445] (« le criminel tient le civil en état ») ainsi qu'à la décision définitivement prise (« la chose jugée au criminel a autorité sur le civil » [446]). En cas de décès de l'auteur, l'action publique s'éteint pour ne laisser place qu'à l'action civile, dirigée contre les héritiers si des poursuites avaient été engagées [447]. De la même manière, au cas de prescription de l'action publique, la voie civile demeure ouverte dans les limites de sa propre prescription. Mais la différence notable entre ces deux actions provient surtout de ce que la victime devra rapporter elle-même les éléments de preuve et en assumer seule la charge en matière civile. Ce sont sans doute les raisons pour lesquelles les victimes sont fréquemment incitées à s'adresser à la justice pénale.

En effet, le droit de la victime à agir devant la juridiction répressive en se constituant partie civile se distingue de celui de demander réparation du préjudice qu'elle a subi. La recevabilité de l'action, qui l'autorise à participer au procès pénal n'a pas pour conséquence la recevabilité puis le bien-fondé de la demande en réparation [448]. Mais, et alors que les juridictions répressives ne sont pas les juridictions de droit commun en matière d'indemnisation, les demandes en réparation du préjudice subi y sont admises largement.

Les particularités de l'action civile devant les juridictions répressives sont réelles. La jurisprudence admet depuis longtemps que la demande en réparation de son préjudice est pour la

---

445. Selon l'art. 3 C.pr.pén. en effet, l'action civile peut être exercée en même temps que l'action publique devant la même juridiction.

446. V. cependant Cass. Iè Civ. 30 janv. 2001, *Bull. Civ.*, 152 ; Cass. 2è Civ., 16 sept. 2003, *In Bull. Civ.*, 263 ; V. P. BONFILS, Consécration de la dualité des fautes civile et pénale non intentionnelles, D. 2004, II, 721.

447. V. not. Cass. Crim. 22 mai 1995, *Bull. Crim.*, 181.

448. V. Cass. Crim. 19 sept. 2000, *Bull. Crim.*, 271.

partie civile une simple faculté qu'elle est libre de ne pas utiliser. Sa constitution peut n'être motivée que par le seul souci de corroborer l'action publique et d'obtenir l'établissement de la culpabilité du prévenu, indépendamment de toute réparation du dommage [449]. Toutefois, les prétentions de la partie civile sont encadrées par trois limites liées à l'exception de compétence du juge pénal.

Le préjudice doit avoir été directement causé par l'infraction. La Chambre criminelle de la Cour de Cassation insiste sur cette condition de recevabilité de l'action civile. En effet, même si l'article 2 *C.pr.pén.* évoque le « dommage directement causé par l'infraction », une jurisprudence constante souligne l'existence d'un « dommage prenant directement sa source dans l'infraction poursuivie » [450].

Par exemple, la dépense résultant, pour l'héritier, de l'obligation légale d'acquitter les droits de mutation après décès ou d'assurer la charge de la rente que servait son ayant cause à titre de prestation compensatoire, ne constitue pas un élément du préjudice né directement de l'infraction ou des faits, objet de la poursuite [451].

Sauf dispositions législatives contraires, les actions qui, bien que reposant sur l'infraction, n'ont pas pour objet la réparation du préjudice résultant de celle-ci, ne peuvent être jointes à l'action publique et relèvent de la juridiction civile.

Par exemple, les actions dont disposent entre elles les personnes solidairement condamnées du chef de fausse déclaration de valeur en douane ou, à cette occasion, le propriétaire de la marchandise, le commissionnaire en douane ou la personne que ce dernier s'est substituée pour le dédouanement de la marchandise [452].

L'action en réparation doit être dirigée contre l'auteur de l'infraction. Comme la précédente, cette règle cède devant des dispositions législatives contraires. Il en est ainsi dans les cas où

---

449. V. Cass. Crim. 19 oct. 1982, *Bull. Crim.*, 222 ; 10 févr. 1987, *Bull. Crim.*, 64.

450. V. Cass. Crim 14 janv 1991, *Bull. Crim.*, 22.

451. V. Cass. Crim. 28 févr. 1996, *Bull. Crim.*, 97 ; Cass. Crim. 18 nov. 1998, *Bull. Crim.*, 304.

452. V. Cass. Crim. 22 fév. 1996, *Bull. Crim.*, 88.

l'article 1er al. 2 de la Loi du 31 décembre 1957 substitue à l'égard des tiers, la responsabilité de la personne morale de droit public à celle de ses agents pour les dommages causés par des véhicules [453]. L'insolvabilité éventuelle de l'auteur de l'infraction n'est pas un obstacle à l'indemnisation de la partie civile dès lors qu'il existe une personne civilement responsable de celui-ci. Dans ce cadre, les juridictions pénales sont conduites à appliquer et interpréter les principes de la responsabilité délictuelle du fait d'autrui [454].

Le juge pénal ne peut assurer la réparation du préjudice subi que par l'allocation de dommages et intérêts, sauf dispositions contraires [455]. L'appréciation des juges du fond quant au montant des dommages-intérêts est souveraine, dès lors qu'ils n'ont statué ni sans insuffisance ni contradiction et dans les limites de la demande de la partie civile, de même quant au mode de réparation du dommage, qu'ils peuvent décider d'indemniser sous forme de rente au lieu du capital demandé [456].

3. Les conditions d'exercice de l'action civile

Selon l'article 2 *C.pr.pén.* « l'action en réparation appartient à tous ceux qui ont personnellement souffert d'un dommage directement causé par l'infraction ». Ainsi découle implicitement de cet article la nécessité d'une capacité à agir, d'un intérêt à agir et d'une qualité à agir.

a) La nécessité d'une capacité à agir

Il s'agit, en premier lieu, de la victime personne physique dont les intérêts privés ont été lésés par l'infraction. Le principe de leur capacité à agir est simple : toute personne majeure est capable, y compris lorsqu'elle est placée sous le régime de la sau-

453. V. Cass. Crim. 29 juin 1999, *Bull. Crim.*, 157.

454. V. Cass. Crim. 16 fév. 1999, *Bull. Crim.*, 23.

455. V. Cass. Crim 21 mai 1984, *Bull. Crim.*, 184.

456. V. Cass. Crim. 8 oct. 1996, *Bull. Crim.*, 261.

vegarde de justice ou sous celui de la curatelle [457]. Par exception, seule la victime placée sous tutelle doit être représentée [458].

Quant au mineur non émancipé, il est représenté par le ou les titulaire(s) de l'autorité parentale. Lorsque l'infraction a été commise par l'un des parents, le procureur ou le juge d'instruction doit dorénavant procéder à la désignation d'un administrateur *ad hoc* [459]. Ce dernier a pour mission d'assurer la protection des intérêts du mineur et d'exercer, s'il y a lieu, au nom de celui-ci, les droits reconnus à la partie civile. Pour être utile, une telle désignation doit intervenir dès le début de la procédure afin que l'enfant bénéficie le plus vite possible d'un avocat, précisément désigné par l'administrateur *ad hoc* ou d'office par le juge d'instruction pour assurer sa défense durant le procès [460]. Parmi les personnes susceptibles d'être nommées administrateur *ad hoc*, les professionnels des Associations d'aide aux victimes semblent particulièrement recommandés.

A savoir :

L'administrateur *ad hoc* et la parole de l'enfant. Un enfant victime dans le cadre pénal présente cette particularité que sa parole peut être instrumentalisée par les acteurs judiciaires soit pour la sacraliser soit pour la dénier. Il apparaît dès lors essentiel d'expliquer immédiatement à cet enfant que sa parole ne suffira pas à établir les faits. L'enfant attend de la justice d'être protégé, reconnu victime et que l'auteur soit aussi reconnu coupable mais pas forcément puni. En effet, le système judiciaire ne peut à lui seul réparer la souffrance d'un enfant victime. D'autres moyens peuvent être mis en place en complémentarité du processus judiciaire, telle qu'une prise en charge thérapeutique individuelle et/ou familiale. L'administrateur *ad hoc* désigné par la justice va, d'une part, représenter les droits de l'enfant en justice (avec son avocat) et, d'autre part, assurer une fonction d'interface entre le milieu naturel de l'enfant et la justice.

---

457. V. art. 491-2 et 510 *C.civ.*

458. V. art. 495 *C.civ.*

459. V. A. et C. GUERY, « Administrateurs ad hoc : us et abus ", *In Gazette du Palais*, 19 et 20 août 1998.

460. V. art. 706-50, R 53 et s. *C.pr.pén.* ; J. CASTAIGNEDE, L'effectivité de la protection pénale du mineur victime d'abus sexuels, *In* R. Nérac (Dir.), *Le mineur et le droit pénal*, Ed. L'Harmattan, Coll. Sc. criminelles, 1997, pp. 77-109 ; M.P. PORCHY, L'administrateur ad hoc en matière pénale, *In Rec. Dalloz*, 2004-38, chron., pp. 2732-2735.

La mission d'administrateur *ad hoc* est issue de la Loi du 17 juin 1998 relative à la prévention et à la répression des infractions de nature sexuelle et la protection des mineurs [461]. Au cours de ces dernières années, la prise de conscience accrue de la problématique des mineurs victimes et de leur nécessaire protection a contribué à l'augmentation du nombre de désignations.

Les critères de désignation sont précisés à l'article 706-50 *C.pr.pén.* au bénéfice de tout mineur victime de faits commis volontairement à son encontre, que l'auteur présumé des faits soit ou non titulaire de l'autorité parentale. En pratique, le recours à l'administrateur *ad hoc* intervient le plus souvent dans le cas de procédures d'infractions de nature sexuelle, de violences sur mineurs. Il est désigné lorsque la protection des intérêts du mineur n'est pas complètement assurée par ses représentants légaux ou par l'un d'entre eux. L'appréciation de ce critère ne soulève pas de difficultés lorsque les représentants légaux sont les auteurs des faits ou lorsqu'ils s'abstiennent d'exercer les droits reconnus à la partie civile dans le but, par exemple, de protéger l'auteur des faits.

Dans les autres cas, le magistrat saisi doit apprécier si la protection du mineur est ou non totalement assurée par au moins un de ses représentants légaux. Il désigne un administrateur *ad hoc* dès lors qu'il apparaît que les représentants légaux, en raison de leur indifférence, de conflits d'intérêt ou de défaillance n'assurent pas de façon satisfaisante la protection des intérêts du mineur. Ce critère est apprécié, en tout premier lieu, en vérifiant si les droits reconnus à la victime sont exercés par le représentant légal. L'absence de dépôt de plainte et/ou de constitution de partie civile constitue, à cet égard, des éléments décisifs. L'absence de désignation d'un avocat ou de demande de l'aide juridictionnelle pour en obtenir un doit également être prise en compte.

---

461. V. Loi n°98-468 du 1er juin 1998 relative à la prévention et à la répression des infractions sexuelles ainsi qu'à la protection des mineurs, *J.O.* 18 juin 1998 p. 9255 ; Décret n° 99-818 du 16 septembre 1999 modifiant le code de procédure pénale et le nouveau code de procédure civile et relatif aux modalités de désignation et d'indemnisation des Administrateurs *ad hoc*.

Les modes de saisine sont variés. La Loi du 17 juin 1998 a introduit la possibilité pour le parquet de désigner l'administrateur *ad hoc* dès le début de la procédure. Au stade de l'enquête, les renseignements sont souvent encore trop succincts. La désignation d'un administrateur *ad hoc*, *ab initio*, est généralement réservée aux hypothèses de contradiction d'intérêts flagrants entre parents et enfants. Le Parquet désigne l'administrateur *ad hoc* par réquisition écrite en précisant sa mission. Dans ce mode de saisine, une difficulté d'exercice de la mission de l'administrateur *ad hoc* peut survenir, dans les situations de comparution immédiate. Il apparaît en effet délicat de rencontrer l'enfant et c'est dans l'urgence qu'il recueille des informations sur l'enfant et saisit l'avocat. Dans cette hypothèse, il est de nécessaire de demander un report sur intérêts civils pour évaluer le préjudice de l'enfant.

La saisine de l'administrateur *ad hoc* est le plus souvent le fait des juges d'instruction, d'office ou sur les réquisitions expresses du parquet lors de l'ouverture de l'information. C'est en effet à ce stade, au vu des éléments du dossier, qu'il est possible d'apprécier si les parents sont à même d'assurer utilement les intérêts de leur enfant victime. Les juges d'instruction désignent généralement un administrateur *ad hoc* dans deux types de situation : lorsque les titulaires de l'autorité parentale ne se constituent pas partie civile, malgré l'envoi de l'avis prévu à l'article 80-3 *C.pr.pén.* ; lorsque l'auteur de la ou des infractions est l'un des titulaires de l'autorité parentale et que l'autre, pour diverses raisons, ne peut ou ne veut pas se constituer partie civile. Lorsqu'il apparaît au moment du procès que le mineur ne peut faire valoir ses droits par ses représentants légaux un administrateur *ad hoc* est désigné.

Au regard de ses missions, le mandat d'administrateur *ad hoc* nécessite des connaissances juridiques et psychologiques et sociales afin d'assurer un réel accompagnement du mineur victime. Dans le cadre de sa mission juridique, il exerce les droits afférents à la partie civile en se constituant partie civile par l'intermédiaire de l'avocat choisi sensibilisé aux questions de protection de l'enfance, lequel demande l'aide juridictionnelle, d'office quand il y a administrateur *ad hoc* ; en formulant des demandes d'actes tels que des expertises. Il exerce les voies de recours tel que l'appel en cours d'instruction ou sur intérêt civil après jugement.

Ces droits sont exercés en concertation avec l'avocat désigné. La qualité des relations entre l'administrateur *ad hoc*, l'enfant et l'avocat est indispensable à l'aboutissement apaisé, dans les meilleures conditions, d'un parcours douloureux pour le mineur victime.

Le recueil de la parole de l'enfant sujet de droit passe par plusieurs techniques, afin de créer un espace propre avec l'enfant. Il importe d'insister sur la posture neutre et bienveillante de l'administrateur *ad hoc*, qui ne doit rien ignorer des caractéristiques de la communication non verbale et de la signification des attitudes de l'enfant. Il est essentiel de ne porter aucun jugement sur le parent défaillant ou auteur. Si l'enfant vit chez l'autre parent, il convient de l'intégrer dans l'accompagnement, quand bien même l'entretien se fera sans ce parent. Il s'adapte à l'âge, à son caractère et maîtrise la proximité avec lui.

L'administrateur *ad hoc* veille au bon déroulement de la procédure au regard des droits de l'enfant (convocation experts, magistrats) en concertation avec l'avocat. Il porte attention au bon équilibre de l'enfant et, si nécessaire, établit des liaisons avec les services sociaux (action éducative), le juge des enfants (s'il est exposé à un danger), une aide psychologique avec l'accord du parent ou de son référent.

En cas de difficultés ou d'impossibilités à exercer sa mission, par exemple en cas d'opposition de la famille, l'administrateur *ad hoc* en réfère, sans délai, au magistrat mandant. En outre, il apparaît opportun d'aviser le parquet de cet état de fait, dès lors que le mineur se retrouve placé dans une situation de danger. Dans cette hypothèse extrême, le parquet pourra saisir le juge des enfants d'une requête sur la base de l'article 375 du code civil afin qu'une mesure d'assistance éducative soit ordonnée.

La mission d'accompagnement implique que l'administrateur *ad hoc* fasse, impérativement, connaissance avec l'enfant dès sa désignation. Une relation de confiance et de compréhension réciproque doit s'établir. L'enfant doit pouvoir joindre ou rencontrer l'administrateur *ad hoc* chaque fois qu'il le souhaite. L'aspect humain de cette fonction est primordial, l'administrateur *ad hoc* étant là pour veiller au respect de la dignité de l'enfant, de sa parole et de ses droits. Le temps nécessaire doit être pris pour expliquer au mineur le rôle de chacun des intervenants dans la procédure (juge d'instruction, juge des enfants, avocat, administrateur *ad hoc*, éducateurs, principalement). Il joue un rôle pédagogique essentiel à tous ces égards dans l'écoute et les réponses à toutes ses interrogations, questions et appréhensions.

L'enfant doit être informé pour comprendre : la Loi ; le résultat des expertises ; éventuellement les grandes lignes du dossier ; les décisions de justice. Es qualités de représentant du mineur, l'administrateur *ad hoc* l'accompagne lors de tous les actes de procédure, des audiences le concernant et lors des entretiens avec son avocat. Il doit s'assurer que le mineur qui le souhaite soit informé et puisse participer à la procédure l'intéressant devant l'autorité judiciaire.

Ces informations doivent être pertinentes et appropriées, eu égard à l'âge et au discernement de l'enfant, afin de lui permettre d'exercer ses droits, d'être consulté et d'exprimer son avis. Il doit aussi être informé des conséquences éventuelles de l'expression de son opinion. La préparation de tous les actes de la procédure par l'avocat et l'administrateur *ad hoc* (convocations judiciaires, confrontation, audience) est essentielle.

La question de la présence de l'enfant aux audiences, ou non, est très importante. Si sa présence est nécessaire, l'audience est un temps fortement émotionnel pour lui, au travers de la réelle peur, notamment, de se retrouver face à l'auteur, le plus souvent un parent. Plusieurs sentiments et émotions le submergent à ces moments, tels que le conflit de loyauté, la culpabilité, la colère, la tristesse. L'administrateur *ad hoc* essaiera de créer un espace sécurisant et rassurant pour l'enfant (par exemple se boucher les oreilles quand la défense parle ; faire sortir l'enfant si c'est trop difficile à supporter).

L'enfant, sujet de droit, doit se trouver au centre des interventions de l'administrateur *ad hoc* auprès de son environnement naturel. L'administrateur *ad hoc* doit, si possible et selon les situations, rencontrer les parents du mineur pour leur expliquer son rôle. Il ne doit pas se substituer aux titulaires de l'autorité parentale. Au cas d'obstacle, il en réfère au juge mandant ou à la juridiction de jugement. Il est important que la mission de l'administrateur *ad hoc* soit bien repérée par le mineur. En outre, il ne doit pas y avoir de confusion avec les autres professionnels intervenant auprès de ce dernier (avocat, éducateur, psychologue, notamment). L'administrateur *ad hoc* n'est pas un parent et il est nécessaire de ne pas créer de proximité affective. Il n'est pas un ami et il est nécessaire de maitriser la relation car souvent ces enfants sont en grand manque d'affection. Le professionnalisme de l'administrateur *ad hoc* lui permet de trouver une place complémentaire à celle déjà existante (parent), de nature à ne pas la modifier lors de son départ à l'issue de la procédure.

L'administrateur *ad hoc* sollicite les différents professionnels médico-sociaux et éducatifs intervenant dans la sphère de l'enfant afin de le prendre en compte dans sa globalité. Un véritable partenariat doit se mettre en place entre l'administrateur *ad hoc* et les autres acteurs qui se trouvent dans l'environnement du mineur victime. Tout en respectant la parole de l'enfant, l'administrateur *ad hoc* coordonne son accompagnement avec les acteurs sociaux qui prennent en charge l'enfant (foyer d'accueil, service D'AEMO, services de placements familiaux, personnels soignants). Une telle action n'est ni de l'assistance éducative ni de la thérapie : sa place parmi les autres intervenants est celle de la représentation des droits de l'enfant.

L'administrateur *ad hoc* choisit un avocat, sensibilisé à la protection de l'enfance, porte-parole du mineur. Mandaté par lui, l'avocat a avec celui-ci des contacts réguliers. Les décisions qui sont prises dans l'intérêt du mineur le sont en concertation avec l'avocat, qu'il s'agisse des expertises, des qualifications ou de la correctionnalisation de l'affaire, des huis clos, de la présence du mineur aux audiences, des appels, des demandes d'actes et de dommages et intérêts. Le choix de l'avocat intervient sans délai pour qu'il se constitue partie civile. Pour devoir le choisir, l'administrateur *ad hoc* conserve la maîtrise et l'orientation du dossier en concertation avec le spécialiste du droit, l'absence de communication pouvant conduire à des incompréhensions, voire des dérives toujours préjudiciables au mineur. Il travaille en confiance avec l'avocat pour élaborer les stratégies juridiques de reconnaissance de l'enfant victime.

b) La nécessité d'un intérêt à agir

La Chambre criminelle décide constamment que l'exercice de l'action civile devant la juridiction répressive est un droit exceptionnel limité par l'article 2 *C.pr.pén.* Il ne peut être reconnu qu'à ceux qui ont été personnellement et directement lésés par l'infraction [462]. L'exercice de l'action civile devant les tribunaux répressifs suppose un préjudice certain, né d'une infraction punissable.

Tendant à la réparation, l'action civile ne se conçoit évidemment que si le dommage est réel, qu'il existe effectivement lors de la mise en mouvement de l'action civile. Par conséquent, le préjudice simplement éventuel, dépendant d'événements qu'il est impossible de connaitre avant leur réalisation, ne peut servir de base à une action civile [463]. Toutefois, le préjudice futur est admis à condition qu'il soit la prolongation certaine et directe d'un état de chose actuel et susceptible d'estimation immédiate entraînant la perte de chance. Le juge doit alors rechercher quelles étaient les chances de succès de la victime [464].

Le préjudice doit être né d'une infraction punissable dans la mesure où l'action civile est l'accessoire de l'action publique :

---

462. V. Cass. Crim. 25 sept. 2007, *Bull. Crim.*, 220.

463. V. Req. 1er juin 1932, *Dalloz* 1932.1.102, *Sirey*, 1933, I, 49.

464. V. Cass. Crim. 3 nov. 1983, *Bull. Crim.*, 275.

il ne doit pas être couvert par un fait justificatif, par une amnistie, la prescription, l'autorité de la chose jugée ou l'abrogation de la loi pénale.

Il ne suffit pas que le préjudice soit certain et actuel, encore faut-il qu'il soit direct, c'est-à-dire rattaché à l'infraction par un lien de cause à effet. Mais en droit pénal, le caractère direct du préjudice s'explique par la nature propre de l'infraction pénale qui est loin d'être « tout fait quelconque de l'homme » [465] mais un comportement précis et délimité par un texte. Par conséquent, une infraction ne peut causer un dommage direct que si celui-ci est prévu par le texte incriminateur. Par cette exigence, le droit réduit le nombre des demandeurs à l'action civile. Par exemple, est direct le préjudice corporel causé par le délit de violences volontaires ou par imprudence, ou même un délit de fuite [466].

La constitution de partie civile est à l'initiative principalement de la victime elle-même. Qu'en est-il des demandes des proches des victimes et/ou des héritiers mais aussi des tiers ? Après un long débat jurisprudentiel limité à la seule victime directe du dommage, la réparation du dommage causé par l'infraction est désormais ouverte aux victimes « par ricochet », dénomination pas du tout adéquate pour désigner les proches de la victime [467]. L'entourage familial et affectif est au premier chef concerné par cette application élargie des articles 2 et 3 *C.pr.pén.*, dont il résulte désormais que les proches de la victime d'une infraction sont recevables à rapporter la preuve d'un dommage dont ils ont personnellement souffert et qui découle des faits, objets de la poursuite [468]. Ce principe est applicable, qu'il s'agisse de la réparation d'atteintes aux personnes (tel le spectacle de l'état physique ou psychique découlant des graves blessures infligées à un proche) [469] ou d'atteintes aux biens

---

465. V. art. 1382 *C.civ.*

466. V. Cass. Crim 18 oct. 1990, *Bull. Crim.*, 345.

467. V. not. C. ROSSI, *Homicide : les proches des victimes*, Ed. L'Harmattan, 2013, 367 p.

468. V. Cass. Crim. 4 fév. 1998, *Bull. Crim.*, 43.

469. V. Cass. Crim. 23 mai 1991, *Bull. Crim.*, 220.

(c'est le cas du conjoint d'une personne victime d'une escroquerie portant sur des fonds provenant de la communauté de biens)[470]. Quelques arrêts ont reconnu un droit à réparation dans des hypothèses débordant le cadre de l'entourage familial. Par exemple, le vol d'un dossier médical d'un enfant décédé, commis au détriment de la clinique où il avait été établi, est à l'origine d'un préjudice direct pour les parents[471]. Un vol avec arme ouvre droit à réparation aux employés du magasin où il a été commis[472] mais aussi aux propriétaires, ou aux détenteurs des deniers détournés[473].

En ce qui concerne l'action civile des héritiers de la victime, deux arrêts rendus par la Cour de cassation, siégeant en Assemblée Plénière, précisent les conditions dans lesquelles ils peuvent obtenir réparation du préjudice causé à cette dernière par l'auteur de l'infraction pénale[474]. La Cour de cassation énonce, tout d'abord, que le droit à réparation des préjudices subis par la victime, né dans son patrimoine, a été transmis à ses héritiers, qui étaient donc recevables à l'exercer, peu important que la victime n'ait pas introduit d'action à cette fin avant son décès, dès lors que le Ministère Public avait mis en mouvement l'action publique et que la victime n'avait pas renoncé à l'action civile. L'assemblée plénière affirme, ensuite, que le droit de la partie civile de mettre en mouvement l'action publique est une prérogative de la seule victime et que l'action publique n'ayant été mise en mouvement ni par le Ministère public, ni par la victime, seule la voie civile était ouverte à la fille de la défunte pour exercer le droit à réparation reçu en sa qualité d'héritière.

Par ces deux arrêts, l'Assemblée Plénière rappelle que les héritiers recueillent dans le patrimoine de la victime décédée le droit de demander l'indemnisation du dommage causé mais elle limite la faculté de pouvoir porter l'affaire devant le juge pénal. La victime directe doit avoir agi de son vivant et mis en mou-

---

470. V. Cass. Crim. 9 juin 1996, *Bull. Crim.*, 287.

471. V. Cass. Crim. 12 janv. 1994, *Bull. Crim.*, 16.

472. V. Cass. Crim. 17 mai 1995, *Bull. Crim.*, 176.

473. V. Cass. Crim. 8 janv. 1998, *Bull. Crim.*, 7.

474. V. Cass. Ass. plén. 9 mai 2008, 05.87.379 et 06-85.751.

vement l'action publique pour que cette dernière soit transmise aux héritiers et qu'ils puissent solliciter réparation devant le juge pénal. Il en va de même si c'est le Ministère Public qui a mis en mouvement l'action publique : les héritiers peuvent solliciter une indemnisation devant le juge pénal si la victime, de son vivant, n'a pas renoncé à son droit à réparation. Les héritiers qui ne pourront pas agir devant le juge répressif pourront toujours saisir le juge civil.

L'action civile des tiers, personnes physiques ou morales, est soumise à des règles particulières. Contrairement aux créanciers [475], les cessionnaires et subrogés peuvent désormais agir sous certaines conditions aux lieu et place de la victime initiale. Ce n'est pas le cas pour l'assureur, y compris lorsque l'action publique a été mise en mouvement, si la victime n'est pas partie à l'instance [476]. Son intervention à l'instance pénale, qui a pour unique objet de lui rendre opposable la décision rendue sur les intérêts civils [477], peut avoir lieu pour la première fois en appel [478]. Les caisses de sécurité sociale ne peuvent intervenir que si la victime, qui doit les en avertir, est partie à l'instance, interjeter appel si elle se désiste, mais non pas agir pour la première fois en appel [479]. L'Etat et les collectivités territoriales peuvent également intervenir même en l'absence de la victime pour le remboursement des sommes versées au titre de prestations sociales. Et l'employeur pour les salaires versés [480]. Il en va de même pour les Fonds de garantie et notamment pour le FGTI qui, subrogé dans les droits des victimes qu'il a indemnisées,

---

475. V. not. Cass. Crim. 6 sept. 2000, *In Dr. pénal*, 2001-2, 19, pp. 18-19.

476. V. art. 388-1 *C.pr.pén.* ; Cass. Crim. 26 mai 1988, *Bull. crim.*, 226 ; par contre, l'assureur du prévenu ne peut intervenir que si la victime est partie à l'instance, V. not. Cass. Crim. 12 oct. 1994, *Bull. crim.*, 330.

477. V. not. Cass. Crim. 5 fév. 2002, *In Dr. pénal*, 2002-6, 78, pp. 23-24.

478. V. art. 388-1 al. 2 *C.pr.pén.* (L. 8 juillet 1983) ; not. Cass. Crim. 5 fév. 2002, *Bull. crim.*, 17 ; Cass. Crim. 17 mars 2004, *Ibid.*, 68 (FGTI).

479. V. not. Cass. Crim. 11 oct. 1995, *In Juris-Data*, 003670.

480. V. not. Cass. Crim. 10 mai 1990, *Bull. crim.*, 183 ; Cass. Crim. 16 fév. 1994, *Bull. crim.*, 71.

peut se constituer partie civile devant les juridictions répressives, nonobstant l'inaction de la victime [481].

A la condition de posséder la qualité pour agir, toute personne morale de droit public [482] ou de droit privé peut se constituer partie civile, afin d'obtenir réparation de toute atteinte patrimoniale ou morale dont elle a souffert. Le dommage consécutif à l'infraction doit être certain ou pour le moins vraisemblable, direct et personnel [483].

Les syndicats professionnels possèdent ainsi un droit d'action chaque fois que des faits infractionnels portent un préjudice direct ou indirect à l'intérêt collectif de la profession qu'ils représentent [484]. L'intérêt invoqué doit être véritablement professionnel [485] et réellement collectif [486]. Les ordres professionnels doivent quant à eux invoquer un préjudice porté à l'intérêt collectif de la profession distinct de celui de ses membres et de l'intérêt général [487], ce qui est particulièrement

---

481. V. not. art. L 421-5 *C.ass.* pour le Fonds de garantie automobile ; L. 422-1 *C.ass.* relativement aux actes de terrorisme et art. 706-11 *C.pr.pén.* pour les autres infractions relevant de la compétence du FGTI. ; V. not. Cass. Crim. 31 mai 2000, *Bull. crim.*, 209.

482. V. not. Cass. Crim. 27 nov. 1996 (Etablissements publics de santé), *Bull. crim.*, 431 ; Cass. Crim. 7 avril 1999, *Ibid.*, 69 (parcs nationaux) ; Cass. Crim. 13 mars 2001, *In Juris-Data*, 009243 (service départemental d'incendie et de secours) ; Cass. Crim. 9 avril 2002, *In Dr. pénal*, 2002-10, 114, pp. 22-23 (commune).

483. V. not. au cas d'abus de biens sociaux, Cass. Crim. 16 fév. 1999, *Bull. crim.*, 17.

484. V. art. L 411-11 et s. *C.travail.*

485. V. not. Cass. Crim. 24 avril 1997, *Bull. crim.*, 146 ; Cass. Crim. 14 juin 2000, *In Juris-Data*, 003125.

486. Tous les membres de la profession doivent être concernés et pas seulement l'un d'entre eux ; Cass. Crim. 23 janv. 2002, *In Dr. pén.*, 2002-6, 66, p. 11 ; *In Rev. Sc. Crim.*, 2002-4, 832 ; Cass. Crim. 17 fév. 2002, *Bull. crim.*, 27.

487. V. art. L 375 *C.santé pub.* ; L. 4122-1, L 4123-1 *C.santé pub.* (L. 9 mars 2002).

vrai en cas d'exercice illégal d'une profession de santé [488] ou de celle d'avocat [489], notamment.

Les associations issues de la Loi du 1er juillet 1901 se sont longtemps vu refuser la possibilité d'exercer l'action civile devant les juridictions répressives. Elles ne représentent en effet que leurs propres membres et l'intérêt qu'elles entendent protéger est souvent très proche de ceux que défend le Ministère public lui-même. Naturellement, si l'association fait état d'un préjudice personnel et direct (au cas de vol par exemple), son action est parfaitement recevable.

Désormais, la constitution de partie civile relativement au préjudice portant atteinte aux intérêts collectifs pour la protection desquels l'association existe [490] est rendue possible par l'intervention massive et désordonnée du législateur contemporain. C'est d'un véritable maquis qu'il s'agit et l'on peut légitimement craindre, dans quelques hypothèses, une privatisation excessive de l'action publique [491]. Pour autant, leur rôle apparaît essentiel dans les cas où les victimes ont disparu ou se trouvent dans l'incapacité d'agir par elles-mêmes. Il est également indéniable que ces associations consolident la reconnaissance à laquelle les victimes ont droit, leur apportent de précieux soutiens et leur offrent un remarquable accompagnement solidaire et citoyen tout au long de la procédure, voire au-delà. Quoi qu'il en soit, les associations doivent être spécialement habilitées et des conditions particulières encadrent leur action. Certaines associations doivent avoir été reconnues d'utilité publique.

---

488. V. not. Cass. Crim. 11 mars 1998, *In Dr. pén.*, 2006-juillet, 106.

489. V. not. Cass. Crim. 5 nov. 1997, *Bull. crim.*, 377.

490. Sur la variété des constitutions de partie civile, V. not. Cass. Crim. 4 fév. 1997, *Bull. crim.*, 45 (Fédération sportive) ; Cass. Crim. 24 juin 1997, *Ibid.*, 251 (AFC Que choisir ?) ; Cass. Crim. 15 juin 2000, *Ibid.*, 227 (femmes victimes de violences au travail) ; Cass. Crim. 9 avril 2002, *Ibid.*, 82 (urbanisme).

491. Sur le rôle controversé de ces associations de défense, V. not. X. PIN, La privatisation du procès pénal, *In Rev. Sc. Crim.*, 2002, pp. 245-261 ; J. VOLFF, La privatisation rampante de l'action publique, *In JCP*, Doctr., 2004,146, pp. 1217-1220 ; B. SIBI, Le principe de l'égalité des armes et la victime au procès pénal, *In Rev. pénit. dr. pén.*, 2005-2, pp. 547-567.

D'autres doivent exister depuis quelques années ; ou avoir obtenu l'accord de la victime ; ou n'agir que par intervention [492] ...

Les articles 2-1 à 2-23 *C.pr.pén.* offrent un échantillonnage varié de ces associations habilitées à se constituer partie civile au cas de : discriminations raciales, ethniques, religieuses ; discriminations fondées sur le sexe ou sur la situation de famille ; violences sexuelles, violences familiales ; enfance martyrisée ; crimes contre l'humanité ou de guerre ; personnes malades ou handicapées ; attentats terroristes ; exclusion sociale ou culturelle de personnes en état de grande pauvreté ; atteintes aux intérêts moraux et à l'honneur des anciens combattants et victimes de guerre ; délinquance routière ; mauvais traitements envers les animaux ; défense de la langue française ; accidents collectifs ; toxicomanies ou trafic de stupéfiants ; homophobie ; violences sectaires ; accidents du travail ou maladies professionnelles ; injures, outrages, menaces ou coups et blessures à l'égard des élus municipaux à raison de leurs fonctions ; atteintes aux intérêts moraux et matériels des locataires, propriétaires et bailleurs d'immeubles collectifs à usage d'habitation ; de destruction, dégradation ou détérioration de biens archéologiques ou culturels ; lutte contre la traite des êtres humains et l'esclavage ; lutte contre la corruption [493].

L'action civile peut s'éteindre par la volonté de la victime, à la suite d'un dédommagement (directement sur offre du délinquant ou après transaction entre eux [494]), d'une renonciation [495], d'un désistement [496] ou d'acquiescement de la victime. Bien évidemment, l'action civile ne survit pas aux délais de prescription précédemment évoqués.

---

492. V. not. Cass. Crim. 28 septembre 2004, *Bull. crim.*, 224 (Association de lutte contre sectes).

493. V. également art. L 211-3 *C.ASF.* ; L. 233 du Livre des procédures fiscales ; L 132-1, L 141-1 et s. *C. de l'environnement* ; L. 411-1 et s. *C. Consommation* ; L 1114-1 *C. Santé pub.*

494. V. art. 2046 *C.civ.*

495. V. art. 2 al. 2 *C.pr.pén.*

496. V. art. 425 et s. *C.pr.pén.*

Quelle que soit la voie choisie, la constitution de partie civile confère à la victime et/ou aux autres personnes recevables le statut de partie civile. Acteur au procès pénal, la victime va notamment pouvoir obtenir, si elle le souhaite, des dommages et intérêts correspondant aux préjudices qui lui ont été causés. Elle va encore pouvoir exercer, tout au long du procès pénal, l'ensemble des droits expressément édictés pour parvenir à cette indemnisation et/ou à la manifestation de la vérité qui conduira le juge à condamner l'auteur de l'infraction à réparer les préjudices causés et à exécuter la sanction prononcée [497].

Section 2 – Les droits des victimes durant le procès pénal

Plus personnel (dans son application à un être humain), plus complexe (dans son déroulement), plus proactif dans la recherche des preuves que le procès civil, le procès pénal est enserré dans des règles processuelles précises, lesquelles constituent la meilleure garantie des droits des parties. Il convient de rappeler que ces droits doivent être inscrits, dans un procès respectueux de la *dignité* de la personne, essence de l'humanité [498]. Reconnue publiquement par la mise en mouvement du processus pénal, la victime se trouve alors restaurée dans l'estime de soi, dans « la dignité attachée à la qualité morale de la personne humaine » [499] (§ 1). A la condition que tous les intervenants soient d'authentiques professionnels, rompus aux techniques de leur discipline, mais également formés aux sciences humaines et à la criminologie (au sens large incluant la victimologie), préparés au partage des connaissances transdisciplinaires en réseau partenarial. Par obligation, tout au long des

---

497. V. art. 418 al. 3 *C.pr.pén.* selon lequel la partie civile peut, à l'appui de sa constitution, demander des dommages intérêts correspondant au préjudice qui lui a été causé.

498. V. B. EDELMAN, La dignité de la personne humaine, un concept nouveau, *In Dalloz*, 1997, Chron., pp. 185-188 ; E. DESTRADE, Procès pénal et dignité des victimes, *In RICPTS*, 2005-5, pp. 163-172 ; C. GIRARD, S. HENNETTE-VAUCHEZ (Dir.), *La dignité de la personne humaine. Recherche sur un processus de juridicisation*, PUF, Coll. Droit et justice, 2005, 318 p.

499. V. P. RICOEUR, *Le juste*, Ed. Esprit, 1995, p. 199.

trois principales phases qui structurent le procès pénal ainsi que durant la mise à exécution peines prononcées et leur individualisation par le juge de l'application des peines (§ 2) [500].

§ 1 – Les principes fondamentaux du procès pénal

Le procès pénal s'inscrit effectivement dans le respect du principe d'indépendance des juridictions à l'égard de l'exécutif – au sens large – mais également à l'égard des parties en cause. Il doit garantir la séparation des fonctions judiciaires interdisant au même juge d'engager des poursuites, d'être en charge de l'instruction, de prononcer le jugement et de diriger l'exécution des peines [501].

Tout procès pénal démocratique doit assurer la prééminence du droit au travers des principes de légalité, d'égalité, de garantie judiciaire (accès à la justice, indépendance des magistrats, collégialité et imparité, impartialité, professionnalisme), de publicité (sauf huis clos) et de recours (double degré de juridiction). La présomption d'innocence impose au juge de réunir les preuves de la culpabilité de l'intéressé. Le procès équitable se réalise encore par le respect des droits de la défense (des deux

500. V. not. sur l'ensemble de la question, G. LOPEZ, S. PORTELLI, S. CLEMENT, Les droits des victimes. Victimologie et traumatologie, *op. cit.*, 395 p. ; C. DAMIANI, C. VAILLANT, Être victimes : aides et recours, *op. cit.*, 2003, 182 p. ; N. PIGNOUX, La place de la victime dans le procès pénal, *In RICPTS*, 2002-2, pp. 165-182 ; R. CARIO, Les droits des victimes : état des lieux, *In A.J. Pénal*, 2004-12, pp. 425-429 ; *Le guide des droits des victimes*, Min. Justice / Prat Ed., 2005, 233 p. ; N. PIGNOUX. *La réparation des victimes d'infractions pénales*. Ed. L'Harmattan, 2008, 433 p. ; C. POMART-NOMDEDEO, L'aide aux victimes. Propos de clôture, *In RJOI*, 2010-10, pp. 63-69 ; Comp. A. KARMEN, Crime victims. An introduction to victimology, *op. cit.*, p. 144 et s. ; R. ELIAS, The politics of victimization. Victims, victimology and human rights, *op. cit.*, 395 p. ; R.I. MAWBY, S. WALKLATE, *Critical victimology. International perspectives*, Sage pub., 1994, 224 p. ; H. WALLACE, *Victimology. Legal, psychological and social perspectives*, Allyn and Bacon pub., 1998, 373 p. ; L. ZEDNER, Victims, *In* M. Maguire, R. Morgan, R. Reiner (Eds), *The Oxford Handbook of Criminology*, Clarendon Press, Oxford, 3rd ed., 2002, pp. 419-456.

501. V. art. Préliminaire, I-2, 81, 49 al. 2 *C.pr.pén.* ; Comp. art. 8 *ord. 1945*.

côtés de la barre), du contradictoire et de l'égalité des armes dont dispose chacun des protagonistes au procès criminel (infracteur, victime, procureur). Les principes d'intervention minimale, de proportionnalité, de célérité et d'exécution des sanctions complètent le dispositif processuel. Enfin et pour l'essentiel, les règles de compétence en matière pénale sont d'ordre public tant en ce qui concerne la compétence territoriale, personnelle que d'attribution [502].

Au regard de la complexité du procès pénal, la règle de l'unité des juridictions civiles et pénales et, par conséquent, des magistrats qui les composent, semble aujourd'hui quelque peu désuète. La spécialisation du juge pénal apparaît comme inévitable, autant quant à la détermination de la responsabilité pénale des intéressés, que relativement à l'adaptation, à l'adéquation de la sanction prononcée à leur personnalité et quant à la détermination de la juste réparation de la victime, en l'associant le plus possible au procès pénal. *A minima*, le juge pénal devrait pouvoir bénéficier du concours permanent d'au moins un spécialiste en sciences criminelles, d'un criminologue généraliste ou clinicien, en poste auprès de chaque juridiction répressive.

C'est en ce sens qu'un article préliminaire a été très opportunément introduit dans la Code de procédure pénale par la Loi du 15 juin 2000.

« I. La procédure pénale doit être équitable et contradictoire et préserver l'équilibre des droits des parties. Elle doit garantir la séparation des autorités chargées de l'action publique et des autorités de jugement. Les personnes se trouvant dans des conditions semblables et poursuivies pour les mêmes in-

502. V. not. sur la compétence territoriale en matière d'infraction à caractère international, art. 113-2 et s. *C.pén.* (si l'un des faits constitutifs a lieu en France, la loi pénale française s'applique ; de même lorsque l'infraction est commise à l'étranger par un français ou lorsque la victime est de nationalité française au moment de l'infraction) ; d'actes de terrorisme, V. art. 706-17 *C.pr.pén.* ; d'infraction en matière économique ou financière, 704 et s. *C.pr.pén.* ; sur les règlements de juges, V. art. 657 à 661 *C.pr.pén.* ; sur les divers renvois d'un tribunal à une autre, V. art. 662 et s. *C.pr.pén.* ; sur la plénitude de juridiction de la cour d'assises, V. art. 231 *C.pr.pén.* ; sur la compétence exclusive des juridictions pour mineurs, V. art. 3 *Ord. 2 fév. 1945* ; sur celles de la Haute cour de justice et de la Cour de justice de la République, V. art. 67 et s. *Constitution* du 4 oct. 1958.

fractions doivent être jugées selon les mêmes règles.

II. L'autorité judiciaire veille à l'information et à la garantie des droits des victimes au cours de toute procédure pénale.

III. Toute personne suspectée ou poursuivie est présumée innocente tant que sa culpabilité n'a pas été établie. Les atteintes à sa présomption d'innocence sont prévenues, réparées et réprimées dans les conditions prévues par la loi (V. C. civ., art. 9-1). Elle a le droit d'être informée des charges retenues contre elle et d'être assistée d'un défenseur. Les mesures de contraintes dont cette personne peut faire l'objet sont prises sur décision ou sous le contrôle effectif de l'autorité judiciaire. Elles doivent être strictement limitées aux nécessités de la procédure, proportionnées à la gravité de l'infraction reprochée et ne pas porter atteinte à la dignité de la personne. Il doit être définitivement statué sur l'accusation dont cette personne fait l'objet dans un délai raisonnable. Toute personne condamnée a le droit de faire examiner sa condamnation par une autre juridiction [503].

La consécration des principes fondamentaux de procédure pénale en cet article préliminaire aurait dû conduire le législateur a solennellement inscrire la nécessité du respect de la dignité de la personne victime et intégrer, *a minima*, des éléments constitutifs d'une définition de la victime.

§ 2 – L'exercice des droits des victimes

D'une manière générale, la victime ayant décidé d'agir en justice jouit de droits spécifiques, que l'article préliminaire aurait pu garantir à la victime, comme pour l'infracteur, à peine de nullité, sans victimophilie aucune [504], en conformité tout simplement avec le procès équitable. Si l'œuvre de justice abondait mieux les besoins des victimes, dans une stratégie de justice restaurative [505], ceux des infracteurs se trouveraient réciproquement très notablement renforcés, aux points de vue pénal aussi bien que criminologique. A prendre le temps d'y regarder de plus près, l'immense majorité des victimes d'infractions pénales peine à voir reconnaître ses droits, tant aux plans judi-

503. Sur l'importance que revêt en droit interne cet article préliminaire, V. not. Cass. Crim. 6 janv. 2004, *In Dr. pénal*, 2004-5, 74, pp. 27-28.

504. V. R. Gassin, Criminologie (6è éd.), *op. cit.*, p. 211, 609-611.

505. V. not. L. Walgrave, La justice restaurative et la justice pénale : un duo ou un duel ?, *In* R. Cario (Dir.), *Victimes : du traumatisme à la restauration*, Ed. L'Harmattan, Coll. Sciences criminelles, 2002, pp. 275-303.

ciaire, que psychologique et social. C'est sans doute par là que se construit la victimisation secondaire, authentique maltraitance judiciaire et sociale des victimes et/ou de leurs proches, cause principale des velléités vindicatives les plus débordantes, les plus inacceptables. Quelques-uns de ces droits sont acquis à la simple victime. D'autres, beaucoup plus nombreux, abondent le statut de la victime constituée partie civile. Il convient de distinguer les droits bénéficiant aux intéressés à tous les stades de la procédure (A) de ceux qu'ils doivent mobiliser plus spécialement au sein de chacune des phases traditionnelles du procès pénal (B).

1. Les droits des victimes à tous les stades du procès pénal

La victime aura ainsi le sentiment d'être reconnue si les conditions de son *accueil*, primordial, sont satisfaisantes, de la révélation des faits à l'exécution des décisions de justice : police, gendarmerie, hôpitaux, urgences médico-judiciaires (UMJ), tribunaux, associations d'aide aux victimes, Bureau d'aide aux victimes, Juge délégué aux victimes, services sanitaires et sociaux, mairies, compagnies d'assurance, bureaux de l'exécution des peines, services pénitentiaires d'insertion et de probation, juge de l'application des peines. Des locaux spécifiques doivent être disponibles, aménagés chaleureusement et, concernant notamment les victimes mineures ou celles de violences familiales, équipés de matériels techniques susceptibles de mémoriser ces premiers instants de remémoration des circonstances du drame vécu. On ne soulignera jamais assez combien est inhumaine l'absence de locaux spécifiques, condamnant ainsi les parties et leurs proches à s'exposer pour se perdre un peu plus, avant, durant et à l'issue du procès pénal... dans autant de salles des pas perdus [506]. Des permanences doivent être organisées, aux plages horaires extensibles, y compris les fins de semaine et les jours fériés. La visite des salles d'audience doit également être systématisée ; une place privilégiée doit être réservée à la victime lors de leur déroulement.

---

506. V. INAVEM, Proposition n° 26, *In* « 40 propositions... », *op. cit.*, inavem.org.

En tous ces lieux, afin de favoriser la parole de la victime, éprouvée physiquement et psychologiquement par la révélation des faits, des équipes pluridisciplinaires (juristes, médecins, psychologues, travailleurs sociaux) doivent l'accueillir ou, pour le moins, la présence de personnels généralistes spécialement formés à l'accueil des victimes est nécessaire, en toute confidentialité. Cette aptitude à *l'écoute* des plaintes et des souffrances de la victime, généralement verbalisées avec beaucoup de difficultés, est fondamentale non seulement pour leur reconnaissance effective mais aussi pour l'orientation et le déroulement de la procédure consécutivement mise en œuvre. Une telle aptitude à l'écoute et, surtout, à la reformulation de ce que la victime vient d'exprimer ne s'improvise pas mais s'enseigne dans le cadre particulier de formations professionnelles initiales ou continues [507].

Néanmoins, compassion, empathie et attention s'imposent, car ce qui pourrait paraître banal à l'intervenant est toujours capital pour la victime. Mais aussi rigueur dans la recherche de la vérité factuelle, dans le respect des droits de chacun des sujets, dans le respect des nécessités de l'œuvre de justice, à charge et à décharge, sans manichéisme ou instrumentalisation. Du temps est nécessaire à cette évocation des faits, inévitablement. Quel que soit le lieu d'où l'on écoute. A défaut de pouvoir médiatiser les affects douloureux provenant du crime subi, les frustrations sont grandes et génératrices d'incompréhension de la part des victimes, animées alors par le doute du bien-fondé de la démarche, de la gravité réelle des faits, ou envahies par le sentiment de « faire valoir » de la justice pénale surtout intéressée à collecter les preuves de la culpabilité de l'infracteur grâce, entre autres moyens, à leurs déclarations. De sujet de droits, la victime devient alors objet de procédure. Une telle situation est particulièrement flagrante au stade du jugement où, très sou-

---

507. V. not. R. MUCCHIELLI, *L'entretien en face à face dans la relation d'aide*, ESF Ed., 18è éd. 2004, 156 p. et spé. p. 53 et s. ; C. ROGERS, *La relation d'aide et la psychothérapie* (1942), ESF Ed., 14è éd. 2005, p. 91 et s. ; comp. M. GINET, *Les clés de l'entretien avec le témoin ou la victime*, IHESI / La Doc. Française, 2003, 147 p.

vent, seul le montant du préjudice, correctement évalué de surcroît, semble intéresser la cour.

Mais pour être écoutée, la victime doit encore être *entendue* et crue dans ses déclarations[508]. Il n'y a rien de plus traumatisant que de voir sa parole remise en doute, sans nuance et précaution. La recherche de la vérité est essentielle pour la victime et tout doit être mis en œuvre pour qu'elle y participe elle-même, pour que « sa vérité » coïncide le plus possible avec la vérité judicaire.

La visibilité de son état de victime exige son identification par l'inscription de son nom sur le dossier pénal (pas par seulement par celui de l'infracteur) et la création systématique en leur sein d'une « cote victime », de couleur particulière[509], abondée par tous les éléments relatifs à sa reconnaissance et/ou à celle de ses proches : de son adresse à ses coordonnées bancaires, en passant par toutes pièces attestant des préjudices subis ainsi que ses observations relativement aux conséquences et répercussions de sa victimisation[510]. Elle permet de la convoquer, à la bonne adresse en heure et en temps, à tous les actes de la procédure qui requièrent leur présence.

Si l'accompagnement consiste pour la victime à être reconnue et entendue, il implique le droit de *n'avoir pas à répéter* sans cesse, devant chaque interlocuteur, les circonstances de son affaire, les conditions de sa réparation. L'enregistrement des premières déclarations devrait être généralisé, à la manière des modalités prévues par la Loi du 17 juin 1998 concernant les mineurs, à ces nuances près que la victime y consente et soit

508. V. not. G. LOPEZ, S. PORTELLI, S. CLEMENT, Les droits des victimes. Victimologie et psychotraumatologie, *op. cit.*, pp. 85-108.

509. V. en ce sens la « Déclaration de la victime sur les conséquences du crime », de couleur jaune, utilisée par les tribunaux répressifs du Québec, *In* Victimologie, Vol. 2, *op. cit.*, p. 71 et s. ; V. A. NORMANDEAU, Politiques et pratiques en matière de droits et de services aux victimes d'actes criminels au Canada, *In* A. Bernard, R. Cario (Dir.), Les politiques publiques interministérielles d'aide aux victimes, *op. cit.*, pp. 79-103 ; Comp. Rapport LIENEMANN, *op. cit.*, proposition 34.

510. V. en ce sens l'art D 49-65 *C.pr.pén.* (D. 13 déc. 2004).

autorisée à retirer du dossier un enregistrement contre-productif ou incomplet. Ce qui est légitime, car un tel enregistrement ne doit être effectué que dans l'intérêt de la victime, en aucun cas comme preuve à décharge pour l'infracteur. De même que le recours aux moyens modernes de télécommunication audiovisuelle doit être encouragé.

Dans ce même esprit, l'*orientation* des victimes vers les services adéquats, notamment les services généralistes de l'aide aux victimes, chaque fois que le problème diagnostiqué sort du champ de la compétence propre de l'intervenant, quel qu'il soit, où qu'il se trouve, est essentielle. Toute intervention improvisée est à proscrire car elle entraîne des conséquences et des répercussions néfastes pour la victime, autant au niveau du problème lui-même qu'il importe de traiter qu'à celui de la victimisation secondaire risquant de découler d'une réponse inappropriée. Le travail en partenariat, clairement établi par voie conventionnelle, est la solution idéale et réaliste à l'approche globale des souffrances de la victime. Grâce à cette stratégie d'intervention, elle demeure dans le réseau de l'aide aux victimes, en évitant le douloureux écueil de la répétition.

Les *droits de la défense* de la victime doivent rigoureusement être garantis et respectés. Les conventions conclues entre barreaux et associations d'aide aux victimes facilitent grandement les relations entre victimes et avocats, spécialement sensibilisés dans un tel contexte partenarial aux caractéristiques des victimisations à prendre en charge. Une défense de qualité permet à la victime d'être véritablement acteur du procès, d'apprivoiser les dispositifs et de reprendre en main ses affaires. L'élargissement, la revalorisation, mieux même la systématisation de l'aide juridictionnelle au bénéfice des victimes est inévitable, tant il est normal que la solidarité nationale vienne à leur secours et assume les frais toujours coûteux du procès pénal (frais de copies, honoraires divers et autres frais irrépétibles). L'aide juridictionnelle doit également être acquise relativement au recouvrement des créances et particulièrement lorsque le débiteur est incarcéré [511].

La réparation de la victime suppose que tous les intervenants rencontrés tout au long du procès pénal soient réellement des *professionnels compétents* et que les services qu'ils offrent soient de réelle qualité [512]. S'ils le sont généralement tous dans leur propre spécialité, encore convient-il qu'ils soient sensibilisés (dans leur formation initiale et continuée) à la question criminelle, dans l'endroit comme dans l'envers du crime. La complexité des comportements humains, notamment agressifs, impose en effet que des connaissances les plus actualisées en criminologie et victimologie soient acquises pour comprendre, prendre en compte et traiter les besoins des intéressés. La complémentarité des divers professionnels est une réelle richesse, si chacun apporte ses savoir-faire, sans confusion de rôle. La convergence intégrée des réponses aux besoins de la victime consolide sa reconnaissance et amplifie sa réparation. Plus en amont, la professionnalisation doit également conduire les intervenants à maîtriser les dispositifs de dépistage et de signalement disponibles ; et aucun secret professionnel ne saurait couvrir la non assistance à personne en péril, surtout lorsqu'il est partagé au bénéfice de la seule personne victimisée.

A savoir :

Le renforcement des compétences professionnelles du personnel est indispensable pour répondre aux demandes à l'égard des victimes de façon éthique et déontologique la plus efficace possible. Tous les professionnels qui accueillent, écoutent, prennent en compte les victimes (ou les infracteurs) doivent impérativement être formés aux techniques d'écoute et d'entretiens mais aussi bénéficier d'espace de parole pour échanger sur leur pratique et les difficultés

511. L'application de l'art. 728-1 *C.pr.pén.* (V. également C. 728-1) demeure en effet aléatoire, autant à cause des faibles ressources du condamné que des difficultés pour la victime à connaître le lieu d'incarcération du débiteur ; sur ce dernier aspect, V. néanmoins les obligations du ministère public portées à l'article D 325 *C.pr.pén.* ; sur le choix du travail pénal, V. D 101 *C.pr.pén.* ; V. Circ. 13 juillet 1998, Annexes 2, I, 2, *op. cit.*, Victimologie, p. 84.

512. V. not. Forum européen des Services d'aide aux victimes, Les droits des victimes à des services de qualité, *op. cit.*, *In* Victimologie, Vol. 2, p. 67 et s.

rencontrées avec des professionnels compétents.

Trop souvent, en particulier dans des conditions où les moyens sont limités, le personnel ne reçoit pas la formation et le soutien nécessaires : même s'il en reçoit, il s'agit le plus souvent d'une seule séance avec un suivi limité ou d'un suivi établi par des bénévoles non formés eux-mêmes aux techniques de supervision et d'échange des pratiques.

La mise en place de séances de supervision établies et suivies régulièrement par des professionnels spécialisés [513] et adéquats : évite l'épuisement des professionnels (*burn out*) ; rend la prise en compte des victimes plus efficiente ; permet à ces structures de retrouver une cohésion de groupe face aux difficultés de financement notamment. L'accès à des formations spécifiques de prise en compte des victimes des professionnels venant de divers horizons apparaît plus qu'essentiel. En effet, la théorie universitaire ne suffit pas à être opérationnelle sur le terrain face à des drames humains parfois insoutenables que vivent les victimes.

L'argument des questions financières est bien trop souvent avancé pour éviter cette prise en charge des professionnels confrontés jour après jour à des drames humains. Il leur est demandé un engagement et un investissement humains importants mais on les prive d'espace de parole. Ces structures d'Aav, à taille humaine, qui prônent des valeurs sociales et humaines deviennent de véritables petites entreprises devant survivre face à des financements très notoirement insuffisants. Or, la reconnaissance, la formation et l'écoute des professionnels sur leurs pratiques est une priorité dont elles devraient prendre conscience, quelques-unes d'entre elles préférant pratiquer le *turn over* plutôt que de maintenir des professionnels engagés. Ce constat est regrettable pour ces professionnels mais davantage encore pour les victimes.

Cet ensemble légitime de droits acquis au bénéfice de toute victime d'infractions est pertinemment renforcé de nos jours à chacune des phases du procès pénal et, plus particulièrement encore, à l'égard de celles qui se constituent partie civile. De telle sorte que leurs droits à la reconnaissance, à l'accompagnement et à réparation sont effectivement susceptibles d'être heureusement abondés dans le cadre d'un procès pénal équitable pour le moins.

2. Les droits des victimes à chaque phase du procès pénal

L'importance du respect de ces droits, dès le premier contact établi ainsi qu'à chacune des phases successives de la procé-

513. V. Espace Thérapies systèmes, Etudes et Développement en Relation d'aide, d'accompagnement ou de soin, espace-therapies-systemes.com.

dure, est capitale. Il détermine très fortement la suite du règlement du procès pénal, tant pour la victime que pour le système, non seulement en termes de satisfaction et de réparation effectives pour l'une mais encore de qualité de l'Œuvre de justice accomplie pour l'autre. Le droit positif a considérablement évolué ces dernières années en offrant à la victime des droits particuliers. Plus opportunément encore, la victime constituée partie civile se voit dorénavant offrir un rôle authentique d'acteur au procès pénal. Pour être concrètement mobilisables, l'application de la plupart de ces droits est tout à fait relative dans la mesure où ils ne sont pas requis à peine de nullité. Dans les développements qui vont suivre, le terme victime est utilisé comme synonyme de celui de partie civile. Tous les droits dont il s'agit ne concernent donc que la victime constituée et recevable. Le cas échéant, une distinction plus précise sera clairement opérée lorsque toute victime, y compris non constituée partie civile, peut en être bénéficiaire.

a) Les droits des victimes durant la phase préalable

Les agents et officiers de police judiciaire ont obligation de recevoir les plaintes déposées par les victimes en tout lieu du territoire national et, le cas échéant, de les transmettre au service territorialement compétent [514]. Plus précisément, ils ont l'obligation de transmettre la plainte au service de police ou au groupement de gendarmerie territorialement compétent, après avoir recueilli les informations suffisantes pour effectuer les enregistrements qui s'imposent dans les fichiers de police judiciaire [515]. Tout dépôt de plainte donne lieu à délivrance immédiate d'un récépissé à la victime et, à sa demande, copie du procès-verbal du dépôt de la plainte lui est délivrée. L'inscription sur la main courante ou le registre de déclarations doit être réservée aux seuls faits non infractionnels.

---

514. V. art. 15-3 *C.pr.pén.*

515 . V Circ. Crim. 01-07 F1, 14 mai 2001, *B.O.* min. Justice, 2001, n° 82.

A savoir :

Différence entre la main courante et la plainte. La main courante est une simple déclaration faite auprès des services de police ou groupements de gendarmerie. C'est un moyen pratique pour dater des événements d'une certaine gravité mais qui ne sont pas à eux seuls caractéristiques de la commission d'une infraction pénale. Par exemple, un tel dépôt peut être opportun en cas de départ du conjoint du domicile, non présentation de l'enfant conformément aux règles fixées dans une décision de justice, bruits de voisinage. Cette formalité accomplie permet de garder la trace officielle de faits ou déclarations, utiles ultérieurement. Il convient de s'adresser : soit au commissariat de police (les déclarations sont consignées sur un registre informatisé de main courante tenu par les services de police ; soit à la brigade de gendarmerie (les déclarations sont alors transcrites sur un « procès-verbal de renseignement judiciaire » ou un « compte-rendu de service ». Quelques brigades de gendarmerie déclarent ne pas tenir de main courante, ce qui ne signifie pas qu'elles ne sont pas disposées à enregistrer les déclarations qui lui sont faites.

Les personnes impliquées dans les déclarations ne sont pas nécessairement averties par les forces de l'ordre du dépôt de la main courante. Mais son enregistrement peut quand même constituer un début de preuve dans une procédure ultérieure, notamment s'il est suivi d'une vérification des faits par la police ou la gendarmerie.

La plainte est l'acte par lequel toute personne qui s'estime victime d'une infraction en informe le procureur de la République, un service de police ou une brigade de gendarmerie. La plainte peut être déposée contre une personne identifiée ou « contre X » (si l'identité de l'auteur des faits est inconnue), soit auprès d'un service de police ou d'une brigade de gendarmerie, soit auprès du procureur de la République. La réception de la plainte ne peut pas être refusée par ces services. Auquel cas, il convient d'en informer le procureur de la République, seul ou avec l'aide d'un conseil ou d'une structure d'accès au droit.

La plainte est ensuite transmise au procureur de la République. Pour les atteintes aux biens dont l'auteur est inconnu, une pré-plainte en ligne sur internet peut être déposée, avant de se rendre au commissariat ou à la brigade [516].

Attention : Pour obtenir réparation du préjudice, le dépôt de plainte ne suffit pas : il faut se constituer partie civile.

Qu'il y ait ou non dépôt de plainte, que l'enquête soit préliminaire ou de flagrance, les services de police ou les brigades de gendarmerie doivent informer, plus précisément encore et par tous moyens [517], les victimes de leur droit : d'obtenir réparation des préjudices subis ; de se constituer partie civile si

516. V. vosdroits.servicepublic.fr.

517. V. art. 53-1, 75 *C.pr.pén.*

l'action publique est mise en mouvement par le parquet ou en citant directement l'auteur devant la juridiction compétente ou en portant plainte devant le juge d'instruction[518] ; d'être assistées immédiatement, si elles souhaitent se constituer partie civile, par un avocat de leur choix ou éventuellement désigné par le bâtonnier [519], les frais demeurant à leur charge sauf accès à l'aide juridictionnelle ou au bénéfice d'une assurance de protection juridique ; d'être aidées par un service relevant d'une ou de plusieurs collectivités publiques ou par une association conventionnée d'aide aux victimes ; de saisir si nécessaire la commission d'indemnisation des victimes d'infraction [520].

A savoir :

Selon l'article 60 al. 4 *C.pr.pén*, « Sur instructions du Procureur de la République, l'officier de police judiciaire donne connaissance des résultats des examens techniques et scientifiques aux personnes à l'encontre desquelles il existe des indices faisant présumer qu'elles ont commis ou tenté de commettre une infraction, ainsi qu'aux victimes ».

La Chambre Criminelle souligne que ces opérations techniques ne sont pas soumises aux règles de l'expertise devant une juridiction et qu'il suffit que le prévenu ait eu connaissance du rapport du technicien dont il a pu discuter les conclusions à l'audience [521]. Elles n'ont pas à être contradictoires [522].

Selon la jurisprudence, les mesures techniques peuvent être de divers ordres : examen médical de la victime pour déterminer les causes de sa mort [523], la nature de ses blessures [524] ; examen psychologique des victimes de viol [525].

Compte tenu du principe du secret de l'enquête, ces expertises relevant des éléments parfois très intimes sur l'état physique ou psychique des victimes, sont essentielles et devraient être expliquées aux victimes concernées par un professionnel spécialisé. En effet, des maladresses ou interprétations relayées par des non spécialistes de l'aide aux victimes peuvent être sources de victimisations secondaires ou d'incompréhensions.

518. V. art. 80-3, 420-1 *C.pr.pén.*

519. Cette même obligation pèse sur le procureur s'il décide de mettre en mouvement l'action publique ; V. art. 40-4 *C.pr.pén.* ; sur la commission d'office dont peut bénéficier l'infracteur, V. art. 116, 274, 317, 417 *C.pr.pén.*

520. V. art. 706-3 et 706-14 *C.pr.pén.* ; art. 706-5 et 15 *C.pr.pén.*

521. V. Cass. Crim. 16 juin 2009, n° 08-87.278.

522. V. Cass. Crim. 27 février 2007, n° 06-81.439.

523. V. Cass. Crim. 17 Oct 1972, n° 72-91-838, *Bull. Crim.*, 290.

524. V. Cass. Crim. 10 mai 1984, *Bull. Crim.*, 168.

525. V. Cass. Crim. 18 mars 1997, *Jurisdata* 1997-002708.

La présence au sein des commissariats de police ou des brigades de gendarmerie d'une assistante sociale, salariée d'une association d'aide aux victimes est une opportunité qu'il conviendrait de systématiser sur l'ensemble du territoire national.

La constitution de partie civile de la victime est facilitée à plus d'un égard. Une simple lettre, télécopie, présentation au commissariat, à la brigade de gendarmerie ou au greffe du tribunal suffit. La demande de restitution ou de dommages et intérêts au cours de l'enquête de police pourra valoir constitution de partie civile comme précédemment souligné [526]. Si sa protection personnelle ou celle de ses proches l'impose, la victime pourra se domicilier au commissariat de police [527] ; dans le même ordre d'idées, son identité peut ne pas être révélée et son témoignage rendu anonyme [528]. Il est clair que toutes les pressions ou violences destinées à empêcher l'accès à la justice ou exercées par représailles sont passibles de sanctions pénales [529]. Le cas échéant, il peut être fait appel à un interprète en langue des signes [530]. S'il s'agit d'une victime de nationalité étrangère, elle doit pouvoir bénéficier, dès le dépôt de plainte et tout au long de la procédure, d'un interprète [531].

En matière d'infraction de nature sexuelle, l'audition de l'enfant victime doit faire l'objet d'un enregistrement systématique, sauf décision contraire motivée. Un tel procédé suppose l'accord de l'intéressé ou de son représentant légal et devrait se dérouler en présence, selon les cas, d'un psychologue, des titulaires de l'autorité parentale ou de l'administrateur *ad hoc* no-

526. V. art. 420-1 al. 2 *C.pr.pén.*

527. V. art. 706-57 *C.pr.pén.*

528. V. art. 706-58 à 706-61 *C.pr.pén.*

529. V. art. 434-15 *C.pén.* (subornation de témoins), 222-13-5° *C.pén.* (violences sur témoin, victime ou partie civile).

530. V. art. 345, 408 *C.pr.pén.*

531. V. art. 344, 407 *C.pr.pén.*

tamment [532]. Une copie de l'enregistrement est versée au dossier, pour consultation ultérieure en cours de procédure, l'original placé sous scellés fermés. A l'expiration d'un délai de cinq années à compter de la date d'extinction de l'action publique, original et copie sont détruits dans le délai d'un mois.

L'évaluation récente de la mise en œuvre de l'audition filmée permet d'en souligner les avantages, principalement quant à la prise en compte de l'enfant victime comme personne, dont l'aptitude plus ou moins évoluée à la verbalisation peut être efficacement complétée par la gestualisation des faits, en évitant toutes répétitions inutiles dans la procédure à suivre. Mais il est affirmé, dans le même temps, que l'instrument ne sera véritablement fiable que si l'audition, effectuée dans des locaux spécialement aménagés, est menée par des professionnels rompus aux méthodes spécifiques qu'elle exige [533]. Il est permis d'espérer que cet intérêt assez particulier pour des infractions objectivement inadmissibles puisse être également porté aux autres formes de violences graves contre les personnes, avec la même volonté de professionnalisme, au bénéfice de toutes les victimes, à tous les stades de la procédure.

Au cas de comparution sur reconnaissance préalable de culpabilité, la victime (pour peu qu'elle ait été identifiée) est informée sans délai, par tous moyens. Elle est invitée à comparaître en même temps que l'auteur des faits, accompagnée le cas échéant de son avocat, devant le président du tribunal de grande

---

532. V. art. 706-47 et s., 706-52 et 706-53 *C.pr.pén.* ; Circulaire 99-4 F1 du 20 avril 1999 relative à l'enregistrement audiovisuel ou sonore de l'audition des mineurs victimes d'infractions sexuelles (sous 706-52).

533. V. art. 706-52 *C.pr.pén.* ; Circulaire du 2 mai 2005 relative à l'amélioration judiciaire des procédures relatives aux infractions de nature sexuelle, (Nor-Jus. D. 05-30075 C), multigraph., 13 p. ; sur ces aspects, V. not. N. TRICART, L'audition des enfants, *In* C. Damiani (Dir.), *Enfants victimes de violences sexuelles : quel devenir ?*, Hommes et perspectives Ed., 1999, pp. 93-102 ; D. RESERBAT-PLANTET, L'audition filmée des mineurs victimes d'abus sexuels, *In Les Cahiers de l'Actif*, 2000/284-285, pp. 155-197 ; T. TERRAUBE, L'audition de l'enfant victime, *In Enfance majuscule*, 2005-83, pp. 6-8.

instance pour se constituer partie civile et demander réparation de son préjudice [534].

Selon les directives du ministère de la Justice, le parquet peut également recourir à une association d'aide aux victimes conventionnée afin qu'une aide soit dispensée immédiatement à toutes les personnes particulièrement vulnérables ou plus spécialement traumatisées par la victimisation subie. Il peut s'agir des Associations d'aide aux victimes en urgence (ex SAVU), lorsqu'elles existent [535] ou des services permanents, professionnellement formés pour établir un diagnostic généraliste des besoins des victimes et établir les liens utiles avec les réseaux spécialisés de partenaires [536]. L'expérience démontre, de surcroît, que les victimes, pour diverses raisons, ne mobilisent pas spontanément les recours, notamment d'aide aux victimes. Pour n'en laisser aucune sur le bord du chemin, il importe alors d'aller vers elles et de vérifier très concrètement l'aide dont elles ont besoin, ou pas.

A l'instar de l'enquête sociale rapide visée à l'article 41 al. 6 [537] *C.pr.pén.*, il conviendrait d'inscrire dans la loi la possibilité, pour le procureur du République, de diligenter une « enquête de situation » pour l'éclairer sur les répercussions, immédiates et à très court terme, de l'infraction commise sur la victime et ses proches. Une telle opportunité permettrait, sans aucun doute, à la victime de se sentir véritablement reconnue et écoutée. Cette expression de son expérience du crime, de son vécu et de son ressenti est manifestement de nature à lui rendre

---

534. V. art. 495-13 *C.pr.pén.*

535. V. not. A. D'HAUTEVILLE (Dir.), *La prise en charge des victimes en urgence*, Rapport au Conseil National de l'aide aux victimes, multigraph., 2003, 148 p. ; inavem.org.

536. V. art. 41 *in fine C.pr.pén.*

537. V. « Le procureur de la République peut également requérir, suivant les cas, le service pénitentiaire d'insertion et de probation, le service compétent de l'éducation surveillée ou toute personne habilitée dans les conditions prévues par l'article 81, sixième alinéa, de vérifier la situation matérielle, familiale et sociale d'une personne faisant l'objet d'une enquête et de l'informer sur les mesures propres à favoriser l'insertion sociale de l'intéressé ».

la maîtrise de sa propre vie, dont l'infraction subie l'a momentanément privée. Une telle enquête pourrait très aisément être effectuée par les associations d'aide aux victimes dont la majorité est dotée d'un(e) professionnel(le) de l'aide sociale.

C'est dans cette même volonté d'accueil de qualité et de prise en compte immédiate des besoins de la victime que quelques associations de victimes ont passé une convention avec des commissariats de police ou, plus exceptionnellement, des brigades de gendarmerie. Sans remettre en cause les missions classiques du service social de secteur, de l'aide aux victimes généraliste ou de celles réservée plus spécialement à certaines victimes, une telle coopération les renforce bien au contraire dans leur efficacité, par la rapidité et la complémentarité des actions initiées, parfois dans l'urgence sociale même qui accable nombre de plaignants [538].

Une médiation pénale peut être décidée par le procureur de la République comme mesure alternative aux poursuites. Pour participer de l'une des modalités de justice restaurative les plus répandues, elle n'en garantit pas l'entière philosophie par sa mise en œuvre à ce stade de la procédure. Sauf quelques rares exceptions [539], elle est davantage utilisée pour mordre sur les classements sans suite plutôt que sur les poursuites pénales elles-mêmes [540]. Sa mise en œuvre par les délégués du procureur ne semble pas offrir les garanties nécessaires de professionnalisme, ce qui n'est pas le cas lorsqu'elle est confiée aux associations habilitées justice. Quant aux autres modes alternatifs de classement sans suite, exception faite de l'obligation de réparation, ils n'ont guère le souci d'intégrer la victime [541].

---

538. V. *Supra*, Chap. 1, sect. 2.

539. P. MBANZOULOU, N. TERCQ, *La médiation familiale pénale*, Ed. L'Harmattan, Coll. Controverses, 2004, 85 p. ; J. FAGET, Médiation et violences conjugales, *In* champpenal.revues.org, [on line], Vol. 1, 2004.

540. V. not. J. FAGET, *La médiation. Essai de politique pénale*, Ed. Erès, Coll. Trajets, 1997, 210 p. ; R. CARIO, Justice restaurative, *op. cit.*, p. 99 et s.

541. V. art. 40-1, 41-1 (rappel à la loi ; stage ou formation au sein d'une structure sanitaire, sociale ou professionnelle ; médiation pénale not.), 41-2 et s. (composition pénale) *C.pr.pén.*

La décision par laquelle le procureur entend classer sans suite doit être motivée lorsque l'auteur est identifié [542]. Elle est susceptible de recours devant le procureur général, de la part de « toute personne ayant dénoncé les faits » : victime, tiers, autorités [543]. Il apparaîtrait particulièrement pertinent d'étendre les procédures mises en place par convention entre services de police judiciaire, parquet et urgences médico-judiciaires permettant de prendre des décisions rapides, argumentées et, surtout, de nature à simplifier les démarches de la victime [544].

Quelle que soit la décision prise par le procureur et quelle que soit la gravité de l'infraction, il aura le souci de constituer une « cote victime » dans laquelle toutes les pièces la concernant seront recueillies. Cette cote doit absolument suivre la victime, tout au long de la procédure car elle contient des éléments essentiels auxquels tout magistrat et tout intervenant judiciaire doit impérativement avoir accès [545].

b) Les droits des victimes durant la phase préparatoire

Le juge d'instruction est généralement directement saisi par réquisitoire du procureur de la République. La victime peut cependant indirectement le saisir par une plainte avec constitution de partie civile [546] par voie d'action notamment [547]. La vic-

542. Ou non, à compter du 31 décembre 2007, art. 40-2 *C.pr.pén.*

543. V. art. 40 al. 2, 40-3 *C.pr.pén.*

544. V. not. S. GROMB, Présentation du Centre d'accueil en urgence de victimes d'agression du C.H.U. de Bordeaux (Cauva), *In* Cario R (Dir.), Victimes : du traumatisme à la restauration, *op. cit.*, p. 165 et s.

545. Loin d'être présente dans les dossiers pénaux, malgré les textes et les multiples rappels en ce sens. V. proposition n° 12, *In* « 40 propositions… », *op. cit.*, www.inavem.org.

546. V. art. 51 et 52 *C.pr.pén.* ; V. not. Crim. 19 oct. 1999, *In Bull. crim.*, 211 ; J. CASTAIGNEDE, La constitution de partie civile devant le juge d'instruction de la victime d'un mineur, *In Rec. Dalloz*, 2000, Jur., pp. 824-828.

547. V. art. 87 *C.pr.pén.* ; Cass. Crim. 25 juin 1937, *In Rec. Sirey*, 1939, 1, 113, note HUGUENEY.

time qui se constitue partie civile ne peut plus être entendue comme témoin [548].

Comme lors des autres phases du procès pénal, la victime, véritable partie à la procédure, doit être informée par le magistrat instructeur comme le rappelle l'article préliminaire du *C.pr.pén.* [549]. Cette information porte soit sur les droits dont elle pourra user lors de cette instruction, soit sur le déroulement des investigations. Dès le début de l'information, le juge d'instruction doit informer la victime de l'ouverture d'une procédure, de son droit de se constituer partie civile et des modalités d'exercice de ce droit [550], de son droit d'être assistée d'un avocat si elle souhaite se constituer partie civile et des modalités de désignation de l'avocat. Sauf aide juridictionnelle ou assurance de protection juridique, les frais seront à sa charge [551].

Une fois constituée partie civile, la victime est avisée, lors de sa première audition, des différents droits dont elle pourra user au cours de l'instruction préparatoire [552] et notamment du droit de formuler une demande d'acte et de présenter une requête en annulation.

Si le magistrat instructeur estime que le délai prévisible d'achèvement de l'instruction est inférieur à 1 an en matière correctionnelle et à 18 mois en matière criminelle, il en informe la victime et l'avise qu'à l'expiration de ce délai, elle pourra demander la clôture de la procédure. Dans le cas contraire, il l'informe de son droit de solliciter la clôture de l'information à l'issue d'un délai d'un an en matière correctionnelle et de 18 mois en matière criminelle. En outre, la partie civile peut, dans des hypothèses circonscrites par le législateur, être régulièrement avisée de l'avancement de l'instruction. Initialement, la

548. V. art. 422 *C.pr.pén.* ; V. not. Cass. Crim. 9 mars 2005, *In Dr. pénal*, 2005-6, 99, pp. 26-28.

549. V. Article préliminaire : « L'autorité judiciaire veille à l'information et à la garantie des droits des victimes au cours de toute procédure pénale ».

550. V. art. 80-3 al.1 *C.pr.pén.* (*mod.* Loi 09/03/2004.

551. V. art. 80-3 al. 2 *C.pr.pén.*

552. V. art. 89-1 *C.pr.pén.*

Loi du 15 juin 2000 avait imposé au magistrat instructeur d'informer la partie civile, sans autre condition, tous les six mois [553]. Mais il en a été libéré par la Loi du 9 mars 2004, sauf en ce qui concerne les faits de nature criminelle [554]. Pour satisfaire aux exigences du délai raisonnable, la victime a le droit, après en avoir été informée lors de sa première audition, de demander la clôture de la procédure à l'expiration des délais précités [555]. Elle peut aussi demander le renvoi devant la juridiction de jugement ou la transmission au Procureur général, cette dernière demande pouvant être également formée lorsque aucun acte d'instruction n'a été accompli durant un délai de quatre mois [556]. S'agissant du déroulement de la procédure, la victime partie civile se voit notifier des ordonnances de renvoi ou de mise en accusation ainsi que les décisions contre lesquelles elle peut exercer une voie de recours.

En revanche, elle n'est plus informée des demandes de mise en liberté émanant de l'infracteur présumé, placé en détention provisoire. La Loi du 9 mars 2004 a consacré une obligation d'information chaque fois que la personne mise en examen est soumise à un contrôle judiciaire assorti de l'interdiction de recevoir, de rencontrer ou d'entrer en relation avec la victime, de quelque façon que ce soit. L'avis doit être adressé à la victime ainsi qu'à son avocat si elle s'est constituée partie civile. Il doit préciser les conséquences attachées au non-respect de l'interdiction. Cette information a une double finalité : d'une part, elle rassure la victime quant à sa sécurité ; d'autre part, elle permet d'assurer le respect de la mesure imposée au mis en examen puisque la victime, dûment informée de l'interdiction, pourra rendre compte au magistrat instructeur de son éventuelle violation.

L'information est présente tout au long de la phase d'investigation. Toutefois, quand bien même l'article préliminaire enjoint à l'autorité judiciaire de veiller à l'information des

553. V. ancien art. 175-3 *C.pr.pén.*

554. V. art. 90-1 *C.pr.pén.*

555. V. art. 89-1 al. 2 *C.pr.pén.*

556. V. art. 175-1, 175-2 et 207-1 *C.pr.pén.*

victimes tout au long de la procédure pénale, les différentes obligations qui lui sont imposées ne sont pas prescrites à peine de nullité. Par conséquent, l'information n'est pas un véritable droit dont la violation peut être sanctionnée. Se pose la question de l'effectivité des droits des victimes une nouvelle fois. Dans cette phase, l'assistance d'un conseil apparaît être primordiale.

Le juge d'instruction à la possibilité, dans les conditions précédemment énoncées, de visionner ou, le cas échéant, de procéder ou faire procéder à l'enregistrement de l'audition du mineur victime d'infractions de nature sexuelle, en présence d'une personne qualifiée. Tout visionnement doit faire l'objet d'une décision du juge et se dérouler dans des conditions qui garantissent la confidentialité. Toute diffusion interdite est passible de sanctions pénales.

Au stade de l'instruction préparatoire, les droits de la partie civile devraient se caractériser par un alignement sur ceux du mis en examen. L'égalité ne concerne pas les seuls rapports entre parties privées. Le législateur a également souhaité calquer le plus possible les droits de ces dernières sur ceux dont dispose le procureur de la République en vertu de l'article 82 *C.pr.pén.* Toutefois, dans les rapports entre parties privées et partie publique, il s'agit davantage d'équilibre que d'égalité dans la mesure où le représentant du parquet continue de disposer de prérogatives plus larges que celles accordées à la partie civile et au mis en examen.

En cours d'instruction, la partie civile a le droit d'accéder en permanence à son dossier et d'en recevoir, par l'intermédiaire de son avocat, une reproduction gratuite [557], de demander au juge d'instruction tous les actes qui lui paraissent nécessaires à la manifestation de la vérité. La partie civile peut solliciter son audition ou celle d'un témoin, une confrontation ou un transport sur les lieux [558]. Depuis la Loi du 15 juin 2000, la partie civile peut demander la production par une partie d'une pièce utile à

557. V. art. 89-1, 175-2 *C.pr.pén.* ; dont la communication à des tiers, interdite, est pénalement répréhensible, art. 114, 114-1 *C.pr.pén.*

558. V. art. 82-1 *C.pr.pén.*

l'information ainsi que la réalisation de tout acte lui paraissant nécessaire à la manifestation de la vérité.

Grâce à cette extension, elle peut par exemple demander une mise en examen, le recours à des interceptions de correspondances émises par voie de télécommunications ou encore une perquisition. En revanche, elle ne peut pas demander des mesures entravant la liberté d'autrui, comme le placement sous contrôle judiciaire ou en détention provisoire, alors que le procureur de la République dispose de ce droit.

Le juge d'instruction ou la partie civile peuvent solliciter tout acte permettant d'apprécier la nature et l'importance des préjudices subis ou de recueillir des renseignements sur la personnalité [559] de la victime : un examen médical, un examen psychologique ou toute mesure utile [560] ainsi qu'une expertise, auquel cas elle peut préciser les questions qu'elle souhaite voir poser à l'expert [561]. Depuis le 1er janvier 2001, l'intégralité du rapport d'expertise peut être notifiée à son avocat, alors qu'auparavant seules les conclusions lui étaient communiquées [562]. Elle peut également demander une contre-expertise ou un complément d'expertise [563].

La Loi du 5 mars 2007 a renforcé le caractère contradictoire des expertises pénales. En effet, la copie de la décision ordonnant une expertise est désormais adressée sans délai aux avocats des parties, qui disposent de dix jours pour demander au magistrat instructeur de modifier ou de compléter les questions posées à l'expert ou d'adjoindre à l'expert désigné un expert de leur choix figurant sur la liste de l'article 157 *C.pr.pén.* [564]. La partie civile peut également adresser à l'expert et au juge d'instruction des observations relatives au rapport d'étape ou au rapport pro-

---

559. V. art 81-1 *C.pr.pén.*
560. V. art. 81 al. 8 et 9 *C.pr.pén.*
561. V. art. 156 *C.pr.pén.*
562. V. art. 167 al. 2 *C.pr.pén.* mod. L. 16 fév. 2015.
563. V. art. 167 al. 4. *C.pr.pén.*
564. V. art. 161-1 al. 1 *C.pr.pén.*

visoire [565]. Elle peut encore également demander le dépôt d'un rapport provisoire, sans que le juge d'instruction ne puisse s'y opposer [566].

> *A savoir :*
>
> « L'enquête de personnalité victime » a été introduite par la Loi du 15 juin 2000 [567]. En pratique, elle n'est pas souvent utilisée par les magistrats instructeurs ou demandée par les conseils des parties civiles.
>
> Selon l'article 81-1 *C.pr.pén.* « Le juge d'instruction peut, d'office, sur réquisition du parquet ou à la demande de la partie civile, procéder, conformément à la loi, à tout acte lui permettant d'apprécier la nature et l'importance des préjudices subis par la victime ou de recueillir des renseignements sur la personnalité de celle-ci ».
>
> Selon l'article 81 al. 6 *C.pr.pén.* « Le juge d'instruction procède ou fait procéder, soit par des officiers de police judiciaire, conformément à l'alinéa 4, soit par toute personne habilitée dans des conditions déterminées par décret en Conseil d'Etat, à une enquête sur la personnalité des personnes mises en examen, ainsi que sur leur situation matérielle, familiale ou sociale. Toutefois, en matière de délit, cette enquête est facultative ».
>
> A la lecture de ces deux textes, le principe d'égalité des armes [568] n'est pas respecté en matière criminelle. L'enquête de personnalité est obligatoire pour le mis en examen alors qu'elle n'est que facultative pour la victime.

---

565. V. art. 161-2 et art. 167-2 *C.pr.pén.*

566. V. art. 167-2 al. 2 *C.pr.pén.* (*mod.* L. 16 fév. 2015).

567. V. Circulaire du 20 décembre 2000 apportant des précisions sur les investigations concernant le préjudice ou la personnalité de la victime ; Circulaire du 14 mai 2001 (application de la loi présomption d'innocence du 15 juin 2000).

568. V. Au niveau international, bien que l'expression « égalité des armes » ne figure dans aucun texte, la Cour européenne exige ce principe en se fondant sur l'art. 6§1 de la CESDH pour reconnaître un procès comme équitable, car il est l'expression de l'équité, de l'indépendance et de l'impartialité du tribunal. Cette exigence est reprise à l'art. 14 du Pacte international relatif aux droits civils et politiques qui énonce « tous sont égaux devant les tribunaux et les cours de justice » de même que l'art. 26 « Toutes les personnes sont égales devant la loi et ont droit, sans discrimination, à une égale protection » ; le Comité des droits de l'homme de L'ONU utilise ce principe pour rechercher si le justiciable dispose bien des moyens adéquats pour accéder à un procès équitable, aussi bien au niveau financier (aide juridictionnelle) qu'au niveau de sa défense (droit à un avocat). L'art. 47 de la Charte des droits de l'homme de l'Union Européenne reprend cette exigence : « Toute personne a droit à ce que sa cause soit entendue équitablement, publiquement et dans un délai raisonnable par un tribunal indépendant et impartial… Toute

Qu'est-ce qu'une « enquête de personnalité victime » ?

Elle a pour but d'apporter des éléments sur la personnalité de la victime, des informations concernant les incidences de l'infraction sur sa vie et son entourage. L'enquêteur, spécialisé en victimologie, développe, de manière approfondie et vérifiée, les éléments recueillis concernant la personnalité de la victime, sa situation matérielle, familiale et sociale. Il relate le parcours (familial, personnel, scolaire, professionnel, conjugal, social et institutionnel, notamment) avant et après la commission de l'infraction.

Lors du procès d'assises, notamment, cette enquête permet de donner aux jurés et à la Cour, une description objective de ce que la victime était avant l'infraction et ce qu'elle est devenue après. Elle permet aussi d'accorder une place symbolique aux victimes décédées.

L'enquête de personnalité est un outil essentiel qui apporte une meilleure appréciation du dommage subi par la victime en dressant une photographie objective de toutes les sphères de sa vie (et pas seulement au niveau psychologique) avant et après les faits [569]. Elle permet de comprendre la souffrance de la victime dans un contexte psychologique et environnemental large et de placer le dommage subi dans une trajectoire personnelle expliquée objectivement par un professionnel.

La pratique montre que, pour les mis en examen, les magistrats demandent une expertise médico-psychologique, parfois une expertise psychiatrique et une enquête de personnalité obligatoire. Tous ces examens vont permettre, lors du procès, de replacer l'acte reproché dans une trajectoire personnelle et d'individualiser la peine prononcée à l'égard de l'accusé.

Concernant les victimes en matière criminelle, l'expertise médicale et/ou psychologique est quasi systématiquement demandée par les magistrats instructeurs ou les conseils mais d'aucuns estiment qu'elle est insuffisante pour évaluer les préjudices de la victime.

L'expertise médicale et/ou psychologique est à différencier de l'enquête de personnalité. En effet, elle est destinée à apprécier la nature et l'importance du dommage subi et à établir si celui-ci rend nécessaire des traitements ou des soins appropriés.

---

personne a la possibilité de se faire conseiller, défendre et représenter. Une aide juridictionnelle est accordée à ceux qui ne disposent pas de ressources suffisantes… pour assurer l'effectivité de l'accès à la justice » ; au niveau interne, il découle de la Déclaration des Droits de l'Homme et du Citoyen de 1789, qui pose dans ses art. 1er et 6 que « Les hommes naissent et demeurent libres et égaux en droits » et que « La loi doit être la même pour tous », une volonté d'égalité et d'équité de tous les citoyens devant la justice ; depuis la loi du 15 juin 2000, renforçant la présomption d'innocence, dans son premier article préliminaire, le code de procédure pénale énonce que « la procédure pénale doit être équitable et contradictoire et préserver l'équilibre des parties ».

569. V. citoyens-justice.fr.

Des questions précises sont posées à l'expert et, principalement : relever les aspects de la personnalité de la victime, dire si elle présente des troubles ou anomalies susceptibles d'affecter son équilibre psychique ; indiquer son niveau d'intelligence ; décrire le retentissement éventuel et les modifications de la vie psychique depuis les faits ; faire toute remarque utile sur son récit et son évolution depuis la révélation, sous l'angle psychologique ou psychopathologique ; formuler, si possible, un pronostic sur le retentissement observé ; est-il opportun de conseiller un suivi thérapeutique ? [570]

A la lecture des définitions et des objectifs de ces deux outils, on relève leur utilité et leur complémentarité indispensable pour replacer l'acte commis sur la victime dans une trajectoire de vie et mieux évaluer les préjudices qui en découlent ainsi que pour ses proches. S'intéresser au seul aspect vindicatif de la victime, en matière criminelle, apparaît trop réducteur.

Animé par la volonté de respecter le principe de l'égalité des armes et de mieux (re)connaître les dommages subis par les victimes et/ou leurs proches, il serait nécessaire de modifier l'article 81-1 *C.pr.pén.* en le formulant ainsi : « Le juge d'instruction, d'office, sur réquisition du parquet ou à la demande de la partie civile, procède, conformément à la loi, à tout acte lui permettant d'apprécier la nature et l'importance des préjudices subis par la victime et de recueillir des renseignements sur la personnalité de celle-ci ». De la même manière, il importe d'organiser des sessions de formation et de sensibilisation auprès de l'Ecole Nationale de la Magistrature et des Centres Régionaux de Formation Professionnelle des Avocats sur le respect des droits des victimes tout au long de la procédure. La signature de conventions de partenariat entre des structures associatives spécialisées auprès des victimes et l'Ordre des avocats destinées à la mise en place de journées d'échange des pratiques et de données théoriques relatives aux droits des victimes, irait dans le même sens.

570. Sur ces expertises, V. not. L. DALIGAND, *L'enfant et le diable. Accueillir et soigner les victimes de violences*, Ed. l'Archipel, 2004, 382 p. ; E. BACCINO (Dir.), *Médecine de la violence. Prise en charge des victimes et des agresseurs*, Ed. Masson, 2006, 358 p. ; L. CROCQ (Dir.), *Traumatismes psychiques. Prise en charge psychologique des victimes*, Ed. Elsevier-Masson, 2007, 308 p. ; M. KEDIA, A. SABOURAUD-SEGUIN, *Psycho-traumatologie*, Ed. Dunod, 2008, 291 p. ; C. DAMIANI, F. LEBIGOT (Dir.), *Les mots du trauma*, Ed. P. Duval, 2011, 303 p. ; J.L. SENON, G. LOPEZ, R. CARIO (Dir.), *Psychocriminologie. Clinique, prise en charge, expertise*, Ed. Dunod, 2è éd. 2012, 528 p. ; J.L. SENON, C. JONAS, M. VOYER, *Psychiatrie légale et criminologie clinique*, Ed. Elsevier Masson, 2013, 484 p. : L. DALIGAND, Expertise et réparation des victimes, *In Les cahiers de la sécurité*, 2013-23, pp. 105-110 ; G. CEDILE, A. CASANOVA, L'examen médico-psychologique des victimes, *In* J.L. Senon, G. Lopez, R. Cario (Dir.), *Psycho-criminologie*, Ed. Dunod, 2è éd. 2012, pp. 459-468.

Lorsque le juge estime que son enquête est terminée, il en informe les parties au procès (mis en examen, procureur, partie civile éventuelle). Les parties peuvent alors formuler des observations. Jusqu'à une date récente, seul le parquet, à l'exclusion des parties privées, pouvait faire valoir ses arguments lors de la phase de règlement de l'instruction, via le réquisitoire définitif. Par la Loi du 5 mars 2007, la partie civile comme le mis en examen disposent d'un délai d'un mois ou de trois mois à compter de l'avis de fin d'information pour adresser des observations écrites au juge d'instruction et au procureur de la République. Une copie des réquisitions du parquet est communiquée aux avocats des parties et, à l'issue du délai d'un mois ou de trois mois précité, les parties privées disposent d'un délai de 10 jours ou d'un mois pour adresser des observations complémentaires au magistrat instructeur, au vu des réquisitions qui leur auront été communiquées.

L'égalité des armes a pénétré le contenu de l'ordonnance de règlement prise par le juge d'instruction, qui doit dorénavant être motivée au regard des réquisitions du Ministère public et des observations adressées par les parties en application de l'article 175 [571].

Passé ces délais, si les charges sont suffisantes, le juge d'instruction rend une ordonnance dite de renvoi devant le tribunal correctionnel s'il s'agit d'un délit ou une ordonnance de mise en accusation devant la Cour d'assises s'il s'agit d'un crime. Dans les cas où les charges ne sont pas suffisantes, le juge rend une ordonnance de non-lieu.

A savoir :

Parmi les différents motifs [572] de non-lieu, il en est un qui a fait l'objet d'une réforme importante. En effet, le débat sur le problème de l'irresponsabilité pénale pour troubles psychiques ayant aboli le discernement de l'infracteur a été relancé suite à une terrible affaire qui concernait l'assassinat d'une infirmière et d'une aide-soignante dans un établissement psychiatrique.

Comment assurer la protection de la société contre un comportement pouvant être répété et comment répondre aux attentes de sanction pénale de la part de

571. V. art. 184 *C.pr.pén.*

572. V. art. 177 et s. du *C.pr.pén.*

la victime ?

Selon l'article 122-1 C.pén. [573], toute personne sous l'emprise de troubles mentaux au moment des faits (lors de la réalisation de l'infraction) peut être déclarée irresponsable. Parmi les causes d'irresponsabilité pénale, il faut distinguer les faits justificatifs des causes de non imputabilité. Les faits justificatifs sont des causes objectives de non responsabilité. Ils proviennent de circonstances extérieures à l'auteur de l'infraction : l'ordre ou l'autorisation de la loi, le commandement de l'autorité légitime, la légitime défense et l'état de nécessité. Les causes de non imputabilité sont des causes subjectives d'irresponsabilité : elles trouvent leur origine dans la personne même de l'auteur des faits incriminés. Il s'agit des troubles psychiques, de la minorité et de l'erreur de droit [574].

Le premier alinéa de l'article 122-1 déclare non pénalement responsable la personne qui était atteinte, au moment des faits, d'un trouble psychique ou neuropsychique ayant aboli son discernement ou le contrôle de ses actes. En revanche, si au moment des faits la personne présente un trouble ayant simplement altéré son discernement ou entravé le contrôle de ses actes, elle demeure punissable. Le discernement est « la faculté de bien apprécier les choses. L'âge de discernement, en matière criminelle, se dit de l'âge où commence la responsabilité des actions. Agir sans discernement, sans avoir conscience si l'on fait bien ou mal » [575].

Il convient d'opérer une distinction entre abolition et altération du discernement. Au cas d'abolition, la personne ne comprend nullement les actes qu'elle pose, elle n'a pas la conscience du bien ou du mal. En revanche, au cas de simple altération, elle demeure consciente de ses actes (il en sera toutefois tenu compte pour la détermination et le régime de la peine prononcée).

Jusqu'à la réforme intervenue en 2008, la procédure pénale prévoyait en cas d'abolition de la capacité de discernement le prononcé d'un non-lieu par le juge d'instruction. Une telle décision était alors psychologiquement difficile pour la partie civile. Elle interprète les ordonnances ainsi rendues comme des décisions conduisant à déclarer l'inexistence du drame qu'elle vit, comme s'il n'avait jamais existé, comme s'il ne méritait pas de suites judiciaires. Cette décision était d'autant plus incompréhensible pour la partie civile qu'elle n'avait pas toujours la possibilité de s'expliquer sur ce qu'elle avait vécue. C'était comme si rien ne s'était passé. Les victimes ou familles des victimes

573. « N'est pas pénalement responsable la personne qui était atteinte, au moment des faits, d'un trouble psychique ou neuropsychique ayant aboli son discernement ou le contrôle de ses actes. La personne qui était atteinte, au moment des faits, d'un trouble psychique ou neuropsychique ayant altéré son discernement ou entravé le contrôle de ses actes demeure punissable ; toutefois, la juridiction tient compte de cette circonstance lorsqu'elle détermine la peine et en fixe le régime ».

574. V. S. BISSARDON, *Guide du langage juridique*, Litec, 2è édition, Paris, 2005.

575. V. *Dictionnaire de la langue française*, É. Littré.

avaient des difficultés à comprendre ce terme de non-lieu psychiatrique et à admettre ce non-lieu sans même qu'il n'y ait la moindre audience.

Certes, l'ordonnance de non-lieu motivée par l'état mental de la personne mise en examen était susceptible d'appel par la partie civile devant la Chambre de l'instruction au cours d'une audience publique avec comparution personnelle de la personne poursuivie (dans la mesure du possible et sur demande de la partie civile), avec audition des experts.

Des réflexions ont été menées pour déterminer les modalités d'évolution de ce principe d'irresponsabilité pénale notamment autour du constat selon lequel la procédure ne laisse pas de place aux parties civiles pour s'exprimer. Si le droit pénal a ses règles que les victimes ou leurs proches peuvent entendre, leur humanité de personne survivante au crime mérite une attention psychologique et sociale respectueuse de leur dignité de personne.

La Loi du 25 février 2008 [576] a créé un changement sémantique notable puisque que la notion de « non-lieu psychiatrique » est remplacée par celle « d'irresponsabilité pénale pour cause de trouble mental ». Une audience permet désormais aux parties civiles de rencontrer et entendre l'accusé et les experts, si elles en font la demande [577].

Le droit offert à la victime de pouvoir prendre la parole au cours de l'instruction, de demander des actes, d'exposer les répercussions du crime et ses conséquences sur sa vie personnelle, familiale, professionnelle et/ou sociale est fortement réparateur. Une telle expression des affects, par oral ou par écrit, est très opportunément et de mieux en mieux prise en compte par le Système de justice pénale, qui ne manque pas lui-même d'en tirer un très grand profit par l'atténuation des émotions, des tensions et des incompréhensions consécutives, lors des rencontres entre intervenants judiciaires et victimes. De remarquables pratiques sont à l'œuvre aujourd'hui pour renforcer la prise en compte de la victime, afin notamment que son audition judiciaire ne soit plus une source de victimisation secondaire mais bien un moment de restauration de sa dignité de personne et de participation authentique à l'Œuvre de justice [578].

---

576. V. Loi n° 2008-174 du 25 février 2008 relative à la rétention de sûreté et à la déclaration d'irresponsabilité pénale pour cause de trouble mental ; Décret n° 2008-361 du 16 avril 2008 relatif notamment aux décisions d'irresponsabilité pénale pour cause de trouble mental.

577. V. infirmiers.com.

578. V. tout particulièrement, G. LOPEZ, S. PORTELLI, S. CLEMENT, Les droits des victimes, *op. cit.*, spé. pp. 85-110 ; L. DALIGAND, La bien traitance des victimes, *op. cit.*, pp. 46-77.

Plus pertinemment encore, le juge d'instruction se voit dorénavant offrir la possibilité de mettre en œuvre, parallèlement à l'instruction en cours, des modalités de justice restaurative chaque fois que les deux protagonistes le souhaitent. En ce sens, à l'instar de dispositions de législations étrangères qu'il convient naturellement d'harmoniser avec notre culture, des conférences de groupe familial ou des médiations restauratives aux résultats très prometteurs sont susceptibles d'être mises en œuvre depuis le 1er octobre 2014, comme suite à la Réforme pénale du 15 août 2014 [579]. La mesure de réparation pénale à l'égard des mineurs déjà applicable, assez timidement néanmoins, dans notre droit pénal des mineurs, souligne tous les bienfaits de cette rencontre entre infracteur et victime (ou ses proches) [580]. Dans la même perspective, la généralisation de groupes de parole de victimes devrait être encouragée par les pouvoirs publics. Mis en œuvre par des associations d'aide aux victimes, ils offrent aux victimes qui le souhaitent et à leurs proches la possibilité de verbaliser leurs affects, de mettre des mots sur leurs traumatismes et d'envisager plus sereinement leur retour dans la communauté sociale [581].

Accompagnées dès les faits au plan juridique, social et psychologique – aussi longtemps et intensément que de besoin –, les victimes abordent de manière beaucoup plus apaisée la phase cruciale du jugement.

---

579. V. not. justiceresturative.org.

580. V. sur ces aspects R. CARIO, Justice restaurative, *op. cit.*, p. 75, 117 et s. et réf. citées ; A. MACRAE, H. ZEHR, *The little book of family conferences. New Zealand style. A hopeful approach when youth cause harm*, Ed. Good books, 2004, 74 p.

581. V. not. G. LOPEZ, S. PORTELLI, S. CLEMENT, Les droits des victimes, *op. cit.*, p. 356 et s. ; C. VAILLANT, C. DAMIANI, Etre victime : aide et recours, op. cit., p. 130 et s. ; C. MORBOIS, M.F. CASALIS, Les groupes de parole, *In* G. Lopez, A. Sabouraud-Seguin et al., *Psychothérapie des victimes*, Dunod Ed., 1998, pp. 264-305.

c) Les droits des victimes durant la phase décisoire

Cette phase représente l'issue du parcours judiciaire, souvent long aujourd'hui encore. Les principes directeurs communs gouvernent la procédure de jugement mais la place de la victime lors de l'audience correctionnelle et du procès d'assises apparaît spécifique.

α. Les principes directeurs communs aux procédures pénales

Qu'elle se déroule devant le tribunal de police, le juge de proximité, le tribunal pour enfants, le tribunal correctionnel ou la cour d'assises, l'audience est orale, publique et contradictoire.

L'oralité de la procédure d'audience dérive du principe de l'intime conviction qui caractérise le jugement répressif moderne : le juge (au sens large) doit former son opinion d'après les preuves qui ont été directement et immédiatement soumises au débat. A titre d'illustration, les témoins entendus au cours de l'enquête de police ou de l'instruction préparatoire sont cités à l'audience ; les experts viennent réaffirmer oralement les conclusions de leurs rapports écrits ; l'officier de police ou l'agent de la force publique est entendu comme un témoin ordinaire ; le prévenu ou l'accusé est interrogé et le ministère public parle librement lors de ses interventions et réquisitions (en vertu de l'adage « la plume est serve mais la parole est libre ») ; les avocats plaident et leur présence est obligatoire devant la Cour d'assises, les juridictions pour mineurs ou les juridictions militaires.

La loi prévoit également que devant la Cour d'assises le délibéré suive immédiatement la clôture des débats afin que ne s'estompent pas trop rapidement les impressions laissées par les paroles échangées à l'audience. Il est interdit au président d'emporter dans la salle des délibérations le dossier de l'affaire, par crainte que les pièces écrites n'annihilent les effets de l'oralité des débats.

Ce principe d'oralité comporte des limites. Les procès-verbaux, qui font foi jusqu'à preuve contraire ou jusqu'à inscription de faux, s'imposent aux juges avec la force que la loi attache à leur contenu écrit. L'oralité ne doit être respectée avec rigueur qu'en Cour d'assises, le président ne pouvant lire le procès-verbal d'audition d'un témoin qu'après que celui-ci ait été entendu, en vue seulement de contrôler la déposition orale. Devant les autres juridictions, les procès-verbaux ou les dépositions écrites contenues au dossier sont simplement lus, sans avoir à déranger à nouveau les témoins.

Le Code de procédure pénale fait de *la publicité* une formalité substantielle des procédures d'audience [582] dont le respect doit être mentionné dans les jugements, à peine de nullité. La Convention européenne de sauvegarde des libertés fondamentales (art. 6 § 1) et le Pacte international relatif aux droits civils (art. 14 § 1) soulignent expressément l'exigence d'une telle publicité.

La publicité est assurée à la fois par la présence du public aux débats et par la possibilité de publier le compte-rendu des débats. Mais elle est parfois limitée, en application de principes supérieurs de moralité et de bienséance, conduisant à écarter de l'audience certaines personnes, voire même la totalité du public. Le président de la juridiction peut expulser un ou plusieurs individus dès lors qu'ils troublent la bonne tenue de l'audience par leur attitude, leur manque de respect envers la justice, leur tapage [583]. L'accès du public à la salle d'audience peut être interdit par le huis clos [584], total ou partiel, prononcé par décision motivée, quand l'ordre public ou les bonnes mœurs risquent de souffrir d'une publicité complète.

Le huis clos a soulevé en pratique de nombreuses difficultés. Son prononcé appartient à la juridiction elle-même, dont l'opportunité est laissée à l'appréciation souveraine des magistrats. Il ne dépend, en principe, ni du consentement ni de l'avis

582. V. art. 306,400, 512, 535 *C.pr.pén.*

583. V. art. 321, 404, 512 et 535 *C.pr.pén.*

584. V. art. 306 al 3 *C.pr.pén.*

de l'individu poursuivi, qui ne peut ni s'y opposer, ni le critiquer.

Le huis clos est de droit lorsqu'il est demandé par la victime partie civile dans des poursuites exercées du chef de viol ou de tortures et d'actes de barbarie accompagnés d'agressions sexuelles. A l'inverse, même si le huis clos semble devoir s'imposer pour protéger l'accusé, il ne peut être ordonné si la victime s'y oppose. La partie civile est d'autant plus maîtresse de la publicité des débats que la jurisprudence a statué dans un sens qui lui est favorable.

Dans un arrêt du 2 mars 2005 [585], la Chambre criminelle de la Cour de cassation a jugé, en ce sens, que « l'étendue de la mesure de huis clos doit être laissée à l'appréciation de la victime partie civile ». En l'espèce, la victime avait sollicité le huis clos tout en demandant qu'il ne s'applique pas aux représentants accrédités de la presse. Les juges ont fait droit à une telle demande. Cette interprétation extensive de l'article 306 *C.pr.pén.* offre de larges pouvoirs à la victime : elle peut moduler la publicité selon ses propres critères. En pratique, la formulation large utilisée par la Cour de cassation laisse entendre que la victime pourrait, par exemple, faire exclure de la salle d'audience les seuls proches de l'accusé, ce qui soulève quelques réticences doctrinales auxquelles il convient de se rallier. En effet, les pouvoirs dont dispose le président, en termes de police de l'audience, suffisent pour exclure, si nécessaire, les proches de l'auteur qui feraient preuve d'un comportement inadmissible.

En matière de huis clos, la seule restriction posée par la Chambre criminelle a consisté à exiger de la personne qui le demande ou qui s'y oppose la double qualité de victime et de partie civile [586]. Par conséquent, la mère de la victime décédée suite à un viol n'a pu s'opposer au huis clos bien qu'elle se soit constituée partie civile. Une telle exigence peut être critiquable car, en visant la « victime partie civile », le législateur a proba-

585. V. Cass. Crim. 2 mars 2005, *Bull. Crim.*, 75.

586. V. Cass. Crim. 30 oct. 1985, *Bull. Crim.*, 337.

blement entendu exclure les seules victimes non parties civiles et non pas les mal dénommées « victimes par ricochet », *i.e.* les proches.

Le huis clos peut être décidé par toutes les juridictions de jugement, y compris par celles qui jugent des mineurs (il se surajoute alors à la publicité restreinte que doivent déjà respecter ces juridictions). Il se justifie essentiellement par les dangers qu'une trop grande publicité ferait courir, dans l'affaire jugée, à l'ordre public ou aux mœurs. Il importe que la décision qui le prononce mentionne expressément ces dangers.

Le huis clos peut viser toutes personnes étrangères au procès, ou admettre la présence de certaines d'entre elles. Il peut en outre être limité à une partie des débats ou les couvrir entièrement. Mais on admet, en pratique, que rien n'empêche qu'avant la fin des débats, on revienne à la publicité complète, quand bien même le huis clos avait été ordonné pour toute la durée de l'audience. Ce retour au droit commun ne saurait préjudicier à l'accusé ou au prévenu. Pendant le huis clos, la procédure se poursuit comme à l'ordinaire, par l'accomplissement de tous les actes qui auraient pu avoir lieu durant l'audience publique.

Le trait le plus important de l'audience est son caractère *contradictoire* : les parties sont présentes aux débats, y produisent leurs preuves et y combattent librement celles de leurs adversaires. La présence des parties est nécessaire. Le prévenu doit en principe se présenter[587]. Que se passe-t-il s'il refuse de se voir juger régulièrement? S'il est libre, la procédure par défaut en matière correctionnelle ou de police et de contumace en matière criminelle permettent de le juger malgré tout. S'il s'agit d'un accusé, placé en détention provisoire, le président de la Cour d'assises peut, sur sommation de comparaître faite par huissier et restée sans effet, le faire amener de force devant la cour, ou décider qu'il sera passé outre aux débats, malgré son absence. Après chaque audience, lecture lui est donnée du procès-verbal des débats et copie délivrée des réquisitions du mi-

587. V. art. 410 et s. *C.pr.pén.*

nistère public et des décisions rendues, toutes réputées contradictoires [588].

La victime est avisée de la date d'audience par le commissariat lorsque la date est fixée, par un courrier du procureur de la République ou par une citation délivrée par huissier. Elle n'a pas l'obligation de se présenter à l'audience et peut y être représentée par un avocat. Toutefois, le tribunal correctionnel peut ordonner sa comparution personnelle à l'audience et renvoyer l'affaire si les faits sont contestés [589]. Devant la Cour d'assises, le président a la possibilité de la contraindre à venir déposer à l'audience.

Le principe du contradictoire impose également que la personne poursuivie soit informée exactement des faits qu'on lui reproche, de la nature et de la gravité des charges retenues contre elle. Si, au cours de l'audience, des éléments nouveaux sont découverts ou sont produits par une des parties au procès, les juges ne peuvent établir leur conviction sur ces derniers ou s'en servir à l'appui de leur décision, dès lors que ces éléments n'ont pas été soumis à la libre discussion de toutes les parties.

Le procès est, après l'enquête, une étape particulièrement importante pour la victime : il s'agit pour elle de pouvoir être entendue, de faire valoir ses demandes et d'être ainsi reconnue en tant que victime. Le procès est aussi le moment d'une nouvelle confrontation, parfois douloureuse avec l'auteur des faits. Elle est vécue d'autant plus difficilement par la victime lorsqu'elle se retrouve à proximité de son agresseur, voire de sa famille, hypothèse malheureusement fréquente car aucune place spécifique ne lui est à ce jour réservée dans les prétoires.

β. Les droits des victimes lors de l'audience correctionnelle

Le tribunal est composé de trois juges : le président et ses deux assesseurs. Cependant, pour quelques délits particuliers (notamment ceux constituant une infraction au Code de la route),

---

588. V. art. 320 *C.pr.pén.*

589. V. art. 460-1 al. 2 *C.pr.pén.*

le tribunal n'est composé que d'un seul juge qui exerce alors les pouvoirs conférés au président. Le ministère public est représenté par le procureur de la République ou l'un de ses substituts. Un greffier est également présent à l'audience.

Plusieurs affaires de nature différentes sont appelées le même jour. Toutes les parties sont convoquées à la même heure. Au début de l'audience, un appel de tous les dossiers a lieu. Le président décide de leur ordre de passage. Il est très fréquent de devoir patienter des heures avant que sa propre affaire soit évoquée.

Le président ou l'un des assesseurs constate l'identité du prévenu et donne connaissance de l'acte ayant saisi le tribunal. Il constate également, s'il y a lieu, la présence ou l'absence de la personne civilement responsable, de la partie civile, ainsi que des éventuels témoins, experts ou interprètes. Les débats sont dirigés par le président du tribunal. Le procès débute par une phase d'instruction au cours de laquelle le président interroge le prévenu, plus rarement la victime.

Lorsque l'instruction du dossier prend fin, les débats s'organisent en trois étapes. La partie civile, par l'intermédiaire de son avocat, intervient tout d'abord afin de présenter une demande de réparation du dommage qui lui a été causé. La parole est ensuite donnée au procureur de la République qui prend ses réquisitions à l'issue desquelles il demande au tribunal l'application de la loi ou plus particulièrement d'une sanction (amende, emprisonnement, travail d'intérêt général ou autres mesures exécutées au sein de la communauté). Le contenu de ce réquisitoire n'est qu'incitatif : il ne s'impose pas au tribunal libre de prendre une décision plus ou moins sévère que la peine requise à l'encontre de l'auteur présumé du délit. Le prévenu (ou son avocat) présente finalement sa défense. La partie civile et le ministère public peuvent répliquer mais le prévenu ou son avocat a toujours la parole en dernier.

Après le délibéré, le jugement du tribunal est rendu soit directement à l'audience où ont eu lieu les débats soit à une date ultérieure (mis en délibéré). Le président informe alors les parties du jour où le jugement sera prononcé. Le jugement est rendu publiquement. Le président ou l'un des juges en donne lecture, le prononcé pouvant être limité au dispositif, c'est-à-dire à la solution du litige. Si les faits sont constitutifs d'un délit, une sanction est prononcée à l'encontre de l'auteur de l'infraction.

Concernant les dommages et intérêts à verser à la partie civile, le tribunal peut : soit ordonner le versement provisoire, en tout ou partie, des sommes allouées au moment du prononcé du jugement ; soit accorder à la partie civile une provision s'il ne peut se prononcer en l'état sur la demande en dommages-intérêts ; soit renvoyer l'affaire à une date ultérieure pour statuer sur l'action civile après avoir statué sur l'action publique afin que la partie civile puisse apporter les justificatifs de ses demandes.

En pratique, les victimes rencontrent des difficultés selon les procédures engagées. C'est le cas en matière de comparution immédiate [590]. « Je viens d'être contacté par le Commissariat qui m'a informé qu'une comparution immédiate allait se dérouler cet après-midi à 15h pour les faits dont je suis victime, je suis un peu perdu, je suis au travail et je ne peux pas me libérer pour me rendre à l'audience ». Lorsque le Procureur envisage de recourir à cette procédure accélérée, le jugement intervient dans un délai assez court : le prévenu, à la suite d'une garde à vue, est déféré devant le procureur, rencontre le Juge des libertés et de la détention (JLD) et peut-être renvoyé devant le tribunal correctionnel, assisté par un avocat. Un court laps de temps est malheureusement réservé à l'information des victimes, quelques heures souvent avant l'audience. Comment les victimes peuvent correctement faire valoir, dans de telles conditions, leurs droits devant un tribunal correctionnel dans les heures à venir ? Les contraintes auxquelles elles sont exposées sont multiples : lieu de domicile éloigné du tribunal, obligations professionnelles, manque de temps pour rassembler les pièces justificatives du dommage subi, voire même impossibilité de les rassembler quand l'infraction vient d'être commise. Pour autant, il peut suffire de porter à leur connaissance toutes les mo-

---

590. V. S. ASPIROT, Comparutions immédiates : vers une meilleure prise en compte des victimes ?, Juriste Bureau Aide aux victimes, *Rapport d'activité* Apavim, Pau, 2012.

dalités leur permettant d'être recevables devant le tribunal. Mais à défaut, le risque est alors grand que leur demande soit irrecevable devant le tribunal correctionnel, comme par exemple, dans le cas d'une victime qui se constitue partie civile par courrier mais ne chiffre pas son préjudice.

Concrètement, elles n'ont très souvent jamais pris conseil auprès d'un avocat. Qui plus est, le stress de la procédure et le traumatisme engendré par les faits les rendent encore plus démunies. Concrètement, sans un partenariat efficient entre les AAV et les avocats présents à l'audience, la victime qui n'a pas pu se libérer ou les contacter demeurera tout autant dépassée. Dans le meilleur des cas, lorsqu'une mesure de comparution immédiate est envisagée, un juriste détaché au Bureau des Victimes prend attache auprès des victimes concernées par cette procédure en urgence.

Même s'il est de plus en plus fréquent que les magistrats de permanence du Parquet prennent le réflexe de saisir le Bureau des victimes aux fins de porter aide et assistance aux victimes, il est encore fréquent que le juriste contacte le greffier de permanence au service du « Traitement en Temps Réel » (TTR) afin de disposer des coordonnées des victimes concernées par les comparutions immédiates. Le juriste du BAV prend ensuite contact auprès des victimes et évalue quelle sera leur situation au moment de la comparution immédiate : peuvent-elles prétendre à la prise en charge des frais d'avocat par une protection juridique ou une aide juridictionnelle ? Souhaitent-elles se faire représenter par un avocat ? Si elles désirent se constituer partie civile seules à l'audience au risque de devoir engager des frais d'avocat, comment doivent-elles détailler les préjudices subis en l'étayant par des pièces justificatives ? Si elles ne sont pas en mesure de présenter une demande de réparation lors de la comparution immédiate, souhaitent-elles demander un renvoi sur intérêts civils afin de bénéficier de plus de temps pour rassembler ces pièces en vue d'une date d'audience ultérieure ? Le juriste du BAV les oriente ensuite soit vers l'avocat de permanence partie civile, soit les accompagne à l'audience, soit réceptionne le courrier de constitution de partie civile adressé par fax au guichet unique de greffe pour le faire enregistrer par la greffière à l'audience. Telles sont les carences qui affectent les droits des victimes concernées par les comparutions immédiates. A cela s'ajoutent : l'impossibilité de joindre les avocats de permanence partie civile ; l'impossibilité de joindre les victimes pour les prévenir d'une mesure de comparution immédiate voire même oubli de les aviser, notamment. Selon les termes de la circulaire du 19 septembre 2012 [591], la Garde des Sceaux rappelle aux magistrats du ministère public la nécessité de veiller à l'effectivité des convocations des victimes lors des audiences correctionnelles, notamment à l'occasion des comparutions immédiates.

D'autres problèmes rencontrés par les victimes ont trait à sa présence et à l'expression de sa parole à l'audience. Beaucoup d'entre elles arrivent en début d'audience sans avocat et sans avoir été informées de l'existence du Bureau d'Aide aux victimes au sein du Tribunal. Il apparaît alors opportun que l'huissier audiencier identifie les victimes présentes dans la salle au moyen d'un appel des causes et les renvoie au bureau d'aide aux victimes ou aux avocats de permanence. Cela permettra de mieux apprécier à quel délai les victimes présentes seront appelées devant le tribunal afin de leur éviter toute attente inutile. Les procédures nécessitant un renvoi pourront ainsi être immédiatement traitées. Des plages horaires pourront être fixées pour l'examen de certains dossiers. Les victimes se présentant sans avocat pourront également être identifiées afin de bénéficier d'un ordre de passage des dossiers le plus favorable possible. Pourquoi ne pas mieux penser la signalétique *ad hoc* au sein des juridictions : elle facilitera l'orientation des victimes vers les Bureau d'Aide aux victimes. Dans le même ordre d'idées, il serait opportun de s'assurer de la présence de la victime lors la lecture du délibéré [592].

---

591. V. Circulaire du 19 septembre 2012 de politique pénale de Madame la garde des sceaux, *JO* n° 0243 du 18 octobre 2012, p. 16225, texte n° 6.

592. V. Circulaires du Cabinet du Garde des sceaux. Signalisation des circulaires du 1er janvier au 31 mars 2005 ; Présentation des dispositifs relatifs à l'accueil des victimes dans le cadre du procès pénal.

A ce stade, il convient de renvoyer à l'article 706-15 *C.pr.pén.* qui précise que « lorsqu'une juridiction condamne l'auteur d'une infraction mentionnée aux articles 706-3 et 706-14 (du même code) à verser des dommages-intérêts à la partie civile, elle informe cette dernière de la possibilité de saisir la commission d'indemnisation des victimes d'infraction ». Bien que cette information de la victime ne soit pas toujours aisée à réaliser, notamment lorsqu'elle intervient en fin d'audience, elle est d'autant plus indispensable que la victime ne dispose que d'un délai d'un an, à compter de la décision de justice rendue, pour faire valoir ses droits. Après l'audience, il conviendrait de favoriser l'orientation des victimes vers ces structures en incitant les huissiers audienciers à les y conduire ou à leur indiquer leur emplacement.

Concernant la prise de parole de la victime à l'audience, lors de l'instruction du dossier comportant une victime, elle n'est en général sollicitée qu'au soutien de sa demande de dommages et intérêts et par l'intermédiaire de son conseil. Même si les textes n'obligent pas à ce qu'elle intervienne sur le fond du dossier, au même titre que le prévenu, il serait souhaitable que les présidents d'audience puissent leur permettre de s'exprimer, qu'elle soit ou non constituée partie civile, afin qu'elle ne se sente pas privée du procès qui la concerne au premier chef, dans le respect du principe du contradictoire et de l'égalité des armes.

L'accompagnement de la victime à l'audience doit se dérouler en synergie avec les avocats de permanence. Les AAV ont pour mission d'accueillir, d'orienter et d'accompagner les victimes d'infractions pénales, en leur proposant une écoute et une prise en compte globale [593]. Elles sont animées par des accueillants spécialisés dans l'aide aux victimes : juristes, assistants sociaux, psychologues professionnels, avec l'aide parfois de bénévoles formés. Comme cela est déjà le cas auprès de quelques TGI, il convient par conséquent de développer leurs interventions les jours d'audience correctionnelle, en complète synergie avec l'Ordre des avocats. Ceux-ci pourront d'ailleurs être encouragés à organiser des permanences pour les victimes

593. V. *Supra*, Chap. 1, Sect. 2.

désireuses de bénéficier de l'assistance d'un avocat. Il semble effectivement urgent que les barreaux et les AAV travaillent en partenariat abouti, en toute confiance, afin d'accompagner et de représenter au mieux les intérêts des victimes en souffrances.

γ. Les droits des victimes lors de l'audience criminelle

Le procès d'Assises, pour respecter les principes communs à toute audience, possède un caractère plus solennel, qui s'explique tant par la composition de la Cour d'assises que par la nature des infractions qu'elle doit juger (crimes). Depuis la Loi du 15 juin 2000, un appel peut être porté devant une autre Cour d'assises à des fins de réexamen de l'affaire sur le fond. Dans tous les cas, l'arrêt de la Cour d'assises d'appel peut lui-même faire l'objet d'un pourvoi en cassation.

La Loi du 10 août 2011 [594] apporte plusieurs modifications : le jury est composé de six jurés lorsque la cour statue en premier ressort et de neuf jurés lorsqu'elle statue en appel ; modification de la majorité requise pour entrer en voie de condamnation (6 voix en premier ressort et 8 en appel) ; introduction d'une motivation des arrêts ; remplacement de la lecture de la décision de renvoi par un rapport introductif du président de la Cour d'assises.

La Cour d'assises est composée, en première instance, de trois juges professionnels : un président (président de chambre ou conseiller à la cour d'appel) ; deux assesseurs (conseillers à la cour d'appel ou magistrats du tribunal de grande instance du département des assises). Un jury, composé de citoyens tirés au sort sur liste électorale au niveau du ressort de la Cour, participe, aux côtés des magistrats professionnels, au jugement des crimes. Il est composé de citoyens des deux sexes âgés de plus de 23 ans, sachant lire et écrire, jouissant de leurs droits civiques et n'étant pas atteints par une incapacité.

---

594. V. Loi du 10 août 2011 sur la participation des citoyens au fonctionnement de la justice pénale et le jugement des mineurs entrée en vigueur au 1er janvier 2012.

Compte tenu de la présence d'un jury populaire, les débats devant la cour d'assises doivent être intégralement oraux : en effet, seul le président a accès au dossier, les autres membres de la cour et du jury n'en prenant connaissance qu'au travers des interrogatoires et dépositions organisés à l'audience. Comme précédemment indiqué, l'assistance d'un avocat pour l'accusé est obligatoire devant la Cour d'assises.

Le ministère public est représenté par l'avocat général, magistrat professionnel membre du parquet. Son rôle est de défendre les intérêts de la société, de demander l'application de la loi, de soutenir l'accusation et de proposer une peine, ou bien de requérir l'acquittement.

Le greffier assiste la cour, note le déroulement des débats, met en forme et authentifie la décision. Il est garant du bon déroulement de la procédure.

Le procès criminel commence par le tirage au sort des six jurés. À cette occasion, le ministère public et l'accusé disposent de la faculté discrétionnaire d'en révoquer respectivement trois et quatre. L'audience proprement dite peut alors commencer : elle se déroule selon une procédure identique à celle suivie devant le tribunal correctionnel. Les débats consacrés à la personnalité de l'accusé y occupent néanmoins une place plus importante. À l'issue des débats, la cour entend la plaidoirie du représentant des parties civiles, les réquisitions du ministère public (qui, devant la cour d'assises, prend le nom d' « avocat général »), et les explications de la défense. L'accusé a la parole en dernier. Le président donne alors lecture aux jurés du texte leur expliquant ce que la loi attend d'eux (et qui consiste dans la notion d'intime conviction), avant qu'ils ne se retirent pour délibérer. Contrairement à ce qui est possible devant le tribunal correctionnel, le verdict doit être rendu le jour même, à l'issue d'un vote à bulletin secret.

Lors de l'ouverture d'une session d'assises, des associations d'aide aux victimes reçoivent mandat de la Cour d'appel pour accompagner toutes les victimes. L'accompagnement par une association d'aide aux victimes n'est pas toujours bien compris par les victimes et par leur conseil. En effet, il existe une confusion entre les associations d'Aide aux Victimes et les associations de victimes mais aussi une méconnaissance totale ou partielle de l'aide proposée. Cette méconnaissance peut aussi s'expliquer par le fait que les professionnels et notamment les avocats ne connaissent ces associations qu'à travers leurs rencontres sur le terrain. Pendant leur formation, ils ne reçoivent pas d'enseignement ni sur la victimologie, ni sur l'accompagnement des victimes. Pour beaucoup d'avocats, leur rôle consisté en la défense des causes en justice et de donner des conseils juridiques. Beaucoup estiment qu'il leur est nécessaire de conserver une distance avec la victime afin de pouvoir rester neutre et mener à bien leur mission.

Pourtant, la victimologie, branche de la criminologie, a pour objet l'étude scientifique et praxéologique « de la victime directe du crime et désigne l'ensemble des connaissances biologiques, psychologiques, sociologiques et criminologiques concernant cette victime » selon E.A. FATTAH [595]. Il s'agit d'une science multidisciplinaire ayant pour objet l'analyse globale des victimisations, sous leur double dimension individuelle et sociale, dans leur émergence, leur processus, leurs conséquences et répercussions, afin de favoriser leur prévention et, le cas échéant, la réparation corporelle, psychologique, sociale et/ou matérielle de la victime et/ou de ses proches » [596]. Magistrats et avocats ne reçoivent qu'exceptionnellement des enseignements en victimologie, alors qu'ils sont de nature à leur apporter des connaissances utiles dans la prise en charge des victimes. De la même manière, rares sont ceux qui connaissent les missions quotidiennes que mènent les associations d'Aide aux Victimes, avec lesquelles ils collaborent pourtant, ou devraient collaborer, dans le but d'offrir aux victimes des réponses soucieuses de leurs droits, non seulement calées sur le passé de la faute mais tournées vers leur avenir de personne.

---

595. V. E.A. FATTAH, « La victime est-elle coupable ? Le rôle de la victime dans le meurtre en vue de vol », Les presses de l'Université de Montréal, 1971, p. 11 ; R. CARIO, P. MBANZOULOU (Dir.), *La victime est-elle coupable. Autour de l'œuvre d'E.A. Fattah*, Ed. L'Harmattan, 2004, 122 p.

596. V. not. R. CARIO, Victimologie, *op. cit.*, p. 39.

L'accompagnement des victimes au procès d'assises demeure aujourd'hui une pratique récente et peu codifiée. Ce dispositif est d'abord apparu lors des grands procès, comme celui du tunnel du Mont Blanc : nombreuses parties civiles, très forte médiatisation, faits particulièrement traumatiques. Les AAV ont alors été sollicitées pour accompagner les victimes. Des psychologues et des juristes de différentes associations ont réfléchi ensemble ces accompagnements auprès des familles. Ils les ont préparées aux moments sensibles du procès, comme le témoignage ou la lecture de la mise en accusation. Un guide méthodologique sur l'organisation d'un procès sensible a été créé par la Direction des Services Judiciaires, en Janvier 2011 [597]. Peu à peu, ce dispositif se généralise pour les procès plus ordinaires. En 2007, la Garde des Sceaux évoque l'importance pour les victimes du soutien apporté par les associations de victimes et les associations d'Aide aux Victimes, de manière systématique : « Les procureurs ont le devoir de saisir ces associations afin qu'elles puissent aller au-devant des victimes, en particulier lors des procès d'assises et des comparutions immédiates. Les parties civiles doivent pouvoir bénéficier d'un accompagnement plus humain et plus individuel ».

Les associations n'ont pas de plan d'action sur la manière de procéder lors de cet accompagnement. Un temps de préparation avec les victimes en amont du procès est toujours proposé, mais le contenu et la méthodologie d'intervention demeurent à l'appréciation de l'association, selon ses compétences, ses moyens en personnel, ses ressentis et le comportement de la victime. Les accompagnants doivent témoigner de souplesse pour s'adapter à chaque situation.

Lorsque la victime ne connaît pas encore l'AAV, le contact a lieu lors de la réception de la date d'audience et du courrier de l'avocat général. Lors de la première rencontre, il est important de commencer l'entretien dans une perspective globale et de passer, ensuite, à des questions concrètes : hébergement, repas,

---

597. V. Direction des services judiciaires, *Guide méthodologique sur l'organisation d'un procès sensible*, multigraph., Janvier 2011.

transport, remboursements des frais. Cela permet d'établir un premier contact non intrusif, sans effraction.

Le lien établi, le procès en lui-même est abordé, des lieux au déroulement, en passant par les demandes de dommages et intérêts. Ainsi, une visite de la salle d'audience est proposée bien avant la date du procès au cours de laquelle est décrite, à l'aide d'un schéma, la place de chacun et spécialement celle de la victime et de sa famille ainsi que celle de l'accusé. Quelques AAV utilisent des fiches précisant les rôles de chaque acteur judiciaire permettant aux victimes de se situer et d'en parler à leurs proches. Une rencontre avec les proches peut être envisagée afin de leur expliquer le déroulement du procès. Une préparation à l'audience elle-même s'ensuit : déroulement, formalisme, rituels, jusqu'alors totalement inconnus.

Le Guide Méthodologique sur l'Organisation d'un Procès sensible le reformule ainsi : « L'accompagnement des victimes lors de la préparation du procès leur permet de mieux comprendre la procédure et de trouver la place qui est la leur lors de son déroulement et atténue le traumatisme que le procès peut provoquer ». Une préparation n'est pas toujours possible. Il arrive que les accompagnants et les victimes se découvrent le jour de l'audience, ou n'aient eu que quelques contacts téléphoniques préalables. N'ayant pas reçu de repères en amont, la découverte de l'inconnu devient un facteur aggravant leur angoisse.

En application de l'article 41 al. 7 *C.pr.pén.* « le procureur de la République peut recourir à une association d'aide aux victimes ayant fait l'objet d'un conventionnement de la part des chefs de la cour d'appel, afin qu'il soit porté aide à la victime de l'infraction ». Ces dispositions doivent faire l'objet d'une application plus systématique de la part des parquets : dès le début de la procédure et très en amont de l'audience, spécialement dans les cas d'infractions particulièrement graves, source de traumatisme important pour la victime et/ou ses proches (par exemple en cas de meurtre, viol, agression sexuelle, homicide involontaire, vol avec violences, violences aggravées).

Les structures mobilisent au moins deux professionnels pour l'accompagnement durant toute la session d'assises, qui peut être longue. Parfois il est fait appel à des bénévoles non formés, par manque de moyens. Cette pratique est regrettable tant pour les victimes que pour le bénévole qui va entendre et devoir gérer des émotions très fortes, voire insoutenables durant tout le procès.

Les temps forts du procès pour les victimes sont particuliers. Lors de la lecture du rapport introductif par le président de la Cour d'assises, de façon concise selon la Loi de 2012, des faits reprochés à l'accusé tels qu'ils résultent de la décision de renvoi. Il expose les éléments à charge et à décharge concernant l'accusé. Cette modification à un réel impact sur les victimes. Auparavant, la lecture faite par le greffier de l'intégralité de l'arrêt de renvoi était douloureuse. Les détails et la longueur de l'arrêt permettait à des victimes de « décrocher » un temps et de ne pas se fixer sur tous les mots prononcés par le greffier.

A ce jour, l'exposé établit par le président dure peu de temps et, surtout, les mots succincts employés sont les plus difficiles à entendre pour les victimes. Les réactions de souffrance sont parfois bien plus vives qu'auparavant à la simple écoute du résumé de l'affaire. L'énoncé des faits par le Président lui-même, drapé dans sa robe rouge, impacte davantage les victimes : la solennité du moment apparaît d'autant plus importante pour les proches qui, parfois, découvrent pour la première fois des éléments du dossier. Tous sont renvoyés à leur vécu, leurs souffrances, ravivant en cela leurs angoisses de manière aiguë.

La lecture du *Curriculum vitae* de l'accusé permet aux jurés et aux assesseurs de se familiariser avec l'accusé, car ils n'ont pas eu accès au dossier. Ce moment est trop long pour les victimes. Elles ont le sentiment que la connaissance de l'enfance de l'accusé ainsi que toutes les questions précises posées par le Président n'ont rien à voir avec le crime (emploi, vie affective, scolarité) et qu'il s'agit là d'un moyen pour la Cour de prendre parti pour lui. En s'intéressant à la vie l'accusé, une sorte de compassion de la Cour est susceptible de naître à son égard. Il est important à ce stade d'expliquer aux victimes la nécessité pour la Cour de bien connaître l'accusé. Mais on doit alors se demander pourquoi les victimes ne bénéficient-elles pas d'un temps pour que la Cour les connaissent autrement que par l'enquête de personnalité (quand elle est demandée) ? Le temps consacré à l'accusé est essentiel mais beaucoup de victimes ne se sentent pas réellement prises en considération dès le début du procès.

Etablie en principe par un professionnel, l'enquête de personnalité de l'accusé décrit les traits de sa personnalité et sa trajectoire de vie. Les victimes perçoivent parfois l'auteur d'une autre façon, il perd de son mystère. L'image parfois monstrueuse de l'accusé peut devenir plus humaine ou au contraire renforcer ce sentiment.

Après la connaissance de la personnalité de l'accusé, le Président aborde les faits et pose des questions très générales puis plus précises à l'accusé. Il arrive très souvent que l'accusé ne change pas de position. S'il a nié les faits, il continue et *vice versa*. Partant, les victimes ont l'espoir que, dès le début des débats, voire durant ceux-ci, l'accusé revienne sur sa position de déngation. Ce n'est que rarement le cas. Les victimes doivent y être préparées afin de leur éviter de faux espoirs. Elles doivent également savoir qu'une véhémence supplémentaire de la part de l'accusé est possible durant les débats.

La négation des faits accompagnée d'excuses auprès des victimes est très difficile à accepter par celles-ci. Ce qu'elles désirent, c'est la vérité sur ce qui s'est passé. Or, il est très délicat de leur faire admettre que la vérité de l'accusé n'est peut-être pas la leur ou celle de la justice, mais qu'elle existe et qu'elles vont l'entendre durant les débats.

L'audition de la partie civile est un fort moment d'appréhension. Elle suppose une préparation préalable par l'avocat et par l'AAV afin d'atténuer ses craintes. L'obsession de dire ce qu'il faut est palpable. Parfois des victimes ont peur d'être condamnées à la place de l'accusé, alors que les faits sont bien établis. Cette attitude souligne le sentiment de culpabilité exacerbé qui les envahit dans les affaires ou l'accusé est un parent (conflit de loyauté). L'avocat n'a pas toujours conscience de l'importance de la préparation de cette audition. Or l'accompagnant peut servir d'écran entre la victime et l'accusé, pour éviter le poids du regard de ce dernier.

La déposition des experts représente un moment particulièrement pénible pour les parties civiles. Parmi les termes techniques, les victimes retiennent bien souvent ceux qu'elles vulgarisent : « pervers », « pédophilie », « psychopathe », « obsessionnel ». Lorsque la victime est décédée, la lecture du rapport d'autopsie est insoutenable pour la famille qui, souvent quitte la salle.

Les victimes interrogent beaucoup les accompagnants juristes sur les propos tenus lors de la plaidoirie de l'avocat de la défense. En quelques circonstances, ils interviennent auprès des parties civiles pour leur expliquer que cela fait partie de la procédure, dans le but de leur permettre d'accepter des propos qu'elles jugent faux ou offensants.

La dernière étape du procès est réservée à l'accusé : il y est implicitement attendu qu'il assume sa responsabilité, exprime des regrets. A l'inverse, les regrets sont rarement vus comme sincères quand il nie les faits.

Le temps des délibérés représente une attente de parfois plusieurs heures, durant laquelle les spéculations sur la culpabilité de l'accusé et sur la peine prononcée vont bon train. Les échanges avec les accompagnants et l'avocat, quand il est présent, y prennent une place prépondérante. La tension dépend essentiellement du déroulement du procès et des doutes possibles sur la culpabilité de l'accusé. Le vécu du verdict dépend notamment des attentes de chacun du procès. Les accompagnants ont un rôle de préparation primordial afin de limiter les déceptions possibles. Ils rappellent la possibilité d'un acquittement, d'une peine plus courte que celle requise pour l'essentiel. Accompagnants et avocat doivent s'allier afin de tenir le même discours auprès des parties civiles. Dans la mesure où certains verdicts emportent assez sûrement un appel par la suite, les accompagnants travaillent alors avec les victimes l'éventualité d'un verdict différent.

Comme suite au prononcé du verdict, l'avocat de la partie civile plaide pour les indemnisations. Le jury délibère à nouveau et prononce sa décision. Ce procès civil est plus rapide mais il arrive qu'il ait lieu quelques semaines après le procès pénal. L'indemnisation compense parfois une peine jugée trop légère par les victimes, ou inversement, n'est pas à la hauteur de la souffrance endurée. Mais comment mesurer financièrement la perte d'un être cher [598] ?

L'accompagnement des victimes est essentiel. Ce n'est que bien plus exceptionnellement que les proches de l'accusé en bénéficie alors que nombre d'entre eux sont bouleversés par l'acte commis par un membre de leur propre famille. Dans la mesure où aucune responsabilité particulière ne peut leur être reprochée, ne doivent-ils pas recevoir un accompagnement professionnel durant le procès pénal ?

Exemples de paroles prononcées par la famille d'accusés :

Le frère d'un accusé, appelé à la barre, présente ses profondes excuses à la famille des victimes au nom de son frère, tout en indiquant qu'à ce jour il ne pouvait pardonner à son frère son acte. Mais qu'un jour, peut-être, il y arrivera car il reste le frère avec qui il a grandi.

La fille d'un homme accusé de viol sur sa belle-fille s'effondre à la barre en exprimant ses excuses sincères à la victime, tout en précisant qu'elle ne pardonnerait jamais l'acte commis par son père, qu'elle considère comme décédé le jour où elle a appris ses agissements.

La maman d'un accusé de meurtre, en pleurs, exprime ses regrets et excuses auprès de la famille des victimes mais parle à la barre de son « tout petit » avec un grand amour.

Ces frères, filles, mères ont-ils droit à un accompagnement durant cette épreuve ? La réponse ne peut être qu'affirmative. Une réflexion doit être menée dans le droit fil de la volonté de restauration du lien social.

Au regard des potentialités qu'offre les mesures de Justice restaurative, il importe, depuis son introduction dans le code de procédure pénale (Titre préliminaire, Sous-titre II) par la Loi du 15 août 2014, de les mettre en œuvre lors de la phase de juge-

598. V. P. DOUINE, *La relation entre les accompagnants des associations d'Aide aux Victimes et la victime pendant le procès aux assises*, Mémoire, DIU de Victimologie, multigraph., Université Cl. Bernard, Lyon, 54 p.

ment, comme mesure préalable au prononcé de la sanction [599], avec l'accord des parties naturellement. A la manière d'une probation, l'infracteur pourrait être encouragé à participer à une médiation ou à une conférence restaurative. Non seulement ces rencontres restauratives rendent possible l'apaisement des souffrances des protagonistes et/ou de leurs proches, mais elles sont susceptibles de compléter harmonieusement, selon les termes et les résultats des échanges, la sanction finalement retenue par le juge pénal. Cette innovation législative est d'autant plus bienvenue que la très grande majorité des affaires sont aujourd'hui jugées en comparution immédiate, hors la présence de la victime dans un nombre conséquent de cas.

3. Les droits des victimes durant l'exécution des peines

En écho aux dispositions de l'article préliminaire du *C.pr.pén.*, l'alinéa 2 de l'article 707 commandait à l'autorité judiciaire de veiller à l'information et à la garantie des droits des victimes durant la phase d'exécution des peines [600]. La loi du 15 août 2014 ouvre à la victime d'infraction et/ou à ses proches une place et un rôle remarquables. Toute peine doit respecter « les intérêts de la victime » (*C.pén.*, art. 130-1, D 49-64 *C.pr.pén.*). D'aucuns s'étonnent cependant que la prise en considération des intérêts des victimes ait quitté symboliquement le chapitre 1 (dispositions générales) du Titre premier consacré à l'exécution des sentences pénales.

L'article 707 IV *C.pr.pén.* énonce, dorénavant clairement, les droits de la victime au cours de l'exécution des peines. La victime a le droit : α) de saisir l'autorité judiciaire de toute atteinte à ses intérêts ; β) d'obtenir la réparation de son préjudice,

---

599. Sur l'ajournement simple, V. art. 132-60 et s. *C.pén.* ; sur l'ajournement avec mise à l'épreuve, V. art. 132-63 et s. *C.pén.* ; art. 747-3 et s. *C.pr.pén.* ; V. également art. 20-7 al. 2 et 3 *Ord. 1945*.

600. « L'exécution des peines favorise, dans le respect des intérêts de la société et des droits des victimes, l'insertion ou la réinsertion des condamnés ainsi que la prévention de la récidive » ; sur cette « petite révolution », V. P. COUVRAT, Dispositions générales et nouvelle organisation judiciaire de l'application des peines, *In Rsc*, 2004-3, pp. 682-687 ; V. art. D. 49-64.

par l'indemnisation de celui-ci ou par tout autre moyen adapté, y compris, s'il y a lieu, en se voyant proposer une mesure de justice restaurative ; γ) d'être informée, si elle le souhaite, de la fin de l'exécution d'une peine privative de liberté, dans les cas et conditions prévus au présent code ; δ) à la prise en compte, s'il y a lieu, de la nécessité de garantir sa tranquillité et sa sûreté. L'autorité judiciaire est tenue de garantir l'intégralité de ces droits tout au long de l'exécution de la peine, quelles qu'en soient les modalités.

L'information des victimes, constituées ou non, a été notablement renforcée durant la phase d'exécution des peines, pour autant consacrée toute entière aux droits du condamné détenu. Il demeure que les juridictions de l'application des peines sont dotées, bien plus que par le passé [601], de devoirs d'information et de pouvoirs d'investigation considérables à l'endroit de la victime.

Une telle évolution, non sans danger pour la victime elle-même comme pour le condamné, se manifeste concrètement par une quintuple série de mesures, le cas échéant cumulatives. Les juridictions de l'application des peines (Juge de l'application des peines, Tribunal et Chambre de l'application des peines) peuvent procéder ou faire procéder, en premier lieu, sur l'ensemble du territoire national, à des enquêtes portant sur les conséquences des mesures d'individualisation, dans le souci de prendre en considération les intérêts de la victime ou de la partie civile [602].

Elles peuvent, en second lieu, avant toute décision, informer la victime – et pas seulement la partie civile –, directement ou par l'intermédiaire de son avocat, qu'elle a la possibilité de

601. V. art. 712-1 et s. *C.pr.pén.* ; Comp. not. R. CARIO, La place de la victime dans l'exécution des peines, *In Rec. Dalloz*, Chron., 2003, pp. 145-151 ; M.J. BOULAY, Le point de vue des victimes, *In* R. Cario, A. Gaudreault (Dir.), L'aide aux victimes : 20 ans après, *op. cit.*, pp. 76-83 ; B. LAVIELLE, X. LAMEYRE, Le guide des peines, *op. cit.*, p. 443 et s. ; S. ROUBAUD, La place de la victime dans l'exécution des peines, *In Les Cahiers de la sécurité*, 2013-23, pp. 68-82.

602. V. art. 712-16-1 *C.pr.pén.*

déposer des observations par écrit, dans le délai de quinze jours à compter de la notification. Ces observations sont adressées par tout moyen à la juridiction concernée.

En troisième lieu, lorsque existe un risque que le condamné puisse se trouver en présence de la victime ou de la partie civile et qu'une telle rencontre paraît devoir être évitée, les juridictions lui adressent un avis l'informant de cette interdiction pour le condamné de la recevoir, de la rencontrer ou d'entrer en relation avec elle de quelque façon que ce soit, assorti des conséquences de son non respect. Toutefois, la juridiction peut ne pas adresser cet avis si la personnalité de la victime ou de la partie civile le justifie, sans précision curieusement quant à l'origine de son information et des caractéristiques visées [603].

En quatrième lieu, lors des informations délivrées à la victime, les juridictions de l'application des peines peuvent lui faire savoir qu'elles peuvent être assistées par une Association d'aide aux victimes (art. D 49-66).

En cinquième lieu, le droit à l'oubli est enfin consacré, conformément aux dispositions impératives de la Directive européenne précitée du 25 octobre 2012 (art. 6, 4). En ce sens, la juridiction peut toutefois ne pas adresser ces informations lorsque la victime ou la partie civile a fait connaître qu'elle ne souhaitait pas être avisée des modalités d'exécution de la peine, à l'exception près d'une cessation provisoire de l'incarcération du condamné d'une durée ne pouvant excéder la durée maximale autorisée pour les permissions de sortir. La demande de la victime ou de la partie civile peut être adressée, à tout moment, au procureur de la République ou au Procureur général de la juridiction de condamnation, par lettre recommandée avec accusé de réception (art. D 49-65-1, 49-72 et 49-73 *C.pr.pén.*). Elle est classée au dossier individuel du condamné dans la cote spéci-

---

603. V. art. 712-16-2, D. 49-68 *C.pr.pén.* ; sont ainsi visés, à compter du 1er janvier 2005, la suspension et le fractionnement des peines privatives de liberté (art. 720-1), les sorties en fin de peine pour le temps des réductions de peine accordées (721-2), le placement à l'extérieur, la semi-liberté, les permissions de sortir (art. 723-4), le placement sous surveillance électronique (art. 720-10), la libération conditionnelle (art. 731).

fique destinée à regrouper l'ensemble des pièces et informations relatifs à la victime ou à la partie civile (art. D 49-65 *C.pr.pén.*).

Beaucoup de ces attentions à l'endroit de la victime se rapprochent très fortement de ce que l'on observe en droit comparé, notamment dans la législation pénitentiaire canadienne ou belge, à la différence majeure près que la victime, ou la partie civile, ne peut pas comparaître et déposer lors des différentes audiences[604].

Néanmoins, le maintien possible de la victime durant l'exécution des peines est de nature à retirer au jugement pénal toute fonction symbolique de clôture et de séparation et, par conséquent, la victime risque d'être maintenue dans une plainte infinie. En ne mesurant pas que la plupart des victimes souhaitant toujours être actives durant l'exécution des peines sont celles dont la prise en charge psychologique et sociale a été inexistante ou imparfaite (de la révélation des faits au jugement définitif), on couvre bien hypocritement les modalités variées de victimisation secondaire qui caractérisent aujourd'hui encore le procès pénal. Il est à craindre de surcroît que le condamné ait à souffrir d'une telle stratégie, comme en témoignent les expériences étrangères : les dépositions (écrites, lues ou enregistrées) de la victime, ou de proches, lors des audiences conduisent généralement à repousser l'octroi des modalités d'individualisation de la peine, à aggraver la situation pénale des condamnés, déjà traités avec une grande sévérité dans notre pays (au regard du recours très fréquent à la privation de liberté, de la multiplication des périodes de sûreté, de l'allongement du temps moyen d'incarcération, de la réduction drastique des

---

604. V. not. D. MARTIN, Place et attente des victimes dans le cadre de la procédure de libération conditionnelle, *In La libération conditionnelle : évaluation des pratiques*, pub. Dép. Criminologie, U.C.Louvain, multigraph., 2000, pp. 21-42 ; A. GAUDREAULT, Evolution de la législation et des politiques concernant les besoins des victimes d'actes criminels dans le système correctionnel canadien, *In* E. Fattah, S. Parmentier (Eds), *Victim policies and criminal justice system on the road of restorative justice*, SCS, Press Univ. Leuven, 2001, pp. 99-114 ; A. GAUDREAULT, Quand les victimes de crime s'immiscent dans le système correctionnel canadien, *In Les cahiers de la Justice, Revue semestrielle de l'ENM*, 2006-1, pp. 71-82.

libérations conditionnelles, notamment [605]). Certes le souci de la victime doit être central dans l'évaluation des efforts déployés par le condamné en vue de sa réinsertion sociale future. Mais l'individualisation de sa peine (qui dépend de l'appréciation strictement régalienne des conditions requises) ne doit pas reposer sur les réalités de la restauration de la victime (qui dépend de la qualité de l'accompagnement psychologique et social consenti). L'un comme l'autre doit suivre sa propre destinée, perturbée de manière déjà suffisamment tragique par l'expérience du crime, dès l'épuisement des voies de recours. L'œuvre de justice commande la réintégration sociale de chacun, sans aucune confusion. En ce sens, la protection effective de la victime doit demeurer à la charge de l'Etat, sans implication directe de la victime qui n'a pas manifesté, par un avis éclairé (toujours réversible), le désir d'être informée.

Il va sans dire que le juge de l'application des peines rencontre de sérieuses difficultés au regard des moyens dont il dispose pour assurer ses nombreuses missions, destinées à concilier les droits des condamnés à l'individualisation de leur peine avec ceux de la victime à la restauration et à la protection [606]. Nouveau « colosse… aux pieds d'argile » [607], il n'est pas sûr qu'il puisse mener à bien l'ensemble de ces investigations destinées à évaluer les conséquences des mesures envisagées sur la situation de la victime, sans nuire finalement à ses intérêts, quand bien même le principe du droit à l'oubli semble mieux encadré que par le passé. Car il importe en effet d'éviter toute forme de victimisation secondaire supplémentaire (active ou passive) à l'égard des victimes lors des informations et/ou enquêtes éventuellement diligentées. Le risque de reviviscence

---

605. V. not. Les dix ans du nouveau code pénal : le grand enfermement, *In Dedans dehors*, 2004-42, pp. 9-19.

606. Sur le rôle du « Bureau de l'exécution immédiate des peines » (BEX), expérimenté depuis avril 2004 au sein de sept T.G.I., V. art. D 48 et s. *C.pr.pén.* (D. 13 déc. 2004) ; V. B. LAVIELLE, X. LAMEYRE, Le guide des peines, *op. cit.*, p. 428 et s. ; M. HERZOG-EVANS, Droit de l'application des peines, *op. cit.*, p. 61 et s.

607. V. M. JANAS, Le nouveau rôle du JAP, *In AJ pénal*, 2004-11, pp. 394-397.

des psychotraumatismes à l'occasion de la (ré)évocation de l'auteur des victimisations subies est très important. L'appréciation de la personnalité de la victime, le déroulement de l'enquête, tout comme l'accompagnement des informations communiquées supposent une compétence professionnelle en victimologie et droit des victimes. Un partenariat soutenu avec les Associations d'aide aux victimes [608] dans le cadre, le cas échéant, de convention complémentaire avec les Services pénitentiaires d'insertion et de probation, apparaît absolument indispensable [609].

A savoir :

Les victimes ont elles un droit à l'oubli numérique et un droit à l'oubli dans la presse comme les condamnés ? La consécration d'un droit à l'oubli numérique, auquel se réfère notamment le droit de l'Union européenne, confère aujourd'hui à l'individu le droit d'exiger la suppression définitive de données personnelles le concernant. Cette approche récente du droit à l'oubli numérique a eu pour effet de renvoyer au second plan son application la plus ancienne, en matière de presse [610].

La loi peut imposer le silence à la presse en matière de condamnations pénales. C'est précisément l'objet des lois d'amnistie, qui interviennent généralement dans le but de favoriser une réconciliation après un conflit. Dans ce cas, le rappel par la presse d'une condamnation amnistiée est toujours fautif. Les effets sont identiques en matière de réhabilitation, procédure qui permet à un condamné qui a purgé sa peine de bénéficier de l'effacement de sa condamnation, du droit à l'oubli, s'il n'a pas fait l'objet d'une nouvelle condamnation pendant un certain délai.

L'essentiel du droit à l'oubli a une origine jurisprudentielle. Plus précisément, il apparaît avec la très célèbre affaire Landru, en 1965, sous la plume très critique du Professeur G. LYON-CAEN. À l'époque, l'ancienne maîtresse du célèbre criminel demandait, devant le juge civil, réparation du préjudice que lui causait la sortie d'un film de Claude Chabrol, relatant une période de sa vie qu'elle aurait préféré enfouir dans le passé. Le

608. V. en ce sens art. D. 49-66 *C.pr.pén.*

609. V. en ce sens les propositions du Groupe de travail *Victimes et libération conditionnelle*, Min. Justice, multigraph., fév. 2002, 29 p. plus Annexes.

610. V. television.telerama.fr, droit à l'oubli : quand la télé remue le couteau dans la plaie,76655.php.

juge a alors invoqué une « *prescription du silence* », pour finalement rejeter la demande au motif que la requérante avait elle-même publié ses mémoires et que le film reprenait des faits relatés dans des chroniques judiciaires parfaitement accessibles [611].

Le terme de « *prescription du silence* » était l'objet même de la critique de G. LYON-CAEN, car il laissait supposer une sorte d'automaticité. Or le juge apprécie ce type d'affaires au cas par cas, en fonction des intérêts en cause et de la réelle volonté de discrétion affirmée par l'intéressé. C'est sans doute pour cette raison que le TGI de Paris, dans une décision Madame M. c./ Filipacchi et Cogedipresse du 20 avril 1983, consacre la notion nouvelle : « *Attendu que toute personne qui a été mêlée à des événements publics peut, le temps passant, revendiquer le droit à l'oubli [...] ; Attendu que ce droit à l'oubli qui s'impose à tous, y compris aux journalistes, doit également profiter à tous, y compris aux condamnés qui ont payé leur dette à la société et tentent de s'y réinsérer* ».

Le droit à l'oubli a ainsi intégré le droit positif il y a déjà plusieurs décennies, par la voie de la responsabilité civile. Rien n'interdit cependant à l'intéressé d'invoquer devant le juge pénal son droit à l'oubli, dès lors qu'il est constitutif d'une violation de sa vie privée, voire d'une diffamation.

Prenons pour exemple les émissions de télévision de grande écoute qui se donnent pour objectif de « refaire » le travail de la justice pénale, au cours desquelles défilent avocats, policiers, magistrats, témoins, journalistes, parfois même victimes. L'identité et l'image des protagonistes sont par conséquent dévoilées, très souvent sans leur accord.

Les réactions furent diverses, la plupart non judiciaires, sans réelle surprise en raison de la situation et/ou du passé des personnes concernées. Des médiations furent activées et les médiateurs se sont alors tournés principalement vers les producteurs des émissions, lesquels ont brandi la liberté d'expression et le caractère public des affaires déjà jugées, ayant fait l'objet, pour la plupart, d'une large couverture médiatique en leur temps. Un tel échec a conduit les requérants, rejoints entre temps par le Contrôleur général des lieux privatifs de liberté, à frapper à la porte du Conseil supérieur de l'audiovisuel (CSA).

Le groupe de travail « Déontologie des contenus audiovisuels » du CSA finit

---

611. V. *TGI* Seine, 14 octobre 1965, Mme S. c / Soc. Rome Paris Film, confirmé en appel : *CA* Paris 15 mars 1967.

par engager une réflexion sur « le droit à l'oubli » et a entendu les plaignants, des représentants de France Télévision et des sociétés de production concernées. Des courriers furent échangés. *In fine* une mention particulière fut apportée dans le rapport annuel 2010 du CSA ainsi que plusieurs communiqués recommandant que la plus grande prudence pour assurer, par tout moyen permettant l'anonymat, le droit à la vie privée des personnes condamnées, en se gardant de divulguer toute information relative à la vie présente. Dans deux communiqués, le CSA a souligné que toutes les précautions devaient être prises « afin de préserver les possibilités de réinsertion des personnes condamnées et améliorer leur sécurité ainsi que celle de leur famille » (7 janv. 2010). Dans un autre communiqué (17 mai 2011), il a appelé les chaînes de télévision « à la plus grande retenue dans la diffusion d'images relatives à des personnes mises en cause dans une procédure pénale », en soulignant que « le principe de la liberté d'expression et le droit à l'information ne doivent pas méconnaître le fait que de telles images sont susceptibles de porter atteinte au respect de la dignité de ces personnes ».

En filigrane, sont prioritairement soulevés les points suivants : la liberté d'information, le respect de la vie privée, la dignité, la sécurité, la réinsertion. Mais qu'en est-il du respect des éléments de vie privée des victimes, de nature à rendre possible leur identification physique et géographique sans leur autorisation préalable, alors même que le procès s'est déroulé 5 à 10 ans auparavant ? Ont elles réciproquement un droit à l'oubli sur le même fondement que celui reconnu au condamné ? La réponse ne peut être qu'affirmative mais à ce jour, aucune jurisprudence, aucune décision du CSA ne s'est engouffrée dans cette brèche, heureusement ouverte.

Assez curieusement, la volonté d'une plus grande reconnaissance de la victime a conduit à maintenir la présence d'un responsable d'une association de réinsertion des condamnés et d'un responsable d'une association d'aide aux victimes au sein de la Chambre de l'application des peines, compétente pour connaître des appels formés (par le condamné, le procureur ou le procureur général exclusivement) contre les décisions du tribunal de l'application des peines [612]. Dans ce même esprit, un assesseur peut être nommé au sein de la Commission d'indemnisation des victimes d'infraction, au regard de l'intérêt qu'il porte aux problèmes des victimes. Un tel échevinage, pour avoir été prévu dans ces deux hypothèses, doit présenter un intérêt particulier tel qui devrait justifier sa systématisation… ou sa suppression, pour ne pas provoquer de rupture d'égalité entre

612. V. art. 712-13 *C.pr.pén.* ; V. sur ces points, M. HERZOG-EVANS, Droit de l'application des peines, *op. cit.*, p. 653 et s.

les justiciables (selon le degré de juridiction dans le premier cas, selon la « sensibilité » des Commissions dans le second).

Un curieux cap a été, subrepticement, franchi à l'occasion de l'adoption de la loi relative au traitement de la récidive des infractions pénales. L'article 29 de la Loi du 12 décembre 2005 a ajouté un très court alinéa aux articles 712-7 et 712-13 *C.pr.pén.* offrant la possibilité, en matière criminelle essentiellement, à l'avocat de la partie civile, s'il en fait la demande, d'assister au débat contradictoire devant le tribunal de l'application des peines (lorsque la peine privative de liberté prononcée est d'une durée supérieure à 10 ans, ou le reliquat de peine supérieur à 3 ans) ou la Chambre de l'application des peines en appel [613], « pour y faire valoir ses observations, avant les réquisitions du ministère public » [614]. Plus subrepticement encore, le Décret du 27 octobre 2010 a fait glisser cet alinéa dans la partie réglementaire (art. D 49-74 *C.pr.pén.*) alors que l'article 730 *C.pr.pén.* avait déjà ouvert le champ de l'intervention de l'avocat au cas de libération conditionnelle concernant des personnes condamnées à une peine d'emprisonnement égale ou supérieure à 5 ans ou à une peine de réclusion. Nonobstant les remarques précédentes relatives au droit à l'oubli de la victime et de ses proches, on peut surtout craindre que des personnes morales constituées partie civile ne se saisissent d'une telle opportunité pour mener au plus loin de la peine leur mission de défense des intérêts des victimes, avec ou sans l'accord des victimes elles-mêmes.

Très pertinemment, l'article 10-1 *C.pr.pén.*, inséré au Sous-titre II du Titre préliminaire de ce Code, propose un dispositif innovant « à l'occasion de toute procédure pénale et à tous les stades de la procédure, y compris lors de l'exécution des peines ». Il offre aux protagonistes du crime – infracteurs et victimes – la possibilité de se voir proposer une mesure de justice restaurative. Détentrice d'un tel droit au regard de l'art. 707 IV *C.pr.pén.*, la victime peut saisir elle-même le magistrat compétent ou, de manière plus informelle, les « référents » d'un

---

613. V. art. 712-7, 720-4, 730 al.2, 720-1-1 al. 4, 706-73 et 74 *C.pr.pén.*

614. V. L. 2005-1549, *JO*, du 13, p. 19152 et s.

service régional de justice restaurative ou de tout autre service dédié à la justice restaurative qui l'accompagneront à cette fin. Sous forme de rencontre singulière directe (médiation restaurative) ou dans le cadre de groupes plus anonymes (Rencontres condamnés ou détenus-victimes), le dialogue entre condamnés et victimes peut favoriser la re-co-naissance mutuelle et conduire sinon à la réconciliation, pour le moins à cheminement personnel vers un horizon d'apaisement car, au-delà de la violation d'une norme, ce sont aussi des relations intersubjectives qui ont été blessées par le crime [615].

Une dernière disposition, et non des moindres, est de nature à faciliter la mise en œuvre des mesures de justice restaurative lors de l'exécution des peines. En effet, conformément au nouvel article 2-1 de la « Loi pénitentiaire » du 24 octobre 2009, des conventions peuvent être dorénavant passées par l'administration pénitentiaire avec des associations (ou autres personnes publiques et privées) destinées à permettre aux personnes condamnées d'accéder aux droits et dispositifs de droit commun de nature à faciliter leur insertion ou réinsertion.

Au regard de l'évolution, sans précédent dans notre droit positif, de la place de la victime dans l'exécution des peines, l'application de l'ensemble de ces dispositions devrait impérativement faire l'objet d'une évaluation scientifique rapprochée, destinée, notamment, à bien mesurer la qualité de l'accompagnement juridique, psychologique et social de la victime durant toutes les phases antérieures du procès pénal et, surtout, à valider son choix éclairé à recevoir des informations sur l'individualisation de la peine de celui qui est à l'origine de ses souffrances, ou non.

---

615. V. R. CARIO, Justice restaurative, *op. cit.*, p. 122 et s. ; B. ARCHIBALD, La justice restaurative : conditions et fondements d'une transformation démocratique en droit pénal, *In* M. Jaccoud, *op. cit.*, p. 139 et s. ; A. BUONATESTA, La médiation entre auteurs et victimes dans le cadre de l'exécution de la peine, *In RDPC*, 2004-2, pp. 242-257 ; du même auteur, La place de la médiation dans une politique en faveur des victimes, *In Les rencontres détenus victimes. L'humanité retrouvée*, R. Cario (Dir.), Ed. l'Harmattan, pp. 69-80.

4. Les voies de recours

Toute partie à un procès pénal doit avoir la possibilité de faire examiner son affaire par une autre juridiction. Dans les développements qui précèdent, il a été maintes fois constaté que le droit d'appel de la victime est réel. En qualité de partie civile, elle peut interjeter appel de la plupart des décisions rendues relativement à ses intérêts civils, à chacun des stades de la procédure : poursuites, instruction et jugement [616].

L'appel des décisions contestées s'effectue par déclaration au greffe des juridictions concernées dans les dix jours du prononcé de la décision ou de sa signification, au cas où la partie civile n'aurait pas été informée de la date de l'audience [617]. L'appel suspend par principe l'exécution de la décision. Néanmoins, le versement d'une provision au bénéfice de la victime et/ou de ses proches peut intervenir [618], sauf les cas où le président estime qu'elle risque d'entraîner des conséquences manifestement excessives [619].

Le montant des dommages intérêts peut être contesté par le condamné lui-même. Si le montant des dommages intérêts peut augmenter en appel, ce n'est que pour l'aggravation des préjudices déjà évalués en première instance [620].

Devant la cour d'assises, l'appel emporte quelques particularismes complémentaires. Ainsi, si l'appel porte seulement sur l'action civile, il est porté devant la Chambre des appels correctionnels [621]. Lorsque l'appel ne porte pas sur la culpabilité mais uniquement sur le quantum de la peine, il eût été raisonnable de

---

616. V. art. 40-3 *C.pr.pén.* (poursuites), 183, 186 et s., 207-1 (instruction), 546 (Tribunal de police et juridiction de proximité), 497-1° (Tribunal correctionnel), 380-2-3° (Cour d'assises), 495-13 *C.pr.pén.* (au cas de CRPC) ; V. not. Cass. Crim. 13 avril 1988, *Bull. crim*, 156 ; Cass. Crim. 6 avril 2004, *Ibid.*, 87 ; Cass. Crim. 19 janv. 2005, *Ibid.*, 26.

617. V. art. 374, 380-2, 498 *C.pr.pén.*

618. V. art. 464, 380-7 et 8 *C.pr.pén.*

619. V. art. 380-8, 515-1 *C.pr.pén.*

620. V. art. 515 al 3, 308-6 al 2 *C.pr.pén.*

621. V. art. 380-5 *C.pr.pén.*

ne saisir la cour que sur la peine, évitant par là une épreuve supplémentaire et somme toute inutile à la victime [622].

Au cas de violation de la loi, la victime peut former un pourvoi devant la Cour de cassation, quant à ses intérêts civils, dans les cinq jours de la décision contestée, selon les mêmes formes que précédemment. Elle doit en informer les autres parties dans les cinq jours du dépôt. La victime a la possibilité d'argumenter les moyens de son pourvoi par le dépôt d'un mémoire au plus tard dans le mois de sa déclaration de pourvoi [623]. Le pourvoi en cassation suspend l'exécution de la décision contestée, sauf exécution des décisions sur l'action civile [624].

Au cas de non comparution ou de non représentation de bonne foi de la partie civile, la décision est rendue par défaut [625]. Le délai d'opposition est de dix jours et, le cas échéant, les provisions accordées à la partie civile lui sont versées [626]. Un nouveau jugement pourra intervenir, mais en présence de l'infracteur.

§ 3 – La réparation des préjudices devant la CIVI ou le SARVI

Dans les années 60, la jurisprudence, le législateur et la doctrine se sont attachés à poser les bases du principe de la réparation intégrale du préjudice corporel : le préjudice de la victime doit être réparé dans tous ses aspects afin de restaurer une situation antérieure que le dommage a détruite. Cette étape franchie, il revenait au législateur à mettre en œuvre un système d'indemnisation reposant sur un financement sûr et durable, pour que la construction jurisprudentielle ne reste pas lettre-

---

622. V. en ce sens, J. PRADEL, La Loi 2002-307 du 4 mars 2002 : un placebo pour guérir certains maux de la réforme du 15 juin 2000 sur la présomption d'innocence, *In Rec. Dalloz*, chron., 2002, pp. 1693-1697.

623. V. art. 568, 575, 576, 591 *C.pr.pén.*

624. V. art. 569 *C.pr.pén.*

625. V. art. 493, 545 *C.pr.pén.* ; comp. art. 420-1 al. 3 *C.pr.pén.* (non obligation de comparaître).

626. V. not. Cass. Crim. 3 juin 2004, *Bull. crim.*, 146.

morte. L'idée s'est rapidement imposée qu'il devait faire appel à la contribution financière des contribuables puis des assurés, dans le but que l'ensemble de la collectivité nationale marque sa solidarité vis-à-vis des victimes [627].

Pour être admise par tous, la réparation des dommages (corporel, moral, psychologique ou matériel) provoqués par une infraction constitutive d'une atteinte à une valeur sociale essentielle par le biais de l'indemnisation de leurs différents préjudices consécutifs évolue toujours, selon la pertinente formule d'Anne D'HAUTEVILLE, « entre chemin de croix et miroir aux alouettes » [628]. Pour remédier à cet état de fait, réel autant qu'inadmissible, il importe d'unifier les contentieux quant aux préjudices indemnisables et de favoriser l'accès de toutes les victimes à la Commission d'indemnisation des victimes d'infraction ou, lorsque les conditions de saisine de celle-ci ne sont pas remplies, au Service d'aide au recouvrement des victimes d'infraction.

1. La réparation des préjudices

La réparation des préjudices devrait être intégrale et effective, qu'il s'agisse de préjudices actuels ou futurs, directs ou par ricochet (selon la malheureuse formule juridique) [629], quels que soient les revenus, sans plafond d'indemnisation, que l'auteur soit connu ou non. Elle devrait être rapide, accompagnée de provisions immédiates et régulières, en fonction de l'évolution de la situation de la victime. En ce sens, l'accès à la CIVI devrait être généralisé et favorisé à tous les stades du procès par une information systématique des victimes et de tous les professionnels les prenant en charge d'une telle possibilité, indépen-

---

627. T. TISSERAND, Le mécanisme d'indemnisation des victimes, *In* J.L Senon, G. Lopez, R. Cario (dir.), *Psychoriminologie*, Ed. Dunod, 2è éd. 2012, pp. 417-425 ; C. LIENHARD, N. PIGNOUX, La réparation indemnitaire des préjudices des victimes d'infractions, *Ibid.*, pp. 409-416.

628. *In* Actes du XXVème Congrès de l'Association française de criminologie, Victimes et société, multigraph., Grenoble, 1989, pp. 194-196.

629. Sur ces divers aspects Y. LAMBERT-FAIVRE, Droit du dommage corporel. Systèmes d'indemnisation, *op. cit.*, pp. 275-306.

dante du procès pénal. Malgré une évolution considérable ces dernières années, les modalités d'indemnisation des victimes d'infraction peinent néanmoins concrètement à se conformer aux dispositions législatives et réglementaires applicables.

Le droit à réparation s'exerce tout d'abord sur les *préjudices économiques*, temporaires ou permanents, actuels et futurs, provenant des pertes subies (*damnum emergens*) : frais médicaux et accessoires, frais d'hospitalisation, frais de rééducation ; déficit fonctionnel et réduction de l'autonomie nécessitant le recours à une tierce personne, des appareils et matériels particuliers, l'adaptation des lieux de vie, adaptation du véhicule ; pertes de biens divers ; honoraires de médecins (conseils ou spécialistes), d'avocats. Le droit à réparation couvre également les gains manqués (*lucrum cessans*) ou manques à gagner : activités professionnelles interrompues ou perdues ; incapacités de travail personnel, incapacité permanente partielle ou totale[630], reclassement professionnel ; perte de chances ; préjudice juvénile provenant de handicaps divers perturbant le suivi scolaire ou l'accès futur à certaines professions.

Le droit à réparation concerne encore les *préjudices non économiques* (ou *extra-patrimoniaux*), temporaires ou permanents, dont l'indemnisation n'est susceptible d'aucun recours de la part d'un tiers payeur, parce qu'attachés à la personne de la victime. Le Rapport LAMBERT-FAIVRE invite à les distinguer en raison de leur caractère temporaire ou permanent. En premier lieu, le préjudice fonctionnel (d'agrément) temporaire (PFT) rend compte de la perte de la qualité de vie, des joies usuelles de la vie courante et du *pretium doloris* (souffrances physiques et psychiques endurées, peurs, rancune, repliement sur soi). En second lieu, le préjudice fonctionnel permanent (PFP), repose sur les mêmes troubles dans les conditions d'existence, la perte

---

630. Le Groupe de travail du Conseil National de l'Aide aux Victimes (CNAV) placé sous la direction de la professeure Yvonne LAMBERT-FAIVRE préconise avec raison de préférer à l'expression « incapacité totale de travail » (ITT) celle d'« incidence professionnelle temporaire » (IPT), d'« incidence professionnelle définitive » (IPD) à celle d'« incapacité permanente partielle » (IPP), *In Rapport sur l'indemnisation du dommage corporel*, CNAV, multigraph., 2003, p. 17 et s. ; ladocumentationfrancaise.gouv.fr.

de la qualité de vie et des joies de la vie courante. Il regroupe : le préjudice spécifique (perte de loisirs spécifiques) ; esthétique (atteintes physiques, altération de l'apparence) ; préjudice sexuel lié à l'impossibilité d'accéder au plaisir et/ou de procréation ; le préjudice d'établissement (fonder une famille) ; préjudice d'anxiété lié à l'attente ; les souffrances subies par les victimes d'attentats ou de catastrophes collectives justifient encore la réparation du syndrome post traumatique spécifique, actuellement acquis aux seules victimes d'attentats terroristes. Les conséquences de traumatismes graves peuvent n'apparaître que tardivement après les faits : elles sont donc incompatibles avec toute forme de prescription.

Les proches des victimes sont susceptibles de subir des préjudices « par ricochet ». Ils peuvent être d'ordre économique : frais d'obsèques et de sépulture ; frais divers (de voyage, transport, hébergement) ; gains manqués lorsque les personnes concernées dépendaient des ressources du blessé ou du prédécédé. Ils peuvent également être d'ordre non économique : le préjudice d'accompagnement (moral [631], il provient du spectacle des souffrances endurées par un être cher ; des troubles causés dans la communauté de vie, par les visites fréquentes en milieu hospitalier) ; le préjudice d'affection (perte d'un être cher).

La diversité et l'ampleur des préjudices nécessitent le recours à l'expertise médico-légale de nature à permettre une évaluation globale des conséquences du crime sur la situation personnelle, mais aussi sociale, de la victime et/ou de ses proches. L'existence d'un service des urgence médico-judiciaires (UMJ), généralement en convention avec tous les partenaires de l'aide aux victimes, est très précieuse. Autant que nécessaire, la police judiciaire y conduira la victime, au plus près des faits. Une telle mission médico-légale est extrêmement délicate et suppose une compétence particulière des experts qui évalueront la réalité et l'importance des préjudices subis.

Contradictoire, l'expertise doit être précise et détaillée : quant aux conséquences actuelles et prévisibles sur l'état phy-

---

631. V. pour un préjudice moral aux proches d'une personne lourdement handicapée, 2è civ. 14 janv. 1999, *In Gaz.pal.*, 5-6 mai 1999, Panorama, p. 19.

sique (éventuelles complications physiologiques) et psychologique (apparition tardive des symptômes de la névrose traumatique) de l'intéressé(e) d'une part et de leurs répercussions sociales globales d'autre part. La présence du médecin de la victime – choisi par elle – est vivement recommandée. Après consolidation, l'établissement du taux d'incapacité fonctionnel (TIF) est fondamental car il détermine le montant de l'aide matérielle qui sera allouée à la victime au cas de séquelles permanentes provoquées par l'infraction. La multiplicité des barèmes disponibles aujourd'hui (droit commun, droit du travail, assurances) est synonyme d'hétérogénéité, non immédiatement compréhensible par les victimes. Il importe en ce sens de systématiser le recours au Barème d'évaluation médico-légale établi par la Société française de médecine légale et de criminologie de France, particulièrement adapté [632]. Plus inexplicable encore mais non inévitable est le cumul, assez fréquent, entre les fonctions de médecin de recours ou médecin conseil des sociétés ou compagnies d'assurance et les fonctions d'expert judiciaire. Dans le même esprit, dans les contentieux complexes, une expertise commune devrait avoir lieu, en présence de tous les experts des spécialités concernées. La complexité de la matière devrait conduire à la mise en place de formations

---

632. Publié aux Ed. Eska, 2000, 144 p. ; V. not. sur cette difficile question, L. DALIGAND, L'évaluation et la réparation des dommages corporels, *In L'indemnisation des victimes de la violence*, Min. Justice, multigraph., 1991, pp. 137-158 ; J. GORTAIS, L'aide psychologique aux victimes, *op. cit.*, p. 13 et s. ; Y. LAMBERT-FAIVRE, *op. cit.*, n° 23 à 210, pp. 89-306 ; M. LE ROY, L'évaluation du préjudice corporel, Ed. Litec, 17è éd. 2004, p. 13 et s. ; I. BESSIERES-ROQUES, H. HUGUES-BEJUI, C. ROUSSEAU, F. RICHE, *Précis d'évaluation du dommage corporel*, L'Argus Ed., 3è éd. 2005, 350 p. ; M.F. STEINLE-FEUERBACH, Evaluer et réparer les préjudices du point de juridique, *In* R. Cario (Dir.), Victimes : du traumatisme à la restauration, *op. cit.*, pp. 143-164 ; A. SCHNEIDER, Chronique d'une naissance : le préjudice d'anxiété, *In JAC*, 2002-24, en ligne iutcolmar.uha.fr/cerdacc ; G. LOPEZ et al., Les droits des victimes, *op. cit.*, p. 111et s. ; Comp. Ass. plénière 19 déc. 2003, *In Bull. civ.*, 8, pp. 21-24 ; Y. LAMBERT-FAIVRE, Droit du dommage corporel, *op. cit.*, pp. 130-132, 459-460.

professionnelles spécifiques à l'intention des médecins, avocats et magistrats concernés [633].

Quant à l'expertise psychologique, elle doit être beaucoup plus largement entreprise, comme y invite dorénavant l'article 81-1 nouveau *C.pr.pén.* Elle demeure encore confidentielle et souvent formelle dans les pratiques judiciaires, quand elle n'est pas infamante lorsqu'elle tend à mesurer la « crédibilité » des déclarations de la victime [634]. En cette matière, le doute ne profite guère à la victime. Le souci d'égalité entre les parties ne devrait-il pas conduire à transposer l'adage fameux réservé à l'infracteur – *in dubio pro reo* – à la victime : *in dubio pro victima* [635].

Un authentique droit aux soins doit être fermement consolidé, tant en ce qui concerne les blessures physiques (traitements médicaux et chirurgicaux, contraintes matérielles de la vie quo-

---

633. V. sur ces points, not. C. LIENHARD, Réparation du dommage corporel : des progrès et avancées judiciaires indéniables !, *In Jac*, 2005-52, en ligne iutcolmar.uha.fr/cerdacc ; Y. LAMBERT-FAIVRE, La victime d'un dommage corporel et son avocat, *In Gaz.pal.*, 3-7 sept. 1999, Doct., pp. 3-12.

634. V. not. sur l'expertise et les risques de survictimation de la victime, Paroles de victimes, *Rev. Assoc. SOS-attentats*, 2000-11, Dossier 'Les expertises médicales', pp. 15-30 ; D. WEBER, La dimension psychique et l'expertise, *In Rapport annuel du CNAV*, 2002, multigraph., Annexe 4-1 ; L'expertise psychiatrique : auteurs et victimes, *In* C. Louzoun, D. Salas (Dir.), *Justice et psychiatrie. Normes, responsabilité, éthique*, Erès, 1998, pp. 181-223 ; L.M. VILLERBU, J.L. VIAUX (Dir), *Ethique et pratiques psychologiques dans l'expertise*, Ed. L'Harmattan, Coll. Psycho-logiques, 1998, 298 p. ; L. DALIGAND, L'expertise médico-psychologique, *In* P.F. Chanoit, J. de Verbizier (Dir.), *Les sévices sexuels sur les enfants*, Ed. Erès, Coll. Psychiatrie et société, 1999, pp. 50-54 ; L. DALIGAND, La bien traitance des victimes, *op. cit.*, spé. les contributions de D. GONIN et J. VEDRINNE, pp. 106-112 ; G. LOPEZ et al., *op. cit.*, p. 104 et s. ; J.L. RONGE, La parole des experts et l'égalité des armes, *In RAJS-JDJ*, Dossier 'L'expertise psychologique' (pp. 31-46), 2004-237, pp. 32-38 ; Construire l'objectivité. Observations socio-pédagogiques et expertises judiciaires, *In RAJS-JDJ*, 2005-246, pp. 13-41 ; G. CEDILE, A. CASANOVA, L'examen médico-psychologique des victimes, *In* J.L. Senon et al., *op. cit.*, pp. 459-468 ; G. LOPEZ, Expertise des victimes d'infractions, *In* J.L. Senon, C. Jonas, M. Voyer (Dir.), *Psychiatrie légale et criminologie* clinique, Ed. Elsevier/Masson, 2013, pp. 157-162.

635. V. A. BERISTAIN, *Protagonismo de las victimas de hoy y mañana*, Tirant lo blanch d., 2005, p. 74, 318 et s.

tidienne) que les traumatismes psychologiques [636] (au sens le plus large) dont souffrent les victimes d'un acte infractionnel ou d'un événement catastrophique. Les dangers de marginalisation, voire d'exclusion des victimes sont réels, à défaut de prises en soins spécifiques, dès la révélation des faits et aussi longtemps que les troubles persistent, aussi longtemps que le travail de deuil, de symbolisation des affects en provenance de l'infraction ne seront pas aboutis. Si notre pays possède un dispositif juridique et associatif assez performant, « trop de silence existe encore, précise Jean GORTAIS, sur la détresse psychique des victimes et trop peu d'initiatives et de moyens pour y répondre » [637].

De tels droits à réparation de tous les préjudices devraient recevoir une consécration constitutionnelle, affirmant par là au bénéfice des victimes un authentique droit à la sûreté [638], relativement aux créances nées des traumatismes provoqués par l'infraction et, plus globalement, relativement à la protection que la société doit accorder à chacun de ses membres pour la conservation de sa personne, de ses droits et de ses propriétés. La création de la CIVI a pour ambition d'y répondre et ses modalités actuelles de fonctionnement sont assez remarquables.

2. La procédure devant la CIVI

La Commission d'indemnisation des victimes d'infractions, instituée en 1977, a vu ses missions considérablement consolidées en 1990 [639]. Des réformes ponctuelles postérieures améliorent encore ce dispositif remarquable. La procédure devant la

---

636. V. not. C. DAMIANI, L'aide psychologique aux victimes, *In* R. Cario, D. Salas (Dir.), Œuvre de justice et victimes. Volume 1, *op. cit.*, pp. 175-188.

637. V. Rapport précité, p. 88 ; V. dans ce même Rapport, les données sur les expériences étrangères, p. 48 et s.

638. Comp. Cons. Constitutionnel 22 oct. 1982, *D. 1983*, Jur., pp. 189-192, note F. LUCHAIRE.

639. V. art. 706-3 à 706-15, R 50-1 à R 50-28 *C.pr.pén.*

CIVI répond à des règles propres afin d'assurer aux victimes une indemnisation rapide de leur préjudice [640].

Le système d'indemnisation est financé par le prélèvement d'une contribution sur les contrats d'assurances de biens situés sur le territoire français. Le montant de cette contribution par contrat est fixé chaque année par arrêté ministériel [641], 3,3 € à ce jour [642]. C'est le Fonds de garantie des victimes des actes d'attentats et d'autres infractions (FGTI) qui collecte les sommes destinées à alimenter ce système d'indemnisation et qui est chargé de les placer, de les gérer et de veiller à ce qu'elles soient justement réparties entre les victimes. En 2013, le Fonds a perçu 392,8 M € (dont 278,13 des assurés) et réglé 292,4 M € d'indemnités aux victimes d'infractions. Le financement du Fonds est également assuré par le recours qu'il exerce à l'encontre des responsables d'infractions. Subrogé dans les droits de la victime (art. 706-11 *C.pr.pén.*), il peut ester en justice afin de recouvrer les sommes réglées au lieu et place de l'auteur. En 2013, le Fonds a récupéré 61,8 M € auprès des responsables (76,86 %), de leurs assureurs, de l'Etat ou des Collectivités locales lorsque leur responsabilité a été engagée.

La CIVI est composée de deux magistrats du siège (dont le Président) et d'une personne majeure de nationalité française s'étant signalée par l'intérêt qu'elle porte aux victimes. Depuis le Décret du 15 novembre 2007, le Président de la CIVI est le juge délégué aux victimes. Le Parquet y siège. L'auteur n'est ni présent ni représenté devant la CIVI, de sorte que la victime n'a comme interlocuteurs et comme contradicteurs éventuels devant cette juridiction que les représentants de la collectivité, soit le Parquet et le Fonds.

---

640. FGTI, *20 ans d'indemnisation des victimes d'infractions*, Ed. L'Harmattan, 2013, 232 p. ; R. CARIO, L'indemnisation des victimes d'actes de terrorisme en droit français, *In AJpén.*, 2013-5, pp. 264-269.

641. Arrêté du 11 septembre 2013 fixant le montant de la contribution des assurés au Fonds de garantie des victimes des actes de terrorisme et d'autres infractions.

642. V. Le Rapport NIESON, *op. cit.*, qui invite légitimement, à la proposition n° 20, à porter le montant de ce prélèvement à 3,5 €.

Il s'agit d'une juridiction civile qui se prononce en premier ressort et en appel, tant de la part du Fonds que de la part de la victime. C'est elle qui alloue les indemnités aux victimes, son Président ayant, dans le cadre des dispositions de l'article 706-6 *C.pr.pén.*, la possibilité d'ordonner toutes mesures provisoires pouvant permettre de faciliter l'instruction de la demande : octroi de provisions dans le délai d'un mois (procédure calquée sur celle des référés), notamment. Dans ce cadre, la demande de provision ne doit pas être sérieusement contestable (en raison de la faute de la victime par exemple) et il appartient à celui-ci (ou à la Cour saisie en appel), par des motifs propres, de caractériser l'existence d'une obligation non sérieusement contestable à la charge du Fonds [643].

Elle peut procéder ou faire procéder à toutes auditions et investigations utiles, requérir communication de renseignements sur la situation professionnelle, financière et sociale des infracteurs, obtenir des renseignements relativement aux prestations déjà versées par divers organismes, accorder une ou plusieurs provisions en tout état de la procédure [644].

Juridiction civile, autonome [645], la CIVI a un champ de compétence très large [646] puisque toute personne ayant subi un préjudice résultant de faits volontaires ou non qui présentent le caractère matériel d'une infraction peut obtenir, sous certaines conditions, la réparation intégrale des dommages qui résultent des atteintes à la personne et, dans une moindre mesure, aux biens.

Une évolution législative de la procédure d'indemnisation des victimes a consacré le principe transactionnel de réparation

---

643. V. Civ. 2è 18 oct. 2012, Pourvoi N° 11-23909.

644. V. art. 706-6 *C.pr.pén.*

645. V. Civ. 2è 18 juin 1986, *Bull. civ.*, II, 93 ; Civ. 2è 1er juill. 1992, *Ibid.*, 179.

646. En sont néanmoins exclues, car relevant de régimes particuliers, les victimes d'actes de terrorisme, d'accidents de la route (Civ. 2è 17 mars 2005, *Bull. civ.*, II, 71), d'acte de chasse, art. 706-3 *C.pr.pén.* ; il en va de même pour les accidents du travail provoqués par une faute inexcusable (Civ. 2è 7 mai 2003, *In Rec. Dalloz*, 2004, I.R., 1476).

du dommage né de l'infraction [647]. Le législateur avait initialement considéré que l'indemnisation des victimes d'infractions était exclusivement judiciaire. Elle ne pouvait devenir effective que par le prononcé d'un jugement de la CIVI, selon une instruction traditionnelle. Ce principe n'a pas longtemps résisté à l'augmentation du nombre des requêtes devant les CIVI (5 000 en 1991, près de 17 000 par an depuis), entraînant un allongement des délais d'examen des demandes. Beaucoup d'entre elles ne rencontraient pourtant aucune opposition de la part du Fonds ou du Parquet et l'attente de l'indemnisation s'ajoutait fréquemment à celle endurée pour qu'une sanction pénale soit prononcée contre l'auteur.

Il est très vite apparu indispensable d'introduire une possibilité d'accord, entre le Fonds et le demandeur, pour hâter le processus d'indemnisation : dorénavant, l'indemnisation est transactionnelle et à défaut judiciaire. Le nouvel article 706-5-1 prévoit que la demande d'indemnité est transmise sans délai par le greffe de la CIVI au FGTI, lequel est tenu, dans un délai de deux mois à compter de la réception de la requête et lorsque le dossier est complet, de présenter une offre d'indemnisation à la victime. La mise en œuvre de cette procédure suppose que le préjudice soit en l'état d'être liquidé. En cas d'acceptation de l'offre, le Fonds transmet au seul Président de la CIVI le constat d'accord aux fins d'homologation. Cette homologation confère force exécutoire à la transaction. Dans cette hypothèse, la commission statuant en formation collégiale n'est plus réunie pour rendre un jugement sur la demande. L'indemnisation de la victime est effective plus rapidement, le règlement devant intervenir dans le délai d'un mois suivant la notification de la décision d'homologation. Il s'agit d'une transaction « encadrée », un magistrat professionnel étant chargé de l'homologuer.

Les dispositions de l'article 706-5-1 *C.pr.pén.*, complété par la loi du 1er juillet 2008 permettent le règlement de la provision

---

647. V. Loi n° 2004-204 du 9 mars 2004 (dite Perben 2) portant adaptation de la justice aux évolutions de la criminalité. V. Décret n° 2005-564 du 27 mai 2005 pris en application de l'article 706-5-1 *C.pr.pén.* et relatif à la procédure d'indemnisation amiable devant les commissions d'indemnisation des victimes d'infractions.

directement par le Fonds et une ordonnance du Président donnant acte de ce versement, consacrent encore davantage le caractère amiable et transactionnel de l'indemnisation, le Président ne statuant que lorsqu'il y a un désaccord du Fonds sur le fondement de la demande. Il y a lieu de noter que la transaction réalisée est opposable à l'auteur de l'infraction notamment parce que, assigné par le Fonds en remboursement des sommes réglée, il a été en mesure de discuter contradictoirement la transaction [648]. A défaut d'accord, l'article 706-5-1 *C.pr.pén.* prévoit que la phase d'instruction et d'audiencement reprend comme précédemment, l'indemnisation de la victime étant soumise à un jugement de la commission statuant en formation collégiale.

Cette évolution législative constitue un grand pas vers l'amélioration de la situation des victimes d'infractions car il met en œuvre une procédure d'indemnisation simplifiée et accélérée. Depuis l'entrée en vigueur de la loi, plus de 70 % des affaires se règlent suite à un accord entre le Fonds et la victime.

Lorsqu'elle statue, la CIVI est une juridiction autonome et souveraine, aucunement liée par les décisions déjà rendues par les autres juridictions de l'ordre judiciaire, que ce soit pour indemniser le préjudice ou pour apprécier l'existence d'une faute de la victime. Ces règles de souveraineté et d'autonomie résultent notamment du fait que l'auteur n'est pas présent lors des audiences de la CIVI. Cette souveraineté et cette autonomie permettent à la victime de saisir la CIVI en tout état de la procédure pénale qui peut être diligentée, même en cours d'instruction et sans attendre qu'un jugement ne soit rendu à l'encontre du responsable. Celui-ci ne sera peut-être jamais condamné, notamment lorsque les faits ont été commis par un auteur inconnu.

La jurisprudence a rappelé qu'en matière d'indemnisation des victimes d'infractions, le principe du contradictoire doit s'imposer dans les débats pour l'examen du préjudice et de la faute de la victime. Sur ces points, la commission doit répondre

---

648. V. Civ. 2è 04 juill. 2013, arrêt n° 12-21.518.

aux conclusions du Fonds puisque la CIVI ou la Cour d'appel ne sont liées ni par les dispositions civiles d'une décision pénale antérieure ni par une expertise non effectuée contradictoirement dans le cadre de la procédure d'indemnisation [649]. La 2ème chambre civile de la Cour de cassation [650] a également rappelé que la commission d'indemnisation, comme tout juge du fond, dispose d'un pouvoir discrétionnaire pour ordonner ou refuser une nouvelle expertise médicale, y compris pour appliquer la nomenclature DINTILHAC. La procédure d'indemnisation devant la CIVI obéit donc bien à des règles qui lui sont propres, s'agissant d'une instance civile permettant à la victime d'une infraction de recevoir une réparation de la part de la collectivité en raison de la carence du responsable du dommage.

La saisine de la CIVI doit intervenir dans des délais précis. Le délai de prescription est de trois ans à compter de l'infraction ou d'un an à compter de la dernière décision de justice définitive, c'est à dire plus susceptible ou d'appel ou de pourvoi en cassation. Dès lors que l'auteur d'une infraction a été condamné par contumace, le caractère non définitif de cette décision empêche que la forclusion puisse être opposée à la victime d'une infraction ayant saisi une CIVI plus d'un an après la date de la décision ayant statué sur l'action publique [651]. Les délais sont suspendus pendant la minorité de la victime, conformément à l'article 2252 *C.civ.* Ces délais écoulés, la victime doit demander un relevé de forclusion et prouver qu'elle était dans l'incapacité d'agir dans les délais, ou qu'elle a subi une aggravation de son préjudice ou pour tout autre motif légitime [652].

---

649. V. Civ. 2è 07 juill.1993, *In* JCP 1993, IV, p. 281 ; Civ. 2è 11 déc. 2003, *In La semaine Juridique*, Ed. G., 4 février 2004, n° 6, p. 256.

650. V. Civ. 2è 06 oct. 2011, pourvoi n°10-24835.

651. Civ. 2è 28 fév. 1996, *Bull civ.*, II, 45.

652. Il y a lieu d'accepter une demande de forclusion lorsque celle-ci, victime notamment des viols au sein de sa famille d'accueil, n'a pu exprimer ses doléances qu'une fois au sein d'une nouvelle famille, avec difficultés et une certaine minimalisation et qu'elle a, du fait des agissements dont elle a été victime, développé une personnalité abandonnique, CA Paris 21 mars 1997, *In Gaz.pal*, 31 mars 4 avril 2002, p. 9.

La CIVI est saisie par une requête (au contenu le plus précis possible) de la victime ou de son représentant auprès du greffe de la Commission. La représentation par avocat n'est pas obligatoire et la procédure, gratuite, se déroule en l'absence de l'infracteur. Sauf à bénéficier de l'aide juridictionnelle (totale pour les actes graves contre les personnes), les frais irrépétibles peuvent cependant être remboursés à la victime [653]. La juridiction compétente est celle du ressort du Tribunal de Grande Instance où réside le demandeur, ou celle de la juridiction déjà saisie ou celle du TGI de Paris si le demandeur n'est pas domicilié en France et qu'aucune autre juridiction n'a été saisie [654]. Lorsque la victime n'est pas de nationalité française, elle peut néanmoins être recevable pour des faits commis sur le territoire national si elle est ressortissant d'un Etat membre de l'Union européenne, ou d'un autre Etat (quelle que soit la régularité de son séjour) ayant conventionné avec la France ou dès lors qu'elle est en situation régulière soit au jour des faits soit à celui de la demande d'indemnisation. La victime proche remplissant ces conditions est également recevable à demander réparation, quand bien même la victime principale ne remplirait pas cette condition de nationalité [655]. La CIVI peut rendre sa décision sans attendre, y compris lorsque l'action publique est engagée [656]. Pour le cas où l'indemnité accordée par la juridiction pénale de jugement serait supérieure, un complément peut être demandé à la Commission [657]. Il importe de rappeler que la possibilité de saisine de la CIVI doit être formellement rappelée chaque fois

---

653. V. art. 700 *C.pr.pén.*

654. V. art. 50-2 à 50-5 *C.pr.pén.* ; V. not. Civ. 2è 11 janv. 1995 (français victime d'une infraction à l'étranger), *Bull. civ.*, II, 10, p. 6 ; Civ. 2è 3 juin 2004, *Ibid.*, 265, pp. 224-225 ; V. H. GROUTEL, Indemnisation des victimes d'infraction et loi étrangère, *In Resp. civ. ass.*, déc. 2004, Etudes, 25, pp. 7-8, Com. 372, p. 19 ; H. GROUTEL, La dernière tranchée, *Ibid.*, 2005, Repère, 5, p. 3, Com. 152, pp. 19-20.

655. V. not. Civ. 2è 2 mars 1994, *Bull. civ.*, II, 80.

656. V. art. 706-7 *C.pr.pén.*

657. V. art. 706-8 *C.pr.pén.*; Civ. 2è 9 déc. 2004, *Bull. civ.*, II, 519.

que l'auteur est condamné pour une infraction entrant dans son domaine de compétence [658].

Deux régimes d'indemnisation doivent être distingués selon la gravité des faits infractionnels. Si les faits dommageables ne sont pas infractionnels ou n'entrent pas dans le domaine de compétence de la CIVI, la victime et/ou ses proches sont tributaires de la décision rendue par le juge civil ou encore par le juge pénal, à charge pour eux, ce qui n'est pas une sinécure, d'en poursuivre l'exécution [659].

Le législateur a prévu une indemnisation intégrale des atteintes corporelles les plus graves nées d'une infraction sur le fondement des dispositions de l'article 706-3 du *C.pr.pén.*, les atteintes corporelles légères et le préjudice matériel résultant de quelques infractions faisant l'objet d'un secours plafonné soumis à des conditions restrictives posées par l'article 706-14 *C.pr.pén.* Ces deux régimes ont toutefois en commun des conditions d'indemnisation tenant au délai de saisine de la CIVI, au lieu de survenance de l'infraction, à la nationalité de la victime et au fait générateur du dommage en matière d'indemnisation du préjudice corporel.

Des exclusions au bénéfice du système d'indemnisation ont été également imposées. Elles sont légales et jurisprudentielles : l'article 706-3 exclut expressément de son bénéfice les victimes qui peuvent bénéficier d'une indemnisation de la part d'autres régimes légaux d'indemnisation. Les victimes d'accidents de la circulation, placées sous le régime de la loi BADINTER du 5 juillet 1985, ne sont pas recevables (sauf exception comme lors d'accidents survenus à l'étranger). En cas d'accident de ski, les dispositions de l'article 706-3 *C.pr.pén.* ne peuvent être mises en œuvre : il s'agit d'un accident de la circulation survenu sur le sol dans un lieu ouvert à la circulation publique. Si le skieur auteur n'est pas garanti pour sa responsabilité civile, il incombe

---

658. V. art. 706-15 *C.pr.pén.*

659. V. S. ROUBAUD, Le point de vue du juge de l'application des peines, *In* R. Cario, A. Gaudreault (Dir.), L'aide aux victimes : 20 ans après, *op. cit.*, pp. 88-96 ; de la même auteure, La place de la victime dans l'exécution des peines, *In* R. Cario (Dir.), Les rencontres détenus victimes, *op. cit.*, pp. 23-37.

au Fonds de garantie des assurances obligatoires (FGAO) de prendre en charge les dommages [660]. Les victimes de la contamination par l'amiante doivent saisir le FIVA [661]. Par application de la Loi du 23 décembre 2000, les victimes d'actes de terrorisme sont indemnisées de manière spécifique (en 2013, 89 dossiers ont été ouverts, 2,5 M € versés et 0,1 recouvrés). Par application de la Loi du 9 septembre 1986, les victimes d'actes de chasse ou de destruction d'animaux nuisibles dépendent d'un autre régime d'indemnisation. Sont en outre exclues d'une indemnisation par la CIVI les victimes d'accidents du travail *stricto sensu* soumis aux dispositions des articles L 451-2 et suivants du code de la Sécurité Sociale (faute inexcusable). Il s'agit d'une exclusion jurisprudentielle consacrée par l'arrêt du 7 mai 2003 de la 2ème chambre civile de la Cour de cassation, étendue par la jurisprudence aux ayants droit de la victime [662]. Lorsque l'infraction résulte de la faute intentionnelle de l'employeur ou d'un tiers, lesquelles ne donnent pas lieu à réparation sur le fondement des articles susvisés du code de la Sécurité Sociale, la victime peut se prévaloir des dispositions de l'article 706-3 *C.pr.pén.* Il convient de noter que la jurisprudence s'oriente vers une exclusion de la demande de la victime qui saisit la CIVI après avoir obtenu une avance du SARVI. Ce principe, admis par les juges du fond, a été validé par la 2ème chambre civile de la Cour de cassation [663].

a) Le régime de l'article 706-3 *C.pr.pén*

Ce texte pose comme principe que toute personne ayant subi un préjudice résultant de faits volontaires ou non qui présentent

---

660. Civ. 2è 16 juin 2011, pourvoi n° 10-23.488. Dans le même sens : Civ. 2è 3 mars 2011, piéton renversé par un cycliste inconnu emportant indemnisation par le FGAO ; Civ. 2è 15 sept. 2011, pourvoi n° 10-24.313, cycliste heurté par le ballon d'un groupe d'enfants non identifié.

661. Le Fonds d'Indemnisation des Victimes de l'Amiante est un établissement public national à caractère administratif qui indemnise les victimes de l'amiante.

662. V. Civ. 2è 16 nov. 2006 et 25 janv. 2007, non publiés.

663. Civ. 2è 04 juill. 2013, Arrêt n° 12-23621.

le caractère matériel d'une infraction peut obtenir la réparation intégrale des dommages qui résultent des atteintes à sa personne lorsque ces faits ont entraîné soit la mort, soit une incapacité permanente partielle (IPP), soit une incapacité totale de travail personnelle (ITT) supérieure à un mois.

La réparation intégrale du préjudice est soumise à la gravité du préjudice. Les victimes de viols ou d'agressions sexuelles bénéficient de cette réparation sans avoir à justifier d'une IPP ou d'une ITT. L'alinéa 2 de l'article 706-3 *C.pr.pén.* prévoit l'indemnisation, sans condition de gravité des victimes de crimes et délits sexuels réprimés par les articles 222-22 à 222-30, 225-4-1 et 227-25 à 227-27 *C.pén.*, des crimes et délits réprimés par les articles 224-1A à 224-1C *C.pén.* (réduction en esclavage, exploitation) et 225-14-1 à 224-14-2 *C.pén.* (travail forcé sans rétribution et réduction en servitude). La jurisprudence [664] a jugé que la tentative d'agression sexuelle devait être indemnisée à ce titre. En revanche, la corruption de mineur, l'attentat à la pudeur ou l'exhibition sexuelle ne peuvent être indemnisés puisque ces délits ne sont pas réprimés par les articles du Code pénal visé par l'article 706-3 *C.pr.pén.* [665].

b) Le régime de l'art. 706-14 *C.pr.pén.*

Sont concernées par ces dispositions, les victimes d'atteintes à la personne ne pouvant prétendre à la réparation intégrale de leur préjudice sur le fondement de l'article 706-3 *C.pr.pén.*, lorsque celui-ci a entraîné une ITT inférieure à un mois. En d'autres termes et si la victime subit une ITT inférieure à un mois et aucune IPP, elle devra agir sur le fondement des dispositions de l'article 706-14 *C.pr.pén.* pour obtenir la réparation partielle de son préjudice. Si la victime ne subit ni IPP ni ITT, la jurisprudence considère que, ne remplissant pas la condi-

---

664. Civ. 2è 29 mars 2006.

665. V. en ce sens Civ. 2è 12 mai 2011, pourvoi n°10-19.501.

tion posée par les textes, elle n'est pas recevable à agir sur leur fondement [666].

L'article 706-14 *C.pr.pén.* accorde également une réparation partielle aux victimes d'un vol, d'une escroquerie, d'un abus de confiance, d'une extorsion de fonds ou d'une destruction, d'une dégradation ou d'une détérioration d'un bien leur appartenant, cette indemnisation résultant de la nature « matérielle » du dommage. La Cour de cassation a rappelé que la liste de ces infractions est strictement limitative et que la commission est liée par la qualification pénale retenue par le juge répressif [667].

L'indemnité accordée à la victime d'un préjudice corporel ou matériel relevant des dispositions de l'article 706-14 *C.pr.pén.* est soumise à des conditions strictes. Dès lors que ces conditions ne sont pas remplies, la demande est irrecevable. Les ressources de la victime doivent être inférieures au montant du plafond légal prévu pour obtenir l'aide juridictionnelle partielle. Ce plafond évolue chaque année et s'élève pour 2015 à 11 292 € annuels, auxquels s'ajoutent des majorations pour personnes à charge. La Cour de cassation a rappelé que l'ensemble des ressources doit être pris en considération, pas seulement le revenu imposable [668]. Seules les ressources propres de la victime, lorsqu'elle est mariée, étudiante ou mineure doivent être prises en considération [669].

Le texte pose comme principe que la victime doit justifier qu'elle ne peut obtenir à un titre quelconque une réparation ou une indemnisation effective et suffisante de son préjudice (cas

---

666. V. Civ. 2è 11 juin 2009, pourvoi n° 08-16625 ; Civ. 2è 09 déc. 2010, *In RCA*, mars 2011, p. 21.

667. V. en ce sens Civ. 2è 26 sept. 2002, *In La semaine Juridique*, Ed. G., 30 octobre 2002, 2721, p. 1978 ; Civ. 27 25 oct. 2012, Arrêt n° 1688 F-D (auteur condamné pour recel de vol par la juridiction pénale, la CIVI et la CA requalifiant en escroquerie la tromperie vis à vis de l'acheteuse du bien).

668. V. Civ. 2è 29 mars 2001, *In La semaine Juridique*, Ed. G., n° 21-22 23 mai 2001, IV, 1978-1983.

669. V. Civ. 2è 15 mars 2001, *In La semaine Juridique*, Ed. G., n°19-9 mai 2001, IV, 1868-1872, p. 960 ; CA Versailles 09 mars 2006.

des véhicules volés ou incendiés et qui sont couverts par une garantie vol ou incendie par contrat d'assurance).

La victime doit apporter la preuve que, du fait de l'infraction, elle se trouve dans une situation matérielle ou psychologique grave. Ces notions doivent être examinées *in concreto*. Susceptibles d'interprétation, la jurisprudence a été amenée à se prononcer [670]. Les juges du fond considèrent que l'infraction aura mis la victime dans une situation matérielle grave dès lors qu'elle aura durablement grevé son patrimoine. Quant à la situation psychologique grave, la victime devra justifier, pièces médicales à l'appui, des traumatismes psychologiques induits par l'infraction. Si le requérant a été victime de l'une des infractions prévues par cet article ou que son préjudice corporel est léger, il obtiendra dans tous les cas une indemnité plafonnée égale à 3 fois le montant mensuel du plafond de ressources prévu pour obtenir l'aide juridictionnelle partielle [671].

Dans chacun des régimes, la faute éventuelle de la victime est de nature à influer sur la décision de la CIVI. Que la réparation soit intégrale ou plafonnée, elle peut être réduite ou refusée en raison de sa faute (art. 706-3 *in fine C.pr.pén.*). La faute doit avoir un lien direct de causalité avec le dommage subi [672]. La notion de prise de risques est d'ailleurs appliquée à des victimes, blessées ou décédées, alors qu'elles participent à des activités délictueuses que la société ne saurait indemniser.

---

670. Il appartient à la Cour d'appel de préciser en quoi l'infraction a placé la victime dans une situation matérielle ou psychologique grave : Civ. 2è 09 déc. 1999, *In RCA*, mars 2000, n° 81, p. 13. A été admis qu'un enfant placé hors du foyer et en complète dépendance d'une collectivité en raison des mauvais traitements infligés par son père se trouve dans une situation matérielle grave : Civ. 2è 15 avril 1999, *In RCA*, juillet-août 1999, n° 220, p. 13.

671. Pour 2015, la somme est de 4 233 €.

672. Civ. 2è 23 juin 1993, *In JCP*, 1993, IV, p. 266, sans qu'elle soit nécessairement proche ou concomitante de l'infraction : Civ. 2è 27 oct. 1993, *In D*, 1993, IR, p. 252 ou Civ. 2è 11 juin 2009, pourvoi n° 08-14975, ce lien devant être caractérisé notamment lorsque les faits s'inscrivent dans le cadre de trafic ou de consommation de stupéfiants : Civ. 2è 28 fév. 2013, Arrêt n° 327 ; Civ. 2è 19 fév. 2004, la victime commet une faute d'imprudence en sautant du haut d'un rocher, *In RCA*, mai 2004, p. 17.

Quelques exemples peuvent utilement éclairer le propos, puisque dans ces espèces, si l'auteur identifié a pu être condamné par la juridiction pénale, aucune condamnation pénale n'a par là même été prononcée à l'encontre de la victime. Cependant, la faute de la victime a été retenue excluant tout droit à réparation [673]. La faute de la victime a pour conséquence de réduire ou d'exclure le droit à indemnisation de ses ayants droit dans des proportions qu'il appartient au Fonds et à la victime de fixer dans le cadre transactionnel ou à la CIVI d'arbitrer en cas de désaccord.

Au regard de la qualité et de l'efficacité de la procédure devant les CIVI, il importe d'en systématiser l'intervention. L'éparpillement actuel des contentieux, sans coordination véritable entre les différentes juridictions civiles, pénales et organismes payeurs rend cette évolution urgente. Elle évitera encore les déconvenues ou malentendus provenant du caractère cumulable, ou non, des sommes déjà versées (selon leur nature forfaitaire ou indemnitaire) [674]. Elle mettra fin aux aléas de l'exécution de la décision de justice sur les intérêts civils, aujourd'hui toujours et anormalement à la charge de la victime, quand bien même l'indemnisation pourrait constituer une obligation particulière de la mesure d'individualisation octroyée [675]. Dans le même esprit, le juge de l'application des peines a la possibilité d'imposer la réparation de la victime même en l'absence de décision sur l'action civile [676]. Dans le même sens, l'absence de contradictoire au cas de transaction avec les compagnies d'assurances est souvent préjudiciable aux victimes. Un traitement égalitaire des victimes serait également susceptible de découler de la saisine systématique de la CIVI, quelle que

673. Victime d'un assassinat en relation avec l'auteur pour un commerce de stupéfiants, les faits résultant d'un contentieux portant sur une somme d'argent provenant de ce trafic : Civ. 2è 18 juin 1997, *Bull. civ.*, 192 ; Victime proxénète assassinée dans un bar lors d'une fusillade alors qu'il négociait la « vente » d'une protégée : Civ. 2è 20 avril 2000, *Bull. Civ.* 4 avril 2000, II, n° 64.

674. V. art. 706-9 et 706-10 *C.pr.pén.*

675. V. art. 132-45-5°, 132-55 *C.pén.* ; 421-2, 729 *C.pr.pén.*

676. V. art. D 49-69 *C.pr.pén.* (L. 9 mars 2004), art. 132-45-5° *C.pén.*

soit l'origine des victimisations (droit commun, attentats, accidents du travail, accidents de la circulation, aléas thérapeutiques notamment), que l'infracteur soit reconnu responsable, ou non, des faits dommageables, commis intentionnellement ou non [677].

La nouvelle procédure de transaction imposée au FGTI, sans offrir toutes les garanties du contradictoire, va dans ce sens [678]. Une telle opportunité semblait inévitable au regard du nombre constant d'affaires traitées. Il conviendrait d'améliorer encore ce dispositif performant en organisant la saisine systématique et immédiate par le parquet des Associations d'aide aux victimes au cas d'infractions entrant dans le champ de compétence de la CIVI, quelle que soit la décision prise quant aux poursuites. Non seulement l'information sur l'existence de la Commission serait effectivement donnée aux victimes, mais elles seraient de surcroît efficacement aidées dans la rédaction de leur dossier de demande d'indemnisation, ce qui constituerait encore un gain de temps appréciable pour toutes les parties concernées. Quant à l'élargissement du domaine de compétence de la CIVI, il convient d'être prudent, car si la commission peut finalement conduire à une très appréciable dépénalisation de fait, par des saisines directes indépendamment de toute constitution de partie civile, il serait beaucoup plus sain de décriminaliser massivement les infractions banales d'appropriation [679].

---

677. V. sur les délits non intentionnels, la Loi du 10 juill. 2000, *JO* du 11, p. 10 484, visant à endiguer la montée du risque pénal (très exagérée) à l'égard des élus et des décideurs publics ou privés (distinction entre auteurs 'directs' et 'indirects'), art. 121-3 al. 3 *C.pén.*, 2123-24 Code Général des Collectivités Territoriales ; cette même loi, en introduisant un art. 4-1 au Code de procédure pénale, met fin au principe, affirmé en jurisprudence depuis 1912, de l'unité des fautes civiles et pénales d'imprudence (possibilité d'action civile distincte sur la base de l'art. 1383 *C.Civ.*) ; sur tous ces aspects, V. M.F. STEINLE-FEUERBACH, Les délits non intentionnels au regard de la Loi du 10 juillet 2000, *In Journal des Accidents et des Catastrophes* (JAC), 2001-14, en ligne iutcolmar.uha.fr.

678. V. art. 706-5-1 (L. 9 mars 2004), R 50-12-1 et 2 (D. 27 mai 2005) *C.pr.pén.*

679. V. not. les propositions du Groupe de travail du CNAV sur la CIVI., *op. cit.*, p. 16 et s.

3. Le Service d'aide au recouvrement des victimes d'infraction

Créé par la loi du 1er juillet 2008, articulé à la CIVI, le SARVI est une véritable avancée car il permet aux victimes qui ont subi de faibles préjudices corporels ou matériels, ne remplissant pas les conditions d'accès à la CIVI, d'être indemnisées, sous réserve de la condamnation définitive de l'auteur. Avant cette loi, le système d'indemnisation des victimes était construit autour de la saisine de la CIVI et du Fonds de garantie des victimes d'actes de terrorisme et d'autres infractions (FGTI). Ce dispositif excluait les victimes qui avaient subi de faibles préjudices corporels ou des dommages aux biens et qui ne remplissaient pas les critères légaux de saisine de la CIVI.

Ainsi, deux procédures coexistaient, l'une transactionnelle par laquelle le FGTI versait les indemnités fixées dans le constat d'accord établi entre le Fonds de garantie et la victime, l'autre judiciaire selon laquelle le Fonds de garantie réglait l'indemnité allouée par la CIVI. S'agissant de vol, d'escroquerie, d'abus de confiance, d'extorsion de fonds, de destruction, de dégradation ou de détérioration d'un bien, les victimes ne pouvaient obtenir réparation de la CIVI que si elles établissaient un lien entre le dommage et le fait infractionnel et démontraient qu'elles se trouvaient dans une situation matérielle ou psychologique grave. C'est la raison pour laquelle le législateur a voulu remédier à cette situation en créant le SARVI.

Cette loi a notamment modifié le Code de procédure pénale en insérant un article 706-15-2 définissant le SARVI et ses modalités de saisine ; ainsi que le Code des assurances, créant notamment l'article L.422-7, ainsi que les articles L.422-8, L.422-9 et L.422-10, qui définissent les modalités de recouvrement des sommes allouées par les juridictions pénales.

A savoir :

La saisine du SARVI est une démarche simple : la victime retire un formulaire de demande d'aide au recouvrement auprès des Tribunaux de Grande Instance (guichet unique de greffe, bureau d'aide aux victimes, bureaux d'exécution) ou sur le site « http://www.fondsdegarantie.fr ». Les conditions de saisine sont doubles et cumulatives : obtenir une décision de justice pénale définitive accordant des dommages et intérêts à partir du 1er octobre 2008 et ne pas pouvoir être indemnisé devant les Commissions d'Indemnisation des Victimes d'Infractions (CIVI). Le SARVI permet à la victime d'obtenir le règlement des sommes qui lui sont dues, dans certaines limites :

- jusqu'à 1 000 euros de dommages-intérêts et de frais de procédure, la totalité de la somme fixée par le tribunal est versée à la victime ;
- au-delà de 1 000 euros de dommages-intérêts et de frais de procédure, la victime se verra verser une avance de 30 % des sommes allouées par la juridiction pénale avec un maximum de 3 000 euros.

La victime est donc déchargée des demandes liées au recouvrement de l'intégralité des sommes qui lui ont été allouées. Pour ce faire, le FGTI bénéficie d'un pouvoir d'investigation directe de nature à faciliter et à accélérer le recouvrement de la somme due par la personne condamnée. Les administrations au service de l'Etat, les collectivités publiques, les organismes de Sécurité sociale, ceux qui assurent la gestion des prestations sociales, les établissements financiers et les entreprises d'assurance sont ainsi tenus de réunir et de communiquer au fonds les renseignements dont ils disposent et qui sont utiles à la mise en œuvre de son action récursoire. Le délai de saisine est de deux mois à un an à compter de la date à laquelle la décision est devenue définitive (c'est-à-dire dix mois en tout). En revanche, si la CIVI a été saisie et que la demande a été rejetée, le délai de saisine sera de un an à compter de la date de la notification du rejet

Comme suite à une vague d'incendies de véhicules en 2007 (environ 47 000), le législateur a inséré dans cette loi un volet relatif à l'indemnisation des véhicules incendiés sous certaines conditions. Les véhicules les plus dégradés appartenaient à des citoyens modestes, seulement assurés au « tiers collision ». Le refus de prise en charge de la part des assureurs d'une part, les nombreux classements sans suite pour auteur inconnu, d'autre part, ont conduit le législateur à intervenir. Sous certaines conditions de ressources, une indemnisation par la CIVI est envisageable, sans avoir à rapporter la preuve que l'on se trouve « dans une situation matérielle ou psychologique grave ». Néanmoins, le respect des dispositions du Code de la route régissant le certificat d'immatriculation et le contrôle technique ainsi que celles du Code des assurances relatives à la souscription d'assurance couvrant les dommages des tiers en cas d'accident est requis. Ce dispositif n'a pas vocation à se substituer à l'assurance mais constitue un filet de sécurité pour les personnes aux faibles revenus en leur permettant d'être remboursées. En 2013, 48 662 victimes ont saisi le SARVI : 28 M € ont été réglés, 13,3 recouvrés.

La conclusion à la présentation du cadre processuel des droits des victimes conduit à souligner, indéniablement, qu'un long chemin a été parcouru au cours des trois dernières décennies. Sous l'impulsion des associations de victimes et des associations d'aide aux victimes, le législateur a mis en place, en droit international comme en droit interne, un arsenal diversifié de mesures destinées à davantage reconnaître en la victime une personne humaine, digne de protection.

Au plan procédural, les récentes réformes tendent à assurer l'égalité des armes entre infracteur et victime. De manière toujours plus décisive, la victime se voit rendre progressivement le rôle, qu'elle n'aurait jamais dû perdre, d'acteur au procès. Active tout au long de la procédure, elle devrait enfin pouvoir participer à l'élaboration de la réaction judiciaire au crime commis à son encontre. Et ce n'est que par une telle stratégie que la victime verra respecter son droit à un procès équitable, seul de nature à garantir le droit d'accès à un tribunal indépendant et impartial, le droit à être jugé avec équité, lors d'une audience publique et contradictoire, dans un délai raisonnable et le droit à l'exécution de la décision.

Au plan indemnitaire, les solutions offertes par la Commission d'indemnisation des victimes d'infractions et le Fonds de garantie apparaissent comme une solution heureuse et assez efficace. Néanmoins, une plus grande harmonisation avec le contentieux pénal, notamment, est fortement souhaitable. Dans le même sens, la réparation des préjudices devrait être effectivement intégrale, globale, la plus proche possible des traumatismes subis et jusqu'à leur complète consolidation.

Aux plans psychologique et social, la prise en charge des victimes demeure par contre nettement insuffisante. Il importe en ce sens de renforcer de manière significative les moyens de tous les intervenants, en termes de structures d'accueil adaptées aux besoins des victimes tout au long de *l'iter victimae* et, surtout, de professionnalisation autant des personnels judiciaires que de ceux investis dans l'accompagnement, au sens large, des victimes d'infraction. La complexité du drame humain qui s'est cristallisé dans l'acte criminel exige encore la constitution d'équipes pluridisciplinaires, à tous les stades de la procédure.

Une telle orientation de notre système de justice pénale est salutaire. Si elle suppose une réelle et profonde mutation des mentalités [680], elle nous est aujourd'hui très accessible. A la condition de diversifier les contentieux pour focaliser la compétence du juge pénal sur les atteintes graves aux valeurs sociales fondamentales à la pérennité de l'être humain. La justice restaurative offre des perspectives prometteuses en ce sens car elle permet de concilier l'impératif de resocialisation de l'infracteur condamné avec celui de restauration sociale de la victime traumatisée par l'acte criminel ; en d'autres termes de participer à la lutte contre la récidive et à contribuer au rétablissement de la paix sociale.

680. V. not. Circulaire du 27 janvier 2000 relative au bilan d'application de la Circulaire du 13 juillet 1998 relative à la politique pénale d'aide aux victimes, *In* Victimologie, Vol. 2, *op. cit.*, pp. 121-128 et pp. 73-96.

« Le tout est dans la partie
qui est le tout »[681].

Conclusion

Sous l'impulsion déterminante des théories victimologiques, les droits des victimes d'infraction et de leurs proches sont légitimement reconnus. Depuis quelques décennies, Organisations internationales et Conseil de l'Europe (de manière incitative) d'une part, Union européenne et droit positif français (de manière impérative) ont offert un authentique statut juridique à la victime, dans le respect des droits des infracteurs, en toute équité. De la même manière, la prise en considération des souffrances endurées fait dorénavant l'objet de prise en compte thérapeutiques et sociales de très grande qualité.

Il importe en effet de garantir à la victime et/ou à ses proches un procès équitable, dans le respect de la dignité due à toute personne humaine[682], de nature à lui/leur offrir la réparation la plus globale et intégrale possible. Placée au cœur des dispositifs qu'elle doit être encouragée à apprivoiser, la victime redevient une personne désirante[683], à la condition que soient mis en place, immédiatement après les faits pour le temps né-

681. E. MORIN, *Introduction à la pensée complexe*, ESF Editeur, 1990, p. 101 et s.

682. Sur ce beau concept en construction, V. not. C. GIRARD, S. HENNETTE-VAUCHEZ (Dir.), La dignité de la personne humaine. Recherches sur un processus de juridicisation, *op. cit.*, p. 17 et s.

683. V. C. DAMIANI, Les victimes, *op. cit.*, p. 227 ; L. DALIGAND, Reconnaissance, *In* C. Damiani, J.F. Lebigot, Les mots du traumatisme, *op. cit.*, p. 195.

cessaire, des dispositifs performants, accessibles, gratuits et effectifs. Les Associations d'aide aux victimes, pour peu qu'on leur en donne vraiment les moyens, semblent particulièrement habilités pour dresser le diagnostic généraliste des besoins consécutifs à l'injuste victimisation qui la/les frappe. Le renvoi au riche réseau de partenaires spécialisés, chacun exerçant à sa place la mission qui lui est strictement conférée, dans la complémentarité et la pluridisciplinarité les plus abouties, en est la stratégie.

Pour dépasser les résistances qui demeurent néanmoins à ce jour, il convient de promouvoir une authentique culture de la reconnaissance de la personne de la victime. Elle suppose que soient mises en place des formations professionnelles spécifiques au bénéfice de tous les acteurs impliqués dans la chaîne pénale ? Certes, les mentalités doivent parallèlement évoluer : c'est la mission des Institutions et des médias que d'y pourvoir, en offrant au citoyen une présentation objective du phénomène criminel et des dispositifs destinés à le prévenir, réprimer et traiter [684].

A défaut, l'épanouissement de la victimologie et de l'aide aux victimes restera un vœu pieux. Une telle hypocrisie sociale n'est plus admissible aujourd'hui car les résultats de la recherche et les réflexions sur les pratiques ont nettement identifié les attentes et les besoins des personnes concernées par le crime, au même titre que l'Université a démontré ses capacités (pour le moins à l'étranger) à former des enseignants-chercheurs et des professionnels (généralistes ou spécialisés). Ethique, déontologie et méthodologie scientifique ne peuvent plus être « mal traitées » dans la lutte contre le crime, comme c'est encore trop souvent le cas dans notre pays [685].

---

684. V. P. MILLIEZ, *op. cit.*, p. 11 qui indiquait pertinemment, dès 1982, qu'une telle ambition suppose « un réel et profond changement des attitudes et des comportements des citoyens et des institutions face aux victimes ».

685. V. *Supra*, dans l'introduction, les débats indécents de chercheurs et praticiens opposés, pour des raisons idéologiques à défaut d'arguments scientifiques, à la création d'un enseignement supérieur (théorique et appliqué) en criminologie (au sens large).

Apercevoir dans cette approche globale une psychologisation abusive de la réponse socio-pénale au crime apparaît excessif, pour le moins prématuré [686]. En ce sens, il faut clairement affirmer que le procès pénal, comme les mesures qui participent du processus restauratif sont tout sauf un cadre thérapeutique. La peine infligée n'a jamais constitué une thérapie pour la victime.

Tout aussi nettement, les besoins de la victime sont d'ordre judiciaire mais également – selon les compétences propres aux individus victimisés et les circonstances des victimisations – d'ordre psychologique et/ou social. Plus certainement encore, la place de la victime comme acteur au procès pénal est impérative, dans la recherche de la vérité tout d'abord, comme évoqué précédemment. Surtout, en redevenant active et sujet de parole, grâce au processus vindicatoire que commence à rétablir notre système de justice pénale dans le plus grand respect des droits fondamentaux de l'individu, la victime devient acteur de sa propre restauration. Un tel apprivoisement – une telle (ré)appropriation si l'on préfère – par la victime de ses propres affaires finalement ne nuit en rien aux droits des infracteurs, inaliénables et sacrés. Bien au contraire.

Selon Paul RICŒUR, l'acte de juger repose sur une double finalité : une finalité courte consistant à trancher, mettre fin à l'incertitude, séparer les parties ; une finalité longue conduisant, par la reconnaissance de chacun à la part que l'autre prend à la même société que lui, à la paix publique [687]. Il s'agit bien là de l'ambition de la justice restaurative : reconnaître et placer la Personne au centre du conflit à résoudre, impliquer tous les acteurs au drame dans le cadre d'un procès équitable, responsa-

686. V not. M.L. CESONI, R. RECHTMAN, La « réparation psychologique » de la victime : une nouvelle fonction de la peine ?, *In RDPC*, 2005-2, pp. 158-178 ; L.A. FRIEDMANN, *La procédure judiciaire : aide ou obstacle à la réparation des victimes*, Mémoire, Ecole des psychologues praticiens, multigraph., 2004, 172 p. ; Comp. M. HENAFF, La dette de sang et l'exigence de justice, *In* P. Dumouchel, Comprendre pour agir : violences, victimes et vengeances, *op. cit.*, pp. 31-64 ; C. DAMIANI, Les victimes, *op. cit.*, p. 200 et s. ; G. LOPEZ et al., Les droits des victimes, *op. cit.*, p. 340 et s.

687. Le juste, *op. cit.*, pp. 185-192.

biliser l'infracteur par le prononcé d'une sanction resocialisante, assurer la restauration sociale de la victime, rétablir la paix sociale [688]. Partant, il importe de se convaincre que les tendances doctrinales contemporaines opposant la démagogie victimaire des uns à l'idéologie rétributive des autres sont pernicieuses et tout à fait vaines [689]. En effet, infracteurs, victimes et proches sont titulaires de droits conformes aux droits humains et aux principes fondamentaux du droit criminel [690]. Ils se déclinent d'un point de vue éthique tout d'abord au travers de la reconnaissance, une posture éthique fondamentale. L'accompagnement des intéressés, ensuite, est primordial, en harmonie avec la reconnaissance. La réparation, des deux côtés du crime doit, enfin, être globale, intégrale et effective. Et ce n'est que par le respect de l'ensemble de ces droits fondamentaux que toutes les facettes des droits de la victime, comme celles de l'infracteur, à réparation s'épanouiront.

Au plan processuel, lorsque des poursuites sont effectivement engagées, ce qui est manifeste en cas de crime grave (sauf

---

688. V. not. J. BRAITHWAITE, Shame and criminal justice, *In Rev. Canadienne de criminologie*, 2000-42-3, pp. 281-298 ; R. CARIO, La justice restaurative. Promesses et principes. A propos de l'œuvre d'Howard Zehr, *In Petites Affiches*, 2004-204, pp. 5-10 ; G. JOHNSTONE., *A Restorative justice reader. Texts, sources, context*, Willan Publishing, 2003, 510 p. ; P. GAILLY, *La justice restauratrice. Textes réunis et traduits par...*, Ed. Larcier, 2011, Coll. Crimen, 471 p. ; H. ZEHR, *The little book of restorative justice*, Good books Pub., 2002, 72 p. ; *La justice restaurative. Pour sortir des impasses de la logique punitive*, Ed. Labor et Fides, Genève, 2012, 98 p.

689. V. sur ces aspects not. R. CARIO, 'De la victime oubliée… à la victime sacralisée ?', *In A.J. pénal*, 2009-12, pp. 491-494 et les nombreuses citées ; V. récemment, D. SALAS, 'Vers une pénalisation des droits de l'homme', *In* Ligue des droits de l'homme, *La justice bafouée. L'état des droits de l'homme en France. Edition 2010*, Ed. La Découverte, Coll. Sur le vif, pp. 76-79 ; Comp. I. WALLER, Lutter contre la délinquance, *op. cit.*, pp. 137-158 ; J.P. MIGNARD, L'équité impose la participation active des victimes au procès pénal, *In Le Monde*, 23 juin 2010, p. 18.

690. V. not. DAMIANI C., VAILLANT C., *Être victimes : aides et recours*, Ed. Vuibert, Coll. Guid'utile, 2003, 182 p. ; R. CARIO, L'évolution de l'aide aux victimes en France, *In Petites affiches*, 2005-80, pp. 3-11 ; G. LOPEZ, S. PORTELLI, S. CLEMENT, *Les droits des victimes. Droits, auditions, expertise clinique*, Ed. Dalloz, Coll. États de droit, 2è éd. 2007, 411 p. ; LOPEZ G., *La victimologie*, Ed. Dalloz, Connaissance du droit, 2010, 193 p.

motif sérieux comme le décès de l'infracteur ou l'abolition de son discernement notamment), les droits de chacun doivent être conformes aux principes fondamentaux garantis par les droits humains et la procédure pénale. L'égalité des armes est inévitable si l'œuvre de justice doit conduire à la manifestation de la vérité, la sanction de l'auteur, la réparation de la victime et le rétablissement de la paix sociale. Ces objectifs sont rarement atteints de manière cumulative aujourd'hui. Une telle stratégie réductionniste, plus ou moins consciemment développée par notre Système de justice pénale, peut néanmoins être fortement corrigée par l'introduction en son sein, dans le cadre d'une authentique complémentarité, de mesures de justice restaurative.

La reconquête de la dignité de personne humaine de la victime et de l'infracteur est à la portée de notre système de justice pénale. C'est fondamentalement une question de respect et d'amour partagés. Les progrès considérables qui ont été accomplis ces dernières décennies par le législateur et les intervenants multiples (institutionnels ou associatifs) en donnent la mesure. Par la globalisation de l'approche du conflit intersubjectif cristallisé par le crime (entendu comme la transgression d'une valeur sociale essentielle), la réponse sociale devient enfin intelligible. L'œuvre de justice, en « brisant la dette » [691], rend alors possible, pour ceux qui le souhaitent, le pardon, instrument privilégié de la réconciliation [692].

691. V. P. Ricœur, *Ibid.*, p. 207.

692. V. not. P. Ricœur, *Eod. Loc.* ; M. Vaillant, La réparation, *op. cit.*, p. 112 et s. ; E. Morin, Pardonner, c'est résister à la cruauté du monde, *In Le Monde des débats*, mars 2000, pp. 24-26 ; Comp. J. Derrida, *Sur parole. Instantanés philosophiques*, Ed. de l'Aube, 1999, 123-142 ; H. Dumont, Le pardon, une valeur de justice et d'espoir, un plaidoyer pour la tolérance et contre l'oubli, *In Rev. Canadienne de criminologie*, 2000-42-3, pp. 299-322.

Bibliographie

ABIKER D., *Le mur des lamentations. Tous victimes et fiers de l'être !*, Ed. Michalon, 2006, 263 p.

AICHHORN A., *Jeunes en souffrance* (1925), Les éd. du Champ social, Coll. Psychanalyse, 2000, 209 p.

ALBERNHE T. (Dir.), *Criminologie et psychiatrie*, Ed. Ellipses, 1997, 752 p.

ALLINNE J.P., *Gouverner le crime. Les politiques criminelles de la Révolution au XXIè siècle. 1. L'ordre des notables : 1789-1920*, Ed. L'Harmattan, Coll. Traité de sciences criminelles, 2003, Vol. 7-1, 301 p.

ALLINNE J.P., *Gouverner le crime. Les politiques criminelles de la Révolution au XXIè siècle. 2. Le temps des doutes : 1920-2004*, Ed. L'Harmattan, Coll. Traité de sciences criminelles, 2004, Vol. 7-2, 304 p.

ALT-MAES F., Le concept de victime en droit civil et en droit pénal, *In R.S.C.*, 1994-1, pp. 35-52.

ANCEL M., La défense sociale devant le problème de la victime, *In R.S.C.*, 1978, p. 184.

ANCEL M., La défense sociale nouvelle devant le problème de la victime, *In R.S.C.*, 1978, pp. 179-187.

ANDRE C., LELORD F., *L'estime de soi. S'aimer pour mieux vivre avec les autres*, Ed. O. Jacob, 1999, 289 p.

Après le crime : survivre, *In Criminologie*, 1990, XXIII-2, pp. 3-105.

ARCHIBALD B., La justice restaurative : conditions et fondements d'une transformation démocratique en droit pénal, *In* M. Jaccoud (Dir.), *Justice réparatrice et médiation pénale : convergences ou divergences ?*, Ed. L'Harmattan, Coll. Sciences criminelles, 2003, p. 139 et s.

BACCINO E. (Coord.), *Médecine de la violence. Prise en charge des victimes et des agresseurs*, Ed. Masson, Abrégés, 2006, 366 p.

BACHELARD G., *Le nouvel esprit scientifique,* Quadrige/PUF, 1934/1987, 185 p.

BACHELARD G., *La formation de l'esprit scientifique,* Lib. phi1osophique VRIN, 1938/1989, 257 p.

BADINDER R., *Guide des victimes*, Ed. Gallimard, 1982, 307 p.

BAILLY L., *Les catastrophes et leurs conséquences psychotraumatiques chez l'enfant*, Ed. E.S.F., 1996, 136 p.

BARDIN L., *L'analyse de contenu (1977)*, PUF, Quadrige, 2007, 291 p.

BARIL M., Ils n'ont plus la liberté : réactions à la victimisation et ses conséquences, *In Criminologie*, Regards sur la victime, 1980-13, pp. 95-103.

BARIL M., Une nouvelle perspective : la victimologie, *In* D. SZABO et M. LE BLANC (Dir.), *La criminologie empirique au Québec*, P.U. Montréal, 1985, pp. 161-184.

BARIL M., L'envers du crime (1984), Ed. L'Harmattan, Coll. Traité de Sciences criminelles, Vol. 6, 2002, 288 p.

BARROIS C., *Les névroses traumatiques. Le psychothérapeute face aux détresses des chocs psychiques*, Ed. Dunod, 2è éd. 1998, 248 p.

BATESON G., *Vers une écologie de l'esprit (1972)*, 2 Tomes, Ed. du Seuil, 1977, 284 p. et 288 p.

BAVEREZ N., *Les trentes piteuses*, Ed. Flammarion, 1998, 288 p.

BEGUIN A., *Sexe et addiction sur ordonnance : après le médiator, un nouveau scandale sanitaire*, Apart'Ed., 2011, 191 p.

BELLUCCI S., Les associations d'aide aux victimes du réseau INAVEM : des professionnels au service des victimes, *In Les Cahiers de la sécurité*, 2013-23, pp. 91-97.

BELMOKHTAR Z., Les victimes face à la justice : le sentiment de satisfaction sur la réponse judiciaire, *In Infostat Justice*, 2007-98, 4 p.

BENZAKRI A., Les victimes de délit et le jugement de leur affaire : entre satisfaction et incompréhension, *In Infostat Justice*, 2010-111, 6 p.

BENZAKRI A., La satisfaction des victimes de délit suite au jugement de leur affaire : quels facteurs explicatifs ?, *In Infostat Justice*, 2011-112, 4 p.

BERISTAIN A., La justice et l'assistance aux victimes. A propos de l'élaboration d'une Déclaration par les Nations Unies, *In R.I.C.P.T.*, 1987-3, pp. 331-341.

BERISTAIN A., *Nueva criminología desde el derecho penal y la victimología*, Ed. Tirant lo Blanch, Valencia, 1994, 404 p.

BERISTAIN A., *Victimología. Nueve palabras clave*, Ed. Tirant lo Blanch, Valencia, 2000, 622 p.

BERISTAIN A., *Protagonismo de las víctimas de hoy y mañana (Evolución en el campo juridico penal, prisional y ético)*, Ed. Tirant lo Blanch, Valencia, 2005, 398 p.

BERISTAIN IPIÑA A., *Víctimas del terrorismo. Nueva justicia, sanción y ética*, Tirant lo blanch ed., Valencia, 2007, monografias 513, 319 p.

BERISTAIN IPIÑA A., *La dignidad de las macrovíctimas transforma la justicia y la convivencia (in tenebris, lux)*, Ed. Dykinson, Madrid, Coll. Estudios de criminología y política criminal, 2010-18, 337 p.

BERNARD A., CARIO R. (Dir.), *Les politiques publiques interministérielles d'aide aux victimes*, Ed. L'Harmattan, Coll. Sciences criminelles, 2001, 286 p.

BERNSTEIN B., *Langage et classes sociales, codes socio-linguistiques et contrôle social*, Ed. de Minuit, 1975, 347 p.

BESSOLES P., C. MORMONT (Dir.), *Victimologie et criminologie. Approches cliniques*, Champ social éd., 2004, 168 p.

BIANCHI H., *Justice as a sanctuary : toward a system of crime control*, Indiana Univ. Press, 1994.

BICHOT J., *Le coût du crime et de la délinquance*, 2010-8, 77 p., 2012-16, 125 p., en ligne, institutpourlajustice.fr.

BILODEAU G., *Traité de travail social*, Pub. Ecole nationale de santé publique, 2005, 295 p.

BLANC A., La question de la victime vue par un président d'assises, *In A.J. Pénal*, 2004-12, pp. 432-434.

BLANCHET A., R. GHIGLIONE, J. MASSONAT, A. TROGNON, *Les techniques d'enquête en sciences sociales : observer, interviewer, questionner*, Ed. Dunod, 2005, 197 p.

BLATIER C. (Dir.), *Prévenir la délinquance dès la petite enfance*, Ed. L'Harmattan, 2006, 139 p.

BLAYA C. (Coord.), Violence à l'école : recherches et interventions, *In Rev. française d'éducation comparée*, 2010-6, 278 p.

BLOOMFIELD D., BARNES T., HUYSE L. (Dir.), *La réconciliation après un conflit violent. Un manuel*, Pub. IDEA, 2003, 177 p.

BOISVENU P.H., *Survivre à l'innommable et reprendre le pouvoir sur sa vie*, Les éditions de l'homme, Montréal, 2008, 295 p.

BOLES A.B., PATTERSON J.C., *Improving community response to crime victims. An eight-step model for developing protocol*, Sage Publications, 1997, 156 p.

BONAFE-SCHMITT J.P., *La médiation : l'autre justice*, Ed. Syros, 1992, 280 p.

BONAFE-SCHMITT J.P. et al., *Les médiations, la médiation*, Ed. Erès, Trajets, 1999, 302 p.

BONELLI L., Tolérance zéro pour les « encombrants », *In Justice*, 2001-167, pp. 13-16.

BONELLI L., *La France a peur. Une histoire sociale de l'« insécurité »*, Ed. La Découverte, 2008, 418 p.

BORN M., *Jeunes déviants ou délinquants juvéniles ?*, Ed. Mardaga, 1983, 157 p.

BORN M., THYS P. (Dir.), *Délinquance juvénile et famille*, Ed. L'Harmattan, Coll. Sciences criminelles, 2001, 256 p.

BORN M., *Psychologie de la délinquance*, DeBoeck Ed., Coll. Ouvertures psychologiques, 2003, 284 p.

BORN M., *Pour qu'ils s'en sortent. Comment intervenir efficacement auprès de jeunes délinquants*, Ed. De Boeck, 2011, 163 p.

BOUCHARD S., CYR C. (Dir.), *Recherche psychosociale. Pour harmoniser recherche et pratique*, Presses Univ. du Québec, 2è éd. 2005, 641 p.

BOUDREAU J., POUPART L., LEROUX L., GAUDREAULT A., *Introduction à l'intervention auprès des victimes d'actes criminels*, Ed. AQPV, Montréal, 2009, 236 p.

BOULAY A., Réflexions sur la place des victimes dans le système judiciaire par des parents d'enfants assassinés, *In* R. CARIO, D. SALAS (Dir.), *Œuvre de justice et victimes*, Ed. L'Harmattan, coll. Sciences criminelles, 2001, pp. 129-144.

BOULAY A. (Dir.), *Victimes... De l'image à la réalité*, Ed. L'Harmattan, Coll. Sciences criminelles, 2003, 190 p.

BOULAY A., L'irresponsabilité pénale des malades mentaux : la position de l'APEV, *In A.J. pénal*, 2004-9, pp. 318-319.

BOULAY M.J., Le point de vue des victimes, *In* R. Cario, A. Gaudreault (Dir.), *L'aide aux victimes : 20 ans après*, Ed. L'Harmattan, 2003, pp. 76-83.

BOULOC B., *Procédure pénale*, Précis Dalloz, 24e éd., 2013, 1 136 p.

BOURGAT M., *Comment des enfants deviennent des assassins. Comprendre et enrayer la violence des jeunes*, Ed. Favre, 1999, 269 p.

BOURGAT M., *Le deuil n'est pas une fin : réapprendre à vivre*, Ed. Favre, 2003, 176 p.

BRAITHWAITE J., *Crime, shame and reintegration* (1989), Cambridge Univ. Press, 1999, 226 p.

BRETON P., *Les refusants. Comment refuse-t-on de devenir un exécuteur ?*, Ed. La Découverte, 2009, 252 p.

BRIENEN M., HOEGEN E., *Victims of crime in 22 Europeans criminal justice systems*, Wolf Legal Prod., 2000, 256 p.

BRIENEN M., M. GROENHUIJSEN, E. HOEGEN, Evaluation and Meta-evaluation of the effectiveness of victim-oriented legal reform in Europe, *In Criminologie*, 2000-33, pp. 121-144.

BRILLON P., *Comment aider les victimes souffrant de stress post-traumatique ?*, Les éd. Quebecor, 2003, 447 p.

BRODEUR J.P., 'De grandes espérances', *In* J. Poupart, D. Lafortune, S. Tanner (Dir.), *Questions de criminologie*, Presses univ. Montréal, 2010, pp. 172-173.

BRUCKNER P., *La tentation de l'innocence*, Ed. Grasset, 1995, Livre de Poche, 13927, 283 p.

BUONATESTA A., La médiation entre auteurs et victimes dans le cadre de l'exécution de la peine, *In R.D.P.C.*, 2004-2, pp. 242-257.

CABRILLAC R., FRISON-ROCHE M.A., REVET T. (Dir.), *Droits et libertés fondamentaux*, Dalloz, 20è éd. 2014, 1 029 p.

CADIET L. (Dir.), *Dictionnaire de la Justice*, PUF, 2004, 1 362 p.

CAMPEAU P., GRAVEL S., La recherche victimologique au Québec, *In Question d'équité. L'aide aux victimes d'actes criminels*, Pub. Association québécoise Plaidoyer-Victimes, 1996, p. 219 et s.

CARBASSE J.M., *Introduction historique au droit pénal*, P.U.F., Coll. Droit fondamental, 1990, 360 p.

CARIO R., FAVARD A.M., OTTENHOF R. (Dir.), *Profession criminologue : spécialisation ou professionnalisation ?*, Actes du 28è Congrès de l'Association Française de Criminologie, Ed. Erès, Coll. Criminologie et sciences de l'homme, 1994, 227 p.

CARIO R., *Introduction aux sciences criminelles. Pour une approche globale et intégrée du phénomène criminel* (1996), Ed. L'Harmattan, Coll. Traité de sciences criminelles, Vol. 4, 6è éd. 2008, 348 p.

CARIO R., *Les femmes résistent au crime*, L'Harmattan, 1997, 191 p.

CARIO R. (Dir.), *La médiation pénale : entre répression et réparation*, Ed. L'Harmattan, Coll. Sciences criminelles, 1997, 239 p.

CARIO R., *Jeunes délinquants. A la recherche de la socialisation perdue*, Ed. L'Harmattan, Coll. Transdisciplines, 2ème éd. 1999, 416 p.

CARIO R., SALAS D. (Dir.), *Œuvre de justice et victimes. Vol. 1*, Ed. L'Harmattan, Coll. Sciences criminelles, 2001, 256 p.

CARIO R (Dir.), *Victimes : du traumatisme à la restauration*, Ed. L'Harmattan, Coll. Sciences criminelles, 2002, 346 p.

CARIO R., *La prévention précoce des comportements criminels. Stigmatisation ou bientraitance sociale ?*, Ed. L'Harmattan, Coll. Controverses, 2004, 108 p.

CARIO R., *Victimologie. De l'effraction du lien intersubjectif à la restauration sociale*, Ed. L'Harmattan, Coll. Traité de sciences criminelles, Vol. 2, 4 éd. 2012, 266 p.

CARIO R., *Victimologie. Les textes essentiels*, Ed. L'Harmattan, Coll. Traité de sciences criminelles, Vol. 2-2, 2 éd. 2003, 208 p., 3è éd. en cours de parution.

CARIO R., La place de la victime dans l'exécution des peines, *In Rec. Dalloz*, Chron., 2003, pp. 145-151.

CARIO R., A. GAUDREAULT (Dir.), *L'aide aux victimes : vingt ans après. Autour de l'œuvre de Micheline Baril*, Ed. L'Harmattan, Coll. Sciences criminelles, 2003, 128 p.

CARIO R., MBANZOULOU P. (Dir.), *La victime est-elle coupable ?*, Ed. L'Harmattan, Coll. Controverses, 2004, 122 p.

CARIO R., Des négligences à l'égard des aîné(e)s, *In Petites affiches*, 2004-46, pp. 3-14.

CARIO R., Les droits des victimes : état des lieux, *In A.J. Pénal*, 2004-12, pp. 425-429.

CARIO R., Qui a peur des victimes ?, *In A.J. Pénal*, 2004-12, pp. 434-437.

CARIO R., *L'aîné(e) victime. La fin d'un tabou ?*, Ed. L'Harmattan , Coll. Controverses, 2004, 96 p.

CARIO R., *Justice restaurative. Principes et promesses*, Ed. L'Harmattan, Coll. Traité de sciences criminelles, Vol. 8, 2è éd. 2010, 300 p.

CARIO R., 'De la victime oubliée… à la victime sacralisée ?', *In A.J. pénal*, 2009-12, pp. 491-494.

CARIO R., *Justice restaurative. Principes et promesses* (2000), Ed. L'Harmattan, Coll. Traité de Sciences criminelles, Vol. 8, 2è éd. 2010, 300 p.

CARIO R., HERZOG-EVANS M., VILLERBU L.M., *La criminologie à l'Université. Mythes... et réalités*, Ed. L'Harmattan, 2012, 104 p.

CARIO R. (Dir.), *Les rencontres détenus-victimes (RDV). L'humanité retrouvée*, Ed. l'Harmattan, 2012, 164 p.

CARIO R., P. MBANZOULOU (Dir.), *La justice restaurative. Une utopie qui marche ?*, Ed. L'Harmattan, Coll. Controverses, 2012, 103 p.

CARIO R., MONS O., Mouvement associatif d'aide aux victimes, *In* J.L. Senon, G. Lopez, R. Cario (Dir.), Psycho-criminologie, Ed. Dunod, 2è éd. 2012, pp. 357-365 ;

CAROLL D., J. PINATEL, L'enseignement de la criminologie, *In Les sciences sociales dans l'enseignement supérieur*, Pub. UNESCO, 1956, 169 p.

CARRA C., VAN ZANTEN A., *In* M. Marzano, Dictionnaire de la violence, *op. cit.*, pp. 398-402.

CASONI D., Pourquoi certaines femmes restent-elles avec un conjoint violent ?, *In* J. Poupart, D. Lafortune , S. TANNER (Dir.), *Questions de criminologie*, Presses univ. Montréal, 2010, pp. 35-44.

CASSON P., *Les fonds de garantie*, L.G.D.J., 1999, 257 p.

CASTAIGNEDE J., L'effectivité de la protection pénale du mineur victime d'abus sexuels, *In* R. NERAC (Dir.), *Le mineur et le droit pénal*, Ed. L'Harmattan, Coll. Sc. criminelles, 1997, pp. 77-109.

CASTEL R., *L'insécurité sociale. Qu'est-ce qu'être protégé*, Le Seuil, 2003, 95 p.

CEDILE G., CASANOVA A., L'examen médico-psychologique des victimes, *In* J.L. Senon, G. Lopez, R. Cario (Dir.), *Psycho-criminologie*, Ed. Dunod, 2è éd. 2012, pp. 459-468.

CELANT G.P., *Vies volées (2004)*, Ed. Gunten, 2009, 335 p.

CESONI M.L., RECHTMAN R., La « réparation psychologique » de la victime : une nouvelle fonction de la peine ?, *In Rev. D.P.C.*, 2005-2, pp. 158-178.

CHAMBERLAND C., *Violence parentale et violence conjugale. Des réalités plurielles, multidimensionnelles et interreliées*, Presses Univ. du Québec, 2003, 396 p.

CHAN W.C., *Support for victims of crime in Asia*, Routledge ed., 2007, 432 p.

Changing victim policy : The U.N. victim declaration and recents developments in Europe, Pub. HEUNI, Helsinki, 1989-16, 218 p.

CHARPENEL Y, *Les rendez-vous de la politique pénale. Concilier devoir de justice et exigence de sécurité*, Ed. A. Colin, Coll. Sociétales, 2006, 319 p.

CHAUMONT J.M., *La concurrence des victimes. Génocides, identité, reconnaissance*, Ed. La Découverte, 1997, 381 p.

CHAUVIERE M., GELOT D., LEBRUN C., POIRET B., SIRE-MARTIN E., STAMBOULI M., *L'indigent et le délinquant. Pénalisation de la pauvreté et privatisation de l'action* sociale, Fondation Copernic / Ed. Syllepse, 2008, 142 p.

CHERKI-NIKLES C., DUBEC M., *Crimes et sentiments*, Ed. Le Seuil, 1992, 280 p.

CHESNAIS J.C., *Les morts violentes en France*, Pub. PUF/INED, 1976, 346 p.

CHOQUET M., HASSLER C., MORIN D., *Violences des collégiens et lycéens : constats et évolutions*, Pub. INSERM, 2005, 143 p.

CHRISTEN M., HEIM C., SILVESTRE M., VASSELIER-NOVELLI C., *Vivre sans violences ? Dans les couples, les institutions, les écoles*, Ed. Erès, 2004, 223 p.

CHRISTIE N., *Crime control as industry. Towards gulags, Western style ?*, Routledge Pub., 1993, 208 p., trad. française, *L'industrie de la punition : Prison et politique pénale en Occident*, Ed. Autrement, 2003, 223 p.

CLAY T., JOXE P., LAZERGES C., MIGNARD J.P. (Dir.), *Manifeste pour la Justice*, Ed. du Cherche midi, 2012, 229 p.

CLOT Y., *Le travail à cœur. Pour en finir avec les risques psychosociaux*, Ed. La Découverte, 2010, 190 p.

COIGNARD J., Une sacralisation des victimes qui embarrasse les juges, *In Libération*, 2 nov. 2004, p. 16.

COITEUX J., CAMPEAU P., CLARKSON M., COUSINEAU M.M. (Dir.), *Question d'équité. L'aide aux victimes d'actes criminels*, Pub. Association québécoise Plaidoyer-Victimes, 1996, 389 p.

COLIN M. (Dir.), *Le crime contre l'humanité*, Ed. Erès, 1996, 304 p.

COLLARD J., *Victimes : les oubliés de la justice*, Ed. Stock, 1997, 239 p.

COLLARD J., LAFOND R., *Victimes, défendez-vous. Le guide des accidentés*, Ed. Flammarion, 2006, 319 p.

CORPART I., Liberté de la presse et protection d'une victime et de sa photographie, *In J.A.C.*, n° 49, iutcolmar.uha.fr/jac.

COUTURE R., HETU M., L'IVAC au service de la personne, *In* J. Coiteux, P. Campeau, M. Clarkson, M.M. Cousineau (Dir.), *Question d'équité. L'aide aux victimes d'actes criminels*, Pub. Association québécoise Plaidoyer-Victime, 1996, pp. 114-126.

CRESSEY D., Les conceptions opposées de la victimologie et leurs implications dans la recherche, *In Dév.et Soc.*, 1987, 11-3, pp. 295-310.

Crime policy in Europe. Good practices and promising examples, Ed. du Conseil de l'Europe, 2004, 208 p.

Criminalité et délinquance constatées en France. Année 2011, 409 p.

CROCQ L., DE VERBIZIER J., Le traumatisme psychologique dans l'œuvre de Pierre Janet, *In Ann. Médico-psychologiques*, 1989-147/9, pp. 983-987.

CROCQ L., Panorama des séquelles des traumatismes psychiques. Névroses post-traumatiques, états de stress post-traumatique et autres séquelles, *In Psychologie médicale*, 1992/24-5, pp. 427-432.

CROCQ L., Les victimes psychiques, *In Victimologie*, 1995-1, pp. 25-33.

CROCQ L., *Les traumatismes psychiques de guerre*, Ed. O. Jacob, 1999, 422 p.

CROCQ L., Intervention médico-psychologique auprès des victimes : le réseau des cellules d'urgence médico-psychologiques, *In* R. CARIO, D. SALAS (Dir.), *Œuvre de justice et victimes*, Vol. 1, Ed. L'Harmattan, Coll. Sciences criminelles, 2001, pp. 189-202.

CROCQ L., Dépassement et assomption du trauma, *In* R. CARIO (Dir), *Victimes : du traumatisme à la restauration*, Ed. L'Harmattan, Coll. Sciences criminelles, 2002, pp. 21-55.

CROCQ L., Clinique de la névrose traumatique, *In Le journal des psychologues*, 2003-211, pp. 53-58.

CROCQ L., Clinique de la période postimmédiate, *In Le journal des psychologues*, 2003-210, pp. 6-10.

CROCQ L., Clinique de la réaction immédiate, *In Le journal des psychologues*, 2003-208, pp. 48-53.

CROCQ L., L'intervention psychologique auprès des victimes en période postimmédiate. La question du débriefing, *In Le Journal des psychologues*, 2004-218, pp. 8-14.

CROCQ L., L'intervention psychologique immédiate, *In Le Journal des psychologues*, 2004-214, pp. 50-55.

CROCQ L (Dir.), *Traumatismes psychiques. Prise en charge psychologique des victimes*, Ed. Masson, 2007, 308 p.

CUSSON M., *La criminologie (1998)*, Ed. Hachette, 5è éd. 2011, 160 p.

CUSSON M., *Prévenir la délinquance. Les méthodes* efficaces, P.U.F., Coll. Criminalité internationale, 2002, 220 p.

CUSSON M., DUPONT B., LEMIEUX F. et al. (Dir.), *Traité de sécurité intérieure*, Presses polytechniques et universitaires romandes, 2008, 705 p.

CUSSON M., *L'art de la sécurité. Les enseignements de l'histoire et de la criminologie*, Ed. Hurtebise, 2010, 339 p.

CUSSON M., GAY S., PROULX J., CORTONI F., *Traité des violences criminelles*, Ed. Hurtebise, 2013, 935 p.

CYRULNIK B., *Les nourritures affectives,* Ed. O. Jacob, 1993, 244 p.

CYRULNIK B., *Un merveilleux malheur*, Ed. O. Jacob, 1999, 239 p.

CYRULNIK B., *Les vilains petits canards*, Ed. O. Jacob, 2001, 279 p.

CYRULNIK B., *Mourir de dire la honte*, Ed. O. Jacob, 2010, 206 p.

D'HAUTEVILLE A., Victimes mieux aidées, mieux indemnisées, *In R.S.C.*, 1989, pp. 172-175.

D'HAUTEVILLE A., Les victimisations successives pendant le parcours judiciaire, *In Victimes et société*, Actes du XXVème Congrès de l'Assoc. Française de Criminologie, Grenoble, multigraph., 1990, pp. 1-4.

D'HAUTEVILLE A., Un nouvel élan est donné à la politique publique d'aide aux victimes de la délinquance, *In R.S.C.*, 1999, pp. 647-655.

D'HAUTEVILLE A. (Dir.), *La prise en charge des victimes en urgence*, Rapport au Conseil National de l'aide aux victimes, multigraph., 2003, 148 p.

DALIGAND L., GONIN D., *Violences et victimes*, Méditions, 1993, 205 p.

DALIGAND L., *Bien traitance des victimes*, Rapport de mission, Min. Justice, multigraph., mars 2002, 116 p.

DALIGAND L., *L'enfant et le diable. Accueillir et soigner les victimes de violence*, Ed. L'Archipel, 2004, 382 p.

DALIGAND L., « Langage », *In* C. Damiani, J.F. Lebigot, Les mots du traumatisme, *op. cit.*, p. 150.

DALIGAND L., « Reconnaissance », *In* C. Damiani, J.F. Lebigot, Les mots du traumatisme, *op. cit.*, p. 195.

DAMIANI C., *Les victimes. Violences publiques et crimes privés*, Bayard Editions, 1997, 278 p.

DAMIANI C. (Dir.), *Enfants victimes de violences sexuelles : quel devenir ?*, Ed. Hommes et perspectives, 1999, 271 p.

DAMIANI C., L'aide psychologique aux victimes, *In* R. CARIO, D. SALAS (Dir.), *Œuvre de justice et victimes*, Vol. 1, Ed. L'Harmattan, Coll. Sciences criminelles, 2001, pp. 175-188.

DAMIANI C., VAILLANT C., *Être victimes : aides et recours*, Ed. Vuibert, Coll. Guid'utile, 2003, 182 p.

DAMIANI C., LEBIGOT J.F. (Dir.), *Les mots du trauma. Vocabulaire de psychotraumatologie*, Ed. Ph. Duval, 2011, 303 p.

DANET J., *Justice pénale, le tournant*, Gallimard Folio / Le Monde, 2006, 393 p.

DANET J., Cinq ans de frénésie sécuritaire, *In* L. Mucchielli, *La frénésie sécuritaire. Retour à l'ordre et nouveau contrôle* social, Ed. La Découverte, 2008, pp. 19-29.

DATA L., *Le grand truquage. Comment le Gouvernement manipule les statistiques*, Ed. La Découverte, 2009, pp. 147-164.

DE BRUYNE P, HERMAN J., de SCHOUTHEETE M., *Dynamique de la recherche en sciences sociales,* PUF, Le Sociologue, 1974, 240 p.

DE CHARRETTE L., Taubira veut développer la justice « réparatrice », *In Le Figaro.fr*, 29 juin 2012.

De GREEFF E., Criminogénèse, *In Actes du IIème Congrès International de Criminologie* (Paris, 1950), P.U.F., Tome VI, 1955, pp. 267-306.

DE LIEGE M.P., Actions et stratégies en faveur des victimes, *In Victimologie*, 1995-3, pp. 7-10.

DE LIEGE M.P., L'aide aux victimes : vingt ans après : bilan et perspectives, *In* R. CARIO, A. GAUDREAULT (Dir.), *L'aide aux victimes*, Ed. L'Harmattan, Coll. Sciences criminelles, 2003, pp. 29-41.

DE ROBERTIS C., *Méthodologie de l'intervention en travail social*, Ed. Bayard, 9è éd., 1995, 318 p.

DE SAINT VICTOR J., *In* M. Marzano, Dictionnaire de la violence, *op. cit.*, pp. 313-318.

DE VILLETTE T., *Faire justice autrement. Le défi des rencontres entre détenus et victimes*, Ed. Mediaspaul, 2009, 247 p.

DEBARBIEUX E., 'Pour en finir avec l'oppression quotidienne : prévenir le harcèlement à l'école', *In* ONDRP. Rapport 2011, *op. cit.*, pp. 187-195.

DEJOURS C., *Souffrance en France. La banalisation de l'injustice sociale*, Ed. Le Seuil, 1998, 203 p.

DELBREIL A., VOYER M., SENON J.L., Violence et homicide au sein du couple, *In* J.L. Senon et al., *op. cit.*, pp. 283-293.

DELHOUME C., Civique ouvre le dossier victime, *In Civique*, 2004-133, pp. 228-35.

DERIVOIS D., *Psychodynamique du lien drogue-crime à l'adolescence. Répétition et symbolisation*, Ed. L'Harmattan, Coll. Sciences criminelles, 2004, 220 p.

DERRIDA P., *Sur parole*, Ed. de l'Aube, Coll. Instantanés philosophiques, 1999, 143 p.

DESPORTES F., LAZERGES-COUSQUER L., *Traité de procédure pénale*, Ed. Economica, 3è éd. 2013, 2416 p.

DESTRADE E., Procès pénal et dignité des victimes, *In R.I.C.P.T.S.*, 2005-5, pp. 163-172.

DIGNAN J., *Understanding victims and restorative justice*, Open Univ. Press, 2005, 238 p.

Dix ans d'actions en faveur des victimes d'infractions pénales, *In Xè Assises nationales des services d'aide aux victimes*, Paris 16 et 17 juin 1994, multigraph., INAVEM, 147 p.

DOMENECH J.L., Victime et sanction pénale. La participation de la victime au procès, *In Rev. pénit. dr. pén.*, 2005-3, pp. 599-621.

DORAIS M., Ça arrive aussi aux garçons. L'abus sexuel au masculin, Vlb éditeur, 1997, 236 p.

DORAY B., *L'inhumanitaire ou le cannibalisme guerrier à l'ère néo-libérale*, Ed. La dispute, 2000, 286 p.

DOUCET G. (Dir.), *Terrorisme, victimes et responsabilité pénale internationale*, Ed. Calmann-lévy/ SOS-Attentats, 2003, 545 p.

DOWNES D., ROCK P., CHINKIN C., GEARTY C. (Eds.), *Crime, social control and human rights. From moral panics to states of denial*, Essays in honour of Stanley Cohen, Willan publishing, 2007, 452 p.

DRAY D., *Victimes en souffrance. Une ethnographie de l'agression à Aulnay-sous-Bois*, L.G.D.G., 1999, 318 p.

Du châtiment à la justice réparatrice : une évolution ?, *In Rev. canadienne de criminologie*, 2000-42-3, pp. 249-420.

DUFOUR-GOMPERS R., *Dictionnaire de la violence et du crime*, Ed. Erès, 1992, 498 p.

DUMOUCHEL P. (Dir.), *Comprendre pour agir : violences, victimes et vengeances*, P.U. Laval /L'Harmattan, 2000, 232 p.

DURKHEIM E., *Les règles de la méthode sociologique* (1895), PUF, Coll. Quadrige, 20è éd., 1981, 149 p.

DUTERTE P., *Terres inhumaines. Un médecin face à la torture*, JC Lattès Ed., 2007, 262 p.

DUTTON D.G., *De la violence dans le couple*, Bayard Ed., 1996, 233 p.

EDELMAN B., La dignité de la personne humaine, un concept nouveau, *In Dalloz*, 1997, Chron., pp. 185-188.

EHRENBERG A., *La fatigue d'être soi. Dépression et société*, Ed. O. Jacob, 1998, 318 p.

EL KENZ D. (Dir.), *Le massacre, objet d'histoire*, Ed. Gallimard, Folio Histoire, 2005, 562 p.

ELIACHEFF C., SOULEZ LARIVIERE D., *Le temps des victimes*, Ed. Albin Michel, 2007, 294 p.

ELIAS R., *The politics of victimization : victims, victimology and human rights*, Oxford Univ. Press, 1986, 395 p.

ELLENBERGER H., Relations psychologiques entre le criminel et la victime, *In R.I.C.P.T.*, 1954, pp. 103-121.

ENGEL F., *Le stress post-traumatique et les victimes d'actes criminels*, multigraph., Montréal, 1993, 159 p.

Equilibrer la balance : l'état des droits des victimes au Canada, Centre Canadien de ressources pour les victimes, multigraph. 1998, 88 p.

ERNER G., *La société des victimes*, La Découverte, 2006, 224 p.

European Forum for Victim Services, *Statements of victim's rights in the process of criminal justice*, 1996, 10 p.

European Forum for Victim Services, *Recommandations sociales en faveur des victimes d'infractions pénales*, 1998, 12 p.

European Forum for Victim Services, Les droits des victimes à des services de qualité, 1999, *In La lettre de l'INAVEM*, 2000-47, pp. 3-6.

FAGET J., *La médiation. Essai de politique pénale*, Ed. Erès, Coll. Trajets, 1997, 210 p.

FAGET J., *Médiations. Les ateliers silencieux de la démocratie*, Ed. Erès, 2010, 300 P.

FARRELL G., PEASE K., Once bitten, twice bitten : repeat victimisation and its implications for crime prevention, *In Police research group, Crime prevention Unit series*, 1993-46, 32 p.

FARRELL G., Preventing repeat victimization, *In* M. TONRY, D.P. FARRINGTON (Eds.), Building a safer society. Strategic approaches to crime prevention, Univ. of Chicago Press, *Rev. Crime and justice*, 1995-19, pp. 469-534.

FARRELL G., PEASE K., Repeat victimization, *In Crime prevention studies*, Willan publishing, 2001-12, 260 p.

FASSIN D., RECHTMAN R., *L'empire du traumatisme. Enquête sur la condition de victime*, Ed. Flammarion, 2007, 452 p.

FATTAH E.A., Quelques problèmes posés à la justice pénale par la criminologie, *In Ann. Internat. Crim.*, 1966, pp. 335-361

FATTAH E.A., La victimologie : qu'est-elle et quel est son avenir, *In R.I.C.P.T.*, 1967-2, pp. 113-124.

FATTAH E.A., La victimologie : qu'est-elle et quel est son avenir ?, *In R.I.C.P.T.*, 1967-3, pp. 193-195.

FATTAH E.A., Vers une typologie des victimes, *In Rev. Int. Pol. Crim.*, 1967, 164.

FATTAH E.A., *La victime est elle coupable ? Le rôle de la victime dans le meurtre en vue de vol*, Les Presses Univ. Montréal, 1971, 251 p.

FATTAH E.A., La victimologie : entre les discours épistémologiques et les attaques idéologiques, *In Déviance et Société*, 1981-5, pp. 71-92.

FATTAH E.A., *Understanding criminal victimization. An introduction to theoritical victimology*, Prentice Hall, 1991, 412 p.

FATTAH E.A., *The interchangeable roles of victim and victimizer*, Pub. HEUNI, 1994-3, multigraph., 26 p.

FATTAH E.A., *Criminology. Past, present and future. A critical overview*, MacMilan Press, London, 1997, 343 p.

FATTAH E.A., PETERS T. (Eds), *Support for crime victims in a comparative perspective*, Essays dedicated to Prof. F. MCCLINTOCK, Samenleving Criminaliteit & Strafrechtspleging, 1998-13, 256 p.

FATTAH E.A., Victimology : past, present and future, *In Criminologie*, 2000-33, pp. 17-46.

FATTAH E.A., PARMENTIER S. (Eds), *Victim policies and criminal justice system on the road of restorative justice. Essays in honor of Tony Peters*, SCS, Press Univ. Leuven, 2001, 460 p.

FATTAH E.A., Positions savantes et idéologiques sur le rôle de la victime et sa contribution à la genèse du crime, *In* R. CARIO, P. MBANZOULOU (Dir.), *La victime est-elle coupable ? Autour de l'œuvre d'Ezzat Abdel Fattah*, Ed. L'Harmattan, Coll. Controverses, 2004, pp. 23-41.

FATTAH E.A., Quand recherche et savoir scientifique cèdent le pas à l'activisme et au parti pris, *In Criminologie*, 2010-43-2, pp. 49-88.

FELSON M., Routine activities, social controls, rational decisions and criminal incomes, *In Criminology*, 1987-25, pp. 911-931.

FERENCZI S., *Journal clinique. Janvier-octobre 1932*, Ed. Payot, 1990, 300 p.

FERENCZI S., *Le traumatisme*, Petite Bibliothèque Payot, 1982/2006, 173 p.

FERNET M., *Amour, violence et adolescence*, Presses Univ. du Québec, 2005, 249 p.

FERRI E., *La sociologie criminelle*, Alcan Ed., 1905, 640 p.

FEYERABEND P., *Contre la méthode. Esquisse d'une théorie anarchiste de la connaissance*, Ed. Seuil, 1979, 340 p.

FIAT E., De la dignité du vieillard : réflexion éthique, *In* J.J. AMYOT et M. BILLE (Dir.), *Vieillesses interdites*, Ed. L'Harmattan, Coll. La gérontologie en actes, 2004, pp. 123-143.

FISCHER G.N., *Les concepts fondamentaux de la psychologie sociale*, Ed. Dunod, 2è éd. 1996, 226 p.

FONTENEAU-DEHENNAULT F., *Une psy chez les flics*, E-Dite Ed., 2002, 222 p.

FORNO I., *Travail, peurs et résistances. Critique de la victimisation du salarié*, Ed. Syllespse, 2012, 148 p.

FOROUZAN E., VAN GIJSEGHEM H., Le devenir psychologique et comportemental des hommes abusés sexuellement pendant l'enfance, *In R.I.C.P.T.S.*, 2005-3, pp. 319-340.

FRACHON I., *Médiator 150 mg : combien de morts ?*, Editions-Dialogues.fr, 2010, 150 p.

FREUD S., *Résultats, idées, problèmes. I. 1890-1920*, PUF, 1984, 263 p.

FRIEDMANN L.A., *La procédure judiciaire : aide ou obstacle à la réparation des victimes*, Mémoire, Ecole des psychologues praticiens, multigraph., 2004, 172 p.

GABEL M., JESU F., MANCIAUX M. (Dir.), *Bientraitances : mieux traiter familles et professionnels*, Ed. Fleurus, 2000, 453 p.

GABEL M., L'impossible partenariat des professionnels : une maltraitance institutionnelle indirecte ?, *In Les cahiers de l'actif*, 248-249, pp. 31-36.

GABEL M., LEBOVICI S., MAZET P. (Dir.), *Maltraitance : maintien du lien*, Ed. Fleurus, 1995, 212 p.

GAILLY P., *La justice restauratrice. Textes réunis et traduits par...*, Ed. Larcier, 2011, Coll. Crimen, 471 p.

GALLOIS T., *Victime attitude*, Ed. de L'Archipel, 2009, 206 p.

GAMET M.L., MOÏSE C., *Les violences sexuelles des mineurs. Victimes et auteurs : de la parole au soin*, Ed. Dunod, 2010, 240 p.

GARAPON A., SALAS D., *La République pénalisée*, Ed. Hachette, 1997, 144 p.

GARAPON A., *Des crimes qu'on ne peut ni punir ni pardonner. Pour une justice internationale*, Ed. O. Jacob, 2002, 348 p.

GARE T., GINESTET C., *Droit pénal. Procédure pénale*, Ed. Dalloz, 8è éd. 2014, 492 p.

GARNOT B., *Histoire du droit pénal de l'an Mil à 1914*, Ed. Nathan, 1993, 126 p.

GARNOT B. (Dir.), *L'Infrajudiciaire du Moyen Age à l'époque contemporaine*, Presses Univ. Dijon, 1996, vol. LXXXI, 471 p.

GARNOT B., *Histoire de la justice. France, XVIè-XXè siècle*, Ed. Gallimard, Coll. Folio histoire, 2009, 789 p.

GAROFALO R., *La criminologie. Etude sur la nature du crime et la théorie de la pénalité* (1885), F. Alcan Ed., 2è éd. 1890, 454 p.

GASSIN R., CIMAMONTI S., BONFILS P., *Criminologie*, Précis Dalloz, 7ème éd., 2011, 926 p.

GATHERIAS F., Les policiers : sauveteurs et victimes, *In Rev. Psychologie*, 1997-144, pp. 36-39.

GAUDREAULT A., Les premiers centres d'aide aux victimes d'actes criminels : lorsque la mémoire refait surface, *In* J. COITEUX, P. CAMPEAU, M. CLARKSON, M.M. COUSINEAU (Dir.), *Question d'équité. L'aide aux victimes d'actes criminels*, Pub. Association québécoise Plaidoyer-Victime, 1996, pp. 181-203.

GAUDREAULT A., Evolution de la législation et des politiques concernant les besoins des victimes d'actes criminels dans le système correctionnel canadien, *In* E. FATTAH, S. PARMENTIER (Eds), *Victim policies and criminal justice system on the road of restorative justice.* SCS, Press Univ. Leuven, 2001, pp. 99-114.

GAUDREAULT A., L'aide aux victimes au Québec : esquisse d'un parcours, *In* R. CARIO, D. SALAS, *Œuvre de justice et victimes. Volume 1*, Ed. L'Harmattan, Coll. Sciences criminelles, 2001, pp. 109-123.

GAUDREAULT A., Les violences conjugales : les relations victimiseur/victimisé, *In* R. CARIO, P. MBANZOULOU (Dir.), *La victime est-elle coupable ? Autour de l'œuvre d'Ezzat Abdel Fattah*, Ed. L'Harmattan, Coll. Controverses, 2004, pp. 61-69.

GAUDREAULT A., Les limites de Justice réparatrice, *In Les cahiers de la Justice*, Rev. trim. de l'ENM, 2006, pp. 71-82.

GAVARINI L., PETITOT F., *La fabrique de l'enfant maltraité. Un nouveau regard sur l'enfant et la famille*, Ed. Erès, 1998, 174 p.

GAY S., A. MARCHAND (Dir.), *Les troubles liés aux événements traumatiques. Dépistage, évaluation et traitements*, Les Presses de l'Université de Montréal, 2006, 387 p.

GINESTE Y. (Dir.), *Silence, on frappe... De la maltraitance à la bientraitance des personnes âgées*, Ed. Animagine, 2004, 326 p.

GINET M., *Les clés de l'entretien avec le témoin ou la victime*, IHESI / La Doc. Française, 2003, 147 p.

GIRARD C., HENNETTE-VAUCHEZ S. (Dir.), *La dignité de la personne humaine. Recherche sur un processus de juridicisation*, P.U.F, Coll. Droit et justice, 2005, 318 p.

GIRARD R., *La violence et le sacré*, Ed. Grasset, 1972, Coll. Pluriel, 534 p.

GIRARD R., *Des choses cachées depuis la fondation du monde*, Ed. Grasset, 1978, Coll. Livre de poche, 4001, 637 p.

GIRARD R., *Le bouc émissaire*, Ed. Grasset, 1982, Coll. Pluriel, 315 p.

GIRARD R., Pourquoi la violence ?, *In* P. DUMOUCHEL (Dir.), *Comprendre pour agir : violences, victimes et vengeances*, Ed. L'Harmattan, 2000, pp. 13-30.

GIRARD R., *Celui par qui le scandale arrive*, Ed. Desclée de Brouwer, 2001, 194 p.
GIRARD R., *Sanglantes origines*, Flammarion, 2011, 393 p.
GIRAUD G., *In* M. Marzano, Dictionnaire de la violence, *op. cit.*, pp. 402-411.
GODEFROY T., *Le coût du crime. Règles de prudence méthodologique et perspectives de recherche*, 2011, en ligne, cesdip.fr.
GOERRIAN J., *Ils ont tué mon fils deux fois : le scandale de l'hormone de croissance et de l'expertise médicale*, Bourin Ed., 2008, 294 p.
GORTAIS J., *L'aide psychologique aux victimes*, multigraph., Min. Justice, 1992, 89 p.
GRAHAM J., BOWLING B., *Young people and crime*, Home Office pub., Research Study, 1995-145, 134 p.
GREENWOOD P.W., MODEL K.E., RYDELL C.P., CHIESA J., *Diverting children from a life of crime. Measuring costs and benefits*, Rand Ed., Criminal justice, 1996, 69 p.
GROENHUIJSEN M., R. LETSCHERT (Eds.), *Compilation of internatioal victims' rights instruments*, 3rd ed. 2012, 404 p.
GROMB S., Présentation du Centre d'accueil en urgence de victimes d'agression du C.H.U. de Bordeaux (C.A.U.V.A.), *In* CARIO R (Dir.), *Victimes : du traumatisme à la restauration*, Ed. L'Harmattan, Coll. Sciences criminelles, 2002, p. 165 et s.
GUAY S., BILLETTE V., SAINT-JEAN TRUDEL E., MARCHAND A., MAINGUY M., Thérapie de couple et T.S.P.T., *In Stress et trauma*, 2004-4-2, pp. 81-88
GUAY S., MARCHAND A. (Dir.), *Les troubles liés aux événements traumatiques. Dépistage, évaluation et traitements*, Presses univ. Montréal, 2006, 387 p.
GUEGUEN M., MALOCHET G., *Les théories de la reconnaissance*, Ed. La Découverte, Repères, 2012, 126 p.
GUIBERT P., MERGIER A., *Le descenseur social. Enquête sur les milieux populaires*, Fondation J. Jaurès/Plon, 2006, 145 p.
GUINCHARD S., BUISSON J., *Procédure pénale*, Ed. Lexis-Nexis, 10è éd. 2014, 1 510 p.
Guide de traitement des victimes d'actes criminels : application de la recherche à la pratique clinique, 2è éd., justice.gc.ca.
Guide for Policy Makers, Pub. U.N. Office for Drug control and crime prevention, Centre for international crime prevention, multigraph., 1999, 44 p.
GUILLOT P., *La misandrie. Histoire et actualité du sexisme anti-hommes*, Ed. GES, 2010, 234 p.
HALEY J., *Stratégies de la psychothérapie (1963)*, Ed. Erès, Coll. Relations, rééd. 1993, 243 p.
HALEY J., *Les familles qui ont la tête à l'envers. Revivre après un traumatisme familial*, Ed. O. Jacob, 2005, 187 p.
HALL E.T., *La dimension cachée,* Ed. Le Seuil, Coll. Points, 1971, 256 p.
HELLBRUNN R., LIENHARD C., MARTIN P., *Peut-on aider les victimes ?*, Ed. Erès, 1985, 119 p.
HENAFF M., La dette de sang et l'exigence de justice, *In* P. DUMOUCHEL, *Comprendre pour agir : violences, victimes et vengeances*, Ed. L'Harmattan, 2000, pp. 31-64.
HERITIER F. (Dir.), *De la violence*, Ed. O. Jacob, Coll. Opus, 1996, 400 p.
HERMAN J., *Trauma and recovery*, Basic books, 1992, 290 p.
HERZOG-EVANS M., *Droit de l'exécution des peines*, Ed. Dalloz, 4è éd. 2011, 1 440 p.
HERZOG-EVANS M.(Ed.), *Transnational criminology manual*, Wolf legal publishers, 2010, 3 vol. , 754, 650 et 781 p.
HESNARD A., *Psychologie du crime*, Ed. Payot, 1963, 354 p.
HESSEL S., MORIN E., *Le chemin de l'espérance*, Ed. Fayard, 2011, 63 p.
HIRIGOYEN M.F., *Le harcèlement moral. La violence perverse au quotidien*, Ed. Syros, 1998, 213 p.

HIRIGOYEN M.F, *Malaise dans le travail. Harcèlement moral : déceler le vrai du faux*, Ed. Syros, 2001, 290 p.

HIRIGOYEN M.F., Abus de faiblesse et autres manipulations, Ed. J.C. Lattès, 2012, 300 p.

HONNETH A., *La lutte pour la reconnaissance*, Ed. du Cerf, 2000, 352 p.

HOYLE C., ZEDNER L., Victims, victimization and criminal justice, *In* M. Maguire, R. Morgan, R. Reiner (Eds.), The Oxford Handbook of Criminology, *op. cit.*, pp. 461-495.

HUGONOT R., *La vieillesse maltraitée*, Ed. Dunod, 2è éd. 2003, 213 p.

HUREIKI J., *Humanités en souffrances à la Santé : des abandons en abondance*, Ed. L'Harmattan, 2005, 267 p.

INAVEM, Dix ans d'actions en faveur des victimes d'infractions pénales, *In Xè Assises nationales des services d'aide aux victimes*, Paris 16 et 17 juin 1994, multigraph., INAVEM, 147 p.

INAVEM (Dir.), *La victimisation des aîné(es)*, Ed. L'Harmattan, Coll. Sciences criminelles, 2003, 281 p.

International criminal law : quo vadis ?, In N.E.P.*, 2004-19, 'Victims' rights', pp. 503-536.*

JACCOUD M. (Dir.), *Justice réparatrice et médiation pénale : convergences ou divergences ?*, Ed. L'Harmattan, Coll. Sciences criminelles, 2003, 272 p.

JACOBS J., *The life and death of great american cities,* Randow House Press, New York, 1961, 468 p.

JACQUOT S., CHARPENEL Y., La justice réparatrice. Quand victimes et coupables échangent pour limiter la récidive, Ed. l'Harmattan, Coll. Questions contemporaines, 2012, 130 p.

JANET P., *L'automatisme psychologique* (1889), réédité Ed. L'Harmattan, 2005, 446 p.

JANET P., *Les médications psychologiques*, Ed. Alcan, 1919, 3 vol. 346, 308, 494 p.

JASPARD M., *Les violences contre les femmes*, Ed. La découverte, 2005, 122 p.

JEAMMET P. (Dir.), *Adolescences*, Pub. Fondation de France, multigraph., 1993, 151 p.

JEAN J.P., *Le système pénal*, Editions La Découverte, Coll. Repères, 2008, 122 p.

JEHEL L., SYLVESTRE M., LOUVILLE P., Evaluation, orientation et accompagnement : intervention auprès d'une personne souffrant d'un trouble psychotraumatique, *In* G. Lopez, Sabouraud-Seguin, L. Jehet et al., *op. cit.*, pp. 19-39.

JOHNSTONE G., *Restorative justice. Ideas, Values, Debates*, Willan Publishing, 2002, 190 p.

JOHNSTONE G., *A Restorative justice reader. Texts, sources, context*, Willan Publishing, 2003, 510 p.

JOSSE E., *Victimes, une épopée conceptuelle*, victimology.be.

JOSSE E., *Le traumatisme psychique. Chez le nourrisson, l'enfant et l'adolescent*, De Boeck Ed., 2011, 191 p.

JOUTSEN M., *The role of the victim of crime in European criminal justice systems. A crossnational study of the role of the victim*, Pub. Heuni, 1987, 368 p.

JURGENSEN G., *La disparition*, Ed. Calman-Lévy, 1994, 189 p.

KARMEN A., *Crime victims. An introduction to victimology*, The Wadsworth contemporary issues in crime and justice series, Thomson / Wadsworth pub., 5th ed. 2004, 431 p.

KARSZ S., *Pourquoi le travail social ? Définition, figures, clinique*, Ed. Dunod, 2004, 161 p.

KATZ C., *Victimes de harcèlement sexuel : se défendre*, Ed. Le bord de l'eau, 2007, 212 p.

KAYSER G., KURY H., ALBRECHT H.J. (Eds.), *Victims and criminal justice*, Pub. Max-Planck-Institute, Criminological research reports, 1991-50, (762 p.), 51 (778 p.), 52-1 (673 p.) et 52-2 (278 p.).

KEDIA M., SABOURAUD-SEGUIN A. et al., *Psycho-traumatologie. 45 notions clés*, Ed. Dunod, Coll. L'aide mémoire, 2008, 291 p.

KEDIA M., Historique de la prise en charge du traumatisme en psychiatrie, *In* M. Kédia, A. Sabouraud-Seguin, Psycho-traumatologie, *op. cit.*, pp. 3-10.

KEDIA M., VANDERLINDEN J., LOPEZ G., SAILLOT I., BROWN D., *Dissociation et mémoire traumatique. Historique, clinique, psychothérapie et neurobiologie*, Ed. Dunod, 2012, 237 p.

KEDIA M., Dissociation et troubles psychotraumatiques, *In* M. Kédia, J. Vanderlinden, G. Lopez, I. Saillot, D. Brown, Dissociation et mémoire traumatique, *op. cit.*, pp. 29-51.

KELLENS G. (Dir.), *Criminologie et société. Le criminologue dans la cité : hier, aujourd'hui, demain*, Actes du cinquantième anniversaire de l'Ecole Liégeoise de Criminologie Jean Constant, Ed. Bruylant, 1998, 162 p.

KINBERG O., *Les problèmes fondamentaux de la criminologie* (1935), Ed. Cujas, 1959, 325 p.

KORN M., *Ces crimes dits d'amour*, Ed. L'Harmattan, Coll. Sciences criminelles, 2003, 240 p.

KOUBBI N., *Pourquoi eux et pas moi ? La tuerie de Nanterre*, Presses de la Renaissance, 2004, 235 p.

KRUG E.G. et coll. (Dir.), *Rapport mondial sur la violence et la santé*, public. O.M.S., 2002, 376 p.

KUHN T.S., *La structure des révolutions scientifiques*, Ed. Flammarion, Coll. Champs, 1962/1983, 237 p.

La justice réparatrice, *In Criminologie*, 1999, 32-1, pp. 1-159.

La Justice restaurative, Rapport du Groupe de travail présidé par R. CARIO, Pub. Min. Justice, multigraph., 2007, 61 p. ; criminologie.univ-pau.fr.

La place de la victime dans le procès pénal, *In Les Cahiers de l'Institut d'études sur la justice*, Ed. Bruylant, 2005-6, 250 p.

La prise en charge des victimes d'accidents collectifs, Guide méthodologique, pub. Min. Justice, multigraph. 2004, 113 p.

La victimologie : quelques enjeux, *In Criminologie*, 2000-33, pp. 5-223.

Les droits des victimes, multigraph, 60 p., justice.gouv.fr.

LABORIT H., *Les comportements. Biologie, physiologie, pharmacologie*, Ed. Masson, 1973, 404 p.

LABORIT H., *L'inhibition de l'action*, Ed. Masson, 1979, 4ème tirage, 214 p.

LACAN J., *Ecrits*, Le Seuil, 1966, 'Introduction aux fonctions de la psychanalyse en criminologie', pp. 125-149.

LACROIX C., *La réparation des dommages en cas de catastrophes*, L.G.D.J, Biblio. De droit privé, 2008-490, 414 p.

LAGACHE D., Psycho-criminogénèse, *In Actes du IIème Congrès international de criminologie* (Paris, 1950), Tome VI, P.U.F., 1955, pp. 129-155.

LAGRAULA-FABRE M., La *violence institutionnelle. Une violence commise sur des personnes vulnérables par des personnes ayant autorité*, Ed. L'Harmattan, 2005, 582 p.

LAINGUI A., LEBIGRE A., *Histoire du droit pénal. 1) Le droit pénal*, Ed. Cujas, Coll. Synthèse, 1979, 232 p. ; *2) La procédure criminelle*, 1980, 160 p.

LAINGUI A., *Histoire du droit pénal*, P.U.F., Que sais-je ?, 1985-690, 128 p.

LAMBERT-FAIVRE Y., PORCHY-SIMON S., *Droit du dommage corporel. Systèmes d'indemnisation*, Dalloz, 7è éd. 2011, 944 p.

LANDROVE-DIAZ G., *Victimologia*, Ed. Tirant lo Blanch derecho, 1990, 154 p.

LARUELLE F., *Théorie générale des victimes*, Ed. Mille et une nuits, 2012, 213 p.

LAURITSEN J.L., SAMPSON R.J., LAUB J.H., The link between offending and victimization among adolescents, *In Criminology*, 1991-29-2, pp. 265-292.

LAZERGES C., Le renforcement de la présomption d'innocence et des droits des victimes. Histoire d'une navette parlementaire presque achevée, *In Arch. Pol. Crim.*, 2000-22, pp. 53-70.

LEBIGOT F., Le traumatisme psychique, *In* L.M. VILLERBU et coll. (Dir.), *Dangerosité et vulnérabilité*, Ed. L'Harmattan, Coll. Sciences criminelles, 2003, pp. 171-189.

LEBIGOT F., *Traiter les traumatismes psychiques. Clinique et prise en charge*, Ed. Dunod, 2005, 239 p.

LEBIGOT J.F., Névrose traumatique, *In* C. Damiani, J.F. Lebigot (Dir.), Les mots du trauma, *op. cit.*, pp. 163-168.

LE BLANC M. et al, *Intervenir autrement. Un modèle différentiel pour les adolescents en difficulté*, Les Presses de l'Université de Montréal, 1998, 318 p.

Le commissariat saisi par le social, *In A.S.H.*, 2002-2266, pp. 25-26.

LEFRANC S., Le mouvement pour la justice restauratrice : « an idea whose time has come », *In Droit et société*, 2006/63-64, pp. 393-409.

LEFRANC S., MATHIEU L. (Dir.), *Mobilisations de victimes*, Presses univ. Rennes, 2009, 220 p.

LE GUNEHEC F., La loi 2004-204 portant adaptation de la justice aux évolutions de la criminalité. Troisième Partie : achèvement de la réforme de l'application des peines, *In JCP G Semaine Juridique* (édition générale), 2004, I, pp. 713-716.

LEMAY M., Résilience devant la violence, *In Le journal des psychologues*, 2002-194, pp. 36-43.

LE MOIGNE J.M., *La modélisation des systèmes complexes*, Ed. Dunod, 1990, 178 p.

LEMAN-LANGLOIS S., *La sociocriminologie*, PUM, coll. Paramètres, 2007, 229 p.

LEMAN-LANGLOIS S., Mobilizing victimization : the construction of a victim-centred approach in the South African Truth and Reconciliation Commission, *In Criminologie*, 2000-33, pp. 145-165.

Le psychotrauma en quête de reconnaissance, *In Revue francophone du stress et du trauma*, 2009-9-4, pp. 195-270.

LEROY J., *Procédure pénale*, LGDJ, 3è 2013, 528 p.

LEROI-GOURHAN A., *Le geste et la parole*, Ed. A. Michel, 1964, Tome I, 323 p.

Les droits des victimes, Min. Justice, multigraph., 1999, 23 p.

LETSCHERT R., The impact of the international normative framework on the position of victims of terrorism, *In* Hacia una Justicia victimal, *Eguzkilore*, 2012-26, pp. 183-191.

LETOURNEUX F., Le droit des victimes. La loi du plus faible, *In ASH Magazine*, sept/oct. 2005, pp. 46-49.

LEVEILLEE S., LEFEBVRE J. (Dir.), *Le passage à l'acte dans la famille. Perspectives psychologiques et sociales*, Presses de l'Univ. du Québec, 2011, 168 p.

LEVY T., *L'éloge de la barbarie judiciaire*, Ed. O. Jacob, 2004, 188 p.

LEYMANN H., *Mobbing. La persécution au quotidien*, Le Seuil, 1996, 231 p.

LIENEMANN M.N., *Pour une nouvelle politique publique d'aide aux victimes*, La Documentation française, 1999, 230 p.

LIENHARD C., Pour un droit des catastrophes, *In Rec. Dalloz*, 1995, chron., pp. 91-98.

LIENHARD C., Les victimes et le choc des photos, *In Rec. Dalloz*, 1999-38, V-VI.

LIENHARD C., Catastrophes et droits des victimes, *In* R. CARIO, D. SALAS (Dir.), *Œuvre de justice et victimes*, Vol. 1, Ed. L'Harmattan, Coll. Sciences criminelles, 2001, pp. 145-165.

LIENHARD C., La place du Barreau, *In* A. BERNARD, R. CARIO (Dir.), *Les politiques publiques interministérielles d'aide aux victimes*, Ed. L'Harmattan, Coll. Sciences criminelles, 2001, pp. 129-135.

LIENHARD C., N. PIGNOUX, La réparation indemnitaire des préjudices des victimes d'infraction, *In* J.L. Senon, G. Lopez, R. Cario (Dir.), *Psycho-criminologie*, Ed. Dunod, 2è éd. 2012, pp. 409-416.

LIENHARD C., Quelques réflexions sur les enjeux de l'accompagnement des victimes par l'avocat, *In Les Cahiers de la sécurité*, 2013-23, pp. 65-67.

Ligue des droits de l'Homme, *La justice bafouée. L'état des droits de l'homme en France. Edition 2010*, Ed. La Découverte, 2010, 124 p.

LOPEZ G., *Victimologie*, Dalloz, 1997, 264 p.

LOPEZ G., SABOURAUD-SEGUIN A., JEHEL L. et al., *Psychothérapie des victimes. Traitements, évaluations, accompagnement (1998)*, Ed. Dunod, 2è éd. 2006, 244 p.

LOPEZ G., *Le vampirisme au quotidien*, Ed. L'esprit du temps, 2001, 160 p.

LOPEZ G., TZITZIS S. (Dir.), *Dictionnaire de sciences criminelles*, Ed. Dalloz, 2004, 1013 p.

LOPEZ G., PORTELLI S., CLEMENT S., *Les droits des victimes. Droits, auditions, expertise clinique*, Ed. Dalloz, Coll. États de droit, 2è éd. 2007, 411 p.

LOPEZ G., *La victimologie*, Ed. Dalloz, Connaissance du droit, 2010, 193 p.

LOPEZ G., Ethique des pratiques en victimologie et psychotraumatologie, *In* J.L. Senon et al., Psychocriminologie, *op. cit.*, pp. 443-451.

LURIGIO A.J., SKOGAN W.G., DAVIS R.C. (Eds.), *Victims of crime. Problems, policies and programs*, Sage Pub., London, 1990, 278 p.

MACRAE A., ZEHR H., *The little book of family conferences. New Zealand style. A hopeful approach when youth cause harm*, Ed. Good books, 2004, 74 p.

MAGUIRE M., POINTING J. (Eds.), *Victims of crime. A new deal ?*, Open Univ. Press, Great Britain, 1988, 224 p.

MAGUIRE M., MORGAN R., REINER R., *The Oxford Handbook of Criminology*, Oxford Univ. press, 4th Ed., 2007, 1185 p. (5th ed., 2012, 1056 p.).

MANOUVRIER L., Questions préalables dans l'étude comparative des criminels et des honnêtes gens, *In Archives d'Anthropologie criminelle*, 1892, pp. 557-574, réédité *In Dév. et société*, 1986-10, pp. 209-244.

Manuel sur les enquêtes de victimisation, 2010, 222 p., Office des Nations Unies contre la drogue et le crime, Commission Economique de l'ONU pour l'Europe, Genève, unodc.org.

MARTIN O., *L'enquête et ses méthodes : l'analyse de données quantitatives*, Ed. A. Colin, 2è éd. 2009, 124 p.

MARTINEZ M.L., Victimes et œuvre de justice : éclairages de l'anthropologie relationnelle, *In* R. CARIO (Dir.), *Victimes : du traumatisme à la restauration*, Ed. L'Harmattan, Coll. Sciences criminelles, 2002, pp. 305-344.

MASCLET G., De l'identification des violences institutionnelles à la nouvelle entropie des organisations : quelles issues ?, *In* P. Martin-Mattera (Dir.), *Violences et victimisations*, Presses Univ. du Septentrion, 2011, pp. 15-48.

MARZANO M., Qu'est-ce qu'une victime ? De la réification au pardon, *In A.P.C.*, 2006-28, pp. 11-20.

MARZANO M., *Je consens, donc je suis... Ethique de l'autonomie*, PUF, 2006, 261 p.

MARZANO M. (Dir.), *Dictionnaire de la violence*, PUF, 2011, 1546 p.

MATHIEU B., DURKHEIM N., Aider les gendarmes victimes : le soutien psychologique, *In Rev. de la Gendarmerie*, 2000-194, pp. 79-82.

MATZA D., *Delinquency and drift*, Ed. J. Wiley, 1964, 199 p.

MAWBY R.I., WALKLATE S., *Critical victimology. International perspectives*, Sage pub., 1994, 224 p.

MBANZOULOU P., La violence à l'école, *In J.D.J.*, 2004-231, pp. 13-18.

MBANZOULOU P., TERCQ N., *La médiation familiale pénale*, Ed. L'Harmattan, Coll. Controverses, 2004, 85 p.

MBANZOULOU P., *La violence scolaire. Mais où est passé l'adulte ?*, Ed. L'Harmattan, Coll. controverses, 2007, 107 p.

MBANZOULOU P., Les rencontres détenus-victimes : une expérience française de justice restaurative, *In Les Cahiers de la sécurité*, 2013-23, pp. 83-90.

MCCORD J., TREMBLAY R.E. (Eds.), *Preventing antisocial behavior. Interventions from birth through adolescence*, The Guilford Press, 1992, 391 p.

MCMAHON M., La répression comme entreprise : quelques tendances récentes en matière de privatisation et de justice criminelle, *In Déviance et Société*, 1996-20, pp. 103-118.

Mélanges offerts à Raymond Gassin. Sciences pénales et sciences criminologiques, Presses univ. d'Aix-Marseille, 2007, 526 p.

MENDELSOHN B., Une nouvelle branche de la science bio-psycho-sociale, *In R.I.C.P.T.*, 1956-2, pp. 95-109.

MENDELSOHN B., La victimologie : science actuelle, *In Rev. Dr. Pén. Crim.*, 1958-1959, pp. 619-627.

MENDELSOHN B., La victimologie et les besoins de la société actuelle, *In RICPT*, 1973, pp. 267-276.

MERLE R., VITU A., *Procédure pénale*, Ed. Cujas, 4è éd., 1989, 1008 p.

MIGNARD J.P., L'équité impose la participation active des victimes au procès pénal, *In Le Monde*, 23 juin 2010, p. 18.

MILLIEZ P. (Dir), *Rapport de la Commission d'étude et de proposition dans le domaine de l'aide aux victimes*, multigraph., Min. Justice, 1982, 126 p.

MILLER W.R., ROLLNICK S., *L'entretien motivationnel. Aider la personne à engager le changement*, InterEditions, 2è éd., 2013, 434 p.

MOLARO C., *Violences urbaines et violences scolaires*, Ed. L'Harmattan, Coll. Forum de l'IFRAS, 1998, 157 p.

MONSAINGEON E., L'accompagnement social, *In* R. Cario, A. Gaudreault (Dir.), *L'aide aux victimes : 20 ans après*, Ed. L'Harmattan, Coll. Sciences criminelles, 2003, pp. 51-62.

MORIN E., *Le paradigme perdu : la nature humaine*, Ed. Le Seuil, Coll. points, 1973, 249 p.

MORIN E., *Introduction à la pensée complexe*, ESF éditeur, 1990, 158 p.

MORINEAU J., *L'esprit de la médiation*, Ed. Erès, Coll. Trajet, 1998, 176 p.

MUCCHIELLI A. (Dir.), *Dictionnaire des méthodes qualitatives en sciences humaines*, Ed. A. Colin, 3è éd. 2009, 296 p.

MUCCHIELLI L., *Violences et insécurité. Fantasmes et réalités dans le débat français*, Ed. La Découverte, 2001, 142 p.

MUCCHIELLI L., L'impossible constitution d'une discipline criminologique en France. Cadres institutionnels, enjeux normatifs et développements de la recherche des années 1880 à nos jours, *In Criminologie*, 2004-1, pp. 13-42.

MUCCHIELLI L., *La frénésie sécuritaire. Retour à l'ordre et nouveau contrôle social*, La Découverte / Sur le vif, 2008, pp. 99-112.

MUCCHIELLI L., *L'invention de la violence. Des peurs, des chiffres, des faits*, Ed. Fayard, 2011, 340 p.

MUCCHIELLI L., SPIERENBURG P. (Dir.), *Histoire de l'homicide en Europe : de la fin du Moyen-Age à nos jours*, Ed. La Découverte, 2009, 334 p.

MUCCHIELLI (R.), *L'entretien en face à face dans la relation d'aide*, E.S.F. Ed., 18è éd. 2004, 156 p.

NORMANDEAU A., Politiques et pratiques en matière de droits et de services aux victimes d'actes criminels au Canada, *In* A. BERNARD, R. CARIO (Dir.), Les politiques publiques interministérielles d'aide aux victimes, *op. cit.*, pp. 79-103.

OCQUETEAU F., Statistiques officielles des crimes et des victimisations, objets de science et d'action, *In* M. Herzog-Evans (Ed.), Transnational criminology manual, *op. cit.*, Vol. 2, pp. 499-516.

OUIMET M., Pourquoi notre société est-elle de moins en moins violente ?, *In* J. Poupart, D. Lafortune, S. Tanner (Dir.), *Questions de criminologie*, Presses univ. Montréal, 2010, pp. 45-55.

PANSIER F.J., CHARBONNEAU C., Présentation de la loi du 4 mars 2002 complétant la loi du 15 juin 2000 renforçant la présomption d'innocence, *In Les Petites affiches*, 2002-60, pp. 4-13.

PARMENTIER S., The South African truth and reconciliation Commission. Towards restorative justice in the field of human rights, *In* E. FATTAH, S. PARMENTIER (Eds), *Victim policies and criminal justice on the road to restorative justice,* Essays in honour of Tony Peters, SCS, Leuven, 2001-23, pp. 401-428.

PAVIA M.L., La place de la victime devant les tribunaux pénaux internationaux, *In Arch. Pol. Crim.*, 2003-24, p. 61 et s.

PECHIKOFF S., DORAY B., DOUVILLE O., GUTTON P., *Toulouse/AZF. Essai sur le traumatisme et la tiercéité*, Ed. La Dispute, 2004, 148 p.

PELLERIN B., ST-YVES M., GUAY J.P., La théorie de l'abusé-abuseur en délinquance sexuelle : qui dit vrai ?, *In Rev. Canadienne de criminologie et justice pénale*, 2003-4/5, pp. 81-98.

PELLISSIER J., *La nuit, tous les vieux sont gris. La société contre la vieillesse*, Ed. Bibliophane/Radford, 348 p.

PERRET B., *L'évaluation des politiques publiques*, Ed. La Découverte, nouv. éd., 2008, 120 p.

PERRY A.E., Scientific research in criminology. Systematic review in crime and justice, *In* M. Herzog-Evans (Ed.), Transnational criminology manual, *op. cit.*, Vol. 1, pp. 271-296.

PETERS R., HALLAQ W.B., *Crime and punishment in Islamic law*, Cambridge Univ. press, 2005, 238 p.

PETERS T., AERTSEN I., Approche restaurative des crimes et des délits en Belgique, *In A.P.C.*, 1999-21, pp. 161-179.

PETERS T., Victimisation, médiation et pratiques orientées vers la réparation, *In* R. CARIO, D. SALAS (Dir.), *Œuvre de justice et victimes*, Ed. L'Harmattan, Coll. Sciences criminelles, 2001, pp. 203-254.

PEYRAT D., *Éloge de la sécurité*, Ed. Gallimard / Le Monde, 2003, 238 p.

PEZE M., *Ils ne mourraient pas tous mais tous étaient frappés. Journal de la Consultation*, Ed. Flammarion, Champ actuel, 2010, 214 p.

PIGNOUX N., La place de la victime dans le procès pénal, *In R.I.C.P.T.S.*, 2002-2, pp. 165-182.

PIGNOUX N., *La réparation des victimes d'infractions pénales*, Ed. L'Harmattan, Coll. Criminologie, 2008433 p., p.

PIGNOUX N., Réparation globale de la victime d'infraction, *In* J.L. Senon, G. Lopez, R. Cario (Dir.), *Psycho-criminologie*, Ed. Dunod, 2è éd. 2012, pp. 435-442.

PIN X., La privatisation du procès pénal, *In R.C.S.*, 2002, pp. 245-261.

PINATEL J., La définition criminologique du crime et le caractère scientifique de la criminologie, *In R.S.C.*, 1957, pp. 192-197

PINATEL J., *La criminologie*, Ed. SPES, 1960, 223 p.

PINATEL J., *Traité de criminologie*, Ed. Dalloz, 3è éd. 1975, 752 p.

PINATEL J., *Le phénomène criminel*, M.A Ed., 1987, 225 p.

PINATEL J., *Histoire des sciences de l'homme et de la criminologie*, Ed. L'Harmattan, Coll. Traité de sciences criminelles, Vol. 3, 2000, 128 p.

POISSONNIER G., Première décision au fond de la Cour pénale internationale, *InAJpén.*, 2012-7-8, pp. 404-409

POLVI N. and al., The time course of repeat burglary victimization, *In* P. ROCK (Ed.), Victimology, *op. cit.*, pp. 139-142.

POMART-NOMDEDEO C., L'aide aux victimes. Propos de clôture, *In RJOI*, 2010-10, pp. 63-69

POPPER K., *La logique de la connaissance scientifique* (1934), Ed. Payot, 1982, 492 p.

PORTELLI S., Le juge pénal et les victimes, *In* J.L. Senon, G. Lopez, R. Cario (Dir.), *Psycho-criminologie*, Ed. Dunod, 2è éd. 2012, pp. 395-408.

POUPART J., DESLAURIERS J.P., GROULY L.H., LAPERRIERE A., MAYER R., PIRES A.P. (Dir.), *La recherche qualitative. Enjeux épistémologiques et méthodologiques*, Ed. G. Morin, Montréal, 1997, 405 p.

PRADEL J., Un nouveau stade dans la protection des victimes d'infractions, *In Rec. Dalloz-Sirey*, 1983, chron., pp. 241-252.

PRADEL J., La Loi 2002-307 du 4 mars 2002 : un placebo pour guérir certains maux de la réforme du 15 juin 2000 sur la présomption d'innocence, *In Rec. Dalloz*, chron., 2002, pp. 1693-1697.

PRADEL J., *Procédure pénale*, Ed. Cujas, 528 p.

PRIETO N., Soins immédiats, *In* Damiani C., Lebigot J.F. (Dir.), Les mots du trauma, *op. cit.*, pp. 219-200.

PRIETO N., Soins post-immédiats, *In* Damiani C., Lebigot J.F. (Dir.), Les mots du trauma, *op. cit.*, pp. 220-221.

QUIVY R., VAN CAMPENHOUDT L., *Manuel de recherche en sciences sociales*, Ed. Dunod, 4è éd. 2011, 262 p.

RAMADE F., *In* M. Marzano, Dictionnaire de la violence, *op. cit.*, pp. 196-204.

RAND M.R., LYNCH J., CANTOR D., *Criminal victimization. 1973-1995*, B.J.S. pub., U.S. Department of Justice, 1997, NCJ163069, 8 p.

RAOULT P.A. (Dir.), *Souffrances et violences : psychopathologie des contextes familiaux*, Ed. L'Harmattan, Coll. Psycho-logiques, 1999, 327 p.

RAPPAPORT J., Terms of empowerment/exemplars of prevention : toward a theory for community psychology, *In American Journal of community psychology*, 1987-15, pp. 121-145.

Recommandation R(83)7 sur *La participation du public à la politique criminelle.*

Recommandation R(85)4 sur *La violence au sein de la famille*

Recommandation R(85)11 sur *La position de la victime dans le cadre du droit pénal et de la procédure pénale.*

Recommandation R(87)18 concernant *La simplification de la justice pénale.*

Recommandation R(87)21 sur *L'assistance aux victimes et la prévention de la victimisation.*

Recommandation R(99)19 sur *La médiation en matière pénale.*

Recommandation R(00)20 sur *Le rôle de l'intervention psychosociale précoce dans la prévention des comportements criminels.*

Reducing offending : an assessment of research evidence on ways of dealing with offending behavior, Pub. Home Office, Research Study 187, 1998, 140 p.

REEMTSMA J.P., *Confiance et violence. Essai sur une configuration particulière de la modernité*, Ed.Gallimard, 2011, 592 p.

REGINA C., *La violence des femmes. Histoire d'un tabou social*, Max Milo Ed., 2011, 318 p.

RESERBAT-PLANTET D., L'audition filmée des mineurs victimes d'abus sexuels, *In Les Cahiers de l'Actif*, 2000/284-285, pp. 155-197.

RICŒUR P., *Soi- même comme un autre*, Ed. Le Seuil, Coll. Points, 1990, 428 p.

RICŒUR P., *Le juste*, Ed. Esprit, 1995, 223 p.

P. RICOEUR, *Parcours de la reconnaissance. Trois études*, Ed. Stock, 2004, 387 p.

RIME B., Faut-il parler de ses émotions ?, *In Sciences humaines*, 2000-104, pp. 16-20.

RIME B., *Le partage social des émotions*, P.U.F., Coll. Psychologie sociale, 2005, 420 p.

RIVAIS R., Un fonds pour indemniser les victimes de conducteurs non assurés, *In Le Monde*, 15 août 2012, p. 18.

ROBERT C.N., La victimologie : victime des postulats criminologiques et sociologiques, *In Rev. Pénale Suisse*, 1979-3, pp. 225-242.

ROBERT C.N., *L'impératif sacrificiel : justice pénale, au-delà de l'innocence et de la culpabilité*, Ed. D'en bas, 1985, 160 p.

ROBERT P., *L'insécurité en France*, Ed. La Découverte, Repères, 2002-353, 120 p.

ROBERT P., ZAUBERMAN R., NEVANEN S., DIDIER E., L'évolution de la délinquance d'après les enquêtes de victimation, France 1984-2005, *In Déviance et Société*, 2008-32-4, pp. 435-471.

ROBERT P., ZAUBERMAN R., *Mesurer la délinquance*, Presses de Science Po, Bibliothèque du citoyen, 2012, 179 p.

ROCHE S., *Sociologie politique de l'insécurité. Violences urbaines, inégalités et globalisation*, P.U.F., 1998, 283 p.

ROCHE S., *La délinquance des jeunes*, Ed. du Seuil, Coll. L'épreuve des faits, 2001, 303 p.

ROCK P., *Helping victims of crime. The Home Office and the rise of victim support in England and Wales,* Clarendon Press, Oxford, 1990, 442 p.

ROCK P., (Ed.), *Victimology*, Ed. Darmouth, 1994, 464 p.

ROGERS C., *Le développement de la personne* (1961), Ed. Dunod, 1998, 274 p.

ROGERS C., *La relation d'aide et la psychothérapie* (1942), E.S.F. Ed., nouvelle éd., 2011, 235 p.

ROSENCZVEIG J.P., *Enfants victimes, enfants délinquants,* Ed. Balland, 1989, 452 p.

ROSOLATO G., *Le sacrifice : repères psychanalytiques*, P.U.F., 1987, 192 p.

ROUBY A., BATISSE D., *Violences conjugales et maltraitances familiales. Soigner les enfants et aider les parents*, Ed. Dunod, 2012, pp. 7-114.

ROULAND N., *Anthroplogie juridique*, P.U.F., 1988, 318 p.

RUDTEZKI F., *Triple peine*, Ed. Calman-Lévy, 2004, 359 p.

RUDETZKI F., Œuvre de justice : histoire d'un combat, *In* R. CARIO (Dir.), *Victimes : du traumatisme à la restauration*, Ed. L'Harmattan 2004, pp. 219-255.

SADLIER K., *Le stress post-traumatique chez l'enfant*, PUF, 2001, 128 p.

SADLIER K. (Dir.), *L'enfant face à la violence dans le couple*, Ed. Dunod, 2010, 224 p.

SADLIER K., Interventions familiales en psychothérapies, *In* G. Lopez, Sabouraud-Seguin, L. Jehel et al., *op. cit*, pp. 172-176.

SAINT EXUPERY A. de, *Le petit prince* (1943), Ed. Gallimard/Folio, 1999, 99 p.

SALAS D., La trace et la dette, *In Rev. Sc. Crim.*, 1996-3, pp. 619-623.

SALAS D., Les victimes en quête de protection, *In* A. BERNARD, R. CARIO (Dir.), *Les politiques publiques interministérielles d'aide aux victimes*, Ed. L'Harmattan, Coll. Sciences criminelles, 2001, pp. 69-78.

SALAS D., *La volonté de punir. Essai sur le populisme pénal*, Hachette littératures, 2004, 287 p.

SALAS D. (Dir.), *Victimes de guerre. En quête de justice*, Ed. L'Harmattan, Coll. Sciences criminelles, 2004, 196 p.

SALAS D., Notre société est traversée par une idéologie victimaire, *In Libération*, 8-9 oct. 2005/46.

SALAS D., 'Vers une pénalisation des droits de l'homme', *In* Ligue des droits de l'homme, *La justice bafouée. L'état des droits de l'homme en France. Edition 2010*, Ed. La Découverte, Coll. Sur le vif, pp. 76-79.

SALEM G., *La maltraitance familiale : dévoiler, intervenir, transformer*, Ed. A. Colin, 2011, 328 p.

SERFATI G.H., La victime : histoire d'un mot, formation d'un concept, *In jidv.com*, 2008-6-3, pp. 193-204.

SCHWEINHART L.J., BARNES H.V., WEIKART D.P., *Significant benefits. The High/Scope Perry Preschool Study Through Age 27*, The High/Scope Press, Michigan, 1993, 254 p.

SCHWEINHART L.J., MONTIE J., XIANG Z., BARNETT W.S, BELFIELD C.R., NORES M., *Lifetime effects. The High/Scope Perry preschool. Study through age 40*, High/Scope Press, Ipsilanti, 2005, 139 p.

SEMELIN J., *Purifier et détruire. Usages politiques des massacres et génocides*, Ed. du Seuil, Coll. La couleur des idées, 2005, 484 p.

SENON J.L., LOPEZ G., CARIO R., *Psychocriminologie. Clinique, prise en charge, expertise*, Ed. Dunod, 2è ed. 2012, 528 p.

SENON J.L., C. JONAS, M. VOYER, *Psychiatrie légale et criminologie clinique*, Ed. Elsevier Masson, 2013, 484 p.

SERVAIS P. (Coord.), *L'évaluation de la recherche en sciences humaines et sociales. Regards de chercheurs*, Ed. Academia / Bruylant, 2011, 298 p.

SEVERAC N., *In* M. Marzano, Dictionnaire de la violence, *op. cit.*, pp. 295-301

SHAFFER J.N., RUBACK R.B., Violent victimization as a risk factor for violent offending among juveniles, *In OJJDP Bulletin*, dec. 2002, ojjdp.ncrs.org.

SHERMAN L.W. (Ed.), *Preventing crime : what works, what doesn't, what is promising ?*, U.S Department of Justice, 1997, multigraph., 502 p. ; ncjrs.org.

SHERMAN L.W., STRANG H., *Restorative justice : the evidence*, Smith Institute pub., 2007, 95 p., smith-institute.org.uk.

SHOHAM S.G., KNEPPER P., KETT M. (Eds), *International Handbook of victimology*, CRC Press Inc., New York, 2010, 732 p.

SIBI B., Le principe de l'égalité des armes et la victime au procès pénal, *In Rev. pénit. dr. pén.*, 2005-2, pp. 547-567.

SIMONNOT D., Notre système pénal est traversé par une idéologie victimaire, *In Libération*, 8-9 oct. 2005 pp. 46-47.

SMITH C.A., IRELAND T.O., Les conséquences développementales de la maltraitance des filles, *In Criminologie*, 2005-38-1, pp. 67-102.

SMOLAR P., Les policiers osent de plus en plus faire appel au psychologue, *In Le Monde*, 27 oct. 2004/10.

Soigner les victimes de la torture exilées en France, Centre Primo Levi, 2012, 39 p., www.primolevi.org.

Soutien et aide aux victimes, Pub. Conseil de l'Europe, 2006, 280 p.

SPARKS R.F., Multiple victimization. Evidence, theory and future research, *In Journal of Law and criminology*, 1981, pp. 762-778.

ST-YVES M., LANDRY J. (Dir.), *Psychologie des entrevues d'enquêtes. De la recherche à la pratique*, Ed. Y. Blais, 2006, 507 p.

STEBE J.M., *In* M. Marzano, Dictionnaire de la violence, *op. cit.*, pp. 123-129, 536-542.

SUTHERLAND E., Is white collar criminality a crime ?, *In American sociological review*, 1945-10, pp. 132-139.

SZABO D., LE BLANC M. (Dir.), *La criminologie empirique au Québec*, P.U. Montréal, 1985, 450 p.

TERCQ N., L'accompagnement social des victimes, *In* R. CARIO, D. SALAS (Dir.), *Œuvre de justice et victimes*, Ed. L'Harmattan, Coll. Sciences criminelles, 2001, pp. 177-189.

TERCQ N., Vers un réel partenariat local pour la prise en charge des victimes, *In* A. BERNARD, R. CARIO (Dir.), *Les politiques publiques interministérielles d'aide aux victimes*, Ed. L'Harmattan, Coll. Sciences criminelles, 2001, pp. 39-46.

TERCQ N., CLESSE A., L'accompagnement social des victimes. L'aide aux victimes a-t-elle ou peut-elle avoir compétence en accompagnement social ?, *In* J.L. Senon, G. Lopez, R. Cario (Dir.), *Psycho-criminologie*, Ed. Dunod, 2è éd. 2012, pp. 427-434.

TERRAUBE T., L'audition de l'enfant victime, *In Enfance majuscule*, 2005-83, pp. 6-8.

TIMBART O., *20 ans de condamnations pour crimes et délits*, Infostat Justice, 2011-114, 8 p.

TISSERAND T., Le mécanisme d'indemnisation des victimes d'infractions, *In* J.L. Senon, G. Lopez, R. Cario (Dir.), *Psycho-criminologie*, Ed. Dunod, 2è éd. 2012, pp. 417-425.

TOURNIER P.V. (Dir.), *La Babel criminologique Formation et recherche sur le phénomène criminel : sortir de l'exception française ?*, Ed. L'Harmattan, 2009, 296 p.

TOURNIER P.V., *Dictionnaire de démographie pénale*, Ed. L'Harmattan, Coll. Criminologie, 2010, 211 p.

TREMBLAY R., R. TREMBLAY, *Prévenir la violence dès la petite enfance*, Ed. O. Jacob, 2008, 269 p.

TRICART N., L'audition des enfants, *In* C. DAMIANI (Dir.), *Enfants victimes de violences sexuelles : quel devenir ?*, Hommes et perspectives Ed., 1999, pp. 93-102.

TSELONI A., PEASE K., Repeat personal victimization, *In British journal of criminology*, 2004-44, pp. 931-945.

TULKENS F., Victimes et droits de l'homme dans la jurisprudence de la Cour européenne des droits de l'Homme, *In Archives de politique criminelle*, 2002-24, pp. 41-59.

TUTU D., *Il n'y a pas d'avenir sans pardon. Comment se réconcilier après l'Apartheid ?*, Ed. Albin Michel, 2000, 285 p.

VAILLANT M. (Dir.), *De la dette au don. La réparation pénale à l'égard des mineurs*, E.S.F. Ed., 1994, 238 p.

VAILLANT M., *La réparation. De la délinquance à la découverte de la responsabilité*, Ed. Gallimard, 1999, 148 p.

VAN de KERCHOVE M., *Quand dire, c'est punir. Essai sur le jugement pénal : des débats, une histoire, un avenir (1789-2005)*, Pub. des Facultés universitaires Saint Louis, 2005, 332 p.

VAN DIJK J., *The world of crime. Breaking the silence on problems of security, justice and development across the world*, Sage Ed., 2008, 456 p.

VAN DIJK J., *Approcher la vérité en matière de délinquance. La comparaison des données d'enquêtes en population générale avec les statistiques de police sur la délinquance enregistrée*, GERN, Commission européenne / Crimprev, 2009, multigraph., 62 p.

VAN DIJK J., Revisiting the 'dark number of crime', *In* M. Herzog-Evans (Ed.), Transnational criminology manual, *op. cit.*, Vol. 2, pp. 595-629.

VAN DIJK J., The international crime victims survey, *In* M. Herzog-Evans (Ed.), Transnational criminology manual, *op. cit.*, Vol. 2, pp. 931-650.

VANDIER C., Incidences et revendications de la victime aux différentes étapes du procès pénal, *In Rev. pénit .dr. pén.*, 2005-2, pp. 605-610.

VERDIER R., COURTOIS G., THOMAS Y., *La vengeance : étude d'ethnologie, d'histoire et de philosophie*, Ed. Cujas, 1980-84, 4 Vol., 225, 196, 160 et 256 p.

VERDIER R. (Dir.), *Vengeance. Le face-à-face victime/agresseur*, Ed. Autrement, 2004-228, 237 p.

VERDUSSEN M., La Convention européenne des droits de l'homme et les droits de la victime dans le procès pénal, *In Les cahiers de l'Institut sur la Justice*, 2005-9, 'La place de la victime dans le procès pénal', pp. 147-167.

VIAUX J.L. (Dir.), Victimes : actes et silences, *Pub. Univ. Rouen, 1995-204, 134 p.*

VILLERBU L.M. et al. (Dir.), *Dangerosité et vulnérabilité en psychocriminologie*, Ed. L'Harmattan, Coll. Sciences criminelles, 2003, 302 p.

VITARO F., GAGNON C. (Dir.), *Prévention des problèmes d'adaptation chez les enfants et les adolescents*, Tome I, Les problèmes internalisés, Tome II, Les problèmes externalisés, Presses de l'Université du Québec, 2000, 535 et 616 p.

VITARO F., Evaluation des programmes de prévention. Principes et procédures, *In* F. Vitaro, C. Gagnon (Dir.), *op. cit.*, Tome I, pp. 67-99.

VITARO F., CARON J., La prévention face à la comorbidité des problèmes d'adaptation et à la présence de déterminants multiples, *In* F. Vitaro, C. Gagnon (Dir.), *op. cit.*, Tome II, p. 573 et s.

VON HENTIG H., 'Remarks on the interaction of perpetrator and his victim', *In Journ. Crim. Law Crim.*, 1940-41, p. 303 et s.

VON HENTIG H., *The criminal and his victim. Studies in the sociobiology of crime*, Yale Univ. Press, 1948, reprinted 1967, Archon Books, 461 p.

WACQUANT L., *Les prisons de la misère*, Raisons d'agir Editions, 1999, 191 p.

WALGRAVE L., La justice restaurative : à la recherche d'une théorie et d'un programme, *In Criminologie*, 1999-1, pp. 7-29.

WALGRAVE L., La justice restaurative et la justice pénale : un duo ou un duel ?, *In Victimes : du traumatisme à la restauration*, Ed. L'Harmattan, Coll. Sciences criminelles, 2002, pp. 275-303.

WALGRAVE L., *Restorative justice, self-interest and responsible citizenship*, Willan publishing, 2008, 240 p.

WALKLATE S. (Ed.), *Handbook on victims and victimology*, Willan publishing, 2007, 542 p.

WALLACE H., ROBERSON C., *Victimology : legal, psychosocial and social perspectives*, Prentice Hall, 3rd ed. 2010, 384 p.

WALLER I., *Lutter contre la délinquance. Comment le tout répressif tue la sécurité*, Ed. L'Harmattan, Coll. Logiques sociales, 2009, 224 p.

WERGENS A., Crime victims in the European Union, *1999, 563 p.*

WHITE R., HAIMS F., *Crime and criminology*, OUP Australian and New Zealand, 4th ed. 2008, 238 p.

WILSON J.K., *The PraegerHandbook of victimology*, Preager publisher, 2009, 344 p.

WOLFGANG M., *Patterns in criminal homicide*, Univ. of Pennsylvania Press, 1958, 340 p.

WRIGHT M., *Justice for victims and offenders. A restorative response to crime*, Waterside Press, 2nd ed. 1996, 223 p.

WRIGHT M., *Restoring respect for justice. A symposium*, Waterside Press, 1999, 222 p.

ZAUBERMAN R. (Dir.), *Victimation et insécurité en Europe. Un bilan des enquêtes et de leurs usages*, Ed. L'Harmattan, Coll. Déviance et société, 2008, 195 p.

ZEHR H., *Changing lenses : a new focus for crime and justice*, Herald Press, 1990, 280 p.

ZEHR H., *The little book of restorative justice*, Good books Pub., 2002, 72 p. ; *La justice restaurative. Pour sortir des impasses de la logique punitive*, Ed. Labor et Fides, Genève, 2012, 98 p.

Quelques sites internet pertinents :

Assemblée Nationale, assemblee-nationale.fr

Association Allo-maltraitance des personnes âgées et/ou des personnes handicapées, alma-france.org

Association contre le harcèlement professionnel, ifrance.com/achp

Association d'Aide aux Parents d'Enfants Victimes, apev.org

Association Enfance et partage, enfance-et-partage.org

Association La cause des hommes, lacausedeshommes.com

Association La voix de l'enfant, lavoixdelenfant.org

Association Ligue contre la violence routière, violenceroutiere.org

Association Québécoise Plaidoyer-Victimes, aqpv.ca

Australian Institute of Criminology, aic.gov.au

Avocats sans frontières, asfworld.org

Center for the study and prevention of violence, colorado.edu/cspv

Centre de la politique concernant les victimes, hcanada.justice.gc.ca/victime

Centre international pour la prévention du crime, crime-prevention-intl.org

Centre Primo Levi, primolevi.org

Citoyens et Justice, Fédération des associations socio-judiciaires, citoyens-justice.fr

Conseil de l'Europe, coe.int

Conseil Economique et social, ces.fr

Cour européenne des droits de l'homme, echr.coe.int.

Défenseure des enfants, defenseurdesenfants.fr

Direction de la Sécurité routière, securiteroutiere.gouv.fr

Ecole Nationale de la Magistrature, enm.justice.fr

Entretiens Cour d'Appel Aix-en-Provence, entretiensdaix.org

Fédération Nationale des victimes d'attentats et d'accidents collectifs–SOS catastrophes et Terrorisme, fenvac.com

Fonds de garantie des victimes d'actes terroristes et d'autres infractions, fgti.fr

Forum européen de médiation et de justice restaurative, euroforumrj.org

Home Office, Research Development and Statistics Directorate Publications, London, homeoffice.gov.uk/rds

International Institute for Restorative Practices (Bethlehem, Pennsylvania), iirp.edu

International Victimology Institute of Tilburg, tilburguniversity.nl/intervict

Institut français pour la justice restaurative, justicerestaurative.org

Institut National d'Aide aux Victimes et de Médiation, inavem.org
Institut national des hautes études sur la sécurité, inhes.interieur.gouv.fr
Journal des accidents et des catastrophes, iutcolmar.uha.fr/jac
Journal International de Victimology, jidv.com
Juristes sans frontières, jsf.org
Justice restaurative, restorativejustice.org
Le portail de l'administration française, service-public.fr.
Master « Criminologie et droit(s) des victimes », criminologie.univ-pau.fr
Ministère de la justice des Pays-Bas, wodc.nl ; hvictimology.nl
Ministère de la Justice, justice.gouv.fr
Mission interministérielle de vigilance et de lutte contre les dérives sectaires, miviludes.gouv.fr
O.N.U.Vienne, unodc.org
Observatoire national de la délinquance et des réponses pénales, ondrp.fr
Penal Reform International, penalreform.org
Portail géostatistique de l'ONDRP, cartocrime.net
Reporters sans frontières, rsf.org
Revue Champ pénal, champpenal.revues.org
Sénat, senat.fr
Société mondiale de victimologie, world-society-victimology.de
Textes officiels français, legifrance.gouv.fr
U.S. Department of Justice, ncjrs.org
U.S. Department of Justice, Office for victims of crime, *ojp.usdoj.gov/ovc*
Union européenne, europa.eu.int.
Union Européenne/Eurolex, europa.eu.int/eur-lex
Union nationale des associations de défense des familles et de l'individu victimes de sectes, unadfi.org
Union nationale des associations de familles de traumatisés crâniens et cérébro-lésés, unaftc.fr

Table des matières

Questions juridiques

aux éditions L'Harmattan

Dernières parutions

DROIT ADMINISTRATIF
L'angle jurisprudentiel (5e édition)
Gros Manuel
Traitant du programme de 2e année en droit administratif général, cet ouvrage donne également un éclairage particulier au pouvoir du juge administratif sur la fixation du droit administratif français et sur son rôle prédominant dans l'essence même du droit administratif. Utilisable comme un manuel classique, voici également une réflexion approfondie sur l'évolution et l'adaptation d'un droit spécifique à son environnement.
(Coll. Logiques Juridiques, 36.50 euros, 374 p.)
ISBN : 978-2-343-03798-1, ISBN EBOOK : 978-2-336-35432-3

DROIT DE LA CHASSE ET DE LA PROTECTION DE LA FAUNE SAUVAGE
Guide des infractions (2e édition)
Redon Michel
Le droit de la chasse et de la protection de la faune sauvage est parfois complexe. Il est devenu difficile pour les non-spécialistes de se repérer dans une législation abondante, en constante évolution du fait de son imprégnation croissante par la réglementation européenne progressivement intégrée dans notre droit. Cet ouvrage, à jour de la jurisprudence et des textes les plus récents, propose une approche complète mais particulièrement aisée des dispositions pénales et des règles de procédure.
(Coll. La justice au quotidien, 16.00 euros, 162 p.)
ISBN : 978-2-343-03362-4, ISBN EBOOK : 978-2-336-35627-3

OPPOSABILITÉ (L') DES CONVENTIONS DE DROIT PRIVÉ EN DROIT FISCAL
Dal Vecchio Frédéric - Préface de Thierry Lambert
Les conventions, supports indispensables aux échanges économiques des sujets de droit privé, ont des conséquences en droit fiscal. Le concept d'opposabilité des conventions de droit privé oscille entre deux tendances opposées : le respect de la volonté des parties contractantes et leur sacrifice au nom de l'intérêt général. Dans quelle mesure les conditions et les effets de l'opposabilité des conventions de droit privé sont-ils transposables en droit fiscal ?
(Coll. Finances publiques, 46.00 euros, 472 p.)
ISBN : 978-2-343-03911-4, ISBN EBOOK : 978-2-336-35655-6

ARCHITECTURE (L') NORMATIVE DU RÉSEAU INTERNET
Esquisse d'une théorie
Bamdé Aurélien
Comment un réseau de la dimension d'Internet a-t-il pu être édifié sans maître d'œuvre ? Ses bâtisseurs, de nationalités différentes et donc soumis à des droits différents, ont malgré tout globalement œuvré dans le même sens, ce qui laisse à penser qu'ils ont observé les mêmes normes. Quelles sont ces normes ? Quelle est leur nature ? Peuvent-elles être qualifiées de juridiques ? Sont-elles en contradiction avec le droit des États ?
(Coll. Le Droit aujourd'hui, 49.00 euros, 624 p.)
ISBN : 978-2-343-03463-8, ISBN EBOOK : 978-2-336-35350-0

ÉTABLISSEMENTS (LES) PUBLICS D'AMÉNAGEMENT
Cocquière Alexandra - Préface de Jean-Pierre Lebreton
Les EPA, bras urbanistique de l'État, ont été créés dans les années 50 pour conduire des opérations d'urbanisme d'envergure. Avec le ralentissement de l'urbanisation, les EPA se sont mis au service de nouveaux objectifs. Ce livre dresse leur portrait, au regard des motifs divers conduisant au recours à l'EPA, et au regard des évolutions institutionnelles.
(Coll. Logiques Juridiques, 49.50 euros, 518 p.)
ISBN : 978-2-343-04166-7, ISBN EBOOK : 978-2-336-35683-9

ENFERMEMENTS, JUSTICE ET LIBERTÉS
Aujourd'hui et hier, ici et ailleurs
Sous la direction de Christian Chevandier, Jean-Manuel Larralde et Pierre V. Tournier
Les objectifs de l'enfermement, hier comme aujourd'hui, en France comme ailleurs, sont complexes et ambigus : entre inclusion et exclusion, ordre et insertion, soin et sanction. Dans des lieux aussi divers que les locaux de garde, les centres éducatifs fermés, les prisons, les centres médicaux fermés (etc.), la dignité des personnes peut être mise en cause, leurs droits fondamentaux non respectés, leur état physique et mental menacé.
(Coll. Criminologie, 32.00 euros, 316 p.)
ISBN : 978-2-343-04198-8, ISBN EBOOK : 978-2-336-35621-1

ÉVOLUTIONS (LES) DES MODES DE FINANCEMENT DE L'ACTION PUBLIQUE
Sous la direction de Fabien Bottini
La crise de 1929 avait conduit les États à faire preuve d'imagination pour pouvoir financer leur politique. Les chocs pétroliers des années 1970 et la crise de 2008 ayant fait peser des contraintes supplémentaires sur les budgets nationaux, la question se pose des évolutions qu'ont connues les modes de financement de l'action publique depuis près d'un siècle. Est-il possible, à partir de l'exemple français, de dégager des lignes de force permettant de redonner une cohérence d'ensemble à ces évolutions ?
(26.00 euros, 242 p.)
ISBN : 978-2-343-03655-7, ISBN EBOOK : 978-2-336-35507-8

POUVOIR (LE) DE PUNIR
Qu'est-ce qu'être frappé d'une peine ?
Ferri Tony
Qu'est-ce qu'être frappé d'une condamnation pénale aujourd'hui ? Quelles logiques président à sa mise en œuvre ? Ce livre décrit la réalité, les caractéristiques, les mécanismes et les rationalités des pénalités contemporaines afin d'en révéler les rouages, les structures, les dérives. Est-il désormais envisageable de déplacer la frontière entre le possible et l'impossible dans le champ pénal et donc d'explorer, dans ce champ, de nouvelles possibilités ?
(Coll. Logiques des pénalités contemporaines, 14.50 euros, 144 p.)
ISBN : 978-2-343-04004-2, ISBN EBOOK : 978-2-336-35440-8

CRIMINALITÉ (LA) FÉMININE
Ménabé Catherine
Malgré une égalité pénale formelle entre hommes et femmes, leurs criminalités ne se confondent pas. Pour autant, elles ne sont pas non plus totalement dissociables, les facteurs criminogènes étant semblables. Contrairement au droit pénal qui s'illustre par son indifférence au sexe des auteurs d'infractions, la réaction pénale à la criminalité n'est pas totalement neutre. L'homme et la femme font l'objet d'un traitement judiciaire et pénitentiaire différencié.
(Coll. Bibliothèques de droit, 40.00 euros, 424 p.)
ISBN : 978-2-343-04036-3, ISBN EBOOK : 978-2-336-35419-4

EUROCOPTER SAVAIT
La vérité sur un crash mortel
Henrion Blaise
En avril 2003, un hélicoptère s'écrase sur l'aérodrome de Tarbes, entraînant la mort d'un passager. Le pilote est inculpé d'homicide involontaire. Blaise Henrion, propriétaire de l'appareil, n'a cessé de mettre en cause un vice caché. Il nous entraîne dans un musée des horreurs aéronautiques et nous fait découvrir un réseau institutionnel effarant de truquages administratifs, de connivences souterraines, de mensonges à la justice, de faux certificats, d'incompétence et de désinvolture criminelle...
(Coll. Questions contemporaines, 29.00 euros, 292 p.)
ISBN : 978-2-343-04324-1, ISBN EBOOK : 978-2-336-35700-3

PUNIR, AMNISTIER OU NIER : LE CRIME INTERNATIONAL DE NUREMBERG À LA HAYE
Lingane Zakaria
La diversité actuelle des mécanismes de répression pénale des crimes de droit international ou l'établissement de processus de justice transitionnelle témoignent incontestablement de l'érosion de la «culture de l'impunité». Dans cette réponse planétaire aux crimes graves, la compétence universelle connaît un renouveau juridique, où parfois le réalisme diplomatique le dispute à l'idéal judiciaire. Quelle place accorder à la justice, à la vérité, à l'État de droit, au pardon, à la réconciliation, à la mémoire, mais aussi à l'oubli ?
(36.00 euros, 344 p.)
ISBN : 978-2-343-01782-2, ISBN EBOOK : 978-2-336-35519-1

VERS UN DROIT INTERNATIONAL DES RÉFUGIÉS ÉCOLOGIQUES
Banwitiya Ntekangi Adrien - Préface de Mwayila Tshiyembe ; Postface de Juakaly Mbumba
La menace écologique pousse les individus à franchir la frontière internationale des États pour se mettre à l'abri du sort et sauver leur vie. Le droit international ignorant cette réalité, cet essai est un plaidoyer pour l'avènement d'un droit international des réfugiés écologiques. Il est également une invitation à une mobilisation générale en faveur de la protection des victimes des catastrophes écologiques.
(Coll. Géopolitique mondiale, 15.00 euros, 144 p.)
ISBN : 978-2-343-02551-3, ISBN EBOOK : 978-2-336-35409-5

DROIT (LE) DES SÛRETÉS DANS L'ESPACE OHADA
Amboulou Hygin Didace - Préface de Martin Ndendé
Ce livre aborde de manière claire l'étude du droit des sûretés suivant la pratique notariale dans l'espace OHADA : innovations principales dans le secteur, classification des sûretés, inscription des sûretés au registre du commerce etc.
(Coll. Études africaines, 15.50 euros, 142 p.)
ISBN : 978-2-343-04189-6, ISBN EBOOK : 978-2-336-35589-4

DROIT (LE) DU DÉVELOPPEMENT ET DE L'INTÉGRATION ÉCONOMIQUE DANS L'ESPACE OHADA
Amboulou Hygin Didace
Le débat sur le développement et l'intégration économique de l'Afrique n'a jamais autant pris d'ampleur. Ce livre classifie les nouveaux choix des politiques et clarifie les pistes de réussite. Il convainc sur la nécessité d'une réglementation adaptée aux enjeux et sur l'implication de tous les partenaires au plan intérieur et extérieur.
(Coll. Études africaines, 32.00 euros, 306 p.)
ISBN : 978-2-343-04188-9, ISBN EBOOK : 978-2-336-35590-0

DROITS (LES) FONDAMENTAUX DES PERSONNES MORALES DANS LA CONVENTION EUROPÉENNE DES DROITS DE L'HOMME
De l'impensable à l'indispensable (Tome 1)
Koki Hubert Kouamé
Les groupements sont partout et l'impact de leurs actions est considérable sur le mode de fonctionnement de la société. Les organes de surveillance de la Convention européenne l'ont intégré et érigent en ce sens une véritable protection des missions et des activités essentielles des personnes morales : les garanties liées à la naissance et à la subsistance des groupes et organisations sont assurées par le juge européen et les conditions d'exercice de leurs opinions et convictions sont rendues meilleures.
(30.00 euros, 294 p.)
ISBN : 978-2-343-02713-5, ISBN EBOOK : 978-2-336-35658-7

L'HARMATTAN ITALIA
Via Degli Artisti 15; 10124 Torino

L'HARMATTAN HONGRIE
Könyvesbolt ; Kossuth L. u. 14-16
1053 Budapest

L'HARMATTAN KINSHASA
185, avenue Nyangwe
Commune de Lingwala
Kinshasa, R.D. Congo
(00243) 998697603 ou (00243) 999229662

L'HARMATTAN CONGO
67, av. E. P. Lumumba
Bât. – Congo Pharmacie (Bib. Nat.)
BP2874 Brazzaville
harmattan.congo@yahoo.fr

L'HARMATTAN GUINÉE
Almamya Rue KA 028, en face
du restaurant Le Cèdre
OKB agency BP 3470 Conakry
(00224) 657 20 85 08 / 664 28 91 96
harmattanguinee@yahoo.fr

L'HARMATTAN MALI
Rue 73, Porte 536, Niamakoro,
Cité Unicef, Bamako
Tél. 00 (223) 20205724 / +(223) 76378082
poudiougopaul@yahoo.fr
pp.harmattan@gmail.com

L'HARMATTAN CAMEROUN
BP 11486
Face à la SNI, immeuble Don Bosco
Yaoundé
(00237) 99 76 61 66
harmattancam@yahoo.fr

L'HARMATTAN CÔTE D'IVOIRE
Résidence Karl / cité des arts
Abidjan-Cocody 03 BP 1588 Abidjan 03
(00225) 05 77 87 31
etien_nda@yahoo.fr

L'HARMATTAN BURKINA
Penou Achille Some
Ouagadougou
(+226) 70 26 88 27

L'HARMATTAN SÉNÉGAL
10 VDN en face Mermoz, après le pont de Fann
BP 45034 Dakar Fann
33 825 98 58 / 33 860 9858
senharmattan@gmail.com / senlibraire@gmail.com
www.harmattansenegal.com

L'HARMATTAN BÉNIN
ISOR-BENIN
01 BP 359 COTONOU-RP
Quartier Gbèdjromèdé,
Rue Agbélenco, Lot 1247 I
Tél : 00 229 21 32 53 79
christian_dablaka123@yahoo.fr

Achevé d'imprimer par Corlet Numérique - 14110 Condé-sur-Noireau
N° d'Imprimeur : 121391 - Dépôt légal : septembre 2015 - *Imprimé en France*

www.ingramcontent.com/pod-product-compliance
Lightning Source LLC
LaVergne TN
LVHW011440061026
849535LV00004BA/891